LINCOLN

Book Star
www.kwangmoonkag.co.kr

통합의 리더, 대통령 링컨
<原題 : LINCOLN - a life of purpose and power>

2007년 8월 28일 1판 1쇄 인 쇄
2007년 9월 1일 1판 1쇄 발 행

저 자 | 리처드 카워딘
역 자 | 세계와 동북아 평화포럼
책임감수 | 장 성 민
펴 낸 이 | 박 정 태
펴 낸 곳 | **북 스 타**
등 록 | 1991. 5. 31. 제12-484호
주 소 | 서울 마포구 구수동 42-2 영풍빌딩 2층
전 화 | 02-713-2122
팩 스 | 02-713-2125
e-mail | kwangmk@unitel.co.kr
홈페이지 | www.kwangmoonkag.co.kr

- ISBN : 978-89-959637-4-6   13300
- 값 : 20,000 원

※ 이 책의 무단전재 또는 복제행위는 저작권법 제97조제5항에
   의거, 5년 이하의 징역 또는 5,000만원 이하의 벌금에 처하
   게 됩니다.

통합의 리더, 대통령 링컨

〈原題 : LINCOLN - a life of purpose and power〉

| 리처드 카워딘 저 | 세계와 동북아 평화포럼 역 | 장성민 책임감수 |

www.kwangmoonkag.co.kr

LINCOLN - a life of purpose and power :
"ⓒ Pearson Education Limited 2003" together with the following acknowledgement : "This translation of LINCOLN 01 Edition is published by arrangement with Pearson Education Limited."

이 책의 한국어판 저작권은 저작권자와의 독점 계약으로 북스타출판사에 있습니다.
저작권법에 의해 한국 내에서 보호를 받는 저작물이므로 무단 전재와 무단 복제를 금합니다.

- 책임감수의 글 ⋯ 7
- 서문 ⋯ 19

제1장 내적인 힘 【링컨의 야망과 정치적 비전】 ⋯ 27

링컨의 야망 / 28
정치적 비전 / 41
도덕성의 위기 : 1854 / 57
윤리적 힘의 종교적 뿌리 / 64

제2장 여론의 힘 【일레노이의 대중과 새로운 정치적 질서】 ⋯ 81

링컨과 민주 정치와 여론 / 84
일리노이의 여론과 반네브라스카 세력의 연합 / 97
1858년의 상원의원 선거 캠페인 / 114

제3장 정당의 힘 【대통령 선거의 승리】 ⋯ 141

대통령 후보를 향한 야망 : 링컨과 공화당, 그리고 데카투어
전당대회까지의 여정 / 142
공화당 대통령 후보 지명 / 157
1860년 대통령 선거 유세 : 정의로운 당의 힘/ 167

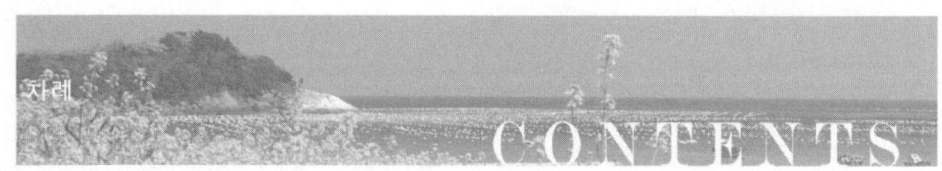

제4장 힘의 한계 【대통령 당선자에서 전시 대통령 되기까지】 … *197*

대통령 취임식 전까지 : 당의 분열을 막으며/ 199
스프링필드에서 섬터까지 : 연합전선을 구축하며/ 209
'국민의 전쟁'을 위한 전략 / 231
"어찌할 것인가? 국민이 기다려주지 않는다면……." / 256

제5장 힘의 목적 【목표를 수정하며】 … *265*

민심을 읽으며 / 268
'불가피한 모든 수단을 사용하여' : 노예해방 선언을 하기까지 / 273
신앙과 목적 / 302
성실한 목표 추구 : 노예 해방, 연방 재건, 그리고 흑인 시민권 / 311

제6장 힘의 도구 【강압과 자발적 동원】 … *335*

강압과 억압, 그리고 행정부의 권력 / 338
대중 동원 : '정의로운 말의 힘'과 당의 역할 / 348
대중 동원 : 교회와 자선단체 / 364
연방군의 도덕적 위력 / 372
1864년 선거 : '미국의 재탄생' / 380

제7장 죽음의 위력 … *403*

■ 후기 … 417

introduction
책임 감수의 글

민주적 제도를 존중하고 국민을 존경했던 대통령

　미국을 넘어 전 세계적으로 존경을 받고 있는 미국의 제 16대 대통령 에이브러햄 링컨(Abraham Lincoln)의 전기가 새로이 출간되었다. 이 책은 2004년도 '영예로운 링컨상'을 수상하면서 조용한 파문을 일으켰다. 미국에서 이 책은 조용히 그러나 상당한 주목을 받아왔는데, 그 이유는 링컨이 처했던 당시 미국의 상황이 현재 조지 W. 부시 대통령이 처한 상황과 견주어 볼 때 흡사한 면이 있기 때문이다. 링컨이 당면했던 당시의 미국은 남북전쟁을 앞두고 국론이 심각하게 분열되어 있었다. 현재 미국의 상황은 내란이 아닌 미국 영토 밖의 전쟁을 수행하고 있지만 전쟁의 정당성과 진행을 놓고 국론이 분열된 가운데 통합을 위한 대통령의 리더십이 그 어느 때보다 요구되고 있다. 이를 한반도에 적용해 보면 어떨까? 한반도는 국토가 남과 북으로 분열된 가운데 오랜 권위주의 통치 시기를 마감한 이후 실질적인 민주적 통치 체제로 이행하였다. 국가가 분단된 가운데 국민이 주인인 지금, 대통령은 민의를 수렴하면서도 효과적인 리더십을 발휘하기 위해서는 어떻게 해야 하는가가 항상 대통령의 리더십을 논할 때 제기되곤 한다. 이 책은 국토의 분단과 국론의 분열 속에서 민주주의 제도 속의 대통령이 어떻게 리더십을 확립해갈 수 있었는가에 대한 해답을 제시해 주고 있다.
　이 책이 기존의 링컨의 저서와 다른 점은 이제까지의 전기 속의 링컨이 지나치게 미화되어 그의 개인적인 숭고한 도덕심과 보통 사람을 능가하는 지도력만이 강조되었지만 이 책의 링컨은 민주적 제도와 통치에 대해 올바르게 이해하고 있고, 국가적 위기의 상황 속에서도 원칙을 져버리지 않고, 본분을 넘어서지 않았던 민주주의하에서 가장 이상적인 대통령상으로 재해석되고 있다는 점이다. 그는 1861년 대통령에 당선되어 스프링필드를 떠나게 되었을 때 친한 벗에게 다음과 같은 이야기를 했다. "나는 선택되었다네. 내가 갈 길은 이미 정해졌네.……연방과 헌법은 반드시 보존될 것이며, 법은 어떤 경우에도 반드시 집행될 것이네. 나는 국민이 나를 지탱해 줄 것으로 믿고 있다네. 국민은 이제껏 한 번도 진실된 사람을 저버린 적이 없지 않은가." 그의 이 말은 재임에 성공한 이후 전쟁이 끝나갈 무렵 1865년 포드 극장에서 존 위크스 부스(John Wikes Booth)에 의해 살해당하기까지 지켜졌다. 대통령으로서 링컨은 임기 내내 민주적인 원칙을 존중했으며, 법적인 절차를 준수했고, 여론의 중요성을 잊지 않았다. 이와 같은 그의 자세는 민주주의하에서 대통령이 '법의 지배(rule of law)'와 민주주의의 기본 원리인 '인민의 통치(rule of the people)'의 원칙을 존중하고 스스로 수호하였다는 것을 말해 준다.

이 책에서 나타난 그의 리더십은 크게 자신이 속한 정당과의 관계, 언론과의 관계, 그리고 그가 가장 중요하다고 생각하고 존중해왔던 국민(여론)과의 관계를 통해서 형성되었다. 그는 결코 독단적으로 행동하지 않았으며 원칙을 저버리지 않았다.

정당과 대통령

링컨은 민주 정치에서 정당의 중요성을 인식하고 있었다. 그는 정당을 통해서 효과적으로 대의명분을 전달할 수 있다는 것을 알았고, 선거를 치루기 위해서는 정당의 역할이 중요하다고 생각하고 있었다. 따라서 당원들의 지지를 얻기 위해서 항상 노력했다. 1860년 대통령 선거를 앞두고 당내 후보로 발표된 직후 그를 만나러 온 수많은 공화당원들에게 링컨은 "……나를 만나기 위해서가 아니라

위대한 당을 대리하게 될 일꾼을 찾아온 것이라고 생각한다."라고 말하였다.

그러나 정당의 지지는 그가 원한다고 해서 자동적으로 주어지는 것이 아니었고, 그는 이 또한 잘 알고 있었다. 1860년 그는 대통령에 당선되었지만 공화당의 모든 당원들이 대통령으로서, 또한 지도자로서 그를 인정하고 뒷받침해 주리라는 보장은 없었다. 다양한 파벌과 집단들의 집합체인 공화당은 노예해방과 전쟁, 재건 문제를 둘러싸고 첨예한 내부 분쟁이 끊이지 않았다. 더욱이 링컨이 대통령이 되었다고 해서 조금 전까지만 해도 일리노이의 한 무명의 정치인에게 당이 전폭적인 지지를 보내줄 것이라는 것은 기대하기 어려웠다.

그는 당을 통해 자신이 원하는 것을 얻기 위해 두 가지 방법을 활용했다. 한 가지는 관직의 배분을 통해서이고 다른 한 가지는 여론을 활용하는 것이었다. 당내 지지자들에게 대통령이 정부 요직을 나눠주는 것은 일상적인 일이었다. 더욱이 당시는 전쟁으로 인해 군대와 정부기관의 규모가 증가하면서 배분할 수 있는 수천 개의 관직이 새로 생겨났다. 링컨은 당내 각 파벌 간에 공평하게 관직을 배분되도록 오랜 시간을 할애했고, 이는 상당한 성과를 거두었다. 한편 그럼에도 불구하고 당원의 지지를 얻기 어려운 경우에는 국민적 여론을 활용했다. 링컨은 대중연설을 통해서 광범위한 지지를 획득함으로써 이를 통해서 당내의 지지를 확대해가는 전략을 선택했다. 이는 1860년 대통령 선거 후보 지명전에서도 활용되었으며, 다음 선거인 1864년의 후보 지명전에서도 활용되었다. 특히 오랜 내전으로 인한 당의 분열과 전쟁 후의 재건 문제 등이 복잡하게 얽히면서 1864년에는 링컨의 재지명이 어려울 것으로 보았으나 그는 여기에서도 여론을 활용하여 성공할 수 있었다.

언론과 대통령

한편 링컨은 언론의 중요성을 인식하고 있었다. 1860년의 미국은 민주주의가 꽃피우며 다양한 언론이 만개하던 시기였다. 당시 워싱턴에는 세 개의 주요 일간지인 <모닝 크로니클(the Morning Chronicle)>, <내셔널 리퍼블리칸(National Republican)>, <스타(the Star)>를 비롯하여 수백 가지의 신문이 발행되었다. 공화당과 민주당은 자체 신문을 소유하고 있었고, 그밖에 당파적 성향을 지닌 신문들도 있어서 정치적 토론과 비판의 글이 지면을 통해 활발하게 전개되었다.

링컨의 언론에 대한 태도는 여론을 측정하기 위한 수단으로 활용하는 것이었다. 저자는 미국 정치 시스템에서 신문의 역할을 마치 신체의 '혈액'과 같은 기능을 한다고 하였는데, 당시의 링컨도 신문에 대해서 동일한 태도를 가졌던 것으로 보인다. 링컨은 신문을 통해 여론을 읽었으며, 여론의 변화의 추이를 파악하고, 정책의 방향과 강도를 조절하는데 활용하였다. 일리노이에서 왕성한 정치 활동을 하던 시절은 물론이고, 대통령이 되어 바쁜 와중에도 링컨은 신문 읽기를 게을리하지 않았을 뿐 아니라 매우 꼼꼼히 읽었다.

한편 링컨은 자신에 대한 언론의 비난 기사를 객관적으로 받아들였고, 이에 대해 건전한 비판적 자세를 견지하였으며, 비록 납득할 수 없는 비난 기사라 하더라도 기사에 대해 화를 내지 않았다. 그러나 링컨의 이러한 비판적 기사에 대한 태도는 사실상 '무시'에 가까웠다. 링컨 자신이 정치적 현안에 대해 오랫동안 연구해 온 덕에 사실상 웬만한 언론인보다 더 많은 것을 알고 있는 탓이기도 했다. 언론인들은 지면을 통해서 뿐만이 아니라 개인적인 편지를 통해서 대통령에게 의견을 전달하였으며, 이들 중 일부는 백악관에 자주 드나들면서 직접 대통령에게 조언을 하기도 했다. 링컨은 이들과의 만남을 소중히 여겼으며, 최대한 언론인들로부터의 편지를 읽고자 하였다. 그러나 주 목적은 역시 여론을 읽기 위한 것이었다.

국민과 대통령

링컨이 언론을 중요시했던 것은 여론을 읽기 위해서였다는 것에서 볼 수 있듯이 그는 국민을 가장 두려워했고, 국민의 의사를 최대한 존중할 줄 알았다. 그렇다고 하여 그를 단순히 민의에 영합하는 수동적인 지도자라고 할 수는 없다. 그는 국론 분열의 최대 이슈였던 연방의 통합과 노예해방이라는 문제에서 북부의 입장을 국민들에게 제시하고, 그 정당성을 끊임없이 설득하였으며, 여론이 성숙되기를 기다릴 줄 알았다. 그가 민주적 지도자로서 평가받는 원인 중 하나는 그가 결코 민의를 앞서가지는 않았다는 점이다.

대통령 자신이 일리노이의 평범한 농사꾼의 아들이라는 것은 워싱턴 정가에서는 자랑거리가 아니었지만 일반 대중들을 상대하는 데에는 큰 이점으로 작용하였다. 더구나 링컨은 자신의 신분에 대해 특별한 의미를 부여하지 않았고, 이는 결과적으로 일반 서민들로 하여금 그를 항상 찾아가서 이야기할 수 있는 이웃과 같이 생각하도록 하였다. <뉴욕 인디펜던트(New York Independent)>의 워싱턴 특파원은 링컨을 항상 접근이 가능했으며, 그는 이를 매우 즐거워했다고 썼다. 링컨은 백악관에서 이따금 평범한 시민들과 만나면서 다양한 차원에서 제기되는 의견 속에서 자신의 위치를 찾고자 노력했다.

한편 링컨은 민심의 동향을 좀 더 분석적으로 파악하기 위해 각 주의 정치 지도자들과 자주 대화를 가지면서 간접적으로 여론을 수렴하였다. 각종 선출직 공무원들, 주지사와 하원의원들이 주 대상이었고, 이들은 대통령에게 각 지역과 계층의 의견을 전달하였다. 그의 이러한 태도는 전시에도 활용되었고, 그는 전장에 있는 군인들을 직접 면담하면서 그들의 사생활에 관한 이야기도 들어주었다. 그 결과 대통령이 확인하기 전까지는 군인을 사형하지 못하도록 했으며, 탈영병에 대한 형벌을 완화함으로써 군인들의 지지를 얻을 수 있었다. 비록 모든 군인을 만날 수는 없었지만 전쟁에 임한 군인에 대한 인간적인 배려는 대통령의 입장에서 전시 여론을 수렴하는 효과를 가져왔으며 이에 더하여 전시 군인의 사기를 높이고, 대통령에 대한 충성심을 높이는 결과를 가져왔다.

이 책의 링컨의 해석에 있어서 기존의 저서와 대비되는 가장 큰 차이는 링컨이 본래 노예해방에 대해 특별한 사명감이 있지 않았다는 점과 그의 기독교적 신앙심이 기존에 묘사하였던 것과 달리 그리 신실한 것이 아니었다는 점을 객관적인 자료를 통해 밝힌 것이다. 그를 신격화하고 있는 기존의 저서들은 과장이 섞인 것이라고 보았고, 실제로 다양한 자료에 의하면 그는 '노예해방'을 주장하지 않았으며, 더욱이 그가 교회를 다닌 것은 맞지만 신실한 신도였다고 보기는 어렵다고 보았다. 저자의 해석에 의하면 링컨이 노예해방을 주장한 철학적 신념의 배경은 흑인과 백인을 막론하고 모든 인간을 평등하다는 것과 개인이 각자의 경제 활동을 통하여 경제적 부를 창출할 때 정의가 실현된다고 보았기 때문이라는 것이다. 즉, 흑인에 대한 인도주의적인 감상에 의한 것이 아니라 모든 인간이 평등한 조건에서 행동할 때 최대의 경제적 가치가 실현된다는 합리적인 사고에 기반을 둔 것이라고 보았다. 한편 종교의 문제에 있어서도 링컨이 기독교인의 적극적이고 열렬한 지지를 확보하기 위해 자신의 종교적 문제를 확대 적용한 지극히 정치적인 계산이었음을 밝히고 있다.

따라서 저자는 그가 훌륭한 정치인으로서 역대 미국의 최대의 인권 대통령으로서 평가받을 수 있었던 가장 핵심적인 요인은 그의 개인적인 자질 중에서도 **여론을 읽을 수 있었으며, 여론의 추이에 따라 정책을 집행하고, 중요한 결정을 하기까지 여론이 성숙되기를 기다릴 줄 알았던, 즉 국민이 주인이라는 민주적 제도를 효율적으로 활용할 줄 알았던, 그의 정치적 능력**에 있었다고 보고 있다. 1863년 게티스버그(Gettysburg)에서 행해진 연설문 속에 담겨 있는 "국민의, 국민에 의한, 국민을 위한(of the people, by the people, for the people)" 정부라는 구절은 단순한 민주적 정부의 구호가 아니라 링컨의 정치적 삶 속에서 끊임없이 적용되고 구체화되었던 원칙이었다. 이 원칙의 적용은 국가의 분열과 국론의 분열 속에서도 불굴의 리더십을 발휘하도록 하였고, 1864년 전시 속의 대통령 선거에서 그가 대통령령을 발휘하지 않고 예정대로 대통령 선거를 진행하도록 하였고, 이를 통해 연임에 성공하였다.

이 책은 우리에게 많은 것을 시사해 주고 있다.

정치적 민주화의 경험이 일천하고 정당 정치가 미숙한 우리의 현실에서 어떻게 하면 국론분열을 극복하고, 국민을 하나로 통합시켜 민주 제도가 정상적으로 작동될 수 있을 것인가라는 점은 우리나라가 안고 있는 어제 오늘의 문제가 아니다. 이 책은 우리에게 이런 문제에 대한 답을 준다.

특히 미국이 남과 북으로 첨예하게 대립되고 분열된 위기 속에서 국가 통합의 틀이라 할 수 있는 연방제를 깨지 않고 유지해 나갈 수 있는 그 비결도 담고 있다. 그것이 다름 아닌 링컨의 탁월한 통합의 리더십이다.

오늘날 남과 북으로 분단된 우리의 현실이 과거 링컨이 생존했던 미국의 현실과 비슷하다는 점에서 우리 정치 사회에 링컨의 현실적 유용성은 더욱 크고 절박하게 느껴진다. 정치인들의 민주적 의식이 빈약하여 정당 정치가 제대로 자리 잡지 못하고 정당 간의 대립과 반목이 심한 것도 과거 링컨의 미국과 유사한 측면이 있다.

국민들이 새로운 정치를 갈망하고 새로운 정치 리더가 나오길 학수고대하고 있는 오늘의 우리 현실도 과거 링컨의 미국과 흡사하다.

세상이 혼란스럽고 혼탁할수록 민주적 원칙이 정립되길 바라며, 국론 분열이 심하면 심할수록 화합과 통합을 바라는 국민들의 마음도 지금의 한국이나 과거 링컨 시대의 미국이나 똑 같다. 특히 노예제도를 폐지하고 미국의 흑인들을 해방시켜야 한다는 과중한 국가적 의제가 있었다는 것도 통일을 해야 한다는 마음의 부담을 안고 사는 대한민국의 현실과 별반 다르지 않다. 이런 미국적 현실에서 대중의 인정을 갈구한 한 정치인이 나타나 당시 미국이 당면했던 최대의 난제를 풀어주고 그는 마침내 순교했다. 그래서 우리는 그를 항상 야망이 앞선 정치인으로 부르지 않고, 미국의 국가와 국민을 위해 희생을 한 순교자라 부른다.

그가 바로 링컨이다. 링컨이 통나무집에서 가난하게 살았고, 그가 독학으로 공부를 하여 변호사가 되었고 마침내 괴한의 총탄에 맞아 세상을 떠났다는 이야기를 모르는 사람은 없을 것이다. 이것이 우리가 알고 있는 링컨에 대한 일반적 지식인지도 모른다.

그러나 이 책은 링컨의 성장 과정에서부터 링컨의 정치적 비전에 이르기까지 링컨의 모든 발자취를 뜨거운 욕망과 열정으로 탐구해 내었다. 한 불우한 소년이 성장하여 세상을 어떻게 바꿔 놓았는지, 생각이 옳고 좋은 정치인이 갖는 열정과 의지, 그리고 신념과 비전은 세상을 어디까지 바꿀 수 있는지, 이 모든 것이 궁금한 사람들은 이 책을 한번 읽어볼 필요가 있다고 생각한다.

야생동물의 위협 속에서 도끼로 땅을 골라 황무지를 개간했듯이, 남부 노예주들의 위협 속에서도 인권의 황무지였던 미국 땅에 노예를 해방시켜야겠다는 자신의 신념을 굽히지 않았던 링컨.

자신의 어머니 낸시가 독이 있는 뱀풀을 먹으며 방목된 야생 소의 우유를 먹고 병에 걸려 생을 마감해도 좌절하지 않았던 링컨.

그는 어렸을 때부터 강철처럼 단련된 정치인이었다.

정치에서 윤리성을 잃지 않았고 자신의 마음에서 양심을 지우지 않았다.

그리고 권리를 권세로 생각지 않았으며 권리 가운데서도 도덕적 권리를 가장 힘있는 권리로 내세웠다. 그는 토마스 제퍼슨의 선언을 "미국 공화주의의 닻"이라고 묘사했고, "그 누구도 '상대방의 동의 없이' 타인을 지배할 권리가 없다."라고 단언하였다.

그는 노예와 자유로운 사회라는 도덕적인 양극화를 강조하면서 그것들 간의 양립 불가능성을 암시하기도 했다.

링컨은 진보 진영에 발을 담그고 있었지만 노예제도를 해체해 나가는 과정에서는 결코 과격한 진보파의 주장을 귀담아 듣지 않았다.

보수주의자들로부터는 진보주의자로, 그러나 진보주의자들로부터는 더딘 변화의 대변자로 비난받았다. 지금 생각해 보면 그야말로 진정한 합리적 실용주의자였던 것 같다.

그는 당시 미국의 정치계가 풀어야 할 숙제는 "미국이 반쪽은 노예주로, 나머지 반쪽은 자유시민 사회로 남아 공존할 수 있는가?"하는 문제라고 강조했다.

불평등한 노예제도에 대한 그의 시각은 단순한 도덕심의 발로가 아니라 독립선언문의 정신을 굳게 지키려는 신념에서 비롯되었고, 그는 준법정신이 "미국의 정치적 종교"가 되어야 한다고 할 만큼 법을 소중히 여겼다. 링컨의 친구들은 그를 평하기를 "자신이 옳다고 믿을 때 가장 강한 사람이었다." "사리 분별이 명확했고 소녀처럼 부드러운 사람이었지만, 옳은 일에 관해서는 바위처럼 단단하였다."라는 평가를 했다. 오늘날 우리의 정치 현실이 목말라 하면서 애타게 찾

고 있는 그런 정치인을 미국은 이미 1800년도에 두고 있었다. 나는 링컨의 이 말을 오늘의 대한민국의 현실과 비교해 본다. 그리고 적용해 본다.

이 책을 읽는 동안 한번도 링컨의 현실과 우리의 현실을 응용해 보지 않고 책장을 넘겨 본 적은 없었다. 그리고 되물었다. 분단된 조국의 반쪽은 자유시민 사회이고, 나머지 반쪽은 노예의 땅이나 다름없는 이 현실적 문제를 풀지 않고 과연 이 나라에 진정한 정치가 있을까. 그리고 진정한 정치인이 있었다고 말할 수 있을까. 법을 종교처럼 믿고 따라야 한다는 링컨의 법의 정신은 법의 경계선을 넘나들며 허물어뜨리 우리의 지도자와는 왜 다르다고 말해야 할까. 언론과 전쟁을 하는 우리의 대통령의 모습을 보면서 링컨은 언론을 어떻게 대했을까 하는 점이 더욱 궁금해 졌다. 링컨은 대중의 의견이 반영된 정치 시대가 도래해야 진정한 의미에서 보통 사람이 지배하는 시대가 도래한 것이라고 생각했다. 그래서 그는 다양한 구성원으로 이루어진 유권자 사이의 인종적 종교적 갈등과 특히 남북전쟁 전 사반세기 동안 남북 관계를 악화시켜온 내부적 적대감과 싸우면서도 여론을 읽는 일에 게을리하지 않았다.

민주 정치와 여론의 상관 관계를 이렇게 말했다.

"개인은 주권적 존재이며 미국 정부는 여론을 바탕으로 국가를 통치한다는 시민의 공통된 생각을 깊이 신뢰한다. 최고로 능력 있는 공직자도 만일 여론의 지지와 신뢰가 없다면 무용지물이다. 때때로 여론이 틀릴 경우도 있겠지만, 옳고 그름에 관계없이 다수가 보편적으로 가지고 있는 생각은 절대로 간과할 수 없다. 이 시대 이 나라에서 여론은 모든 것이다. 여론과 함께 하면 실패란 있을 수 없다. 반대로 여론을 거스르면 모든 것이 실패할 것이다. 누구든 여론을 형성할 수 있다면 법령을 제정하거나 판결을 발표하는 사람 보다 훨씬 깊은 경지에 도달한 것이다." 정치인 링컨은 여론을 얼마나 중요시 했는가. 그는 정치인에게 있어서 여론이란 거의 신과 같은 존재란 인식을 갖고 있었다. 그가 언론을 중시하게 된 것도 바로 여론을 살피기 위해서였다. 그는 여론을 파악하기 위한 특별한 도구로 언론을 생각했다. 지금의 우리 정치인들은 여론을 어떻게 받아들이고 있을까. 언론을 여론의 대리 기구로 보고 있을까, 아니면 투쟁해야 할 대상으로 생각하고 있을까. 링컨을 존중한다고 애써 힘주었던 노무현 대통령이 링컨의 어떤 점을 이해하고 존경하게 되었을까.

링컨이 살아 있다면 자신을 존경한다는 사람들이 자신의 생각과 정반대의 통치 행위를 하고 있는 현실을 보게 되면 무슨 말을 할까.

나는 에이브러햄 링컨이 왜 21세기 대한민국에 필요한가를 생각해 봤다.

그는 정직했다. 그리고 신념이 있었다. 양심과 도덕이 그의 생각을 지배했고, 법의 정신을 정치적 종교로 믿고 있었다. 국론을 분열시키는 정치를 가장 혐오스럽게 생각했고, 언론과 여론을 혈관의 피로 생각했다. 분열된 남과 북을 통합시켰고, 어떤 경우든 미합중국을 유지하고 있는 연방이 깨지지 않도록 최선을 다한 정치인이었다. 자신이 옳다고 믿는 가치를 위해서는 전쟁을 두려워하지 않을 만큼 대담했다. 그는 "만일 노예제도가 잘못된 것이 아니라면 이 세상에는 잘못된 것이 하나도 없을 것이다."라고 말했다.

끝으로 링컨의 최대의 정적은 누구였을까. 그것은 링컨 자신의 못생긴 얼굴이었다라고 이 책에는 쓰여 있다. 책임 감수를 맡아 이 책을 세상에 내 놓게 된 배경에는 두 가지 이유가 있었다. 이제 21세기 한국의 링컨이 나와야 한다는 생각과 그런 정치인이 나와야 대한민국이 분열 없는 통합과 분단 없는 통일 시대를 맞아 국익이 지속적으로 확산될 수 있는 제3의 건국이 수립될 수 있다고 믿었기 때문이다.

끝으로 이 책을 나에게 권면해준 북스타의 박정태 사장님과 이 책의 출간을 위해 모든 일들을 다해 주신 이명수 편집부장님께도 이 자리를 빌려 감사의 말씀을 드린다. 그리고 이 무더운 여름에 나와 나의 두 아이를 위해서 밤낮없이 가정 통치를 하느라 분주하게 움직인 아내에게도 고맙다는 말을 전하고 싶다. 이 책이 책임 감수자의 손에까지 들어오게 된 그 과정에 미경이가 없었다면 링컨과 감수자와의 만남은 불가능했을 지도 모른다. 저자는 너무도 훌륭한 책을 펴냈다. 그러나 감수자의 지적 능력이 저자의 그것에 미치지 못해 이 책의 번역상 문제점이 노정될 수 있을 것이다. 그렇게 되었을 경우, 그것은 전적으로 책임

감수자의 지적 한계에서 빚어진 것이기 때문에 감수자가 매를 맞고 책임질 일이라 생각한다. 독자들의 어떠한 회초리도 달게 받겠다. 죽음과 동시에 국적을 초월한 위대한 인물 링컨을 다시 생각하면서 감수자의 변을 마치고자 한다.

2007년 8월 8일
제2차 남북정상회담이 발표되는 날
공덕동 세계와 동북아 평화포럼 사무실에서
장 성 민

introduction

서 문

　　에이브러햄 링컨은 생전에 합리적으로 작성된 부인(否認) 진술서의 가치를 잘 알고 있었다. 그와 마찬가지로 이 책도 먼저 부인하는 내용으로 시작하고자 한다. 이 책은 미국 제16대 대통령의 개인적 일대기를 담은 단순한 전기가 아니다. 그보다는 오히려 링컨의 정치 권력에 대한 근원과 특성을 탐색하며 전국적 인물로 부상하기 전후 링컨의 정치 경력을 학문적으로 고찰한 연구서라고 하는 편이 맞을 것이다.

　　링컨을 연구하기 위해서는 신화와 우상화의 두터운 장막을 꿰뚫어야만 한다. 내전에 직면하여 한 국가를 성공적으로 이끌어간 대통령이라면 누구나 미사여구로 장식되기 마련이지만, 링컨의 경우는 연방의 구원자이자 위대한 해방자라는 수식어와 함께 첫 번째 순교자라는 칭송이 항상 함께 따라다닌다. 링컨의 사망 시기와 그 성격은 비록 개인적으로나 국가적으로나 비극임에 틀림없지만, 그를 역사적인 우상으로 신격화하기에 꼭 알맞은 조건을 갖추고 있다. 링컨을 연구하는 학자들은 모두 이 점을 잘 알고 있으며, 국민의 기억 속에 남아있는 우상적 존재 속에서 불가해한 인간성과 소박한 정치인의 모습을 찾아내려는 힘겨운 노력을 기울여 왔다. 어쨌거나 연방의 전시(戰時) 대통령은 당시에는 국가적 영웅으로 존경을 받지 못하였으며, 성급한 연방의 언론들은 때때로 절망감에 못 이겨 그의 대통령으로서의 자질에 의문을 표하는 경우도 종종 있었던 것이다.

그러나 링컨은 무슨 이유에서인지 이 모든 난관을 뚫고 이와 전혀 다른 신비로운 존재로 거듭나게 되었다. 링컨이 일반적인 기대를 초월하여 최고의 지위에 오를 만큼 재능있는 정치인이었음에는 분명하지만, 그 해답은 결코 무조건적인 우상화에 있지는 않다는 점도 분명하다. 오히려 그가 권좌에 오른 과정과 대통령으로서 그가 이룬 업적을 이해하기 위해서는 그가 활동하였던 배경을 정확히 이해하고, 그의 힘의 근간이 된 내적 자질과 함께 외적 조건을 밝혀내는 작업이 선행되어야 할 것이다.

19세기 중반 미국에서는 세계 최초로 대중적 참여 민주주의가 개인적 자질, 여론의 힘, 그리고 정당과 기타 통신 네트워크 조직 체계 등 세 가지 요소의 상호작용을 바탕으로 하나의 정치 체제로서 성공적으로 뿌리내리고 있었다. 전쟁 전 링컨은 정치인으로서, 그리고 내전을 경험한 미국 유일의 대통령으로서 야심만만하면서도 정치적으로 실현 가능한 목표를 설정하고, 일반 국민의 생각을 파악하여 굳은 확신을 갖고 그들에게 다가가는 동시에 자신이 속한 정당의 불안정한 파벌적 요소들을 뛰어난 역량으로 관리해 나갔다는 점에서 훌륭한 업적을 달성하였다. 따라서 나는 이 각각의 부분을 집중적으로 조명함과 동시에 링컨의 말과 행동, 그리고 그 대상을 당시의 개별적 상황과 그 변화의 범위 내에서 이해할 수 있도록 자세한 설명을 제공하려고 한다.

일리노이와 워싱턴에서 링컨을 직접 접한 많은 사람들은 공통적으로 그가 여론을 감지하고 대중과 교감하는데 특별한 재능을 가지고 있다는 사실을 인정하였다. 링컨이 '과격한 급진주의자'라고 생각하고 있던 스프링필드의 한 젊은 변호사는 그의 강점으로 '결코 국민보다 앞서 가지 않는 자세'를 꼽았다. 국무부의 서기 조지 베이커는 "링컨의 성공은 상당 부분 국민의 신뢰와 존경에 힘입은 바가 크다"고 생각한다. 그보다 더 현명하고 위대한 사람이라도 이것을 얻지 못하면 모든 것이 커다란 외침 속에 묻혀 버렸을 것이다." 그러나 일리노이나 연방의 여론이란 다양한 이념과 이질적 문화 집단의 혼합체로서 '국민'을 이해한다는 것은 복합성을 이해한다는 것과 같은 의미였다. 역사학자들은 공통적으로 링컨이 휘그당, 그 다음은 전전(戰前) 공화주의 연합, 그리고 마지막으로 전시 연방 내에서 보수 진영, 중도 진영, 그리고 진보 진영에 이르기까지 광범위한 대상에게 성공적으로 스스로를 매력적인 또는 적어도 불가피한 존재로 제시할 수 있었던 능력에 대해 깊은 관심을 기울여 왔다. 그러나 전 시대를 통틀어 가장 강력한 하위 문화 세력이었던 복음주의 신교 집단을 성공적으로 통제할 수 있었던 그의 뛰어난 능력은 이에 비해 그다지 학자들의 주목을 받지 못했다. 주류 복음주의는 대중적 참여 정치의 형태, 내용, 그리고 언어에 이르기까지 모든 면에서 깊은 영향을 미쳤으며 링컨의 정치 경력이 성숙기에 접어들 무렵 이 또한 미국 내에서 성숙기를 맞이하였다. 전쟁 전의 일리노이는 여타 지역과 마찬가지로 정치 지형과 종교 및 인종 문제가 항상 궤를 같이하였다. 이때 이미 종교 여론의 힘을 인식한 링컨은 신교도의 천년왕국 교리와 계몽적 이성주의를 혼합한 주장을 개발해 내었다. 인종 문제에 대한 공화당의 정책과 전시 연방의 정책에 근간을 제공하였으며, 뉴잉글랜드와 전국 곳곳의 양키 이주 지역에서 강성하였던 정통 신교의 교리는 사실 링컨의 종교관과는 상당히 거리가 있었다. 그러나 그는 대통령 선거의 승리를 위해, 그리고 국가적 이상과 전쟁 목적 달성을 위한 지지 세력 결집을 위해 신교도의 강력한 정치적 영향력과 그 에너지를 충분히 활용하는 날카로운 판단력을 보여주었다.

　이 책의 반 정도는 전쟁 전 링컨의 모습을 그리는데 할애되었다. 첫 번째 장에서는 링컨이 가진 정치적 야심의 근원을 탐색하고 그의 유년시절, 그가 가진 이상의 뿌리, 농촌으로부터의 탈출, 막 꽃피우기 시작한 시장 경제 속에서 그가 기회를 포착한 과정, 그리고 1840년까지 일리노이의 저명한 정치인으로 자리매김하게 된 정치적 성장 과정 등을 자세히 설명하였다.

　일리노이의 정계에서 이룬 그의 성공과 연방 의원으로서 당선되어 1847년에서 49년까지 연방의회에 재직하게 된 과정도 물론 그의 뛰어난 정치 역량의 증거라고 할 수 있으나 미주리 협약의 철폐로 캔자스-네브래스카 지역으로 노예 제도의 서진(西進)이 허용된 사건 이후 1854년 정계에 재투신하면서부터 그는 비로소 더욱 진지하고 도덕적 정치인으로서 거듭난 모습을 보여주었다. 그리고 그가 윤리 문제에 관심을 두게 된 철학적 근원을 이해하기 위해서는 링컨이 가진 종교관의 변화를 살펴볼 필요가 있다.

제2장은 1850년대 중반 정치 권력의 조정자로서 옛 정당 체제를 허물고 새로운 정치 질서를 불러온 변화하는 여론의 소용돌이 속에서 링컨이 어떻게 최대의 수혜자로 떠오를 수 있었는지 그 과정을 보여주었다. 여러 번의 선거를 거치며 링컨은 꾸준히 대중을 향해 노예 제도 철폐론을 주장함으로써 여론 형성에 상당한 영향을 미쳤을 뿐만 아니라, 더 넓은 지지 기반을 바탕으로 전국적 세력으로 성장을 꾀하고 있던 공화당이 휘그당을 대체하는 과정에도 상당히 큰 역할을 담당하였다. 1858년 자신의 가장 강력한 경쟁자였던 상원의원 스티븐 A. 더글러스와의 토론회를 통해 링컨은 양키 거주 지역뿐만 아니라 전국적인 차원에서 노예 제도에 반대하는 종교 여론을 불러일으키기 위해 많은 노력을 쏟아 부었으며, 또한 그가 미국의 독특한 대중민주주의 정치 체제의 역동성을 정확히 파악하고 있다는 사실을 여실히 증명하였다.

링컨이 선거에서 더글러스에게 아깝게 패배한 후 2년이 지나서 종교적 개혁을 주창하던 공화당은 드디어 대통령 선거에서 승리하였다. 자신의 전쟁 전 경력 형성 과정에서 중요한 역할을 하였던 각 요소에 당의 조직력이 더해져 1860년 링컨은 그의 정치 경력 중 가장 눈부신 성공을 거두었다. 제3장은 그가 대통령 후보로 지명받기 위해 아직 전국적으로 통일된 명칭조차 없었던 공화당의 신뢰를 어떻게 이끌어내었는지 보여주었다. 일단 후보자로 확정된 이후 그의 대통령 당선은 거의 전적으로 당의 역량에 기대 일궈낸 결과였다. 당 조직은 효과적인 선거 운동 전개에 핵심적 역할을 하였으며 후원 모임을 적절히 통제함으로써 원칙과 통일성을 부여하는데 성공하였다. 제3장은 우선 각종 단체와 다양한 철학적 분파의 집합체라고 할 수 있는 당의 형태를 살펴보았다. 공화당 연대가 공유하고 있었던 중요한 공통분모는 경제적 이해 관계와 남부에 대한 적대적 감정이었다. 그리고 우리는 또한 공화당이 제2 대각성이라고 알려진 종교 운동 이후 부흥기를 맞은 개혁적 성향의 낙관적 신교 복음주의의 분출구 역할을 담당하였다는 사실도 주목해야 할 것이다. 입헌적 보수주의와 양키의 도덕관과 맞먹을 만큼 높은 도덕 의식을 모두 갖춘 링컨은 이들에게 이상적인 대통령 후보자였다. 그들은 링컨에게서 현실적인 연대주의자들과 도덕적 개혁 운동가들을 모두 규합할 수 있는 지도자의 모습을 보았던 것이다.

제4장에서는 링컨이 당선 직후에서 1862년 초에 이르는 일년 남짓한 기간 동안 대통령으로서의 영향력과 권한 행사에 대한 도전에 어떻게 대응해나갔는지를 보여주었다. 이 기간은 다시 당선 후 취임 전까지, 취임 후 섬터 사태까지, 그리고 전쟁 발발 후, 이렇게 3단계로 나누어 진다. 이 기간 동안 실질적인 행정 경험이 거의 전무한 상태에서 전례 없이 위압적인 도전에 직면한 링컨은 당연히 근심과 불안감에 시달릴 수밖에 없었다. 그러나 그 와중에도 링컨은 연방의 승리와 자기 자신의 정치적 생존에 결정적인 역할을 하게 된 세 가지 주요 원칙에 충실하여 지속적이고 일관된 정책을 펼쳐나갔다. 첫 번째로 그는 연방의 영속성을 지속적으로 추구하였다. 두 번째 그는 직감적으로 전략적 핵심 쟁점을 간파하였다. 즉, 그 이상의 연방 탈퇴를 제한하고 접경 지역의 지지 여론을 최대화하며 남부를 봉쇄하고 내전이 국제적인 분쟁으로 번질 가능성을 미연에 차단한 것이다. 세 번째로 그는 초당적이고 광범위한 국민적 애국심을 고취시키는데 커다란 노력을 기울였다.

제5장에서는 연방의 원상 복구에서 노예 제도 해방론을 포용하기까지 링컨의 정치 목표가 발전해간 과정을 다루었다. 링컨은 현실적 판단을 바탕으로 변화한 자신의 종교관에 따라 신의 섭리에 충실하여 노예 제도 철폐론을 주장하였다. 그는 노예 해방이야말로 연방을 보존하고 남부 연맹에 치명타를 가할 수 있는 가장 중요한 수단임을 역설하였다. 그러나 마지막 순간에 이르러서는 노예 해방 자체를 전쟁의 목적으로 선언하고, 이것 없는 연방의 구원은 무의미하며 이것이 신의 계획에 따라 자신이 추구해야할 목적임을 분명히 하였다. 노예 해방 문제는 자연스럽게 미국 안에서 해방 노예와 흑인의 사회적 지위에 대한 의문을 불러일으켰으며, 링컨과 급진적 공화당원들은 연방 복구에 대한 정책을 구상하며 이 문제로 고심하게 되었다. 그리고 죽음이 얼마 남은 시점에 이르러 링컨은 일부 교육받은 해방 노예들에게 투표권을 부여하는 방안을 고려하게 되었다. 전쟁 전 야심찬 정치가로서 인종 문제의 현상 유지를 옹호하던 그로서는 참

으로 먼 길을 걸어온 것이다.

　제6장은 링컨이 권력 행사에 활용한 도구에 관해 집중적으로 다루었다. 그가 휘두른 권력의 상당 부분은 법률의 강력한 집행과 무력행사에서 비롯되었으며, 일부 독재와 압제의 혐의는 피할 수 없을 것이다. 그러나 그가 연방을 하나로 유지하고 피비린내 나는 내전의 와중에서 재선에 성공한 유일한 대통령이 될 수 있었던 비결은 이러한 억압적 통치보다는 오히려 세 가지 '자발적' 조직체의 근간에 흐르고 있던 연방의 애국심을 효과적으로 끌어낸 그의 능력에서 기인한 것이다. 세 가지 조직체란 그의 당과 연방군대, 그리고 북부의 종교적 자선단체들을 말한다. 공화/연방당은 주로 주지사들과 수많은 편집장들이 주도적으로 이끌었으며, 이들은 지속적인 국민적 지지 여론을 조직하는데 크게 기여하였다. 군대의 경우 한때는 총사령관 조지 매클렐런에게 충성하기도 하였으나 결국 '아버지 에이브러햄'의 충실한 지지자로서 거듭나게 되었다. 기존의 신교 단체들은 대통령에게 유능한 연사와 기금 모집자들로 가득 찬 성숙하고 헌신적인 네트워크를 제공해 주었다. 1864년의 대통령 선거 결과는 이 각각의 영역에서 연방주의를 배양하고 지켜낸 링컨의 성공을 단적으로 보여준다.

　생전만큼이나 링컨은 사후에도 미국 정계에 깊은 영향력을 발휘하였다. 성금요일에 그리스도처럼 순교한 그의 죽음은 미국 애국주의에 새로이 신성화의 요소를 더해 주었다. 애도의 기간을 지내며 미국인들은 그의 갑작스런 죽음 속에서 천년왕국의 약속을 읽어내고 세속과 종교의 더욱 탄탄한 결합을 추구하게 되었다. 이 책의 결론은 내전을 거치며 연방주의자들이 지켜낸 국가관이 이전과는 전혀 다른, 더욱 확대되고 야심찬 수준으로 발전하였음을 보여줄 것이다.

　링컨의 내면적 요인들, 특히 개인적 신념 및 동기 부여와 정치적 야심의 발전 과정에 대한 의문점들은 여전히 풀리지 않는 미제로 남아있다. 링컨의 글은 모두 자로 잰 듯 분명한 주제를 전달하는 반면 그는 일기나 개인적인 기록을 전혀 남기지 않았다. 그가 남긴 것은 오직 몇몇 간단한 자전적 회고의 글들 뿐이다. 그는 끊임없이 대화를 즐겼으며 언제나 함께하면 즐거운 사람, 그리고 모임에서는 여러 가지 일화로 좌중을 압도하는 사람이었음에도 불구하고 그의 가까운 친구들은 공통적으로 그가 과묵하며 비밀스러웠으며 결코 '생각을 모두 털어놓지 않는' 사람이었다고 평가하였다. 인종 문제와 같이 정치적으로 민감한 문제에 관해서는, 특히 사람을 대할 때나 행동에 있어서 대단한 신중함을 기하였다고 한다. 그의 가장 가까운 친구 중 한 사람이었던 노만 쥬드는 "링컨은 자신의 목적에 대해 어느 누구에게도 털어놓은 적이 없다."라고 단언하기까지 하였다. 이 위대한 해방자가 끊임없이 우리의 역사적 상상력을 자극하는 이유는 아마도 그의 위대한 업적과 비극적 종말 못지않게 그의 불가해한 인간성 자체에서 기인하는 바 클 것이다.

그럴더라도 링컨의 개인적 정치관, 도덕적 헌신, 그리고 종교적 성찰에 대한 의문점은 반드시 짚고 넘어가야 할 문제임에 분명하다. 특히 일부 학자들의 주장대로 그가 사실은 철학적 근본이 미약한 현실주의자였다면 더욱더 우리는 이 문제를 간과할 수 없다. 그리고 이 어려운 문제에 대한 해답은 그의 가족, 친구, 동료와 지인들이 간직한 기억 속에서 조금씩 길어낼 수 있을 것이다. 최근 출판계는 신뢰할만한 소중한 자료들이 담겨있는 여러 가지 회고록을 연달아 재출간하고 있다. 훌륭한 편집자의 손을 거쳐 완성된 이 작품들은 대부분 우리의 특별한 관심을 받을 가치가 있다. 특히 더글러스 L. 윌슨과 로드니 O. 데이비스는 링컨의 법률사무소 동업자였던 윌리엄 헌돈이 수집해 둔 회고록을 정교한 편집술로 재탄생시켰으며, 마이클 벌린게임은 대통령의 서기들이 작성했던 각종 자료를 모아 여러 권의 전집으로 완성하였다. 그리고 돈과 버지니아 페렌베이커는 링컨의 생전 발언을 모아 발언집을 발간하였다. 이 모든 저서들은 연방도서관에서 진행 중인 링컨 관련 자료의 전자 문서화 작업과 그에 못지않게 중요한 링컨의 법률 서류 컬렉션과 함께 역사서의 저술 활동이 지극히 개인적인 작업인 동시에 많은 사람들의 통합된 노력에 의존하고 있음을 잘 보여준다.

저자는 일리노이대학의 출판부와 에이브러햄 링컨 협회의 협회지 편집장에게 《남북전쟁 당시 링컨과 복음주의 신앙, 그리고 미국의 정치 문화》(제18권 : 1997년 겨울판)의 일부 내용을 사용할 수 있도록 허락해 준 점에 깊이 감사드린다. 또한 연구 기금을 지원해준 셰필드대학과 연구 휴가를 수용해 준 영국 아카데미의 인문학 연구이사회의 결정에도 감사한다. 그리고 이 책을 완성하기까지 개인적으로나 학문적 동반자로서 나에게 도움을 준 모든 분들께도 감사의 말을 전해야 할 것이다. 이 신참내기 링컨 연구자의 자신감을 북돋아주는데 결정적인 역할을 해준 에이브러햄 링컨 협회의 서기이자 일리노이 주의 저명한 역사학자 토마스 F. 슈월츠와 캐시 슈월츠에게 저자는 많은 빚을 지고 있으며, 초기 공화당의 역사에 관한 윌리엄 E. 기넵의 저서는 저자에게 깊은 영감을 주었다. 일리노이주립 역사도서관의 킴 바우어, 셰릴 펜스, 그리고 셰릴 슈너링, 에반톤의 개릿-복음주의 신학교 도서관의 데이비드 힘로드, 그리고 시카고 역사협회의 임직원 또한 많은 도움을 주었다. 마크 A. 놀, 콘스탄스 라잘라, 홉과 빌 라잘라, 그리고 윌리엄 R. 서튼은 나의 일리노이 방문을 여러 가지로 도와주었으며, 나이젤 윌리암슨은 정보 수집의 기술적인 문제에 대해 많은 도움을 주었고, 셸리 와이스만은 이 연구의 완벽한 보조자였다. 특히 로버트 쿡, 페트릭 렌쇼, 아담 스미스, 그리고 린다 컬크에게 이 글을 읽고 여러 가지 사려 깊은 조언과 비판을 아끼지 않은 점에 감사한다. 절친한 친구이자 안내자이며 영국의 저명한 19세기 미국 역사 연구가였던 피터 페리쉬가 갑작스런 죽음을 맞아 이 글을 읽지 못했다는 사실에 깊은 애도의 뜻을 표하며, 저자는 이 책을 그와 과거 삶의 존재를 일깨워준 두 명의 역사학자에게 헌정하는 바이다. 마지막으로 이 책의 저술을 처음 제안한 이후 이 책이 완성되기까지 말없이 기다려준 케이티 로빈슨에게 감사의 말을 전하고 싶다.

Chapter 01

내적인 힘
'링컨의 야망과 정치적 비전 : 1809~1854'

많은 사람들이 에이브러햄 링컨이 전국적 정치인으로 성장하여 권력을 장악하게 된 과정을 단순한 극적 일화로 취급하려는 유혹에 현혹되곤 한다. 이들은 1850년대에 작은 성공을 거둔 지방 정치인이 20년간 틀에 박힌 파티를 거듭하고 선거연설과 약간의 입법 활동, 그리고 대체로 평범한 2년간의 워싱턴 생활 끝에 어떻게 성공적으로 전국적 정치 무대에 등장하여 자신의 윤리관을 전파하고 전국적 인정을 획득하였는가를 꽤 그럴듯한 해석을 곁들여 제시한다. 이런 유형의 전기는 보통 미국 정치의 전환기였던 1854년 이후 당시 사람들이 링컨에게서 새로이 발견하게 된 진지함과 성숙함을 적절히 반영함으로써 링컨의 젊은 시절을 훗날 그의 위대함에 대한 전조로써 경건히 묘사한 수많은 표현을 완화시키고자 시도한다.

그러나 그 이후 이어진 링컨의 권력을 향한 행로도 당연히 그 연속선상에서 다루어져야 할 문제이다. 그의 내적 원동력, 성품, 그리고 정치 이념은 그의 경력 중반에 갑자기 만들어진 것이 아니기 때문이다. 1854년 이후 그를 이끌었던 정치적으로 특출나고자 했던 욕구는 결코 새로운 것이 아니었다. 그의 야심, 특히 대중의 인정을 갈구했던 그의 욕망은 1830년대 초 젊은 시절부터 분명히 나타난다. 마찬가지로 링컨의 사회적 윤리적 이상의 핵심 요소들은 긴 세월 동안 계속 존재해 왔다. 그는 공정한 사법 체제하에 모든 국민이 성장할 수 있고 교육을 통해 역동적으로 팽창하는 사회에서 균등한 기회의 권리를 누릴 수 있는 진취적이며 상업적으로 번영한 국가를 꿈꾸었다. 그러나 독립선언문이라는 철학적 기반 위에 세워진 이 통일된 국가에 대한 이상은 노예 제도로 인해 손상될 수밖에 없었다. 그는 오랫동안 남부의 '고약한 제도'가 도덕적으로 혐오스러울 뿐만 아니라 경제적으로 부당하다고 생각해 왔다. 1850년대에 변한 것은 링컨의 비전이 아니라 여러 가지 전국적 사건으로 인해 노예 제도에 대한 도전이 늘어나며 여론에 영향을 미치게 되었다는 사실이다. 1854년의 캔자스-네브래스카 법에 대한 그의 연설은 그의 사고 속에 이미 자리해 있던 이러한 여러 요인으로부터 도출된 것이다.

    이 시기의 링컨은 실제로 진지한 태도와 엄격한 윤리관을 통해 유권자에게 신선함을 선사하였다. 그의 이러한 태도는 종교에 대한 깊은 성찰과 관련된 듯하다. 성실한 신도이며 성서를 즐겨 인용하던 1850년대의 링컨은 삼위일체를 신봉하는 전형적인 기독교인으로 보인다. 그는 더는 인습 타파에 앞장서던 냉소적인 젊은이가 아니었다. 그러나 여기에서도 우리는 그의 사고의 연속성에 대한 증거를 발견할 수 있다. 엄격한 칼뱅주의자로서 교육받은 성장 배경에서 기인한 운명주의의 흔적이 사적인 대화나 역사에 대한 그의 발언에서 반복되고 있음을 확인할 수 있다.

링컨의 야망

    억누를 수 없는 야망은 거칠고 굴곡진 최초의 대중 민주주의 국가에서 정치적 성공을 노리는 자에게 필수적인 것은 아닐지라도 매우 가치있는 자질임에 분명하다. 비록 남북전쟁 이후의 당시 사람들이 에이브러햄 링컨 개인에 대해 서로 매우 다른 생각을 가지고 있었던 것은 사실이나, 그를 잘 알던 사람들은 적어도 한 가지에는 의견을 같이 한다. 그가 자신의 발자취를 남기고 싶은 뜨거운 욕망을 가지고 있었다는 사실이다. 일리노이 시절 이웃과 동료 변호사들은 대개 링컨의 파트너였던 윌리엄 하든의 의견에 동의한다. 그들이 기억하는 당시의 링컨은 '세상에서 가장 야심 많은 사람'이었다. 링컨은 특히 셰익스피어의 작품 속에서 극단적으로 야심에 가득 찬 인물로 등장하는 리처드 3세, 맥베스, 클라우디우스 등에게 매료되어 있었다. 소피 행크스는 그의 사촌에게 "에이브는 항상 자신이 언젠가 유명하게 될 것이라고 생각하고 있단다."라고 말하였다.

정치적 성공을 향한 내적 원동력이 어디에서 기인하였는지에 대해서는 아직 상당 부분이 수수께끼로 남아있다. 우리는 이것이 자신의 발전을 원하던 링컨의 간절한 욕망과 관련이 있다고 확신한다. 그러나 여러 가지 정황으로 볼 때 이 같은 결론이 정확한 듯 보여도 사실 그리 간단한 문제는 아니다. 그는 유년 시절 극한의 물질적 어려움을 겪었다. 그의 부친이 자립한 농부로서 실패하여 안정적 토지 소유가 불가능한 반노예 상태로 전락하자 그가 일곱 살 때 전 가족은 켄터키를 떠났다. 이 불우한 시절의 기억 속에는 링컨이 하루 동안 허리가 부러져라 열심히 심어 놓았던 호박씨가 비에 쓸려가 버린 일도 포함되어 있다. 그 당시 그의 어머니 낸시는 독이 있는 뱀풀을 먹으며 방목된 야생소의 우유를 먹고 병에 걸려 생을 마감하였다. 1816년 인디애나로 이주한 후 가족은 야생동물의 위협 속에서 도끼로 땅을 골라 황무지를 개간해야 했다. 따라서 링컨이 밭일 외에 정식 교육을 받거나 지적 성장을 이룰 기회는 기대할 수 없었다. 링컨은 겨울 동안에만 몇 번 학교에 다닐 수 있었는데, 이 기간을 다 합쳐봐야 열두 달이 채 안 되었다. 이러한 여러 요인 때문에 링컨이 농부 생활에 염증을 느껴 기회가 닿는 대로 독서와 두뇌 활동에 탐닉하게 되었으리라는 것은 충분히 짐작 가능하다. 그러나 가난, 노동, 외로움, 황량한 농촌 생활 같은 것들이 꼭 진취성과 야망을 불러오는 것은 아니다. 이것은 그의 부친만을 보아도 알 수 있다. 토마스 링컨이 처한 제한된 조건과 교육의 부재는 오히려 그에게 독립침례교 신앙, 즉 엄격한 칼뱅주의에 대한 믿음을 불붙여 운명론과 소박하다 못해 노예를 겨우 면한 가난한 그 시대 남부인들의 전형적 생활을 편안히 수용하게 만드는 계기가 되었다. 링컨 자신도 엉터리 학교의 엉터리 교사는 결코 "배움에 대한 욕망을 불러일으켜 줄 수 없었다."라고 말하였다. 그렇다면 백악관 비서들이 말하는 그의 '단단하고 굽힐 줄 모르는 성공에 대한 의지'란 과연 무엇이었을까?

우리는 오직 링컨의 사생활에서 찾아낸 몇 가지 실마리를 바탕으로 추측해 볼 수 있을 따름이다. 일부는 그의 타고난 자질에 있을 것이다. 링컨 자신도 그의 어머니가 교양 있고 너그러운 버지니아의 대농장주 루시 행크스의 사생아였으며, 자신의 정신력과 야망은 그 외할머니로부터 물려받았을 것이라고 말하였다. 또한 그의 양어머니의 영향도 상당히 컸을 것이다. 1819년 그의 부친이 전부인 낸시 링컨과 사별하고 1년 후 결혼한 양어머니 사라 부시 존스턴은 인디애나의 통나무집에 정돈과 질서, 그 위에 약간의 호사스러움까지 가져다주었다. 그녀는 아들과 불편하고 적대적이기까지 한 관계를 유지하던 남편의 반대편에 서서 둘 사이의 반목을 조절하고 링컨의 독서와 지적 열망에 대한 남편의 분노를 누그러뜨리는 역할을 하였다. 어린 링컨은 분명히 자신을 일꾼으로 대하거나 여러 가지로 자신의 공부를 방해하던 아버지와 정반대인 사라의 격려와 애정을 소중하게 받아들였을 것이다.

링컨은 법적으로 21세가 될 때까지 아버지에게 복종하고 집을 떠날 수 없었다. 그는 도망가고 싶은 충동을 느꼈지만 참았다. 그는 자신의 가족이 개척자들의 마차 행렬을 따라 정리가 다 된 비옥한 땅을 찾아서 일리노이 중부 메이콘 카운티로 이주하여 첫 번째 혹독하고 외로운 겨울을 함께 보낼 때까지 그 시기를 미루었다. 그러나 1831년 봄이 되자 그는 집을 나와 지방 상인 덴톤 오펏의 상품을 너버선(너비가 넓은 배)으로 뉴올리언스로 운반하는 일을 하였다. 이것이 바로 링컨의 자기개발 행로의 전환점이었다. 그의 동료이자 사촌인 존 행크스와 이복동생 존 D, 존스턴은 곧 농부 생활로 돌아갔다. 그러나 링컨은 결코 돌아가지 않았다. 그는 일 때문에 아버지를 거의 볼 수 없었으나 결코 보고 싶어 하지 않았다. 1851년 토마스의 임종이 가까왔다는 것을 알게 되었을 때조차도 그는 이복동생에게 "지금 우리가 만나면 아마 몹시 고통스러운 경험이 될거예요."라는 말만 아버지에게 전해달라고 부탁하였다. 그는 메리 토드와의 결혼식에도 가족을 전혀 초대하지 않았다. 그가 가족과 절연한 것은 그가 가진 농촌 생활에 대한 거부감을 잘 보여준다.

 1831년 링컨은 생거먼강 상류 사면의 당시 떠오르는 상업 중심지였던 뉴세일럼에 정착하였다. 오펏은 그가 뉴올리언즈에서 돌아오는 대로 링컨을 이 지역 서기로 채용하겠다고 약속하였다. 물방앗간, 목공소, 잡화 상점, 여인숙과 함께 100명 정도의 인구가 살고 있던 이 작은 도시는 황무지에서 시작하여 2년 동안 놀랍도록 발전하였다. 이 도시의 미래는 주변 농촌, 동쪽과 남쪽의 마을을 연결할 항로를 개척하는데 달려있었다. 이 도시에 살던 6년 동안 링컨은 특별한 계획없이 다양한 직업에 종사하였으나 항상 신뢰가 가는 명석한 두뇌와 끈기의 소유자라는 평판을 얻곤 하였다. 링컨의 표현을 빌리자면, 오펏의 "말도 안 되는 계획"이 실패로 돌아가자 그는 상점 서기와 제분소 관리인이라는 안정된 직업은 잃었지만 블랙호크 전쟁으로 인해 임시직에 고용될 수 있었다. 인디언 부족인 소크족과 여우족이 미시시피 동쪽 자신의 영토를 되찾으려고 일으킨 이 전쟁에서 그는 민병대장으로 근무하였으나 전쟁에는 나가보지 못했다. 종전 후에는 자신의 몸집이 대장장이에 어울린다고 생각하였으나 자신의 취향에 맞지 않는다는 사실을 발견하였다. 그러나 곧 마을 잡화 상점 하나를(윌리엄 F. 베리와 공동으로 신용대출을 받아) 구매하였으나 이것이 바로 실수였다. 사업은 뉴세일럼의 성장세가 꺾이면서 도시와 함께 '몰락'하였고 이로 말미암아 링컨에게 남은 것은 베리 몫의 차용증서와 그가 '국가적 부채'라고 부를 만큼 큰 빚을 갚아야 한다는 도덕적 의무감뿐이었다. 한동안 그는 울타리에 쓸 말뚝을 쪼개는 일로 생계를 유지하다가 그의 친구들이 중재를 잘한 덕에 우체국장 일을 맡게 되었다. 일은 부담스럽지 않았으나 벌이가 충분하지 않았다. 그래서 카운티의 신임 측량조사관 존 칼훈이 링컨에게 조수 일을 부탁하자 배운 적도 없고 내키지도 않았지만 단지 빚을 갚아 나갈 수 있을 것이라는 생각에 이를 받아들였다.

 링컨이 노동으로 일관된 삶을 벗어날 수 있었던 것은 대부분 성실하게 자기개발의 노력을 게을리 하지 않았던 덕분이다. 그는 목적 의식을 갖고 수많은 책을 읽었다. 어린 시절에는 학교 교과서와 양어머니가 인디애나로 가져온 성경,

존 버니언의 《순례자의 여정》, 디포의 《로빈슨 크루소》, 《이솝 이야기》, 파슨 웜스의 《조지 워싱턴의 생애》, 벤자민 프랭클린의 《자서전》 등의 책들 밖에 읽을 거리가 없었으므로 그는 이 책들을 모두 여러 번 읽었다. (그의 사촌은 하루의 농장 일이 끝나면 링컨이 옥수수빵 한 조각을 들고 '머리 만큼 높은 짚더미 위에 다리를 올려놓은 채 비스듬히 등을 기대고 앉아' 책을 읽던 모습을 기억하고 있었다.) 뉴세일럼에서 상점 점원과 우체국장으로 일하면서 드디어 그는 좋아하던 시를 탐닉하고 다양한 정치 철학 서적을 읽거나 우체국을 통해 배달되는 신문에 빠져들 여유를 누릴 수 있게 되었다. 이웃들은 그의 엄격한 자기 관리 모습에 큰 감명을 받았다. 인디애나 시절 그는 밤이면 화롯가에 앉아 나무삽 위에 글을 끄적이거나 산수 문제를 연습한 다음 나무삽을 깎아내어 그 흔적을 지우고 다시 시작하곤 하였다. 뉴세일럼에서도 그는 여러 마일을 걸어가서 커크햄의 영문법을 얻어와 공부할 만큼 한결같이 지적 욕망을 불태웠다. 지리학, 삼각법, 대수 등에 관한 지식이 필요한 측량을 독학하면서 링컨은 더욱 공부에 헌신하였다.

일부 글에서는 일리노이 시절 이전의 링컨을 노동을 싫어하는 '게으른 소년'으로 넌지시 묘사하고 있으나 이것은 그의 천성적 부지런함과 정신력, 그리고 강인함을 간과한 결과이다. 링컨은 게으르기 때문이 아니라 자아 실현을 위해 농장을 탈출한 것이다. 그는 사실 태만을 깊이 혐오하였다. 그는 후일 직업을 막론하고 사람이 지켜야 할 "최고의 법칙은 근면함이다. 내일이 오기 전에 오늘 해야 할 일을 모두 끝내자."라는 글까지 남겼다. 그에게 돈을 자주 빌려갔던 이복동생이 다시 돈을 빌리러 오면 그는 "너는 게으른 사람이 아닌데 아직도 빈둥거리고 있구나. 지난번에 만난 이후로 네가 하루 종일 열심히 일한 적이 한 번도 없었을 거란 생각이 든다. …… 하는 일 없이 시간만 낭비하는 네 버릇이 제일 큰 문제다. 이 버릇을 고치지 않으면 너나 네 가족들이 큰 곤경에 처하게 될 게다."라고 말하며 엄하게 꾸짖곤 하였다. 후일 한 법학도 지망생이 성공의 비밀을 물어보자 그는 "노력, 노력, 노력, 노력밖에 없지요."라고 대답하였다. 근면과 노력은 물론 그 자체로도 가치가 있지만 유용한 재정적 자립의 수단이기도 하다. 부에 대한 열망만이 링컨의 원동력이 된 것은 아니었다. 부르주아 계층에 진입하기 위해서는 돈의 역할을 간과할 수 없었지만 그 자체가 목적은 아니었다. 링컨의 변호사 사무실에서 조수로 일한 데이비드 데이브스는 여러 해 후 그의 친구가 변호사 수입이 상당히 좋았을 때에도 '단순하고 검소한 생활'을 유지하였다고 회상하였다. 그에 따르면 부유한 고객들도 상당수 있었지만 링컨은 결코 수임료를 올리지 않고 돈을 모으는 데 그다지 관심을 두지 않았다고 한다. 1850년대 일리노이 주의 대부분 정치 엘리트들과 달리 링컨은 토지 투기의 유혹에 휩쓸리지 않았다.

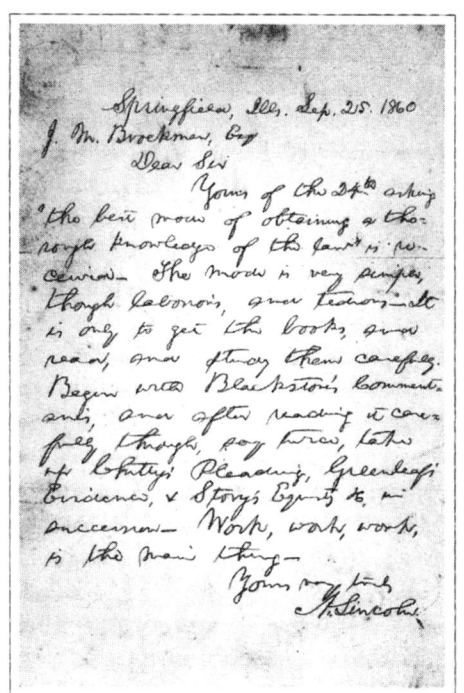

링컨의 신념
링컨이 젊은 변호사에게 보낸 짧은 편지 속에는 자신의 노력을 통한 자기개발 원칙이 간단 명료하게 기술되어 있다.

링컨의 야망 속에는 자기 훈련, 개성 추구와 적극성이 혼합된 '양키' 기질로 대표되는 – 비록 이 부류의 다른 사람들과 달리 그가 도덕률을 강요하지는 않았지만 – 뉴잉글랜드 지방 청교도의 결벽증이 숨어 있었다. 기업과 개인의 노력에 대한 그의 찬사 속에는 전통적인 농촌의 운명주의와 사뭇 달리 개개인의 책임을 강조하는 '근대화'의 물결 또는 아르미니우스파적 칼뱅주의와 많은 공통점이 내포되어 있다. 예상대로 그는 '맥빠지는' 기분이 든다고 술과 담배를 기피하였다. 개척 생활에 빠질 수 없는 요소였던 술과 담배는 개인의 자기 통제력과 자기 의 존성에 심각한 위협이 되었다. 비록 그의 말투나 문장, 강인한 육체, 소박한 유머 감각과 말재주 등으로 인해 자신이 가난한 농촌 출신이라는 것을 감출 수는 없었지만, 그는 개척 생활의 여러 가지 야만적 측면을 몹시 혐오하였다. 링컨은 동물을 잔인하게 다루거나 사냥하는 것을 싫어하였으며, 총을 사용하지도 않았고, 신앙부흥 운동의 거친 감정주의나 지나친 이론적 단순화를 경멸하였다.

정확한 시기는 확실치 않으나 링컨은 정치 경력을 통한 자아실현의 가능성을 이미 일찍부터 깨닫고 있었다. 유년 시절 그가 읽은 책 중에는 《조지 워싱턴의 생애(Life of George Washington)》와 함께 윌리엄 스콧의 《웅변술(Lessons in Elocution)》도 포함되어 있었다. 인디애나 시절 제한된 학교 생활에도 불구하고 그는 정치에 대한 에세이를 썼을 뿐만 아니라 연설을 하거나 이야기를 들려주며 학우들을 즐겁게 해 주었다. 일리노이로 떠나기 오래전부터 그는 정치 간행물을 정기적으로 구독하였으며, 일리노이에 도착한 지 얼마 되지 않아 벌써 주의원 선거 기간 동안 데카투어에서 즉석 연설을 한 바 있다. 2년 만에 겨우 23세의 청년으로서 성실성과 강한 정신력, 서글서글한 매력으로 뉴세일럼의 이웃들에게 깊은 인상을 심어줄 무렵 링컨은 치안 판사와 토론회 회장을 포함한 여러 명의 유지들로부터 선거에 직접 출마할 것을 종용받았다.

그들은 링컨에게서 대중적이고 자신감 넘치는 젊은이 상을 발견하였다. 그들은 그가 더 싸고 효율적인 하천 운송 수단의 개발을 위한 정부 지원을 획득하여 뉴세일럼의 상업을 번창시켜 줄 것이라고 믿었다. 출마 전략으로서 그는 도시의 산업과 도덕 수준을 높일 수단으로서 저리의 신용대출, 항해 개선책, 그리고 교육 기회의 보장을 내놓았다. 이 선거전에서 내심 그는 아직 태동 단계에 있던 휘그당과 그가 누구보다 존경하였던 경제 제도의 전국적 정치 지도자인 헨리 클레이를 동맹군으로 삼았다. 그러나 그는 전국적 이슈나 정치에 관한 직접적 언급을 삼갔는데, 그 이유는 그 지역을 포함하여 전 서부 지역에서 클레이의 경쟁 대권 주자이자 현직 민주당 당수인 앤드류 잭슨의 인기가 매우 높았기 때

문이다.

출마 선언 직후 블랙호크 전쟁이 터졌을 때 그는 그가 속한 민병대 대원들이 자신을 대장으로 뽑아준 가슴 벅찬 경험을 통해 그 지역에서 얼마나 많은 사람들이 자신을 지지하고 있었는지 알게 되었다. 거의 30년이 흐른 후에도 링컨은 이것을 "평생 가장 큰 기쁨을 가져다주었던 성공"이라고 단언하였다. 3개월의 복무 기간이 끝나고 나니 주의원 선거운동을 준비할 시간은 거의 남아있지 않았다. 그러나 그에게는 몇 번의 연설을 할 기회가 있었고, 이것은 결국 그에게 긍정적인 결과를 가져다주었다. 스테판 T. 로간 판사는 처음 그를 대면하면서 그의 생김새가 "볼품없고 거칠기는(링컨의 바지는 구두에서 15센티미터 정도 짧게 올라가 있었다.)" 하지만 자신의 생각을 제시하는 참신함이 무척 인상적이라고 생각하였다. "링컨은 이러한 개성을 일생토록 한결같이 간직하였다." 그는 뉴세일럼의 거의 모든 표를 싹쓸이 하다시피 하였지만, 다른 선거구에는 잘 알려지지 않았으므로 선거에 실패할 수밖에 없었다.

그러나 선거 패배는 링컨의 야망이나 자신감에 아무런 영향을 미치지 않았다. 그는 선거를 통해 소중한 경험뿐만 아니라 로간과 스프링필드의 신사인 존 토드 스튜어트를 비롯해 휘그당의 다른 유력 인사들의 우정을 얻을 수 있었다. 1834년 재출마 당시에는 열세 명의 후보가 네 개의 의석을 놓고 경쟁을 벌여 링컨이 당선되었다. 마침내 그는 새로운 세계에 발을 들여놓게 된 것이다. 그는 돈을 빌려 양복을 샀으며, 정규 교육을 받지 못한 그의 수줍음을 발견하고 책까지 빌려주며 그를 격려한 스튜어트의 지원에 힘입어 법률 공부에 매진하기 시작하였다. 1835년 2월 의회가 폐회하자 링컨은 과거 측량법을 공부하던 때와 똑같이 그의 말마따나 "착실한 자세로" 고학을 통해 블랙스톤의 《평론집(Commentaries)》과 여러 가지 법률 서적을 통달하였다. 놀랍게도 그 후 단 2년 만에 링컨은 일리노이주 변호사 시험에 합격하여 입회 선서를 하게 된다. 1837년 4월, 그는 뉴세일럼을 영원히 떠나 그곳에서 멀지 않은 스프링필드에 자리를 잡는다. 이곳은 생거먼 카운티가 위치한 작고 바쁜 신생 도시로 스튜어트가 동업을 제안한 곳이다. 변호사 생활은 정치 경력과 이상적인 보완 관계를 이루었다. 변호사 직업은 생계를 지탱해 줄 뿐만 아니라 법안 작성에 필요한 기술 습득과 중요한 인맥 형성의 수단이 되었다. 게다가 어려운 소송 사건은 별로 없었으므로 대부분의 시간을 호기심에 가득 차 존경의 눈빛을 반짝이는 관객들 앞에서 정치 공개 토론회를 갖거나 논쟁을 벌이는데 할애할 수 있었다.

 주의 수도인 밴달리아에서 링컨은 그의 첫 번째 의원 생활을 비교적 별 탈 없이 보냈다. 그는 주로 듣고, 관찰하며 조용히 주변 사람들에게 깊은 인상을 주었다. 1836년 재선 후 180센티미터가 넘는 키 때문에 '9인의 거인 그룹(Long Nine)'의 일원으로 불리게 된 이 생거먼 카운티의 휘그당 의원은 뛰어난 의정술과 스프링필드로 주의 수도를 옮기기 위한 법안을 처리하며 보여준 교묘한 솜씨로 인해 얻은 자신감을 바탕으로 당의 원내 대표직에 선출되었다. 1838년과 1840년의 두 번 의원직을 더 수행한 후 그의 자신감과 명성은 더욱 드높아져 있었다. 그는 하원에서 휘그당을 이끌며 두 번 의장직에 출마하였으나 성공하지 못하였다. 이중 한번은 단 한 표 차로 선거에 패배하였다. 네 번째 임기가 끝나갈 무렵 비록 재선에 출마하지 않기로 결정하지만, 이것은 결코 그의 정치적 야망이 끝났다는 표시가 아니었다. 마찬가지로(1841년과 1844년 두 차례에 걸쳐) 주지사 선거에 대한 출마를 거부한 사실도 이와는 전혀 관계없다. 오히려 이 두 사건은 냉정한 현실 인식의 결과이다. 일리노이에서 그는 이미 자신의 뛰어난 정치적 수완을 충분히 과시하였으므로 더는 보여줄 것이 없었던 반면 민주당의 텃밭인 이 주에서 휘그당원이 주지사로 당선될 가능성은 거의 없었다. 링컨이 주 의회 상원의원으로 출마할 생각도 했었던 것 같기는 하다. 그러나 만일 그랬더라도 결과는 마찬가지였을 것이다. 더욱 중요한 일은 1840년 대통령 선거에서 그가 주에서 당의 후보 윌리엄 헨리 해리슨의 지지 유세를 펼치는 동안 휘그당의 '대통령 선거인'으로 발탁되었다는 사실이다. 1844년 그가 완벽한 정치인이라 평한 헨리 클레이를 위해 더욱 멀리 지원 유세를 다니던 와중에도 이런 일이 발생하였다. 이 두 번의 사건은 그에게 좀 더 큰 정치 무대에 대한 경험과 욕망을 함께 가져왔다. 링컨은 이미 1841년 주 의회를 떠나면서 연방 의회에 진출하리라는 의지를 확고히 하였던 것 같다. 1843년 그가 재선 출마를 원하지 않는다고 존 토드 스튜어트에게 밝혔을 때 이미 도전을 결심한 것이 확실하다.

새로 확정된 제7의회 선거구에는 휘그당이 뚜렷한 강세를 보이는 지역이 여럿 포함되어 있었다. 휘그당의 후보로 선출되면 누구든지 연방의회 의원으로 선출될 것이 확실시되었다. 이 선거구에는 또한 능력이 출중한 휘그당 인사들이 많이 포진해 있었다. 당의 지명을 원한다는 링컨의 열망은 분명해졌고 그는 지지를 그러모으기 위해 열정적으로 동분서주하였다. 그가 동료 변호사인 리처드 S. 토마스에게 "만일 누가 링컨이 의원 후보 선거에 출마하고 싶어 하지는 않는다고 말을 하면 꼭 그 사람한테 그건 잘못 안 것이라고 말해 주게. 사실 나는 정말 의원이 되고 싶다네."라는 말을 한 적도 있다. 그의 절친한 친구이자 두려운 라이벌인 에드워드 D. 베이커가 그 대신 생거먼 카운티 휘그당의 지지를 얻었을 때 링컨은 몹시 화가 났다. 기부금을 전달할 대표 중 한 명으로서 이 지역 전당대회에 참석하면서 그는 자신의 처지가 "자신과 절연하고 자신이 사랑하던 '여인'과 결혼하는 친구의 결혼식에 '꼼짝없이' 붙들린 신랑 들러리"와 같다고 표현하였다. 그는 베이커의 지명을 방해하는 일은 하지 않았으나 자신이 강세를 띠고 있는 지역에서 자신의 지지자들이 이탈하는 것을 막기 위해 노력하였다. 1843년 5월 페킨 선거전에서 두 사람은 능력 있고 야심 많은 잭슨빌의 존 J. 하딘에게 패배하는 수모를 함께 겪었다. 그러나 링컨은 하딘의 워싱턴 의회 임기를 1회로 제한하고 그 뒤를 베이커가 잇도록 하자는 실질적인 의결을 이끌어 낼 수 있었다. 두 번의 선거전 이후 자신의 지명 가능성을 열어놓은 것이다. 그럼에도 불구하고 링컨은 너무나 깊이 실망한 나머지 그로서는 매우 드물게 선거 당일 하딘에 대한 투표를 거부하는 복수에 가까운 행동을 보였다.

링컨이 바라던 대로 베이커는 1844년 제7선거구에서 당선되었다. 자신의 야망도 이 선거 결과에 달려 있었으므로 링컨은 베이커에 대한 지원을 아끼지 않았다. 그러나 링컨의 강한 기질과 목표를 향한 집요함은 다음 경선에서 진정한 시험대에 오른다. 그는 투표 예정일 거의 1년 전인 1845년 9월부터 움직이기 시작한다. 베이커에게 경선 불출마 약속을 받아낸 후 링컨은 하딘을 방문했다. 그러나 그는 아무런 약속도 하지 않았다. 그 후 6개월에 걸쳐 정치적 공방이 벌어졌다. 이 공방은 1843년 페킨의 합의 내용과 '교대(交代) 지명은 공정한 것'이라는 주장을 펼친 끝에 링컨이 주도할 수 있었다. 1844년 출마하지 않음으로써 하딘은 '공직의 순환'이라는 원칙에 이미 찬성한 셈이 되어버렸다. 따라서 이제 와서 이를 거부하고 이 원칙이 공화주의에 반하는 것이라고 주장해도 아무 소용이 없었다. 당 지도층의 많은 인사들은 이 잭슨빌의 휘그당원을 좋게 평가하고 있었으나 하딘이 반대를 천명하기 전에 이중 상당수가 이미 링컨에게 약속을 해버린 상태였다. 링컨은 교묘하고 효과적으로 언론을 활용하여-특히 생거먼과 접전 지역이었던 북부의 여러 카운티에서-하딘은 의원보다 주지사에 출마하는 것이 나을 것이라는 분위기를 조성하였다. 허를 찔린 하딘은 링컨이 후보 지명을 노려 노골적으로 야비하고 '간사한 술책'을 동원하였다고 비난하였다. 자신의 감정을 조절하면서 링컨은 결정적으로 언론에게 두 후보 사이의 극단적 대결을 알리지 않았다. 선거구와 카운티 전당대회에서 "이제는 링컨의 차례이다."라는 의견이 확대되자 하딘은 지명전에서 물러났다.

　　당의 지명을 향한 이 힘겨운 싸움이 끝난 후 링컨이 민주당 후보인 피터 카트라이트와 겨룬 선거전은 오히려 싱겁게 끝났다. 링컨은 이 유명한 감리교 목사를 상대로 거둔 승리를 당연한 것으로 받아들이지 않았지만, 카트라이트와의 대결에서 칼뱅주의자에 대한 반감에도 불구하고 지나친 종교인이나 배교자는 휘그당의 위력 앞에서 맥을 못 추었다. 결국 링컨은 대다수의 지지를 업고 워싱턴에 진출할 수 있었다. 하지만 링컨은 친구인 조슈아 스피드에게 선거에서의 승리가 "기대한 것만큼 기쁘지 않다."라고 말하였다. 그의 의원 생활은 결국 전국적 지명도를 얻기 위한 발판이 되지 못한 채 별 사건 없이 평이하게 마감되었다. 그럼에도 불구하고 아마 링컨은 자신이 제안한 공직 순환의 원칙만 아니었으면 즐거이 재선에 도전하였을 것이다. 그는 처음부터 "개인적인 이유라기보다는 다른 사람들을 보다 공정하게 대하고자 하는 소망에 의해서" 다시는 나서지 않을 것이라고 선언했었다. 그는 다른 후보자가 있다면 자신이 했던 '말과 신용'을 저버리는 일을 할 수 없을 것이라고 말하였다. 따라서 계획대로 의원직이 종

료된 이후, 처음에는 마지못해 일리노이의 야심가들이 가장 선망하는 공직인 국유지 관리국 국장직에 도전하였다. 그러나 재커리 테일러가 당수로 앉은 휘그당의 새로운 지도부는 이 자리를 시카고 출신의 능력 있는 토지 전문 변호사 저스틴 버터필드에게 수여하였다. 그는 링컨과 달리 국장에 선출되기 위해 별다른 노력을 기울이지 않았다. 이로 인해 링컨은 몹시 낙담하였다. 링컨은 국유지 관리국 국장이라는 직위가 다수당인 민주당이 독점하는 주에서 대통령과 주지사 선거를 위한 보다 강력한 휘그당의 지지 기구를 건설할 수 있는 이상적 수단이 될 수 있었을 것이라고 믿었다. 휘그당의 가장 야심찬 지도층에게 큰 도움이 되었을 좋은 기회가 사라져 버린 것이다. 보상의 의미로 오레건의 주지사 직을 제안받았으나 그와 그의 아내는 이것이 정치적으로 막다른 길이라고 판단하여 거절하였다.

링컨은 1849년 다시 변호사 생활로 돌아가 윌리엄 헌든과 동업을 계속한다. 그는 이때를 시작으로 1854년까지 짧은 기간 동안 정치에서 물러나게 된다. 그가 정치에서 얼마나 멀리 떨어져 있었는지, 그리고 중년에 찾아온 이 몇 년간의 은퇴 생활이 그의 개인적 발전 면에서 가지는 중요성에 대해서는 의견이 분분하다. 링컨 자신은 후일 이 기간을 "다른 어느 때보다도 변호사 역할에 충실"하였으며, "정치에 대해 흥미를 잃고 있었던 시기"이며, 1854년에는 "마음속에서도 변호사 직업이 정치에 대한 생각보다 훨씬 우위에 있었다."라고 적었다. 그는 1860년 윌리엄 딘 하우웰의 캠페인 전기에서 1849년 이후 "이제는 그에게 야망이 남아 있지 않았다."라는 글을 읽었을 때에도 이의를 제기하지 않았다. 그는 한 번 더 의원직이나 주의회 선거에 도전해야 한다는 주변의 권고를 거절했으며, 중요한 정치 모임에도 여러 번 불참하였다. 그러나 링컨이 대중적 명성을 더는 원하지 않았다고 믿을 만한 근거는 전혀 찾아볼 수 없다. 이 시기는 깊은 자아성찰과 절망에 가득 찬 악몽같은 기간으로 기록되어 있다. 우리는 그가 불행했던 이유에 대해 오직 추측해볼 수 있을 따름이지만 아마도 이것은 실패감 때문이었을 것이다. 헌든은 의회에서 돌아온 날 링컨이 "정치계에서 다시 한 번 인정받을 수 없을 것이라며 몹시 낙담한 상태"였다고 말하였다. 오랜 경쟁자인 민주당의 샛별 스테판 A. 더글러스의 그것과 비교해볼 때 그의 경력은 철저히 지역에 국한되어 있었다. 그러나 그는 자신의 존재를 정치계에서 완전히 지우지 않았다. 여전히 당의 관리를 도맡았으며 전국위원으로 일하면서 1852년에는 휘 그당의 당수 후보 윈필드 스콧을 위해 선거 연사로도 활동하였다. 또한 재커리 테일러와 헨리 클레이의 장례식에서는 추도문을 읽었다. 만일 1854년의 경우처럼 정치적으로 기회가 주어졌다면 그는 결코 그것을 놓치지 않았을 것이 확실하다.

어째서 링컨의 끝없는 야망은 다른 무엇보다 정치적 직위를 추구하는 것으로 표출되었을까? 그에 대한 여러 가지 다른 의문점들과 마찬가지로 여기에 대해서도 사실을 통한 추측만 가능하다. 분명히 그의 선택이 잘못된 것은 아니었다. 개발이 한창인 서부의 각 주에서 명성을 닦는 길은 대부분 사업이 아닌 정치와 그의 종속물인 법조계를 통해서만 가능하였다. 단순한 관점에서 본다면 정치적 직위는 자신감, 명석한 분석적 두뇌, 대중 연설에 대한 재능을 인정받았으나 제대로 된 자격은 전혀 갖추지 못한 채 큰 빚을 짊어진 젊은이에게 생계 수단을 제공해 주었을 것이다. 이 과정에 정치적 성향이 대단히 강했던 메리 토드 링컨이 더 높은 정치적 성공을 추구하도록 그를 부추겼음이 분명하고, 아마도 이것이 그가 위안을 찾았던 가정 내에 불화를 가져오는 계기가 되었을 것이다. 그러나 사실 그의 정치 경력과 야망은 메리가 그의 인생에 끼어들기 훨씬 전에 이미 확립되어 있었다.

우리는 적어도 천성적으로 겸손했던 링컨이 과대망상증이나 '다른 사람들을 지배하고자 하는 값싼 욕망'으로 인해 정치적 리더십에 매료되지는 않았으리라고 확신할 수 있다. 그는 1838년 1월 스프링필드에서 젊은이를 위한 문화 강좌에서 했던 연설에서 폭정에 대해 경고하였으며, 이것을 불순한 의도에 대한 진술로서 해석하려면 특별한 유형의 역사 왜곡이 필요하다고 지적하였다. 대통령 임기 말에 이르러 링컨은 정치적 성공을 죽음에 대한 초월 수단으로 보았던 것 같다. 그러나 청년 링컨은 그의 정치적 욕망이 유년 시절의 빈곤함과 교육의 부재, 그리고 자신의 자존감에 상처를 입힌 '감정적 영양 결핍'을 보충할 수 있는 한 방법이

라고 생각한 듯 보인다. 그는 자신의 유별난 신체적 특징, 즉 지나치게 큰 키와 긴 팔, 전체적으로 거친 외형으로 인해 부끄러움을 많이 느꼈을 것이다. 그에게 정치는 타인의 허용과 인정을 약속해 주었을 것이다. 1832년 그의 첫 유세 연설문에서 유권자들을 향해 그는 "모든 사람은 자신만의 야망을 가지고 있다고 합니다. 나의 가장 큰 야망은 동료들로부터 존중을 받을 만한 사람이 됨으로써 그들로부터 진정한 존중을 받는 사람이 되는 것입니다."라고 썼다.

에이브러햄 링컨의 초상, 1846년경 새로 의원으로 당선되어 워싱턴으로 떠나기 직전의 모습이다.
평소와 달리 잘 정돈된 머리 모양에서 조심스런 아내의 손길이 느껴진다.

정치적 비전

링컨의 정치 권력 추구 성향 뒤에는 단순히 개인적으로 존중받고자 하는 욕망보다 더 많은 것이 숨어있다. 그의 야망은 진정한 국가의 모습에 대한 비전을 통해 성장해 왔다. 초기의 링컨은 정치적 신념에 대한 포괄적 선언을 한 적이 없다. 그러나 당선 연설과 주의회 활동, 그리고 전국적 의정 활동을 통해 분명한 철학과 윤리적 기반 위에 일관된 정치적 구상을 제시해 왔다. 그 핵심은 모든 개인이 근면성과 진취성, 그리고 자기 관리를 통해 점차 시장 중심으로 발전하는 사회에서 자립할 권리가 있다는 능력 사회에 대한 믿음이었다. 특히 빈곤층에 대한 그의 가장 큰 희망은 국가 경제의 발전과 물질적 개선에 놓여있었다. 그는 정부가 앞을 내다보고 개입하여 필요한 무슨 일이든 '국민을 위해 봉사하면 이러한 목적을 이룩할 수 있겠지만, 혼자서 능력껏 따로따로 일하면 결코 모든 일을 다 이룰 수 없으며, 다 잘할 수도 없다'고 생각하였다. 링컨의 경제 논리는 노예 제도로 인해 당시에는 사회적 윤리적으로 맞지 않았다. 그는 개인의 안위는 자유로운 공화정의 건국 이념에 충실한 연방 제도하에서 반드시 보호받고 확대되어야 할 가치라고 믿었다.

가족이 인디애나를 떠나기 훨씬 전 링컨이 겪은 개인적 고난은 《루이스빌 소식지》와 기타 잭슨 반대 신문을 통해 그의 머릿속에 확실히 각인되었던 정치 구상에 불을 당겼다. 헨리 클레이의 '미국의 제도'는 국립은행, 보호 관세, 상품 운반을 위한 도로와 수로(지역 내)의 개발과 같은 내용이 담겨있었다. 링컨은 신생공화국의 경제 발전을 위해 가장 중요한 요소들을 배워 나갔다. 전체적으로 휘그당이 생각하던 계획은 생존을 유지하는 단계에서 시장 경제로 변화를 촉진하고, 더 많은 농부와 기술자를 새로운 상업과 산업 질서 속으로 편입시키자는 것이었다. 일리노이 중부에 도착하자 그는 토지의 비옥함과 지역 천연자원의 풍부함, 그리고 남부 출신 및 양키 정착자들이 계속 늘어나는 현상을 보며 이 지역의 무서운 성장 잠재력을 확인하였다. 그가 데카투어에서 한 생애 최초의 정치 연설은 수송 운하의 개발 필요성에 관한 내용이었다. 2년 후 그의 처녀 출마에서 생거먼 카운티 유권자를 향한 연설에서 그가 가장 역점을 두었던 사안은 지역 내 교통 시스템 개선의 필요성이었다. 교통이 개선되지 않으면 남은 고기와 곡물을 판매할 수도, 필요한 공산품을 들여올 수도 없을 것이기 때문이다. 자신을 해박한 항해사로 소개하는 동시에 재정 문제에 대해 신중한 접근을 취하면서 링컨은 생거먼 강을 깨끗이 정비하여 뉴세일럼의 경제적 미래를 확보하자는 계획을 발표하였다.

이후 10년의 세월 동안 야심찬 지역 발전 계획은 링컨의 정치적 의제 한가운데를 차지하게 된다. 링컨은 이 계획이 토지의 가치를 높이고 새로운 이민을 불러들임으로써 일리노이주 전체에 새로운 번영의 시대를 가져다줄 수단이 될 수 있다고 굳게 믿었다. 그는 조슈아 스피드에게 자신이 '일리노이의 드윗 클린턴'이 되고 싶다고 말하기도 했다. 당시 높은 평가를 받고 있던 뉴욕주 주지사의 이리운하(Erie Canal) 건설은 이와 동떨어진 서부에서도 당연히 시도해 볼 만한 가치가 있는 일이었다. 1835~1836년의 겨울에 주의회 임시 회기가 이 같은 계획의 분수령이 되었다. 미시시피와 5대호, 이리운하와 대서양을 잇는 일리노이-미시간 운하 건설 계획을 접한 의원들은 총 50만 달러의 대출을 승인하였다. 이에 앞서 링컨은 이 계획에 대해 연방 정부가 국유지 판매로 얻은 수익을 지원해 주어야 할 것이라고 지적했었다. 그러나 다른 의원들은 민간 자금만으로 건설할 것을 주장하였다. 의회는 1830년대에 급속히 팽창하던 투기 물결에 휩쓸려 다른 주에도 이 장대한 계획을 알리는 한편 까다로운 민간 자금까지 끌어들여 주차원의 자금 마련 원칙을 승인하였을 뿐만 아니라 다음 회의에서는 운하를 보충할 수 있는 엄청난 하천 정비 및 철도 건설 계획을 비준하기까지 하였다. 두 개의 간선도로, 6개의 지선도로, 그 외 크고 작은 사업을 통해 역사상 가장 광범위한 정치적 지지 기반이 확보되자 주정부는 약 천만 달러에 달하는 대출금을 내놓게 된다. 이 모든 것이 자세한 계산이나 올바른 측량 없이 일사천리로 합의되었다. 도로 운영을 통해 채무를 감당할 수 있을 만큼 이윤을 돌려받고, 덤으로 토지 가격이 상승하면 주정부는 도로 소유권을 외부 투자자를 제외한 민간에 판매하면 된다는 계산이 세워졌다. 의회에서 다수 표를 점유한 당으로서 민주당(특히 스테판 A. 더글러스)은 당연히 이 계획의 주요 입안자가 되었다. 반대 당임에도 불구하고 휘그당을 이끌던 링컨과 그의 생거먼 카운티 출신의 동료들은 모든 과정을 적극적으로 지원하였다.

그러나 그 직후 1837년 금융 공황이 닥쳐왔다. 토지 판매는 침체되고 가격과 임금은 떨어지고 파산자가 속출하였다. 일명 일리노이 계획은 세수가 줄어들자 위기에 봉착하였다. 링컨은 계획의 붕괴를 막을 결심으로 새로운 자금 충당 계획을 연구하였다. 특히 그는 주 내 모든 연방 정부 소유지를 할인 가격에 구매하여 정착자들에게 마진을 남기고 팔아 그 수익금을 채무금 상환에 사용한다는 비현실적인 계획까지 생각해 내었다. 주의회는 이 계획에 지지를 보냈으나 워싱턴은 전혀 관심을 보이지 않았다. 그는 또한 실제 토지 가격과 연계성이 떨어지는 현재의 세금 대신 단계별 토지세를 부과하자고 제안하기도 하였다. 그는 대중이 이 방법에 별 거부감을 갖지 않을 것이라고 생각했다. '왜냐하면 대다수 서민들보다 소수의 부유층에 대한 세 부담만 커지기 때문이다.' 그러나 일리노이 주민들 사이에는 1839년 깊은 침체기를 맛본 후 제도에 대한 불신이 크게 팽배해 있었으며, 과거의 많은 지지층도 이와 함께 사라졌다. 그러나 링컨은 도덕적 의무감에 경도되어 굳건히 경제 문제에 헌신하였다. 건설 계획의 실패가 분명해진 시점에도 그는 '잔해 속에서라도 일리노이를 위해 건질 것이 있을 것'이라며 분투하였다. 특히 그는 운하 건설 계획에 집착하였다. 그러나 스스로 주 정부의 채무에 그 이상의 부담을 줄 만한 배짱이 없다는 것을 깨달은 대다수 의원들을 설득하는데 실패하고 말았다. 일리노이주는 운하 건설 외 기타 모든 계획을 포기하고도 이로 인해 진 채무를 갚는데 장장 40년이라는 세월을 보내야 했다.

  링컨의 국내 개발 계획에는 은행 제도에 대한 견고한 믿음도 포함되어 있었다. 클레이처럼 그도 연방 정부 소속 은행에 대해 찬성하는 입장이었다. 그러나 잭슨 대통령의 국립 은행, 즉 미합중국은행에 대한 성공적인 공세 이후 링컨은 주립 은행의 필요성을 당론에 비해 우선시하게 된다. 다른 일리노이 의원들이 1835년 주립 은행의 법인화를 고려하는 동안 링컨은 자신이 새로운 자본주의 질서의 핵심 기재라고 판단한 제도를 위해 민주당의 주립 은행 지지안에 찬성표를 던졌다. 잘 정비된 은행은 건전한 통화의 유연성을 제공하고 한편으로는 경화 지지자들의 극단적 처방에서, 다른 한편에서는 지폐 가치 하락으로부터 대중을 보호할 수 있다. 은행은 안전한 공공기금 보관소인 동시에 지역이 지속적으로 발전하기 위해 반드시 필요한 신용 체제를 제공해 준다. 또한 은행은 지독한 고리대금 관행을 없애는 계기도 마련해 줄 수 있다. 링컨은 은행의 이 같은 장점이 일리노이 전체 주민에게 이익을 가져다 줄 것이라고 믿었다. 낭만적 토지 균등 분할론자인 동시에 경화 지지자인 많은 수의 민주당원들은 은행을 물질주의 신질서의 상징으로서 오직 정치인, 은행가, 그리고 일부 부유층만을 위해 존재하는 조직이라고 생각하였다. 반면 링컨은 '정직한 농부와 기술자'도 부유층 못지않은 혜택을 받을 수 있다고 생각하였다. 스프링필드 은행의 운영 감사를 주장한 반 은행주의자들의 요구에 대응코자 1837년 1월 일리노이 의회에서 그가 한 연설을 통해 링컨은 교묘하게 이러한 공격이 '소수 정치인들의 공작일 뿐이라는' 사실을 증명하였다. "자신의 이익이 대중의 그것과 대치되며 부정직한 일단의 소수 정치인들이 그 장본인이다. 나는 내 스스로가 정치인이므로 이런 문제를 개인적인 관점에서 벗어나 자유로이 말할 수 있다."라고 링컨은 말하였다. 이와 대조적으로 일리노이의 일반 주민들은 은행에 대해 아무 불만이 없는 상태였다. 링컨은 "은행 덕분에 일리노이의 농산물 가격이 두 배가 되었다."라고(경제적 정확성보다는 정치적 입장에서) 주장하면서 "주민들의 호주머니가 건전한 통화로 두둑해 졌다."라고 했다.

서부인들의 은행에 대한 거부감은 은행이 1837년 공황 이후 정화 지불을 중지했을 때, 그리고 1839년 추가 중지 조치가 속행되었을 때 최악으로 치달았다. 링컨은 개발 계획 당시 그러했던 것처럼 끈질기게 주립 은행을 위해 투쟁하였고 은행은 신용 체제가 정비됨에 따라 다시 되살아났다. 그러나 계속되는 화폐 가치의 하락과 저당권 상실, 대출 수요는 은행의 정치적 기반 축소를 가져왔다. 민주당원들은 은행에 대해 어려움에 처한 어음 소유주들에 대해 정화 지불을 재개하라고 요구하였다. 링컨과 휘그당의 은행 지지자들 뿐만 아니라 반대론자들도 강제 정화 지불은 서부 각 주에 존재하는 엄청난 정화 수요층이 주화를 모두 삼켜버려 은행의 파산을 불러오리라는 것을 알고 있었다. 이 진퇴양난의 극적 순간에 링컨의 결단력은 빛을 발한다. 회기를 일찍 정회하면 지난 회의에서 합의되었던 정화 지불 중지 기간도 함께 끝나게 되므로 우선 민주당이 회기를 정회하지 않도록 막아야 했다. 따라서 휘그당원들은 정회 정족수 미달을 불러올 목적으로 회의에 참석하지 않았다. 링컨과 몇몇 동료 의원들은 민주당이 당원으로 부족한 정원 수를 다시 채울 때까지 기다렸다가 휘그당 의원들을 빼내 표결 정족수 미달을 일으키고자 시도하였다. 정문 수위가 나가는 것을 방해하자 이들은 창문으로 뛰어내렸다. 그러나 불행하게도 이들은 출석 처리되었다. 정회와 신용 회수, 그리고 민주당의 조롱이 잇따랐다. 법률과 헌정 질서를 사랑하고 '혁명론자의 모든 것을 경멸하였던' 링컨은 이를 두고두고 후회하였다.

    그렇다고 이것이 주립 은행을 살리려는 링컨의 마지막 노력은 아니었다. 하지만 분명히 그는 은행 제도 반대론자들의 강한 위력 앞에 무력함을 느꼈다. 이런 그에게 1840년의 당선 사실은 전혀 기쁜 일이 되지 못했다. 윌리엄 헨리 해리슨을 위해 시끄러운 로그 캐빈 캠페인에 쏟아 부은 휘그당의 힘겨운 노력은 당의 정책적 입장을 되도록 감추기 위한 것이었다. 그러나 링컨은 반대로 현재의 문제, 즉 연방 은행에 대한 이슈를 지적하고 들추어내기로 결심했다. 연속되는 많은 연설을 통하여 그는 국립 은행은 민주당 잭슨의 후계자 마틴 반 뷰렌이 제안한 독립 연방 금고 제도보다 연방 정부에게 훨씬 효과적인 재무 대리 기관으로 판명될 것이라고 끊임없이 주장하였다. 대중의 기호에 맞추어 약간의 손질을 가하기는 하였으나, 그는 주로 합리적 기술적 방법—주로 연역법을 사용하여—을 사용하여 민주당의 계획에 필수적으로 따르는 통화 공급 감소 현상이 가져올 피해와 통화 수축 효과를 역설하였다. 특히 가난한 농부나 노동자들의 구매력과 '건전한 단일 주 통화'를 유지하는 중앙 은행의 우수성이 파괴될 것이라는 예측을 내놓았다. 그러나 이러한 그의 투쟁으로 휘그당은 대통령 선거인 지분을 잃었을 뿐만 아니라 링컨 자신도 재선에서 패배하였다.

    주립 은행은 결국 1842년 문을 닫았다. 그러나 이 일리노이주의 은행 제도 실패도 신용 제도의 잠재력과 미국 서민들의 희망과 삶을 변화시킬 '운송 혁명'에 대한 그의 믿음을 흔들지는 못하였다. 그는 1837년 이후 닥쳐온 불경기가 휘그당의 잘못된 비전 탓이라기보다 국가 운영 정책이 잘못된 탓이라고 생각하였다. 그 이후 1843년까지 국내 개발과 은행 제도는 선거에서 위험한 이슈로 취급되었다. 1844년 "일리노이 주민들에게 고함"이라는 글과 선거 유세 연설에서 그는 이 곤란한 이슈 대신 대통령 후보들이 선거에서 세 번째로 주된 관심을 쏟았던 제도, 바로 보호관세에 대한 휘그당의 입장을 주로 다루었다.

링컨의 미국 경제 개발과 개인적 발전에 대한 열린 안목은 여기서 다시 한 번 빛을 보게 된다. 실제로 그는 과거로부터 일관되게 토지 분배보다는 상업 및 산업 부분에 더 많은 관심을 기울여 왔다. 관세 장벽은 막 태동하는 제조업계의 잠재력을 키워 이 부분의 성장을 통해 국내에서 물건을 더욱 싸게 구매할 수 있는 기회를 제공하고, 고용을 창출하여 농산품에 대한 국내 수요를 증가시켜 결국 농부에게 혜택을 돌려준다. 1843~1844년 사이 정치 캠페인에 참가할 당시 링컨은 대중영합주의적 또는 우월주의자적 관점까지 빌어가며 이 주장을 펼쳤다. 그는 조세 수입 확대 수단으로 관세는 다른 대안, 즉 직접세 제도보다 훨씬 경제적이라고 주장하였다. 그의 관점에서 직접세는 '이집트의 들판을 삼켜버린 메뚜기떼처럼 전 국토가 조세 사정인과 징수인으로 가득차는' 결과를 불러올 것이 뻔하였다. 관세를 사용하면 간단히 외국 제조업체와 "엄청난 재력을 가지고 자신들의 자긍심을 영국산 외투와 코트, 그리고 바지를 입고 뽐내는 것에서 찾는" 외국 사치품의 소비자에게 조세 부담을 떠넘길 수 있다. 반면 '평생 한 번도 영국산 실오라기 하나라도 걸칠 생각을 해본 적도 없고 해보지도 못한' 보통의 농부들이 이 제도로부터 혜택을 얻을 것이다.

민주당의 《일리노이주 의회 의사록(Illinois State Register)》에는 링컨이 "높은 관세가 농부에게 도움이 되는 이유가 무엇인가?"라는 질문을 받자 몹시 당황하였다고 기록되어 있다. 아마 링컨은 이것이 일리가 있는 질문이라고 생각했던 것 같다. 선거가 끝나자 그는 수많은 서적(특히 강경한 보호주의자 헨리 C. 캐리의 서적)을 섭렵한 후 자신의 노트에 관세 부담은 소비자, 생산자, 상인이 모두 동등하게 짊어져야 한다는 내용의 글을 적었다. 하지만 그는 여기서도 여전히 보호 정책은 링컨 자신이 '선한 정부의 최우선 목표'라고 보았던 소위 '모든 노동자에게 가능한 한 노동의 산물을 모두 돌려주자'는 목표를 달성하는 데 기여하는 것이 최선이라고 주장하였다. 고전 경제학의 이론(노동가치 이론)에 근거하여 링컨은 '누구는 일만 하고 누구는 일하지도 않고 그 과실을 누리도록' 맺어진 경제 계약은 잘못된 것이라는 믿음을 갖게 되었다. 오직 '유익한 노동'만이 보상받을 자격이 있었으며 '무익한 노동'은 그 위의 '무거운 기생충'처럼 취급되었다. 그는 면화, 양모, 철 및 기타 미국의 천연자원을 해외 시장으로 불필요하게 방출하였다가 공산품 형태로 비싼 값에 들여오는 일도 이 무익한 노동에 포함시켰다. 그리고 보호를 없애면 정당한 노동에 대한 기생 현상이 심화되고 "이에 비례하여 물자가 고갈되어 민중이 파괴될 것이다."라고 주장하였다.

링컨 자신의 복잡다단한 인생 경험은 능력주의에 대한 그의 견해를 무디게 하기보다는 오히려 더욱 단련시켰다. 그는 다양한 영향을 받으면서 자연스럽게 자신의 정치적 기반이 되었던 농부나 서민적 기질과는 완전히 동떨어진 세계관을 확립하게 되었다. 처음에는 존 T. 스튜어트, 그 다음에는 카운티 최고 변호사인 스테판 T. 로간의 도움을 받아 링컨은 변호 기술을 연마하여 지역 법조계에서 명성을 얻고 재정적 안정과 지위까지 획득하였다. 1842년 메리 토드와 결혼함으로써 그는 마침내 동부 켄터키의 가장 유서 깊은 가문의 일원이 되어 성공적으로 중류층에 진입할 수 있었다. 그는 자신의 빚을 다 갚자 아내와 갓난 아들을 데리고 셋집에서 나와 새로 산 작은 집으로 이사하였다. 그로부터 10년이 지나서 그의 가족은 이 집을 스프링필드에서 가장 견고하고 아름다운 집으로 증축하였다. 변호사 활동과 정치적 입지를 통해 링컨은 은행과 지주, 목장주, 지역 논객, 전문직에 종사하는 엘리트들의 조력가로 거듭 태어났다. 1836년 이후 주 정부가 진 빚의 이자가 점점 늘어나자 링컨은 이를 갚기 위해 더 싼 토지와 적은 세금을 원하던 개척자와 일반 노동자의 이익보다 공공사업의 개발업자와 채권자 집단의 이익을 우선시하기로 결심한다. 공유지 수익의 배당 정책과 증세를 지지하고 주립 은행을 옹호하면서 그는 자신과 같은 종류의 사람들을 배신하였다는 비난에 직면한다. 1843년 휘그당의 연방의원 후보 지명전에 참가했을 때 그는 처음 일리노이에 왔을 당시 자신의 모습(매달 10달러를 받으며 선상에서 일하는 무뚝뚝하고, 교육을 받지 못했으며, 돈도 없는 소년)과는 상관없이 이제는 자신이 '명망 높고 부유한 상류층으로 치부되고 있음'을 발견하였다.

그러나 만일 우리가 링컨의 휘그당 시절이 부유층과 기득권층을 옹호하는 일로 점철되었다고 생각한다면 우리는 링컨을 오해하는 것이다. 비록 가난한 농촌 생활에서 탈출해 나오기는 하였으나 그의 촌부들을 염려하는 마음은 여전하였다. 그는 축우 사육과 봉쇄 조치('황소 사육 법안')가 긍정적 경제 효과는 있지만 가난한 농부에게는 불리하게 작용하리라는 것을 알고 있었다. 풋내기 변호사 시절 그는 주로 서민들이 가져온 토지 관련 사건들을 맡았으며 서민들의 사정을 고려해 매우 소액의 수임료만을 받고 일하였다. 그는 휘그당 지역 당지(黨誌)에 가명으로 〈사라진 농촌 마을에서 온 편지〉라는 글을 기고하는 등 농촌 생활을 표현한 목가적 말들을 비꼬곤 하였다. 부르주아 계층에서 소외된 사람들과 공감할 줄 아는 그의 능력은 1842년 스프링필드의 워싱턴 출신 금주 개혁론자들을 향한 그의 발언에서 가장 잘 나타난다. 그는 교양 있는 중류층 청중들 앞에서 비판적 목소리에 대해 경고를 보내며 "만일 우리가 습관적 음주자들을 한 무리로 분류하면 음주자들은 진정으로 다른 사람들과 자신을 비교할 수 있을 것이다."라고 말해 그의 견해를 확인시켜 주었다. 링컨은 음주자이든 가난한 농부이든 개혁을 통해, 링컨 자신이 그러했듯이, 자기 개발과 품위 있는 삶을 향한 스스로의 노력을 존중할 수 있게 되기를 바랐다. 민주당의 성장에 위기감을 느끼던 방어적인 사회적 엘리트 출신의 다른 휘그당원들과는 달리 그는 계층의 문제보다는 경제 개혁을 통한 개인의 자아실현에 더욱 관심을 쏟았다.

노예제도는 비록 그가 찬양해 마지않던 능력주의를 부정하는 제도였지만, 주의회 활동 시절에는 그의 주요 관심사의 주변부에 머물러 있었다. 그러나 남부의 고약한 제도에 반대하는 그의 주요 관점은 이미 전국적 정치 무대에 발을 들여놓기 훨씬 전부터 모습을 갖춰가고 있었다. 이 문제에 관한 그의 첫 번째 기록된 발언은 일리노이 의회가 1837년 승인하였던 노예제도와 그 폐지론에 대한 일련의 결의에 대응한 것이다. 일리노이는 공식적으로는 자유주였지만 실제로는 주의 성립 초기부터 인구의 대부분을 차지하고 있던 남부 출신 정착자들의 강한 영향력 아래에 놓여 있었다. 1820년대 초기에는 남부 출신자들이 일리노이로 노예제도를 들여오는 데는 비록 실패하였지만 흑인고용 계약제도와 소수의 흑인 인구를 통제할 제한적 '흑인 통제법'을 통과시키는 데는 성공하였다.

노예제도 폐지론을 법으로 금지하라는 몇몇 노예주의 성화에 마침내 의회는 마지못해 폐지론자 집단과 그들의 주장을 부정하고 '노예에 대한 재산권은 연방헌법의 보호를 받는 신성한 권리'라고 선언하게 된다. 몇 주 후 링컨과 스프링필드의 변호사 출신 휘그당원 댄 스톤은 의회에 대항하는 성명을 발표하였다. 이 성명의 중요성은 이 두 사람이 노예 소유권에 대한 의회 선언과 다른 견해를 가지고 있다는 사실에 있지 않다. 오히려 링컨과 의회 사이의 미묘한 견해차, 즉 폐지론자의 반대론에 대한 의회의 직접적 공세와 "폐지론을 설파하면 그것(노예제도)의 해악을 줄이기보다 확대하게 될 것"이라는 링컨의 주장 사이에 존재하는 차이점에 있다. 링컨은 콜롬비아 특별구 내 노예제도의 미래를 결정할 연방 의회의 헌법적 권한에 더욱 무게를 두고 있었다. 그리고 무엇보다 주목할 것은 이것이 '노예제도는 불공정하고 잘못된 정책의 소산'이라는 링컨의 명확한 소신에 바탕을 둔 것이라는 사실이다.

링컨은 후일 자주 자신의 노예제도 반대론에 대해 성찰해 보곤 하였다. 1864년 그는 "나는 천성적으로 노예제도를 반대할 수밖에 없다."라고 기록하였다. "만일 노예제도가 잘못된 것이 아니라면 이 세상에 잘못된 것은 아무것도 없을 것이다. 나는 한 번도 이러한 생각을 버린 적이 없다." 이러한 도덕적 혐오감은 그의 친부모와 양어머니에게서 물려받은 것이다. 그의 부모와 양어머니는 원래부터 노예제도를 반대했었고, 비슷한 생각을 가진 다른 침례교도들과 어울리면서 더 큰 반감을 갖게 되었다. 링컨은 유년 시절 7년 동안이나 노예주에 살았지만 이후의 노예제도와의 접촉은 거의 없었다. 1828년과 1831년 두 번 평저선을 타고 뉴올리언즈에 갔을 때 그는 처음으로 수많은 노예와 노예 거래의 추악한 진실을 보게 된다. 그의 사촌 존 행크스에 의하면 두 번째로 뉴올리언즈를 방문했을 때 그들은 사슬에 묶여 채찍과 매에 두들겨 맞는 흑인들을 보았고, 낙인을 찍는 모습도 여기저기서 볼 수 있었다. 그가 켄터키에 있는 친구와 처가를 방문했을 때는 아마 렉싱턴의 노예 시장을 볼 수 있었을 것이다. 1841년에는 오하이오에서 루이스빌까지 '낚시줄에 줄줄이 꿰 놓은 생선 모양' 사슬에 묶여 있는 노예들과 함께 증기선을 탔던 적도 있었다. 링컨이 당시 절친한 친구

조슈아의 이복누이 메리 스피드에게 쓴 편지에서 보여준 놀라운 관용적 태도는 다른 글에서 그가 기록한 이 경험의 강렬함과 완벽한 대조를 이룬다. (1855년 그는 "그 장면은 나를 계속 괴롭혔다."라고 회상하였다.) 그러나 사실 이 편지 속에도 노예 가족의 생이별, 고난의 영속성, 그들이 겪는 야만적 폭력성 등에 대한 언급이 있다. 만일 그 반대의 내용이 포함되어 있다면 그것은 오직 노예들의 명랑한 모습에 대한 인류학적 관찰, 그리고 "신은 털 깎인 어린 양에게 온화하시다." 즉, 신은 인간에게 견딜 만한 시련만을 내려주신다는 뜻의 성경 문구를 인용한 부분뿐일 것이다.

물론 우리는 청년 링컨의 말을 왜곡할 수도 있겠으나 어린 시절부터 노예제도가 정의나 올바른 정책과는 거리가 멀다는 그의 끈질긴 주장을 확인해준 주변인들의 진술도 무시할 수 없다. 노예 상인들이 보여준 잔인무도함과 농장 감독관의 무자비한 행동은 그의 혐오감을 증폭시켰다. 그러나 그는 우선 경제윤리적 측면에서 이 문제를 이해하였다. 노예제도는 개인의 진취성을 저해하고 자기관리를 무너뜨리며 불공정한 관행을 지탱하여 공정한 노동의 대가를 박탈한다. 노동자를 위한 정의를 호소하던 보호주의자 링컨은 워드 힐 레이몬에게 냉소적으로 다음과 같이 말한다.

"당신과 같은 버지니아 사람들은 노예들이 여러분을 위해 힘든 노동을 감수하는 동안 멀찍이 서서 감독이나 하면서도 땀을 한 바가지씩 흘리는구려. 여기는 전혀 다르지요. 모두가 스스로 일하고 일하지 않으면 대가를 얻을 수 없다오."

링컨의 노예 반대론은 1847년 그가 워싱턴으로 떠나기 전에 이미 대강의 모습을 갖추었다. 그의 입장은 노예제도의 윤리적 결함, 노예에 대한 연민, 노예제도를 용인한 연방헌법의 존중, 남부 노예 소유주들의 선의에 대한 믿음, 사회적 질서 유지에 대한 헌신, 남부와 북부가 공통으로 책임져야 할 문제에 대한 공동 노력의 필요성 등의 요소를 바탕으로 하고 있었다. 두 번의 회기에 걸친 연방의원으로서의 경험은 그의 근본적 견해에 별다른 변화를 주지 못하였으며, 새로운 환경과 일련의 사건들은 오히려 이를 강화시켰다. 인구의 사분의 일이 흑인이고, 이천 명의 노예가 살고 있는 수도에 머무는 동안 그는 경매장이나 노예 수용소 등에서 이 고약한 제도가 가진 잔혹한 진면목과 맞닥뜨리는 것을 피할 수 없었다. 링컨은 다른 몇 명의 휘그당원들과 스프리그 부인의 기숙사에 함께 머물고 있었는데, 이중에는 가장 유명한 노예제도 반대론자인 오하이오의 서부 보류지 출신 의원 조슈아 기딩스도 끼어 있었다. 그리고 바로 이곳에서 제30회 의회 앞에 놓인 주요 의제들, 즉 멕시코와의 분쟁에 대한 해결책, 할양지구의 기구 편성, 그리고 다양한 노예제도 관련 이슈 등에 관한 심도있는 의견 교환이 이루어졌다.

워싱턴에 도착한 지 채 3주가 지나기도 전에 링컨은 멕시코 전쟁 발발을 저지하기 위한 몇 가지 결의문을 제시하였다. 그를 비롯하여 휘그당은 이 전쟁이 민주당 출신 대통령 제임스 K. 포크 행정부가 단지 노예를 쓸 영토를 늘리기 위해 헌법에 반하여 불필요하게 일으킨 분쟁의 결과라는 입장을 가지고 있었다. 이 결의문은 대통령에게 1846년 미국인이 멕시코인에 의해 처음 피를 흘리게 된 '지점'이 멕시코 영토-휘그당이 믿는 바와 같이-가 아니라 미국 영토임을 증명하라고 요구하였다. 뒤이어 링컨은 하원에서 발표한 긴 연설문에서 부정직한 대통령이라도 지금은 "이 전쟁에서 흘린 피가 아벨의 피와 같이 그를 원망하며 하나님을 향해 울부짖고 있음을 깨닫고 잘못된 결정에 깊은 양심의 가책을 느끼고 있을 것"이라는 말로 끝을 맺었다. 여기서 그의 의도 중 일부는 동료의원들에게 강한 인상을 심어주려는 것이었으나 나머지 일부는 분명 1848년 대통령 선거가 목전에 닥친 이때 휘그당의 우위를 확보하려는 것이었음은 두 말할 나위없는 사실이다. 그러나 이 연설문에서 나타난 일견 광신적으로까지 보이는 링컨의 진지함은 링컨의 표현을 빌자면 "구역질나는 악의적 진실"을 폭로해야겠다는 결심의 발로였다. 그리고 영토 확장을 위해 약한 이웃 나라를 침략하는 것을 반대하는 양심의 표출이기도 하였다. 비록 그가 실리주의적 관점에서 멕시코의 항복을 인정하기는 하였으나 그는 지속적으로 사회 질서의 수호자로서 휘그당은 결코 "영토 확장을 지지하지 않으며 단지 우리의 국경과 현재 소유하고 있는 것들을 지키고 가꾸어 국민의 도덕과 교육 수준을 높이는데 헌신할 뿐이라는 점"을 강조하였다.

링컨의 마지막 염려는 전쟁이 노예제도의 미래에 미칠 영향이었다. 1845년 그는 한 글에서 "다른 주의 노예제도를 묵인하는 것이(역설적으로 들리겠지만) 연방과 자유에 대해 자유주로서 우리가 지켜야 할 가장 신성한 의무"인 것은 사실이나 "마찬가지로 우리가 의도적으로 노예제도의 자연도태를 막아 새로운 장소에서 연명할 기회를 조장하는 직간접적 역할을 수행해서도 절대 안 될 것이다." 그러면서도 그는 같은 해 미국이 텍사스를 합병한 사실에 대해서 큰 반대의 목소리를 내지 않았다. 이것은 합병 사실을 노예제도의 확장을 위한 악마적 행위라고 신랄한 비난을 퍼부었던 폐지론자들의 경고와 사뭇 대조를 이루었다. 그 대신 그는 "합병 여부에 관계없이 텍사스는 거의 같은 수의 노예를 받아들일 것"이라고 말하며 "합병이 악마적 노예제도를 강화하리라는 사실"을 직시하려 하지 않았다. 그러나 "나도 어느 정도는 합병이 잘못된 것이라고 생각한다."라는 말을 한 것으로 볼 때 새로 합병된 주(州)로 인해 해방 노예의 수가 줄어들 것이라는 점은 인식한 듯하다. 멕시코 전쟁 발발과 때를 맞추어 폐지론자들이 노예제도 확대를 경고하며 자유당을 설립했을 때도 링컨은 무덤덤한 반응을 보였다. 그러나 연방의회 의원(1845~1847)으로서 그는 멕시코로부터 할양받은 지역에 사는 노예 소유주의 권리에 관한 문제에서 자유로울 수 없었다. 이것은 펜실베니아의 데이비드 윌멋이 1846년 8월 새로운 영토 내에서 노예제도를 금지하는 법안을 제시한 이후 제29회 회기 내내 계속 논란이 되었다. 링컨은 비록 남부 출신 휘그당원들에게는 호감을 갖고 있었지만(그리고 실제로 1848년 노예제도를 지지하는 주지사 후보를 지지하기도 했다.) 계속해서 윌멋 법안에 찬성표를 던졌다. 그러나 후에 그는 "적어도 사십 번이나" 그러했다는 것은 과장이라고 주장했다. 그는 노예제도가 '새로운 장소에서 연명할 기회'를 찾는 것을 멈추기 위해서는 '자유 토지'를 지지하는 강경 자세가 필요하다는 사실을 깨달았던 것이다.

링컨이 노예제도의 팽창에 관한 논의에서 대체로 저자세를 유지한 것은 사실이지만 항상 그런 것은 아니었다. 그는 콜롬비아 특별구에서 노예제도를 금지하는 법안을 제출함으로써 분명하게 자신의 입장을 밝혔다. 그의 법안은 전체적으로 그가 1837년 일리노이 주의회 시절 취했던 입장과 일치한 것으로 노예제도 반대론과 남부 사정을 절충한 형태를 띠고 있었다. 즉, 1850년 1월 1일 이후 노예인 어머니에게서 태어난 사람은 자유인이지만 도제살이를 할 의무가 있다는 것이다. 다니엘 고트 의원의 급진적 법안과는 달리 링컨의 법안은 연방정부가 노예를 해방시킨 소유주에게 금전적으로 보상하도록 요구하였다. 노예들이 워싱턴을 피난처 삼아 도망가는 일이 발생할 것이라는 노예 소유주들의 우려를 불식시키기 위해서는 행정당국에 '워싱턴에 들어온 도망 노예를 체포하여 원래의 소유주에게 돌려보낼 수 있는 효과적 수단을 강구'해 달라고 요청하기까지 하였다. 사실 이 법안의 미래는 전적으로 백인 유권자의 투표에 달려있었다. 처음에는 링컨도 희망적이었다. 그의 정치적 동반자 기딩스조차 "이 법안은 현재의 우리에게는 최선의 것이다."라고 믿었다. 그러나 법안의 구체적인 내용이 공개되자 약속되어 있었던 워싱턴 시장의 지지를 잃었을 뿐만 아니라 폐지론자들의 조롱과 노예제도 찬성론자들의 비판을 동시에 불러일으키는 최악의 사태에 직면하였다. 링컨은 도리 없이 그의 법안을 철회할 수밖에 없었다.

링컨이 워싱턴에 머물면서 그의 반노예제적 사고를 확고히 해가는 동안 그의 출신지 일리노이도 점차 노예제도 반대론을 수용하는 방향으로 기울어져가고 있었다. 일리노이의 점진적 노예해방 계획을 뜨겁게 반기던 링컨은 1849년 이를 켄터키 헌법제정회의 앞에 제출하였다. 그의 장인 로버트 S. 토드와 그의 영웅이었던 헨리 클레이도 이 법안의 지지자 중 하나였다. 켄터키의 백인 노예 소유주는 수적으로 그렇지 않은 주민의 20분의 1에 불과하였다. 그럼에도 불구하고 이 법안은 결국 모든 계층으로부터 외면당하였다. 링컨은 켄터키의 젊은 유권자들 사이에 팽배한 노예제도 찬성 여론으로 인해 깊은 충격을 받은 일리노이주의 한 의원이 이들을 "일하는 게 천하고 신사답지 못하다고 생각하는 머리가 텅빈 경솔한 젊은 것들"이라고 비아냥거린 적이 있음을 회상하였다. 1852년 링컨은 클레이의 장례식에서 남부의 입장 변화를 다시 한 번 환기시킨다. 그는 "나는 진심으로 노예제도를 반대했지만 대부분의 남부 백인들처럼 노예제도를 없애는 것이

비록 인간의 자유를 위한 사명일지라도 더 큰 부작용을 일으키지 않고는 일시에 이 제도를 없앨 수는 없다는 생각으로 모든 것을 감내하였다. 하지만 이제 노예제도의 영속을 원하는 더 많은 사람들이 '모든 사람은 자유롭고 평등하게 창조되었다.'라는 우리의 고귀한 선언을 공격하고 조롱하기 시작하는 우려스런 지경에 이르렀다."라고 통탄하였다.

링컨이 클레이의 장례식에 쏟아진 수많은 다른 연설과 달리 특별히 노예제도를 언급했다는 사실은 그의 정치적 의제 가운데 이 문제의 비중이 높아졌다는 사실을 반영한다. 이 연설을 통해 링컨은 처음으로 이 고질적인 난제의 해결 방안으로 식민 이주를 심각하게 논의했다. 클레이는 1816년 설립 당시부터 충실하게 미국식민협회를 지지했으며 여러 해 동안 이 단체의 회장을 맡기도 하였다. 자발적으로 흑인을 '고향'인 아프리카로 '돌려보낸다'는 이 단체의 계획을 노예제도 반대론자들은 노예의 굴레를 벗겨주기 위한 것이 아니라 처치 곤란한 해방 노예들을 남부에서 제거함으로써 그 굴레를 더욱 옥죄려고 고안된 잔인한 속임수라고 비난하였다. 동시에 협회는 이 단체를 반대론자들의 첨병이라고 생각한 많은 대농장주들의(특히 최남단 지역의) 적대감과 의심에도 시달려야 했다. 실상 이 협회는 인종주의에 충실한 추방론자와 진정한 인도주의자가 혼합되어 결성된 단체였다. 클레이는 어정쩡하게 이 두 가지 입장을 모두 취하였지만, 링컨은 이 계획의 윤리적 바탕에 더욱 공감하였다. 그는 "파라오의 나라는 하늘의 천벌을 받았고 그 주인은 400년이 넘는 오랜 시간 동안 그 땅에 잡혀와 부림을 당하던 자들을 계속 붙들어 두려다가 홍해에서 익사하였다. 오! 부디 우리에게 이런 재앙을 내리지 않기를!"이라는 예언과 같은 말을 하기도 하였다. 이 점진적 이주 계획은 불명확하기는 하였지만 '국내에서 위험한 노예제도를 뿌리뽑고 오래전에 끌려왔던 노예들에게 잃어버렸던 조국을 되돌려 줄 수 있는' 최선의 수단처럼 보였다. 그러나 링컨을 포함한 많은 사람들은 흑인들이 이 계획을 자신들과 똑같이 환영하리라 짐작하고 계획 성공의 앞에 놓인 수많은 난관을 간과하는 우를 범하고 있었다. 머지않아 링컨은 이 계획의 허상을 깨달았지만, 당시에는 이 계획을 굳게 믿었으며 1850년대에는 일리노이주 식민사회(Illinois State Colonization Society)의 운영에 참가하기도 하였다. 이 당시 그의 신념은 윤리 의식과 자기기만 두 가지 모두에 근거한 것이었다.

링컨은 노예제도가 미국연방의 절대적 목표, 즉 공화국 건국의 유산인 '자유와 평등권의 정치 체제'를 영속시키는데 고질적 장애가 될 것이라고 생각하였다. 앞에서도 보았다시피 미국연합에 대한 그의 비전에는 물질주의적 측면이 우세하다. 이는 1838년 그가 '광대한 토지, 토양의 비옥함, 건강에 좋은 기후와 같은 지구상에서 가장 좋은 부분'이라고 묘사했던 독특한 잠재성을 충족시키기 위한 수단일 것이다. 그러나 미국연방의 광대한 영토와 풍부한 자원은 이 나라의 자유로운 제도를 근간으로 한 깊은 도덕성에 종속된 부산물처럼 보일 따름이다. 이 점에서 그는 '시골 농부의 번영은 세상에 대해 자유인이라면 번영을 꿈꿀 수 있다는 것'을 증명하고 싶어 나라의 번영을 바랐던' 클레이를 찬양했다. 자신의 아버지에 대한 냉담한 감정에서 최대한 멀리 벗어남과 동시에 링컨은 '역사적으로 유례없이 시민의 자유와 종교의 자유를 절대적 목표로 추구하는' 정치 체제를 구현하였다는 면에서 건국의 시조들을 깊이 존경하였다. 평등과 자유에 대한 철학적 찬미라고도 할 수 있는 독립선언문과 이러한 원칙을 법적으로 보증하는 연방헌법은 미국만의 고유한 특징이다. "대부분의 정부는 실용적인 관점에서 인간의 평등권을 부정하며 출발한다. 그러나 우리의 정부는 처음부터 이러한 권리를 인정하였다. 평등권을 부정한 정부는 사람들 중에는 무지하고 타락한 자들이 있으며 이런 자들과 지배 권리를 공유할 수 없다고 말한다. 그러나 우리는 그게 사실일 수도 있지만, 사실 사람들을 무지하고 타락하게 만드는 것은 바로 이러한 정부의 제도라고 말하고 싶다. 우리는 모든 이에게 공평한 기회를 제공하고 약한 자들은 강해지기를, 무지한 자들은 현명해지기를, 그리고 더 나아가 모든 이들이 함께 행복할 수 있기를 진심으로 기원한다." 링컨은 미국연방에 세계 역사상 매우 특별한 역할을 부여한다. 즉, 미국은 전 세계 모든 이들을 위한 자유의 횃불이 되어야 한다는 것이다. 그는 클레이의 관점을 공유하면서 미연방이 '세계 최고의 희망'이라는 클레이의 생각을 빌어 19세기 중반 유럽의 헝가리, 아일랜드, 프랑스, 독일 등에서 일어난 민족주의 운동을 '공화국 해방의 총체적 사명감'으로 해석하

였으며, 동시에 미국 안의 반윤리적 측면을 고찰하고 노예제도로 인해 7월 4일 독립절의 이상이 위기에 처했다고 결론지었다. 그는 만일 자신이 노예제도를 근절할 방법을 찾지 못한다고 하더라도 자신이 조국에 대한 가지고 있는 비전 때문에 제퍼슨의 신조가 더는 훼손되는 것을 방치할 수 없으며 따라서 노예제도가 '자연도태' 되는 과정을 방해할 생각이 없다고 단언하였다.

도덕성의 위기 : 1854

　1854년은 남북전쟁 이전 정치계의 전환점이자 링컨의 대통령 이전 정치 생활을 결정하는 시발점이다. 스테판 A. 더글러스의 네브래스카 법안은 1820년 미주리 협약의 규제 조항을 폐지하여 몇백만 에이커에 달하는 새로 얻은 루이지애나 영토의 북부 일부 지역, 언제까지나 자유 토지로 남아있을 것이라던 곳에 노예제도를 허용하였다. 여론은 미친 듯이 들끓었고 그 뒤를 이은 캔사스 영토의 처리 문제는 휘그당과 민주당 모두에게 커다란 영향을 미쳤다. 이로 인한 후폭풍은 다음 장에서 살펴보기로 하자. 링컨에게는 이 네브래스카 법안이 위기인 동시에 기회였다.

　링컨은 나중에 그가 "미주리 협약이 철회되었을 때 다시 한 번 정치에 흥미를 상실했었다."라고 고백하였는데 이는 사실이었다. 1851년과 1853년은 선거가 없는 해였고 1852년에는 뚜렷한 정치 이슈도 없는 상태라 휘그당의 대통령 선거 유세는 맥 빠진 채 진행되었다. 이슈 정치가 상대적으로 줄어들었고 변호사 사무실도 바빠져 그는 더욱 정치에 관심을 두지 않게 되었다. 그러나 1954년 말경 그는 일리노이주에서 반네브래스카 법안 운동의 선두에 섰고 주의원으로서 휘그당에 다시 합류하였다. 그가 어째서 몇 개월이 지나도록 자기 말마따나 자신을 '대경실색'하게 만든 이 사태에 대해 침묵하고 있었는지에 대한 설명은 어디

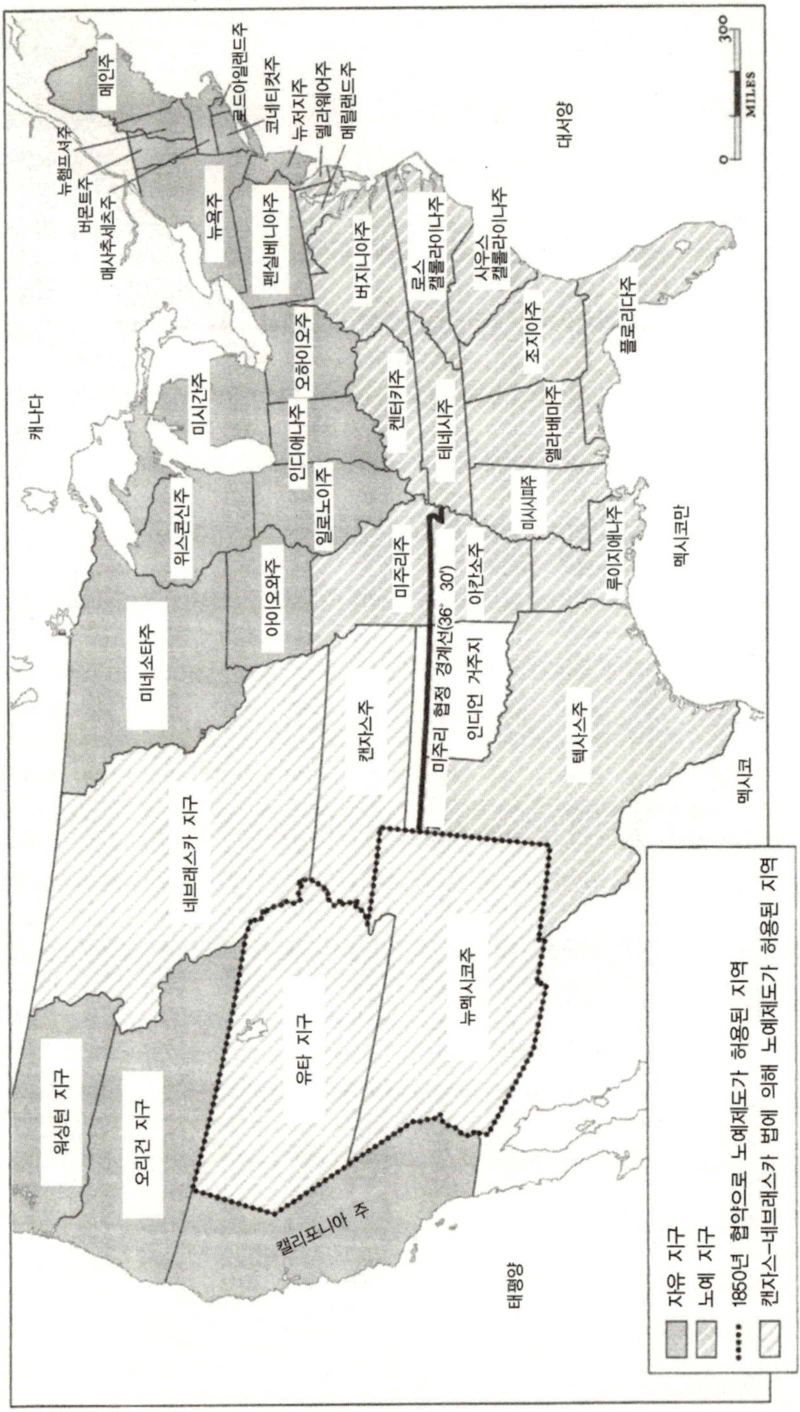

캔자스-네브래스카 법(1854) : 서부에 노예제도를 허용한 법안

1850년의 협약은 국민 주권론을 사용하여 멕시코에서 넘어온 대부분의 새로운 영토에 노예제도를 허용하였다. 1854년 캔사스-네브래스카 법안은 동일한 원칙을 활용하여 노예 소유주들에 내륙 지역을 내주었다. 노예제도 반대론자들은 법안 반대 운동을 벌이며 극적인 미국 지도의 변화를 인용하였다. "우리나라의 국경을 들여다 본 적이 있으십니까?", "자유 주민에게 남은 땅이 얼마나 적은지 아십니까? 얼마나 많은 땅이 노예제도로 더렵혀졌는지 아십니까?" 1856년 공화당원들은 이런 질문을 던지곤 하였다.

에서도 찾아볼 수 없다. 이 법안은 1월에 제출하자마자 일시에 살몬 P. 체이스, 조슈아 기딩스를 포함하여 의회 안팎의 급진적 자유 토지론자들의 공격을 받았으나, 더글러스와 같이 민주당 출신인 대통령 프랭클린 피어스는 5월 30일 이 법안에 서명해 버렸다. 이 모든 일이 진행되는 동안 링컨은 아무런 공개적 대응을 하지 않았으며, 심지어 자유주들이 가을에 있던 선거에서 피어스 행정부를 패배시키기 위해 초당적인 협력을 요청할 때조차 그해 여름 내내 침묵하였다. 오직 8월 말 그가 속한 지역구의 휘그당 의원 리처드 예이츠의 재선 유세에 와서야 이 문제에 대해 말문을 열게 된다.

왜 링컨은 공개적인 입장을 표명하는데 그렇게 많은 시간을 지체했던 것일까? 냉소론자들은 이러한 침묵 뒤에는 정치적 계산, 이기주의, 그리고 기회주의가 깔려 있었다고 할 지 모른다. 빈틈없는 정치가라면 자신의 의견을 밝히기 전에 냉정하게 기다리며 여론의 향방을 가늠해 보기 마련 아니던가. 그러나 우리는 그보다 훨씬 설득력 있는 이유를 몇 가지 생각해 볼 수 있다. 그해 초 링컨은 주대법원 앞에서 일리노이 중앙철도(the Illinois Central Railroad)를 대변하는 일을 맡아 정신없이 바빴다. 이것은 그의 변호사 경력에서 가장 크고 어려운 사건이었다. 그 후 봄과 초여름에는 공식적으로 무대에 나설 기회가 없었을 뿐만 아니라 더글러스의 법안에 대한 일리노이주의 반대 여론도 아직 일관된 모습을 갖추기 전이었다. 또한 미국 태생 원주민들 사이에 이민자들에 대한 적대감이 쌓여감에 따라 새로이 이민 배척주의가 등장함에 따라 천성이 조심스러운 링컨은 나서기가 꺼려졌을 것이다. 점점 늘어만 가는 외국 태생 노동자들 때문에 1854년에는 일리노이주에서의 당의 정치적 기반이 흔들리고 있었던 것이다. 링컨 자신은 이민 배척주의자가 아니었지만, 그 열정주의자들 중 일부는 자신의 가까운 친구도 포함되어 있었기 때문에 예측할 수 없는 운동에 대해 조심스러운 태도를 취하며, 현실적인 대응을 할 수 밖에 없었다.

타고난 조심스운 기질 탓에 그는 행동에 돌입하기 전에 이러한 상황을 고려하여 주로 듣고 읽고 생각하는데 시간을 보냈을 것이다. 링컨의 경쟁자들은 후일 그가 "의회 도서관을 쥐가 드나들듯 한다."라며 헐뜯는 글을 쓰곤 하였다. 따라서 선거 유세에 동참할 무렵에는 그의 주장은 이미 잘 정리된 상태였다. 그는 연속으로 여러 번의 연설을 했으며 10월 초에는 스프링필드에서 더글러스와 공동 토론회를 가졌다. 불쾌할 정도로 끈끈한 10월 16일 오후 세 시간에 걸쳐 진행된 그의 연설은 하원의 대강당에 모인 수많은 청중들에게 흥분과 깊은 인상을 선사하였다. 피오리아에서 했던 이 뛰어난 연설의 원본은 현재 남아있지 않으나 나중에 주 전체가 회람하도록 링컨 자신이 만들었던 사본은 그 내용을 고스란히 담은 채 남아있다. 이 '피오리아 연설'은 그 안에 담긴 지식의 해박함과 도덕적 깊이, 그리고 뛰어난 문장으로 인해 현재까지 그가 했던 가장 뛰어난 정치 연설로 추앙받고 있다. 이 연설에는 이후 6년간 그가 공개 연설에서 다루게 될 모든 주요 의제들이 모두 포함되어 있으며, 그가 침묵을 깨고 새로이 선거 유세에 참여한 동기가 정치적 기회주의나 편의주의에서 비롯된 것이 아님을 분명히 제시하고 있다.

청중들, 특히 링컨에게 이때까지 동류의식을 못 느끼고 있던 진보적 노예폐지론자들을 가장 흥분시켰던 것은, 이 연설문이 명석한 철학적 이론과 윤리적 배경을 사용하여 미주리 협약의 파기로 위기에 처하게 된 주요 사안들은 지적하였다는 사실이다. 링컨은 더글러스와 그의 동료들이 연방의 안위를 위협하는 정치적 배신 행위를 했을 뿐만 아니라 공화국의 '안정된 정책'을 일격에 흔들어 놓았다고 주장하였다. 미국은 토마스 제퍼슨의 신념에 따라 북서부의 구 영토에서 노예제도를 금지시켰던 것이며, 이 정책은 1820년 미주리 협약을 통해 루이지애나 북부의 새 영토 내에서 다시 한 번 확인되었다. 버지니아 독립선언문에 담겨있는 천부권리, 평등, 정치적 자유의 원칙을 이 만큼 그대로 이어받은 정책은 다른 어디에도 없다. 더글러스가 내세우는 '인민주권'은 정반대로 노예제도에 대한 도덕적 중립성을 가장하여 이 문제를 지역 주민이 시민의 자유라는 근본 원칙이 아닌 자신의 물질적 이익에 맞춰 결정하도록 내버려둔다. 그러나 미주리 협약의 파기로 인해 '신성한 자치권'이 확립되었다는 그의 주장은 흑인의 인권이라는 암초를 만나면 그대로 침몰할 수 밖에 없다. "만일 흑인이 온전한 인간이라면 그도 또한 스스로를 지배할 권리가 있으니 이 점에서 그의 자치권은 파괴된 것이 아닌가? 백인이 자치권을 행사하면서 자신뿐만 아니라 다른 이도 지배한다면 이것은 자치가 아니라 압제임이 분명하다. 만일 흑인이 인간이라면 왜 나의 조상들은 모든 사람은 평등하게 창조되었다고 가르쳤단 말인가? 그러므로 다른 이를 노예로 부리는 일은 도덕적 권리와는 아무 관계가 없는 것이다." 링컨은 제퍼슨의 선언을 '미국 공화주의의 닻'이라고 묘사하면서 "그 누구도 '상대방의 동의 없이' 타인을 지배할 권리는 없다."라고 단언하였다.

링컨은 계속해서 더글러스가 노예제도에 대한 도덕적 무관심을 가장했을지라도 그와 그의 동료들이 '내심 진정으로 바라는 것'은 이 제도를 확산시키는 것이라고 주장하였다. 기후와 자연적 조건이 새로운 토지를 노예들에게 부적합하도록 한다는 이 부정한 '자장가'와도 같은 논의는 노예제도의 팽창으로 인해 위협받는 '위험스런 거대한 괴물'로부터 주의를 돌려놓게 되었다. '최초의 소수'가 네브래스카에 제도를 일단 정착시키면 '나머지 다수'는 그제서야 이 제도를 없애기 힘들다는 사실을 깨닫게 될 것이다. 이 발언은 링컨이 반네브래스카 여론이 가장 거세게 주장하던 남부 '노예 세력'의 음모에 찬 술책이라는 주제를 가장 가까이 차용한 유일한 경우이다. 그 외에는 링컨은 그의 조국이 윤리적 선택의 기로에 서 있다는 사실을 강조하였다. 네브래스카 법안은 노예제도를 '제도의 확산과 영속을 향한 확실한 길' 위에 올려놓음으로써 공화국의 윤리적 기반을 위험에 빠뜨렸다. 이 법안은 '다른 사람을 노예로 삼는 일에도 도덕적 권리가 있다'는 가정을 바탕에 깔고 있다. 그러나 링컨이 보기에 노예제도는 사실 "인간의 이기적 본성에 기반하고 있으며 그 반대는……, 바로 내가 사랑해마지 않는 정의가 있다. 이 두 원칙은 영원히 평행선의 반대편을 달린다." 링컨은 목사처럼 근엄한 목소리로 네브래스카인들의 무지를 꾸짖었다. "미주리 협약을 파괴하고……, 독립선언문도 파괴할 수는 있겠지만 결코 인간의 본성은 파괴될 수 없다. 노예제도의 확산이 잘못된 것이라는 생각은 여전히 사람들의 마음속에 굳건히 자리잡고 있을 것이다."

노예와 자유로운 사회라는 도덕적인 양극화를 강조하고, 그것들 간의 양립 불가능성을 암시함으로써 결과적으로 링컨은 진보 진영에 한 발 더 다가서게 된다. 그는 이듬해 켄터키의 변호사 조지 조버트슨에게 쓴 편지에서 자신의 입장을 한 번 더 확실히 함으로써 이 입장에 더욱 다가갔다. "지금의 정치계가 풀어야할 숙제는 '우리가 한 국가로서 반쪽은 노예주로 나머지 반쪽은 자유시민사회로 남아 공존할 수 있는가?' 하는 문제이다." 이 문제에 대한 그의 해답은 몇 년 후 '분열된 집안(House Divided)'이라는 그의 유명한 연설문을 통해 제시된다. 그러나 이 연설의 이론적 토대는 1854년 그의 당선 연설에서 이미 소개된 바 있다.

이러한 연설은 링컨이 자신의 과거 정치 성향에 종언을 고하였음을 상징한다. 그리고 연설문을 통해 나타난 진보주의는 이 보수적 휘그당원의 특징으로 영원히 각인된다. 1847년 켄터키의 노예 소유주 로버트 매트슨이 도망 노예를 일리노이에서 데리고 나오려고 시도한 사건이 있었다. 이 사건의 변호를 맡은 변호사는 1850년의 도망 노예법의 합법성을 믿어 의심치 않았으며, 변론을 통해 남부 노예 소유주들의 헌법에 보장된 권리를 계속 강조하였다. 노예제도의 해체가 결코 만만히 해결될 수 없는 문제라는 사실을 보여주는 단적인 사례였다. 그는 고백하기를 "만약 나에게 이 세상 모든 권력이 있다 해도 현존하는 제도에 대해 이 문제를 어떻게 해결할 지 도저히 알 수 없을 듯하다."라고 하였다. 그는 식민 이주와 기타 점진적이며 자발적 노예제도 해체 수단에 대한 지지를 고수하는 한편 해방된 노예의 정치적 사회적 평등권도 인정하지 않았다. 그는 미연방에 대한 자신의 헌신과 자신이 남부 사람들에 대해 전혀 편견을 가지고 있지 않음을 진지하게 강조하였다. 그는 스스로 파놓은 주변 상황에 얽매여 노예제도를 지키려다 직면한 도덕적 무기력증에 대해 남부인들을 동정한다고 하였다.

그러나 링컨의 관용적이고 포용하는 민족주의는 노예제도에 대한 도덕적 타협이라기보다 대다수 남부인들이 독립선언문의 정신을 굳게 지키려는 신념을 간직하고 있다는 그의 믿음에 근거한 것이다. 그는 남부인들이 자신과 마찬가지로 노예제도가 '끔찍하리 만치 불공평한' 제도라고 생각할 것이라고 믿었다. 그는 "남과 북을 막론하고 대다수 국민이 자신의 육체적 고통을 외면할 수 없듯이 더는 인간에 대한 연민의 감정을 외면할 수는 없을 것이다. 남부인들의 마음속에도 숨어 있는 이 연민의 감정은 여러 가지 면에서 노예제도의 불합리성에 대한 깨달음을 불러일으킨다. 그들도 흑인에게 인권이 있음을 알고 있다." 이러한 생각에 고무되어 그는 '남과 북'의 전 미국인이 네브래스카법의 정신에 대항하여 일어나야 하고 '76정신'을 다시 일깨워야 한다는 매우 선동적인 연설을 하게 된다. 링컨은 다시 한번 원칙들의 도덕적인 양립 불가능성이 위기에 처했다는 것을 강조하고 미국인들에게 다시 한 번 제퍼슨이 제창한 원칙과 관습에 헌신함으로서 더렵혀진 '공화국의 의복'을 다시 '정화'시키자고 제안한다. "만일 우리가 이렇게만 한다면 우리는 단순히 미연방만을 구원하는 것이 아니라 영원히 지키고 가꾸어야 할 소중한 가치를 구원하는 것과 같다. 우리가 이 가치를 구원할 수 있다면 전 세계 수백만의 행복한 자유시민들이 일어나 우리나라를 영원히 축복해줄 것이다."

네브래스카 이슈에 대한 링컨의 분노와 도덕적 진지함은 덜 진지하고, 덜 역사적이며, 더욱 우화같은 내용을 기대했던 적지 않은 청중에게 충격이었다. 이 연설을 두고 후대의 역사학자들은 1849년 이후 링컨이 냉철하지만 한편으로는 서민적이며 '자기중심적'이던 본래의 모습에서 넓은 시야를 가진 강력한 정치가로 극적인 변신을 이루었다고 과장하게 되었다. 융학파의 심리학자 마이클 벌링엠은 링컨의 새로운 모습이 법과 정치에서의 소박한 성취와 그가 떠나야 했던 유물에 시간을 보내기에 지친 중년의 위기의식의 산물일 것이라고 설명하였다. 확실히 사십대 초반의 링컨에게는 아버지와 특히 아들 에디의 죽음을 맞아 지난 세월을 뒤돌아보며 자신의 신념을 더욱 공고히 할 만한 계기가 있었다. 또한 몇 년간 자기 개발에 몰두하며 유클리드 논리학을 공부한 적도 있었는데, 이 흔적은 후일 그의 많은 연설에서 분명히 나타난다. 피오리아 연설에서 들었던 목소리를 통해 우리는 정치의 주류에서 벗어나 침거하던 5년의 세월 동안 링컨이 한층 더 성숙하였음을 확실히 알 수 있다.

그럼에도 불구하고 링컨의 '변신'은 전혀 놀라울 게 못 된다. 더글러스와 민주당 지도부를 향한 그의 공격은 오랫동안 그의 안에 자리 잡고 있던 관념의 표출이었을 뿐이다. 1838년 문화 단체에서 한 그의 유명한 연설에서 준법정신이 야말로 '미국의 정치적 종교'가 되어야 한다고 설파할 만큼 법을 소중히 여겼던 이 휘그당원에게 네브래스카법의 통과는 야만적 위법 행위나 마찬가지였다. 그가 보기에 이 법은 자기 개발에 노력하는 독립된 노동자에 대한 폭력이었다. 그리고 무엇보다 노예제도가 서서히 자연도태될 날을 기다리며 이를 감내하고 있던 그에게는 윤리적 도전과 마찬가지였다. 링컨은 미주리 협약의 파기를 사라져 가던 추악한 제도를 되살리려는 위험한 시도로 받아들여졌다. 건전한 도덕관을 가진 시민이라면 결코 조국이 도덕적으로 퇴보하는 것을 방관할 수 없을 것이다. 링컨이 보기에 이 몇 해 동안 변한 것은 자신의 윤리적 계산이 아니라 이 나라의 지도층의 그것이었다.

윤리적 힘의 종교적 뿌리

링컨의 가장 절친한 친구 조슈아 스피드는 편지에서 켄터키의 동료에게 "다른 사람들과는 달리 링컨의 바깥 생활과 사생활은 완벽한 조화를 이루고 있다네. 만일 자신이 옳고 진실과 정의와 항상 자신과 함께한다고 믿는 게 아니라면 그가 실제로는 아주 심약한 사람일 것이라는 생각을 해보았다네. 하지만 누구나 자신이 옳다고 믿을 때 가장 강한 것이 아니겠는가."라고 쓴 바 있다. 마찬가지로 또 다른 신뢰하는 친구 조셉 길레스피도 링컨의 정의에 대한 강한 집착이 동료들을 움직이는 동력으로 작용하고 있다고 생각하였다. "그는 천성적으로 옳고 그름을 분명히 구별할 수 있는 능력이 있었다."라고 그는 회고하였다. "링컨은 매우 사리분별이 명확하였다. 그는 소녀처럼 부드러운 사람이었지만 옳은 일에 관해서는 바위처럼 단단하였다." 길레스피는 노예제도와 네브래스카 법에 대한 링컨의 깊은 적대감을 "아마 그가 크게 흥분하며 달려들 유일한 공적 사안

이었을 것"이라는 말로 묘사하였다.

"만일 노예제도가 잘못된 것이 아니라면 이 세상에는 잘못된 것이 하나도 없을 것이다."라는 링컨의 간단 명료한 공식은 뉴헤이븐의 조합교회 목사 레오나르드 베이컨에게서 빌려온 것 같다. 그가 1846년 출판한 노예제도에 관한 글에도 이와 유사한 표현이 들어있다. 링컨은 이 양키 목사에게 진 빚을 기억하고 있다가 그가 정계에 다시 돌아왔을 때 함께 가지고 돌아온 깊은 윤리 의식의 발로로 이 문제에 대한 종교적 뿌리를 전면에 내세우게 되었던 것 같다. 링컨은 1850년대에 개인적인 신앙에 대해 공개적으로 언급한 적이 없었다. 그의 지인들도 그의 개인적 생각을 전혀 알지 못했다. 제8순회구에서 링컨과 긴 시간을 함께 했던 데이비드 데이비스 판사도 그를 "내가 만난 사람 중에 가장 과묵하고 비밀스런 사람"이라고 평하며 아무리 가까운 사람이라도 그의 마음은 전혀 알 수 없다는 것이 불합리하다고 생각하였다. 따라서 링컨의 사후에 그를 안다고 자처한 여러 사람들의 엇갈리는 평가를 받아들이는 것은 신중하게 생각해 볼 일이다.

링컨의 첫 번째 전기 작가인 조시아 홀랜드가 그를 독실한 기독교인으로 표현한 전기를 출간했을 때, 이 책을 읽은 윌리엄 헌든은 자신이 함께 일하던 변호사 링컨의 모습을 전혀 찾아볼 수 없었다. 그래서 그는 링컨을 잘 알 만한 사람들을 찾아다니며 인터뷰를 했고, 이어 여러 번의 강연을 통해 링컨이 마음속에는 기독교적 관념을 전혀 가지고 있지 않았다고 확인해 주었다. 아직도 종교적 전통은 그를 감싸는데 실패하고 있었다. 친구들은 링컨의 선조가 버지니아의 퀘이커 교도였다거나, 그의 부모가 침례교도였다거나, 그가 캠프에 갔다가 감리교도로 전향하였다거나, 은밀하게 가톨릭교회에 다녔다거나 또는 장로교회에 공개적으로 참석했다든가 하는 말들을 늘어놓았다. 메이슨 교도도 유니테리언 교도도 보편구제주의자들도 그가 자신들의 교우라고 말하였다. 전쟁 중 백악관을 두세 번 방문한 적이 있는 한 심령주의자는 링컨이 이 모임에서 들리는 여러 가지 다른 정령의 목소리가 마치 장관 회의를 연상시킨다고 말하며, 겉으로는 냉정한 태도를 보였지만 결국 링컨도 자신과 같은 심령주의자임에 틀림없다고 주장한 경우까지 있었다.

　이러한 열광적 반응 못지않게 링컨을 냉철한 실용주의적 정치인으로만 바라보는 것도 링컨의 진정한 내면을 탐구하는데 도움이 되지 않는다. 그는 분명히 근원적인 문제에 대해 깊이 있는 관념적 사고를 할 수 있는 능력을 지녔던 것이 확실하다. 그럼에도 불구하고 성인이 된 후 그는 이성과의 교제를 어려워했고, 파혼으로 충격을 받았으며, 확신 없이 결혼 생활에 뛰어들었을 뿐만 아니라 두 아들을 잃는 고통을 겪었고, 종래에는 동족상잔의 비극을 맛보아야만 했다. 그토록 깊은 성찰의 능력을 가진 사람이 삶과 죽음의 또 다른 의미를 이해하지 못했다는 것은 사실 말이 안 된다. 길레스피의 말대로 그가 오직 추상적 관념에만 집착한 것이 아니었다면 "그의 머리속은 수많은 질문으로 가득차 있었을 것이고 좋은 의미에서 회의적 이었다."라는 링컨의 오랜 뉴세일럼 친구 아이작 코그달의 말은 맞을 것이다. 스피드는 세월이 흐르면서 "링컨의 신앙이 자라났다."라고 확신하였다. 1830년대의 신앙에 회의적이던 변호사가 백악관에 입성했을 때에는 이미 신실한 기독교인이 되어 있었던 것이다. 링컨의 정치적 동반자 중 하나였던 제임스 마트니는 그의 전체적 사고의 방향이 바뀌었을 뿐 근본적인 관점, 즉 회의론적 태도는 그대로 남아있었다고(적어도 1861년까지는) 전하고 있지만, 1850년대 내적으로 훨씬 성숙해진 링컨이 프로테스탄트 교리에 더욱 가까이 다가섰다는 증거는 여러 곳에서 발견된다. 그 후 링컨의 새로운 종교적 관점은 1854년 그의 정계 복귀에 이어 발표한 여러 연설에 새로운 톤과 내용을 더한다. 생전 처음으로 링컨은 연설문 전체를 노예제도에 대한 문제에 할애한다. 여기에는 개인의 기업심과 열정을 부식하게 하는 효과를 포함하고, 정치적 기회주의가 단지 척박한 설명만을 제공한다는 윤리적인 비평을 담고 있다.

　링컨이 받은 최초의 종교적 영향은 당연히 그의 부모에게서 비롯되었다. 독실한 침례교도였던 이들은 숙명론과 하이퍼 칼뱅주의 신앙 체계에 헌신하였다. 이는 '세계가 시작되기 전의 신성한 선거'를 포함한다. 그들은 선교 활동도 신의 뜻에 반하는 것이라고 생각하였다. 왜냐하면 신은 그가 미리 정해둔 계획을 실행하는데 아무 도움이 필요치 않기 때문이다. 토마스 링컨은 인디애나에서 재혼한 후 아내와 함께 피젼 크릭 침례교회에 다니기 시작하였다. 토마스는 곧 이 신생주의 '분리침례교도'들의 지도자 중 한 사람으로 부상한다. 에이브러햄은 교회 모임에는 자주 참석하였지만 그의 여동생과는 달리 한 번도 신앙 고백을 하지 않았다. "에이브는 특별한 믿음이 없었어. 그때는 이런 생각을 해 본 적이 없었는데 말이지."라고 그의 양어머니 사라부시 존스턴은 회상하였다. "그 아이는 한 번도 믿음에 대해 얘기한 적이 없었지."

켄터키와 인디애나 시절을 지나며 링컨은 종교에 대해 상반된 생각을 갖게 된다. 부정적인 측면에서 그는 배타적이고 엄격한 침례교의 교리, 소위 칼뱅주의에 흥미를 느낄 수 없었다. 그는 내부 경쟁 관계에 있는 교리, 특히 당시 서부에서 위세가 당당하였던 침례교와 감리교를 들여다보거나 이론적 논쟁을 벌일 시간이 없었다. 여기서 그는 종교에 대한 반감과 회의론을 싹 틔운다. '사람이 만든 교리와 신조 속에 예수의 신앙이 깃들어 있다는 가능성 또는 정당성'에 대해 의심하게 된다. 그는 개척지의 열렬한 신앙 부흥 운동에서 아무런 가치를 발견하지 못하였다. 오히려 지옥불에 대한 설교에 매달리는 무지한 목사들을 조롱하거나 풍자하기 일쑤였다. 이러한 그의 태도는 "나는 설교하는 장면을 보면 그 사람이 벌을 쫓으려고 미친듯이 몸을 흔드는 것 같이 보인다니까."라는 그의 말 속에 고스란히 녹아있다.

동시에 링컨은 초기의 종교적 경험에 몹시 집착하였다. 링컨의 잘 알려진 운명주의는 하이퍼 칼뱅주의의 영향력 아래서 자란 그의 성장 배경을 반영하고 있다. 그는 그가 반복해서 읽었던 몇 권의 책으로부터도 강한 영향을 받았다. 이 중에는 영국 청교도의 기본서인 존 버니언의 《순례자의 여정(Pigrim's progress)》과 와츠의 성가 책도 포함되어 있었다. 그러나 다른 무엇보다 그는 제임스 국왕의 성서의 강한 영향을 받았다. 어머니의 가르침과 독학을 통해 그는 성서의 분부를 알게 되었고 이것은 일생에 걸쳐 그가 쓴 모든 글 속에 내재되어 청중을 감동시킨다. 그의 양어머니도 어린 시절 링컨의 신심이 깊었다고 말하였다. "에이브는 알려진 것보다는 적지만 그래도 성경책을 좀 읽었지. 그 애는 자기가 좋아하는 책만 읽었어." 그의 성서를 읽는 버릇은 평생 계속된다. 그의 가공할 기억력(그는 한때 "내 마음은 강철과 같다. 거기에 무언가 새기기는 어렵지만, 일단 새기게 되면 지우는 것은 거의 불가능하다."라고 말했다.)과 합쳐져 성서를 늘 가까이 하던 버릇은 공식적인 연설이든 사석에서든 청중들을 성서의 말씀 속으로 빨아들이는 강력한 무기를 그에게 선사한다. 한 번은 일리노이의 한 목사가 링컨이 길거리에 운집해 있는 시민들 앞에 여러 가지 일화를 늘어놓으며 그들을 압도하는 모습을 보았다. 그래서 그가 지나가며 "위대한 사람이 있는 곳에 사람들은 모이기 마련이니라."라는 말을 던졌더니 링컨이 재빨리 "오호! 성서를 좀 아는 목사님이시군요. 시체가 있는 곳에 독수리가 모이기 마련이니라!"라고 응답하였다고 한다.

그러나 성서를 잘 안다는 것이 바로 신앙심이 깊다는 것을 의미하지는 않는다. 인디애나에서 링컨의 가족과 함께 살았던 사촌 데니스 행크스는 링컨이 실제로 성서의 내용을 믿었을까 의심하였다. 실제로 1830년대 혈기 왕성한 청년이었던 링컨은 뉴세일럼에서나 스프링필드에서나 교회의 권위에 공개적으로 도전하곤 하였다. 그의 다른 친구들처럼 그도 논리적 욕구와 호기심을 채우기 위해 합리적 이론을 탐구하는 와중에 토마스 페인의《이성의 시대(Age of reason)》와 콘스탄틴 드 볼니의《폐허(Ruins)》를 읽고 기독교와 성서에 대한 비판적 시각을 길렀다. 변호사 지망생 시절에는 증거의 법칙에 의거하여 성서를 비판하며 성서의 불합리성과 모순점을 찾아내는데 상당히 열중하였다. 또한 그는 로버트 번스의 날카롭고 위트가 넘치는 시를 몹시 좋아하여 그가 칼뱅주의의 자기합리화에 대해 풍자한 내용을 읽고는 기쁜 나머지 "이거 완전히 신성한 윌리의 기도잖아!"라고 외치기도 하였다.

뉴세일럼과 스프링필드의 친구들 중에는 존 스튜어트도 있었는데, 그는 링컨이 친구들 사이에 '무신론자'로 불렸다고 증언하였다. 우리는 이때의 확인되지 않은 일화로서 링컨이 성서가 과연 진정 신의 계시인가라는 의문점을 제기한 글을 썼었는데 뉴세일럼의 친구들이 그의 공적 경력을 염려하여 그에게 태워버리라고 했다는 이야기도 들을 수 있었다. 제임스 마트니는 감리교 목사인 그의 아버지가 1830년대 중반에 링컨의 신앙적 태도를 문제 삼아 "링컨의 영혼까지 사랑하지만 그에게 표를 주고 싶지는 않다."라고 말한 사실을 기억하였다. 마트니 자신도 링컨이 예수를 '나쁜 놈'이라고 부르거나 그가 신앙에 대해 어떤 식으로 말하였는지 기억하고 있었는데 "성서를 집어들고 한 단락을 읽은 다음 그에 대해 한마디 하고는 논리적으로 잘못된 점을 지적한 다음 성서에 나오는 내용 중 서로 모순되는 점을 찾아내서 결국 조롱거리로 만든다."라고 하였다. 스튜어트는 링컨의 이 특이한 면모를 '되다만 무신론자'쯤으로 간주하였다. "링컨은 내가 만난 사람 중에 가장 심하게 기독교 신앙과 교리, 그리고 원칙을 비판했다. 나는 심한 충격을 받았다. 링컨은 언제나 기독교인들이 믿고 따르는 대로 예수가 신의 아들일 것이라는 믿음을 부정하였다."

링컨은 페이니 만큼도 무신론자가 아니었다. 사실 페이니는 무신론자로 악명은 높았으나 실제로 종교에 대해 공격한 적은 한 번도 없었다. 뉴세일럼의 시절에 링컨은 창조자의 존재를 믿었다. 아이작 코그달은 링컨이 성서의 가르침을 부정하는 글을 쓴 적도 있지만 사실 그가 "신, 그리고 모든 위대한 종교의 근본 원리를 믿었다."라고 주장하였다. 코그달은 1834년과 1839년 사이 자신이 링컨과 종교에 대해 여러 번 이야기를 나누었으며 그가 '신앙과 정서에 뿌리를 둔 보편주의자'였다고 평가하면서 지옥이나 영원한 징벌 속에서도 결코 칼뱅주의 신앙에 귀의할 수 없는 사람이라고 말하였다. 멘터 그래함도 이 주장을 뒷받침하면서 링컨이 그에게 보편적 구원을 옹호하는 원고를 보낸 적이 있다고 말하였다. 링컨은 '만물의 신'은 '흥분하거나 미치거나 화를 내지 않는다'는 성서 말씀은 부정하면서 "아담이 그러했듯이 만물은 죽는다. 그러나 예수의 품안에서 다시 태어날 것이다."라는 문구를 사용하여 영원한 벌의 이론이 모순되었음을 증명하였다. 링컨이 여기서 기독교의 속죄주의를 인정한 것 같지는 않다. 그보다는 창조자가 정의와 이성의 법칙에 준하여 인류를 대한다는 부분을 인정한 것으로 보인다.

링컨이 스프링필드에서 개인적으로나 종교적으로 처한 주변 상황은 그의 견해를 여과하고 재구성하는 역할을 한다. 생전 처음으로 그는 대학교육까지 받고 종교에 비판적인 의견에도 귀를 기울일 수 있는 지적 능력을 가진 성직자들에 둘러싸이게 된다. 상류층들이 다니는 시내 교회의 예배에 참석하는 것을 몹시 꺼리던 그도 메리 토드와 결혼 후에는 성공회교회의 예배에 가끔씩 들르는 신자가 된다. 링컨 부부의 세 살된 아들 에디가 1850년 사망하자 가족은 아들의 장례를 주관한 목사 제임스 스미스의 제1장로교 교회로 교회를 바꾼다. 메리는 교회에 전적으로 헌신하고 링컨은 전용석을 임대한다. 스미스는 페이너나 볼니, 그리고 기타 여러 자유 사상가들의 작품을 익히 잘 알고 있는 지적인 스코틀랜드 인이었다. 《기독교인의 반론(The Christian's Defense)》에서 스미스는 역사나 자연과학적 측면에서 볼때 기독교 정통 신앙의 발생은 당연한 것이라는 증거를 제시하고 이에 대한 논리적인 주장을 펼쳤다. 그는 평소와 같이 링컨의 집을 방문하는 길에 이 책의 사본을 그에게 선사한다. 그러나 이것이 신앙과 이성에 관해 그가 읽은 유일한 책은 아니었다. 그는 로버트 체임버스가 쓴 《창조의 역사적 유산(Vestiges of the Natural History of Creation)》(1844)이라는 기독교와 진화론을 분석한 이 책도 매우 자세히 연구하였다. 헌든과 제시 W. 펠도 그에게 자유주의 이론가들의 저서를 여러 권 빌려 주었다.

스미스에 따르면 결과적으로 링컨은 '신성한 권위와 성서의 가르침에 대한 자신의 신앙'을 인정한 셈이다. 링컨의 처남 니니안 에드워드는 링컨이 목사와 대화한 덕분에 "나는 이제 기독교의 진실을 믿게 되었다."라고 선언한 일을 기억했다. 링컨의 여러 지인들도 1850년대 말 링컨이 모든 인류를 구원하기 위해 예수가 속죄양으로 되었다는 것을 믿는다고 신앙고백한 일이 있다고 증언하였다. 조나단 하트넷은 1858년 링컨의 사무실에서 링컨이 "예수는 숭고하고 고귀한 지배자이며 모든 이의 구원자이다."라는 말을 한 것을 기억하였다. 아이삭 코그달도 이와 비슷한 일을 기억하고 있었다. 링컨이 "아담의 원죄로 인해 잃어버린 모든 것이 예수의 속죄를 통해 구원되었다. 타락으로 인해 잃어버린 모든 것이 희생으로 인해 구원되었다."라고 선언한 것이 아마도 1859년 같은 모임에서였을 것이라고 기억을 더듬었다. 같은 순회재판구에서 일하던 동료 존 H. 위키저는 링컨이 "매우 자유주의적 사고"를 가지고 있었다고 말하면서 한편으로는 그가 "예수와 그의 십자가에 못 박히심을 믿는" 것 같았다고 덧붙였다. 그렇다면 링컨은 스프링필드에 살면서 장로교 교리의 영향을 받아 성서에 대한 신앙에 더욱 유화적인 태도를 취하게 되었을 가능성이 매우 높다. 또한 이때 들어 단순히 휴머니즘적 관점을 넘어서 '주 예수'와 '구원자'와 같은 말을 어느 때보다 많이 사용한 것으로 볼 때 그리스도론도 포용하게 된 것 같다.

그러나 우리는 그 반대 경우의 증거도 상당히 많이 찾아볼 수 있다. 1851년 부친의 임종이 다가왔을 때 링컨은 그의 이복동생 존 존스턴에게 "우리의 위대하시고 정의로우시며 자비로우신 창조자에게 의지하고 도움을 청하는 걸 잊은 건 아니냐. 그의 신은 이런 극한 상황에서 등을 돌리실 분이 아니다. 그는 참새가 떨어지는 것도 우리 머리에 난 머리카락의 수도 알고계신데 그에게 신앙을 바친 사람이 죽어가는 것을 잊으실 리 없지 않느냐?"라고 물었다. 존스톤은 아버지가 돌아가시면 "곧 먼저 간 사랑했던 사람들과 다시 만나 행복하게 될 것이고 '남은' 우리들은 하나님의 도움으로 '그들을 만날' 그 날을 기다리며 살아가게 될 것"이라고 말할 수밖에 없었다. 이 일화는 링컨이 비록 전지전능하며 관대한 창조자를 믿었을지는 몰라도 그것이 그리스도교의 신앙과 전혀 다른 것이었음을 증명한다. 그럼에도 불구하고 이 일화의 나머지 부분은 링컨이 뉴세일럼 시절보다 기독교의 교리에 더욱 가까이 다가섰다는 것을 보여준다. 전하는 바로는 그가 "우리가 죽으면 그것으로 끝이라는 생각은 전혀 즐겁지 않다."라고 선언했다는 것이다.

양 갈래로 갈리는 증언들을 종합해 볼 때 1850년대의 링컨은 본질적으로 삼위일체설보다는 유니테리언의 교리 쪽으로 더 기울었던 것 같다. 제스 펠은 자유주의적 기독교인으로서 20년이 넘는 기간 동안 링컨과 종교적 주제에 대하여 수많은 대화를 나누었다고 알려져 있다. 그는 링컨이 스프링필드에 살던 시절 "보통 기독교 신자들과 공통되는 의견을 많이 가지고 있기는 했지만, 기독교의 정통 교리나 신교파의 교리라고 할 만한 것은 전혀 믿지 않았다."라고 강력히 주장하였다. 그는 링컨이 대통령 재직 시절 자신의 종교적 견해를 바꿨을 수 있다는 사실은 인정하면서도, 친구로 지내는 동안 링컨이 보인 태도는 "완전히 기독교 교회의 울타리 밖에" 있었음을 말해준다고 단언하였다. 1850년대 중반 이 두 사람은 다시 한 번 윌리엄 엘러리 채닝과 테오도르 파커의 유니테리어니즘에 대해 긴 토론을 하게 된다. 링컨은 이 두 작가의 작품을 읽고 깊은 감명을 받았으며, 이들의 주장을 모두 받아들이지는 않았지만 작품 속에 나타난 자유주의와 합리주의를 흠모하였다. "그의 종교적 관점은 대단히 현실적이었다."라고 펠은 주장한다. 그리고 이것은 '아버지 하나님과 그리고 만인이 형제인 인간' 이 두 가지 관점으로 요약된다.

링컨의 아들 로버트는 그의 글에서 "스미스 박사가 우리 아버지를 유니테리언에서 삼위일체설의 신봉자로 '개종'시켰다는 것은 금시초문이다."라고 썼다. 존 스튜어트는 더 나아가 링컨이 윌리엄 헌든에게 스미스가 "그를 1858년까지 무신론자에서 개종시키려고 하였으나 실패하였다."라고 말한 사실을 전하였다. 그의 친구와 가까운 지인들의 증언을 듣고 다시 스프링필드의 양복장이 제임스 W. 케이스의 말을 들어보면 링컨이 어떤 입장이었는지 더욱 선명하게 드러난다. 그는 링컨이 전지전능한 창조자에 대한 믿음에 대해 나름대로 이유를 가지고 있었다고 말한다. "모든 천지 만물이 질서와 조화 속에 살아가는 것을 볼 때 어떤 위대한 지적 능력을 가진 자가 이를 창조하고 보살핌이 분명하기 때문이다." 그리고 "그리스도는 신이며 창조자와 동일하다."라는 이론에 대해서는 "그냥 당연하게 받아들이는 것이 낫다."라고 말했다고 한다. "왜냐하면 그리스도의 신성에 대한 증거가 원래 약간 의심스러운 경우가 많으니 이 문제를 논리적으로 설명하려고 들면 모든 것을 믿지 못하게 될 것이기 때문이다. 그러나 기독교의 교리는 적어도 상당히 정교하고, 아마 선의의 목적으로 만들어진 것 같기는 하다." 이 신중하고 제한적인 신앙 공식이 바로 링컨의 진정한 내면을 가장 잘 보여주고 있는 것이다.

링컨이 이 몇 년 사이 일반적 삼위일체론의 기독교적 교리에 논리적으로 더욱 접근하였는지는 차치하고라도 그가, 메리 토드의 표현대로, '정통 기독교인' 이 아니었다는 데는 모두 동의한다. 그를 열렬히 지지하던 신파의 목사 알버트 헤일은 링컨이 '신의 자식'이 아니라는 사실에 몹시 상심하였다. 그럼에도 불구하고 대부분의 사람들이 그가 '신앙심을 타고났다'는 점에 대해서는 이견이 없었다. 그의 가까운 동료인 레오나르드 스웨트는 이렇게 말하였다. "링컨은 청교도들을 조롱하고 짜증이 나면 욕도 서슴치 않았지만 그의 마음속에는 타고난 신앙심이 충만하였다." "옳은 것을 향한 순수한 행위, 정직한 동기, 단호한 믿음이라는 고귀한 원칙을 따르고 절대적 지배자로서 신을 인정하는 모습을 보건대 사람들은 그가 모든 면에서 이웃을 자신처럼 사랑하는 마음으로 헌신하고 있다는 것을 알 수 있었다. 그의 신앙심을 의심하는 이들조차도 술, 담배, 도박을 모두 멀리하던 그의 사생활과 도덕성에 전혀 의문을 가지고 있지 않았다."

링컨의 사고방식 중 모두가 동감하는 것 하나가 바로 운명주의이다. 링컨은 자신이 평생 운명주의자로 살았으며 이것을 의심해 본 적이 없다고 고백하였다. "일어날 일은 일어나게 마련이네." 그는 연방의원 아이작 아놀드에게 말하였다. "나는 평생 '우리의 운명을 정하는 신성한 존재가 있으니 이것을 넘어뜨리는 것은 얼마나 어려운가?'라는 햄릿의 말처럼 살아온 것 같네." 헌든에 따르면 메리 토드는 이런 종류의 말을 상당히 자주 들었던 것 같다. 결국 링컨의 좌우명이자 철학은 '일어날 일은 일어나게 마련이고, 이를 염려하여도 천명을 거스를 수는 없다.'라는 것이었다. 링컨은 그의 법률사무실 동료에게 자신이 "끔찍한 최후를 맞을 것 같다."라는 말을 자주 하였다. 그러나 정작 조셉 길레스피와 여러 주변인들이 암살 예방 조치를 주장할 때 그는 운명론자답게 이를 거부하였다. 스프링필드를 마지막으로 떠나기 직전 걱정하는 주변 사람들에게 그는 "조심하겠습니다."라는 말을 하면서 "그렇지만 신의 뜻은 피할 수 없답니다. 나의 운명은 그의 손 안에 있고……, 그리고 그가 하시는 일에 나는 경배할 뿐이지요. 신의 법칙에 우리는 복종할 뿐입니다."라고 덧붙인다.

링컨이 가진 하이퍼 칼뱅주의의 운명론적 기질은 침례교의 영향 아래 자라난 성장 배경을 통해 형성된 것이다. 그는 평생 '성스런 신의 섭리', '성스런 존재', '신의 섭리'가 가진 결정권을 자주 언급하였다. '이미 정해진 삼라만상의 법칙에 의해 지배를 받는 것, 아무 일도 우연히 일어나지 않는다는 것', 이것이 바로 그가 아이작 코그달에게 말한 신이다. 그러나 링컨의 결정론은 동시에 세속적 측면이 강하였다. 헌든에 따르면 링컨은 인간의 의식적 행동이 모두 '동기'에 의해 형성된다고 믿었다고 한다. 즉, 인간의 행동이 수십만 년 동안 계속된 주변 상황에 대한 이기주의적, 이성적, 그리고 어느 정도 정해져 있는 반응이기 때문에 자유 의지는 존재할 수 없다는 것이다. 이러한 그의 생각은 1846년 그의 선거 전단에서도 찾아볼 수 있다. 그는 이 생각의 근거를 '필연주의'에서 찾았으며, 인간의 마음은 행동을 불러오고 이 마음은 스스로 통제할 수 없는 어떤 힘에 의해 이끌린다는 생각에 무척 솔깃해 하였다. 링컨은 이것이 종교적 믿음과 일치한다고 주장하였지만, 알렌 구엘조는 여기에 종교적 요소는 전혀 없으며 오히려 미국의 사법 개혁자들이 영국에서 가져온 공리주의의 영향이 강하게 반영되어 있다고 날카롭게 지적하였다. 링컨의 동기, 이기주의, 윤리적 자유의 부재 등에 대한 견해는 제레미 벤텀의 것과 매우 유사하다. 그 출처가 무엇이든지간에 링컨의 견해는 '필연주의'를 도덕적 책임감을 부정하는 무신론적 교리라고 보는 감리교도나 '아르미니우스파'의 칼뱅주의자들과 같은 대다수 기독교 정통 교파의 교리와는 동떨어진 것이었다. 그러나 링컨은 그의 결정론에 대한 믿음을 만물의 지배자인 하나님에 의지하며 종교적 수사를 통해 표출하기를 멈추지 않았다.

합리주의, 보편주의, 공리주의, 운명주의와 약간의 칼뱅주의가 모두 섞여서 만들어진 링컨의 복합적 신앙 체계는 링컨이 윤리적 요소가 강한 정치 이슈로서 노예제도를 바라보는데 큰 역할을 한다. 1850년대 그가 자신의 주장에 대한 근거로서 독립선언문을 자주 사용한 것은 정치적 난제에 대한 시대적 표현이라기보다 주로 자기 자신을 위한 것이었다. 이것은 보편주의 원칙의 정화된 표현에 근접한 것으로 링컨의 개인적 믿음의 핵심 요소와도 일치하는 것이다. 즉, 인간을 모두 평등하게 창조하시고 인간 세계를 정의의 원칙에 따라 다스리시는 절대자에 대한 믿음 말이다. 링컨은 독립선언의 성서적 토대를 창세기에서 찾는다. 만일 인류가 신의 형상을 따라 창조되었다면 '창조자의 정의'는 '그의 모든 창조물, 즉 모든 인류'에게 동등하게 적용되어야 한다. 그는 일리노이 루이스타운에서 청중을 상대로 건국의 아버지들은 "신의 모습과 형상을 따르는 모든 것은 그

의 동족에 의해 짓밟히고 모욕당하고 잔인한 취급을 당하기 위해 이 세상에 보내진 것은 아니다."라고 선언한 것과 같다고 역설하였다. 독립선언문의 자명한 진실을 공고히 함으로써 그의 이론은 먼 장래에 "부자와 백인만이 자유와 행복 추구의 삶을 영위할 자격이 있다."라고 주장하는 일단의 이익 집단에 대한 저항의 근거를 제공하게 된다. 이 점을 기억한다면 우리는 진실, 정의, 관용, 그리고 모든 인도주의적 기독교 가치는 영원히 이 땅에서 사라지지 않으리라는 것을 확신할 수 있다.

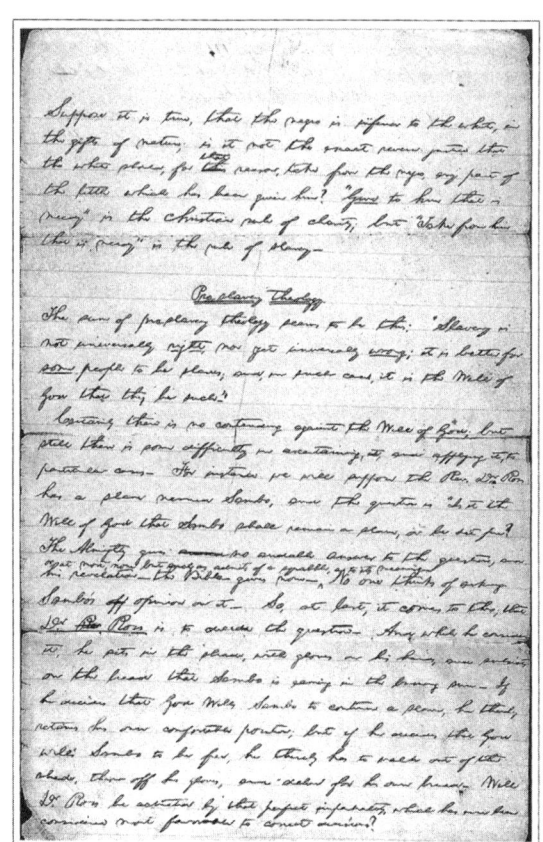

링컨이 프레드릭 A. 로스의 책 《신의 뜻, 노예제도》(1857) 중 〈노예제도 찬성론의 이론적 배경〉을 반박해 쓴 글의 일부. 이 다음 페이지에서 그는 "좋은 제도라고 치부하기에 노예제도는 너무나 고약하다. 이 제도 안에서는 인간이 결코 추구하지 않을 유일한 선이 '자신의 안위'가 된다. 이 얼마나 모순인가! 늑대가 자신의 배를 채우기 위해 양을 집어삼키면서 양을 위해 양을 집어삼킨다고 말하는 꼴이다."라는 말로 결론을 맺는다.

링컨이 노예제도와 싸우면서 성서의 구절을 사용한 것은 기회주의의 소산이라기보다는 소신에 의한 것이다. 헌든이 인정하였듯이 "그는 위대한 성서의 현실적 계율을 받아들여 그의 양심과 머릿속에 각인시켰다." 나중에 링컨은 자신의 이러한 인식이 옳고 그름을 분별하는 도구가 되었다고 고백하였다. 그러나 링컨이 노예제도의 반박 근거로서만 성서를 활용한 것은 아니다. 그는 이 책의 근본 원칙이 어디로 귀착될 지 명확히 꿰뚫고 있었으니 "가난한 자에게 베풀라는 것은 기독교 자선행위의 원칙이나 가난한 자의 것을 빼앗으라는 것은 노예제도의 원칙이다."라고 하였다. 그는 프레드릭 A. 로스가 믿는 남부의 신에 대해서는 얼굴을 찌푸려가며 비난하였다. 프레드릭 A. 로스는 장로교 교인으로서 "어떤 이들에게는 노예로 있는 것이 더 이익이 된다. 그렇다면 이것은 신의 뜻임에 분명하다."라는 결론을 통해 노예 찬성론의 이론적 배경을 성립한 바 있다. 그러나 신의 뜻은 어떻게 성립하는가? 로스에게 삼보라는 이름의 노예가 있다고 가정해 보자. 만일 "하나님의 뜻은 삼보가 노예로 있는 것인가요, 아니면 해방되는 것인가요?"라는 질문을 하면 신은 응답의 목소리를 내리지 않으시고 성서도 '아무 응답이 없으므로 적어도 말다툼을 인정할 때처럼' 침묵으로 계시를 내려주신 것과 같다는 것이다. 그러나 그 질문에 대한 해답은 전적으로 '손에는 장갑을 끼고 그늘에 편안히 앉아 삼보가 뜨거운 낮 동안 일하여 얻은 빵으로 살아가는' 로스 박사에게 달려 있다는 사실은 그의 주장이 '올바른 결정의 기본 요소인 공정성의 뒷받침을 받고 있지 못하다'는 의구심이 들게 한다.

하나님은 아담에게 "얼굴에 땀이 흘러야 빵을 먹을 수 있을 것이다."라고 말씀하셨다. 링컨은 이 말씀에서 노동에 대한 이론적 힘을 얻는다. 즉, 사람은 누구나 노동의 짐을 져야 할 의무가 있고 그 과실을 즐길 당연한 권리가 있다는 것이다. 마찬가지로 인간이 하나님의 형상을 하고 있다는 구절도 같은 개념의 표출이며, 따라서 이를 근거로 흑인에게도 교육의 기회와 자아실현의 기회를 제공해야 한다는 구체적 주장을 펼친다. "인간의 창조자는 모든 사람에게 머리 한 개, 손 두 개를 주셨다. 이것은 아마도 머리와 손이 친구처럼 협력하라고 뜻하셨기 때문일 것이다. …… 특히 머리는 손에 명령을 내리고 조정한다. …… 머리는 머리와 끊을 수 없는 관계인 손과 입의 안내자이며 지도자이고 또한 보호자이다. 그러므로 머리는 그 의무를 수행할 능력을 키울 수 있도록 가꾸고 개발해야 한다." 조셉 길레스피는 링컨이 노예제도가 가진 사회윤리적 해악을 논할 때 보여준 거의 청교도에 가까운 진지함을 생생하게 기억한다. 노예제도는 '울부짖는 거대한 불의이자 엄청난 국가적 범죄'라며 그는 길레스피에게 "이 나라는 그에 대한 천벌을 피하지 못할 것이다."라고 말하였다. 여기서 우리는 정치적 통치 체제를 윤리적 존재로 생각하는 링컨의 칼뱅주의적 관점을 엿볼 수 있다. 신은 사악한 개인을 처벌하듯이 그 죄에 대해 사악한 나라를 벌하신다.

링컨은 "천벌은 개혁과 진보를 가져올 것"이라며 레오나르드 스웨트에게 "정의의 승리와 불의의 몰락"이 기대된다고 말하였다. 여기서 링컨의 운명에 대한 개념과 우주는 신의 법칙에 따라 정해진 길을 간다는 그의 생각이 드러난다. "그는 인과응보의 법칙을 철썩같이 믿었다. 또한 다가올 결과가 실제로 예정보다 더 빨리 오거나 늦지는 않을 것이라고 생각했다."라고 스웨트는 한 글에서 밝혔다. "특히 노예제도에 대한 투쟁을 시작한 이후 그의 정치 활동은 주로 이 이론에 근거하고 있었다." 이는 특정한 제도를 지향하는 그의 사상과 실천 속에서 두 가지 모순을 나타내는 이론이다.

첫째, 노예제도가 사람들에게 유익한 것이라는 주장(좋은 제도라고 치부하기에 노예제도는 너무나 고약하다. 이 제도 안에서는 인간이 결코 추구하지 않을 유일한 선이 '자신의 안위'가 된다.)에 대한 그의 비난은 우선 노예소유주들의 거센 항의에 주춤한다. 사람은 환경의 산물이라는 믿음을 가진 링컨은 무슨 일에 대해서나 놀라우리만큼 관용적이었다. 그에 따르면 만일 입장이 바뀌었다면 자유주의 주민들도 남부인들과 똑같이 행동했을 것이므로 그런 이들에게 윤리적 오명을 씌우는 것은 부당한 일이 된다. "누구나 자기가 한 일을 자화자찬해서도 안 되고 자기가 한 일이나 하지 않은 일을 비난해서도 안 된다."라는 것이 링컨의 생각이었다고 헌든은 설명하였다. "나는 그가 다른 이를 아주 조금이라도 비난하는 것도—제퍼슨과 클레이를 빼고—칭찬하는 것도 들어본 적이 없다."

더 나아가 만일 링컨이 진실로 '반드시 일어날 일은 피할 수 없다'는 믿음을 갖고 있었으며 노예제도가 사라져가는 제도라고 생각했다면 왜 그토록 열정적으로 이 제도의 확산을 막으려고 노력했을까? 아마도 링컨이 '소극적'인 사람이었다고 말한 이들은 사실 그를 잘못 이해하고 있었을 것이다. 링컨이 비록 운명론자이기는 하였어도 동시에 그는 매우 야심만만하고 진취적이며 단호한 성격을 가지고 있었으며, 정치 문제에 있어서는 항상 적극적인 태도를 보였다. 그렇다면 우리는 같은 자리를 맴돌고 있는 것일까? 우선 우리는 링컨의 소극적인 면을 주로 언급했던 사람들도 그가 맹목적으로 운명론을 믿었다는 말에는 고개를 갸우뚱한다는 사실에 주목해야 한다. 헌든 자신도 말했다시피 "그의 운명론은 마호메트교도의 그것처럼 극단적이지 않다."

두 번째로 조셉 길레스피는 링컨이 이미 정해진 수단에 대한 신념과 예정된 결말에 대한 믿음을 함께 지고 갔다고 정확히 지적하였다. "따라서 그는 수단을 활용하는데 매우 열심이었다." 링컨은 조슈아 스피드가 막 결혼했을 때 "나는 신께서 당신이 미리 정해두셨던 인연인 자네와 자네의 아내 페니를 함께 묶어줄 도구로서 나를 선택하셨다고 믿는다네."라고 말하였다. 이것이 바로 그가 노예제도에 반대하는 투쟁을 하면서 내내 지켰던 태도이다. 스웨트에 의하면 그는 처음부터 성공을 확신하였고 시작부터 이미 결론이 나 있는 듯 행동하였다고 한다. 훨씬 뒤에 대통령이 되고 나서도, 길레스피가 보기에, 그는 연방을 살리려는 신의 의도를 진정으로 믿었을 뿐만 아니라 "자신이 노예를 해방하고 이 목적을 달성할 수단으로 이미 선택받았다."라고 생각하였다고 한다.

운명론자와 행동주의자의 양면을 모두 가지고 있었다는 점에서 링컨은 역사상 매우 보기 드문 인물이다. 알렌 구엘조가 지적했다시피 필연적 운명론은 청교도 개혁론자나 마르크스와 레닌의 제자들이 그랬듯이 반드시 행동을 수반한다. 링컨의 경우는 확실히 모순을 내포하고 있으나 어떤 면에서는 확실히 합리적이기도 하였다. 연방의 의의를 명확히 이해하고, 노예제도를 진취적 평등사회에서 사라져가는 이상 현상으로 바라보던 링컨은 개인적 성취욕에 이끌려 새로운 정치 의욕을 충전한 후 1854년 헌신적인 정치 생활로 복귀한다. 헌든이 기억하는 링컨은 조심스러운 운명론자로서 "항상 여론을 바꾸기 위해 노력하고 대통령의 자리를 향해 끝없이 전진하는 사람이었다. 그는 이 과정에서 누구도 한 적 없는 격렬한 노력과 투쟁을 벌여야 했다." 대중 정치 체제에서 권력을 쟁취하기 위해서는 개인적 노력, 올바른 의제 선택, 목적의식 이상의 것을 요구한다. 헌든이 암시하듯이 전능한 여론과의 연계가 필요한 것이다. 따라서 다음에 다룰 내용은 링컨의 최고 지위를 향한 여정에서 빼놓을 수 없는 요소인 여론 형성에 관한 것이 될 것이다.

Chapter 02
여론의 힘
'일리노이의 대중과 새로운 정치적 질서 : 1854~1858'

    이때에 이르러 보통의 미국인들은 19세기 전반부에 눈부시게 발전한 참여적 민주주의라는 새로운 통치 체제를 통해 커다란 정치적 영향력을 휘두르게 되었다. 물론 이것은 아직 제한적이고 차별적 수준에 머물러 있었다. 백인 남성을 제외한 여성과 다른 인종에게는 투표권이 주어지지 않았다. 그러나 여전히 기타 정치 체제와 비교해 볼 때 보통 백인 남성에게 참정권을 부여한다는 사실조차 새로운 혁명적 출발로 여겨졌다. 바야흐로 보통 사람이 지배하는 시대가 도래한 것이다. 이 제도는 이전까지 권력을 부유층과 지식인의 전유물로 여겼던 공화국의 엘리트들에게 급격한 사고의 전환을 요구하였다. 이들 중 일부는 변화한 현실에 적응하지 못하고 가난하고 무지한 자들에게 권력이 넘어갔다고 한탄하기도 하였다. 그러나 대부분의 정치가들은 '주권을 가진 군중'의 도전에 대응하기 위해 새로운 장치를 개발하는 기민함을 보인다.

    이렇게 새로 개발된 정치 도구 중 가장 중요한 것이 바로 대중을 기반으로 한 정당 체제이다. 마틴 반 뷰렌, 서로우 위드, 그리고 기타 명민한 전문가들은 전당 대회, 당 강령, 그리고 다양한 네트워크를 통해 여론을 유도, 중재, 심지어 조작하기도 하였다. 1830년대와 1840년대에 들어서자 이미 연혁과 체계가 잡힌 현대적 의미의 정당이 미연방의 각 곳에 굳건히 뿌리를 내리고 있었다. 역사학자들이 잭슨주의 또는 '제2의 정당 체제'라고 명명한 미국 특유의 제도 내에서 대부분의 유권자는 민주당 또는 휘그당 양당으로 나뉜다. 그러나 이 새로운 민주적 정치 체제 아래서 폭동과 소요가 빈번히 일어났다는 사실은 각 정당의 통제력이 대부분 빈약하고 불완전하였음을 보여준다. 끊임없이 선거를 치러야 하는 정치 시스템하에서 여론의 방향에 재빨리 편승하지 못하는 후보는 곧 도태되었다. 기민한 지도자들은 여론을 존중할 필요성을 인식하고 있었으나 한편 다양한 이익이 충돌하며 불안정하게 돌아가는 정당도 관리해야 할 책임이 있었다. 정치가들은 보통 국민의 물질적 열망을 대변하는 동시에 종종 경제적 이익과 상충하는 충성심과 편견에도 대응해야 했다. 특히 이들은 다양한 구성원으로 이루어진 유권자 사이의 인종적 종교적 갈등과, 특히 남북전쟁 전 사반세기 동안 남북관계를 악화시켜온 내부적 적대감과 싸워야했다.

1850년대는 대중 민주주의에서는 유권자들이 정치의 최고 조정자라는 사실을 단적으로 증명한 시기이다. 지난 20년 동안 정치권을 지배해왔던 시스템은 기존의 정당에 대한 대중적 반란의 무게에 발목 잡혀 결국 붕괴되고 만다. 미국에서 태어난 원주민들은 아일랜드와 독일에서 끊임없이 밀려드는 이민자들에게 위기의식을 느끼고 강력한 외국인 귀화법과 주류 판매와 소비에 대한 엄격한 규제, 그리고 특히 학교에서 신교를 보호할 수 있는 실질적 수단 등을 요구하였다. (오랜 시간 이민자 집단과 좋은 관계를 유지해온) 민주당과 (당시 외국 태생 유권자를 공격하기 꺼려하던) 휘그당이 모두 이들이 제기한 이슈에 미적지근한 반응을 보이자 수십만의 원주민들은 공화국 보호를 기치로 내건 새로운 정당에 적극적으로 가담하게 된다. 그 근원과 조직이 잘 알려지지 않은 이 국지적 신생 정당은 비록 구성원들의 무지를 빗대어 "불가지론자"라는 딱지가 붙기는 했지만 밑에서 위로 움직이는 여론의 힘을 증명한 전형적 보기이다.

반란에 가까운 이민 배척주의의 물결만으로도 이미 19세기 중반의 양당 체제는 풍전등화의 위기에 처한 상태였지만, 기존의 정당들은 노예제도에 관한 정책의 실패로 널리 퍼진 대중적 실망감과도 싸워야하는 설상가상의 처지에 놓인다. '자유지역'론의 여파로 1846년과 1850년 사이 계속되던 정치계의 위기는 북부에서는 양당의 지지 세력의 이탈을 가져왔고 남부에서는 노예 찬성론의 발호로 두 정당 사이의 균형에 분열을 초래한다. 1850년의 정치 협상은 일견 주요 정당에 대한 대중의 신뢰를 회복한 결과로 보이지만 실제로는 이 두 정당이 대중적 신뢰도를 간과하는 실수를 범한 것이라는 사실이 네브래스카법을 둘러싼 온갖 잡음을 통해 확실히 증명된다. 남부의 유권자들은 노예 반대론을 펼친 휘그당에 격분하고 북부의 반네브라스카 법안 지지자들은 노예제도를 찬성하는 스테판 더글러스의 민주당에서 대거 이탈하는 사태가 벌어진다. 잭슨주의 시대의 정당 체제는 바야흐로 쇠락의 길을 걷게 된다.

링컨은 미국식 참여적 민주주의의 특징이 뚜렷이 살아있던 1830년대에 정치계에 입문하였으니 그의 정치 인생 전반부 20년은 대중 민주주의의 성장과 정확히 궤를 같이한다. 그는 떠들썩한 선거유세와 광고, 끝없는 연설, 지방신문의 극단적 평론기사의 횡행이 허용되는 시대에 살았다. 이전에도 그 이후에도 이때만큼 미국인들이 적극적으로 투표에 참가한 시대는 결코 없었을 것이다. 링컨은 이 새로운 시대에 맞는 타고난 정치 성향을 갖고 있었다. 그는 유권자들 앞에서 연설하는 것을 언제나 편안하게 즐겼다. 또한 그는 새로운 공화국 시민의 역할과 책임에 대해 분명한 생각을 갖고 있었다. 뿐만 아니라 민주주의 지도자가 '대중'에 대해 진 의무에 대해서도 확고한 개념을 갖추고 있었다. 즉, 정치가는 앞에서 이끌어야 할 때와 뒤에서 따라야 할 때, 그리고 가르침을 주어야 할 때와 받아야 할 때, 그리고 스승이 되어야 할 때와 제자가 되어야 할 때를 판단할 수 있어야 한다는 것이다. 이와 같은 배경을 염두에 두고 일리노이주에서 활동할 시절 대중에 대해 그가 가졌던 힘과 문화 및 사회 분야별 과오에 대한 민첩한 대응성을 주제로 앞으로 이야기를 계속해 나갈 것이다.

이 부분은 1854년 네브래스카 사태를 중심으로 한 그의 정치적 전환기에서 1858년 스테판 더글러스와 가졌던 유명한 토론회에 이르기까지 링컨의 정치 역정을 살펴보기 전에 잠시 들러가는 서막과 같다. 링컨은 일리노이에 머물던 1850년대에 변덕스런 여론이 가진 정치적 힘을 가장 확실히 체험한다. 캔사스-네브래스카법으로 인해 벌떼같이 일어난 여론은 민주당에 심각한 타격을 주었고 반면 배척주의자들은 휘그당에 주도권을 넘겨주기 꺼려하였다. 링컨 자신은 새로운 반네브래스카, 노예제도 반대 여론의 연합을 주장함으로서 여론과 휘그당 사이에서 상당히 큰 영향력을 발휘하게 된다. 이때의 경험은 그에게 1858년 드디어 공화당의 일원으로서 미국 상원의원 선거에 출마할 든든한 기반이 되어준다. 그는 이 선거에서 정점에 달한 현란한 수사법을 구사하여 여러 유세연설을 통해 보통 시민들의 마음속에 미공화국의 미래에 대한 자신의 비전을 구현할 뜨거운 도덕적 의무감을 심어주는데 성공하며 상당한 지지표를 획득한다.

링컨과 민주 정치와 여론

링컨의 민주 정치와 여론의 역할에 대한 생각은 인구가 겨우 수백 명에 불과한 작은 서부 마을에서 살았던 개인적 경험에서 비롯된다. 새로운 일리노이의 수도 스프링필드도 사실 1840년대 중반에는 인구가 이천오백 명에 불과한 작은 도시였다. 이런 작은 도시에서는 주민들이 서로를 모두 잘 알고 정부 조직이나 그들을 대표하는 의원들을 모두 가깝게 여긴다. 그리고 주민들은 모두 민주주의 제도와 이를 신뢰하는 자기 자신에 대해 큰 자부심을 가지고 있다. 링컨은 개인은 주권적 존재이며 미국 정부는 여론을 바탕으로 국가를 통치한다는 시민의 공통된 생각을 깊이 신뢰한다. 1850년 그는 "최고로 능력있는 공직자도 만일 여론의 지지와 신뢰가 없다면 무용지물이다."라고 지적하였다. 그가 피오리아 연설에서 강조한 바와 같이 때때로 여론이 틀릴 경우도 있겠지만 "옳고 그름에 관계없이 다수가 보편적으로 가지고 있는 생각은 절대 간과할 수 없는 것이다." 그는 나중에 "이 시대 이 나라에서 여론은 모든 것이다. 여론과 함께하면 실패란 있을 수 없다. 반대로 여론을 거스르면 모든 것이 실패할 것이다. 누구든 여론을 형성할 수 있다면 법령을 제정하거나 판결을 발표하는 사람보다 훨씬 깊

은 경지에 도달한 것이다."라고 단언하였다.

　　정치입문 초기의 링컨은 대중의 뜻을 맹목적으로 따르는 경향이 있었다. 1836년 주 의원 재선거를 앞두고 그는 상가몬의 유권자들에게 "내가 여러분의 뜻을 알 수 있는 한 모든 문제에 있어서 여러분의 뜻을 받들고 그 외에도 여러분의 이익을 최대한 증진시킬 수 있는 일이 있다면 그 일을 할 수 있도록 항상 노력할 것"이라고 말하였다. 그러나 오래지 않아 그는 이 원칙, 즉 정치가는 유권자의 의견을 전달하는 대변인에 불과하다는 생각을 떨쳐 버리게 된다. 그 대신 여론은 상당히 유연하며 선출된 그들의 대표자는 어느 정도 이를 조절할 수 있는 힘이 있으며 이것을 개선할 도덕적 의무를 가지고 있다는 새로운 원칙을 차용한다. 여론형성은 모든 정치활동에서 가장 중요한 부분을 차지한다. 여론이야말로 통치 체제를 변화시킬 수 있는 강력한 수단이기 때문이다. 교육과 지도를 통해 각 개인이 자신의 성격을 형성하고 스스로를 변화시킬 수 있듯이 여론도 이를 통해 변화한다. 1838년 한 문화강좌에서 한 연설에서 그는 여느 때와 마찬가지로 지성과 품위, 도덕심을 갖춘 사람들에게 명쾌한 논리와 이성을 가지고 이야기하면 얼마나 많은 것을 이룰 수 있는지 강조하며 동시에 지난 역사의 교훈을 통해 잭슨주의 사회를 크게 상처 입힌 군중 소요에 대해 경종을 울렸다. 그는 뛰어난 선동가가 등장하여 민중을 현혹시켜 "이성적 판단" 대신 "거칠고 격렬한 열정'을 불러일으키는 일을 경계하였다.

　　링컨은 그의 정치 경력 내내 적대감을 조장하기보다는 이성적 주장을 통해 여론을 설득하려고 노력하였다. 이러한 그의 성향은 그가 1837년 일리노이 총회에서 감정적 반-노예제도 반대론에 굴복한 다른 동료의원들과 달리 노예제도에 대해 채택된 여러 개의 의결문에 반대하도록 만드는데 일조한다. 그리고 1844년 필라델피아에서 가톨릭교에 반대하여 폭동과 교회 방화 사건이 일어났을 당시에는 당황한 배척주의자나 휘그당의 동료들과 달리 링컨은 외국인 추방에 반대하는 스프링필드 성명을 발표하도록 이끌어 민주당 지도자들로부터 존경을 획득하는 계기를 마련한다. 또한 멕시코 전쟁 당시에는 미국인의 영토욕과 포크 대통령의 침략 행위를 고의로 묵인하는 가짜 애국심을 비난하면서 멕시코 전쟁을 반대하도록 만드는데 큰 역할을 한다. 이러한 그의 성향은 1854년 이후에 발표한 그의 여러 연설문에서 더욱 분명한 모습을 드러낸다. 당시 스테판 더글러스가 일리노이 백인 주민들의 마음속 깊이 자리 잡은 타인종에 대한 두려움을 밖으로 끌어내어 네브래스카법 반대여론으로부터 자신을 보호하려고 골몰하는 동안 링컨은 그저 주민들의 정의감과 독립선언문의 이상에 대한 충성심에 호소하며 흑인에 대한 적개심과 증오를 조장하는데 열중하는 민주당을 거세게 비판하였을 뿐이다. 물론 링컨은 성인(saint)은 아니다. 그저 여론을 너무 앞서나가지 않도록 신중하며 당시 횡행하던 선동행위에 동참하고픈 유혹에 빠져들지 않았을 뿐이다. 그러나 트럼불처럼 그를 '여론의 지도자가 아닌 단순한 추종자'로 간단히 치부해 버린다면 그것은 분명한 잘못이다. 그를 존경해 마지않던 칼 슈르츠가 "선동적 수사를 동원하여 대중의 사고를 흐리게 만드는 더글러스와 대조적으로 링컨은 솔직하게 진실만을 이야기하며 양심에 뜨겁게 호소한다"라고 말하면서 그를 "단순한 여론의 추종자나 변호인 또는 선동가가 아닌 진정한 지도자"라고 묘사한 것은 아마 진실과 가장 가까운 평가일 것이다.

링컨이 가진 호소력은 무엇보다 그의 서민적 기질에서 기인한다. 농장에서 도망나오기는 했지만 그는 한 번도 켄터키와 인디애나의 유년 시절을 통해 얻은 농촌 사람들에 대한 유대감을 잊은 적이 없다. 그의 이러한 감정은 뉴세일럼에서 얻은 사회적 배경과 지위에도 불구하고 전혀 변하지 않는다. 일례로 그는 고향의 발음과 억양을 평생 유지하였다. 스프링필드에서 변호사로 명성을 쌓을 때에도 그는 제8 순회재판구에 속한 각 지역을 돌아다니며 배심원에 뽑혀온 농부, 미장이, 상점 주인, 거래상과 같은 소박한 농촌 사람들과 법원 안 또는 호텔 앞에서 자주 이야기를 나누곤 하였다. 데이비드 데이비스에 따르면 많은 변호사들이 성공과 함께 화려한 시카고로 옮겨갔지만 링컨은 연방의원의 임기가 다할 무렵 시카고의 한 법률회사가 제안한 파트너십을 거절하고 일리노이 중부 지방의 자신이 잘 알고 애정을 느끼는 사람들 곁에 남기로 결정했다고 한다. 전해지는 바로는 뉴세일럼 시절 그는 사람들과 이야기하는 것을 좋아하고 자주 주민들의 집을 방문하여 남녀노소 할 것 없이 수 마일 내에서는 그를 모르는 사람이 없었다고 한다. 직업상 항상 순회구를 돌아다니고 타고난 기억력 때문에 이름까지 기억해 주니 분명히 그를 만난 많은 사람들이 그에게 깊은 친밀감을 느꼈을 것이다. 물론 링컨은 그의 소박한 출생이 정치적으로 유리하게 작용하리라는 것을 알고 있었다. 그렇더라도 서민들에 대한 그의 관심에는 전혀 거짓이 없었다. 그는 특히 과거의 자신처럼 스스로 발전하려고 애쓰는 이들에게 더 큰 애정을 보였다. 조셉 길레스피는 그가 "정직하고 선량한 대중"에 깊은 신뢰를 갖고 있었다고 말하였다. 링컨은 성실하고 대단히 신중하며 가까운 지인도 별로 없고 사생활을 매우 중요시하였다. 백악관에서 그의 보좌관으로 일하였던 존 G. 니콜리아와 존 밀튼 헤이는 후일 그와의 사적 관계를 이렇게 정의하였다. "그와의 사이에는 누구도 넘어설 수 없는 어떤 선이 존재하였다." 그러나 그는 결코 냉담한 법이 없었고 젠체하거나 고상한 척 행동하지도 않았다. 동료 변호사에 따르면 "일상생활 속에서 본 그는 그의 위대한 본질에 비해 전혀 '위대한 사람'처럼 보이지 않았다."라고 한다.

링컨은 자신이 어떻게 생겼는지 잘 알고 있었다. 그의 거친 외모와 신체적 특징은 그가 농부들에게 가까운 사람으로 각인되는데 큰 힘을 발휘하였다. 후리후리하고 불균형적인 몸을 가진 소년 링컨은 나중에 조슈아 스피드의 지나치게 솔직한 말마따나 "길고, 볼썽사납고, 못생기고 볼품없는 남자"로 성장한다. 그러나 뻣뻣하고 흐트러진 머리 아래 보이는 각지고 여윈 얼굴은 못생겼다기보다는 평범했다는 편이 옳을 것이다. 그가 대화에 열중할 때나 환한 웃음을 지을 때면 이러한 그의 얼굴은 "불을 켜 놓은 등불처럼 밝게 빛났다." 그러나 링컨은 익살스럽게 자신이 못생겼으며 그 못생긴 외모는 자신의 적이라고 말하곤 하였다. 그의 외모 중 특히 이야깃거리가 되었던 것은 당시 평균에 비해 지나치게 큰 193센티미터나 되는 신장보다 오히려 불균형적으로 긴 다리와 큰 발, 무엇보다 그의 긴 팔이었다. 그가 똑바로 서서 팔을 옆으로 내리고 어깨를 자연스럽게 늘어뜨리면 그의 손가락 끝은 보통 사람들보다 7.5센티미터 정도 더 밑으로 내려왔다. 누군가 말한 것처럼 링컨의 크고 뼈마디가 굵은 손가락이 소년 시절 무거운 도끼를 많이 다룬 탓인지는 확인할 수 없지만 이때의 경험이 그를 강철처럼 강하게 만들어 준 것 만은 확실하다. 링컨의 복장 때문에 그는 더욱더 소박하게 보였다. 그의 바지는 지나치게 짧아 때때로 우스꽝스러울 정도였다. 더글러스와 토론회를 가졌을 때에도 그는 평소와 같이 셔츠 위에 매끈한 베스트나 조끼도 없이 바로 리넨저고리를 걸치고 있었다. 그리고 그의 갈색 모자는 그가 항상 지니고 다니던 초록색 면우산 만큼이나 낡은 것이었다.

링컨의 소탈함은 이웃집 층계참이나, 법원 계단 위에 우연히 모여든 사람들 사이에서나, 정치 집회에 모여든 군중 앞에서나 타고난 이야기 재주와 유머 감각을 통해 더욱 빛을 발하였다. 그는 일찍이 소년 시절부터 여러 가지 일화와 우스운 농담을 재미있게 풀어놓는 능력이 있었으며, 이 재능은 그가 정치 경력을 쌓아가는 동안 중요한 역할을 하게 된다. 어떤 주제를 가지고도 그는 누구보다 많은 수의 딱 들어맞는 재미있는 일화를 들려줄 수 있었다. 조셉 길레스피는 "그가 하는 이야기는 언제나 잘 들어맞았다."라고 회상하였다. "그리고 그는 별 움직임 없이도 이야기를 매우 인상적으로 전달하였다. …… 그가 어떻게 그렇게 많은 이야기를 알게 되었는지 그리고 어떻게 때가 되면 이를 바로 꺼내 사용할 수 있는 것인지 그를 아는 사람들은 모두 궁금하게 여겼다." 그의 이야기는 비유나 우화, 설명을 들어 대개 교훈을 줄 목적으로 사용되었다. 정치 초년 시절 그의 경쟁자가 그를 "가식적인 광대"라고 비하하는 발언을 한 적도 있지만 그가 하는 농담이 그의 품위를 손상시킨 적은 거의 없었다. 사실 그가 하는 농담이나 일화 속에는 악의와 야유가 들어 있지 않았으며 다른 사람을 놀림감으로 삼는 경우도 거의 없었으므로 감정에 상처를 주거나 뒤틀린 정치 여운을 남기지 않았다. 많은 링컨의 친구들은 오히려 그의 농담 밑에 깔린 슬픔과 진지성을 감지하였으며 그에게 거리감을 느꼈다. 그러나 누구도 "그의 재미있는 이야기 덕에 링컨은 세상에서 보기 드물게 함께 있으면 정말 즐거운 사람이다."라는 멘토 그라함의 말에 이의를 다는 사람은 없었다.

대중이 링컨에게 갖고 있던 친밀감은 그의 정직한 성품이 널리 알려지면서 더욱 커지게 된다. 그의 별명 "정직한 에이브(honest Ave)"는 당의 홍보 전문가가 만들어 낸 말이 아니라 그의 성실한 변호사 경력에 따라붙은 정직함에 대한 일반인들의 존경의 표시였다. 이러한 명성은 그의 정치 경력에도 투영되어 그가 공정하고 공평한 자세로 토론에 임하며 부정한 수단을 동원하여 이익을 취하지 않는 사람이란 공통된 인식을 불러왔다. 스프링필드의 동료의원 터너 R. 킹은 그의 연설이 항상 "솔직하고-공정하고-정직하고-용기있는" 것이었다고 평가하며 그 외에도 토론장에서 그가 화를 잘 내지 않고 참을성 있는 태도로 일관하였다는 사실이 대중에게 더욱더 큰 존경심을 불러일으켰다고 말하였다. 또한 피터스버그의 변호사 나다니엘 W. 브랜슨은 "나는 한 번도 그가 유머 감각을 잃는 것을 본 적이 없다."라고 말하였다. 한편 힐 레몬은 링컨의 다른 측면(그는 링컨이 때때로 화를 벌컥 내곤 하였다고 말하였다.)을 더 많이 기억하고 있었으나 그 또한 역시 링컨이 어떤 상황에서도 뛰어난 유머 감각을 잃지 않았었다는 점에는 동의하였다.

상당수의 사람들은 링컨이 좋은 연설자로서는 자질이 부족했었다고 평가하였다. 그의 목소리는 고음에다 단조로웠다. 헌든과 다른 여러 사람들에 따르면 연설을 막 시작한 후 몸이 풀릴 때까지 그는 늘 "날카롭게 찢어지고 빽빽대는" 듣기 싫은 목소리로 일관하였다고 한다. 그의 또 다른 추종자 칼 슐츠는 그의 제스처가 어색해 보였다고 말하였다. "그는 때때로 긴 팔을 아무렇게나 흔들어대었다. 가끔씩 강조할 부분에서는 무릎과 몸 전체를 갑자기 아래로 획 구부렸다가 발꿈치가 번쩍 들릴만큼 세게 위로 펴서 그의 큰 키가 더 커보이곤 하였다." 그러나 이 모든 것은 그의 연설이 갖는 흡인력에 아무런 악영향을 주지 못했다. 많은 사람들이 그의 이러한 제스처를 어색하다기보다 '인상적이며 독창적'이라고 생각하였다. 그의 찢어지는 목소리에 대해서도 전파력이 대단하여 운집한 군중의 끝까지 도달할 수 있어서 좋았다고 평가하였다. 링컨은 더글러스와 가진 공동 토론회에서도 그의 풍부한 바리톤 음성에 밀려 불리한 처지에 놓이는 일을 전혀 당하지 않았다.

링컨이 청중에 대해 갖는 호소력은 외면적 요인보다는 이해하기 쉽고 명확하게 내용을 전달하는 그의 지적 능력에서 기인하였다. 복잡하거나 불분명한 주제를 설득력 있게 설명하기 위해 고통스럽게 노력하는 모습은 젊은 시절부터 이미 그의 상징이 되었다. 링컨의 인디애나 시절 잘 알고 지내던 아나 C. 젠트리는 "우리와 같은 무지한 시골 사람들 틈에 끼인 교육받은 소년"으로서 그가 얼마나 참을성 있게 자신에게 지구, 달, 그리고 행성의 움직임을 설명해 주었는지 기억하고 있었다. 배심원 앞에서나 정치적 모임에서 발표할 연설을 준비하면서 그는 교육 수준에 관계없이 모든 사람들이 자신의 말을 이해할 수 있도록 철저한 주의를 기울였다. 원고를 준비할 만큼 중요한 연설을 제외하고 그는 주로 즉흥 연설을 즐겼으며 항상 명확하고 쉬운 말만을 사용하였다. 그가 일화를 즐겨 사용한 것도 웃고 즐기기 위해서가 아니라 연설의 명확성을 높이고자 하는 의도에서였다. 30년 동안 그의 표현력이 발전해가는 것을 지켜본 조셉 길레스피는 링컨이 "먼저 연설의 주제를 간단 명료하게 제시한 다음 날카로운 논리를 통해 자신의 주장을 펼쳐나간다."라는 사실을 발견하였다. 뉴잉글랜드 출신의 청년 에드워드 L. 피어스는 "감정에 호소하는 바 없이 논리적이고 주도면밀하게 자신의 주장을 펴가는", 이 일리노이 사람의 연설에 강한 충격을 받았다. 피어스는 이것이 단순히 서부 스타일일 것이라고 생각했지만 사실 링컨은 '공리주의의 선구자'인 그의 우상 헨리 클레이에게서 지대한 영향을 받고 있었다.

링컨은 특히 클레이가 '정의와 사명에 대해 가지고 있던 깊은 성실성과 철저한 신념'을 높이 평가하였다. 그는 당대의 정치적 연설가로 이름을 날렸던 화려하고 풍부한 에드워드 에버렛의 스타일이나 다분히 수사적인 대니얼 웹스터의 스타일은 별로 탐탁히 여기지 않았다. 그의 연설이 호소력을 가질 수 있었던 것은 클레이 식의 진지함에 변호사다운 분석력이 부가된 덕분이었다. 그의 연설 스타일은 역사적으로 휘그 수사법이라 분류되는 '법정용' 표현 방식에 속한다. 전형적으로 법정용 글쓰기에서는 선례를 분석하고 질문으로 끝을 맺으며 존재하는 위협에 대항할 것을 요구한다. 그가 배심원 앞에서 연설을 하는 것을 많이 들었던 토마스 드러몬드 판사는 링컨이 연설에 완전히 집중하면 "자기도 이제껏 들어보지 못한 풍부한 표현, 진심어린 설득, 강한 주장 등이 그대로 배어나왔다."라고 전하였다. 진지함이야말로 연설을 열정적인 것으로 만드는 핵심 요소이다.

링컨은 휘그당 내 가장 뛰어난 연설가중 한 사람이었으므로 스스로가 후보자인 경우를 포함하여 많은 주의원이나 전국의원 선거 유세에서 연설을 부탁받는 일이 종종 있었다. 그는 1836년 생거먼 카운티의 떠들썩한 선거유세에 참여하면서 차분하고 확신에 차 있으며 재미있기까지 한 연설자로서 처음 인정받기 시작한다. 1840년이 되자 그는 휘그당 안에 팽배해 있던 스프링필드 출신 인사들에 내한 거부감 마저 극복하고 당내 최고 연설자로 등극한다. 다른 당내 지도층 인사들과 함께 지역 개발 계획의 실패로 인해 상처를 입은 링컨은 지명대회에서 농촌 지역 대표자들이 주도권을 잡고 있는 카운티들로부터 비난을 받게 될까 두려워하였다. 그러나 재능과 유머 감각을 두루 갖춘 이 연설자에 대한 평판은 다른 우려를 불식시켜 버렸다. 그는 주의원 후보로 재지명을 받았을 뿐만 아니라 휘그당의 대통령 선거인으로까지 발탁된다. 같은 해 시끄러웠던 로그 캐빈 캠페인과 4년 후 클레이-포크 선거전에서 그는 주로 자신의 고향인 켄터키 남부 지방에 머물며 연설 활동을 벌였다. 여기서 그는 자신과 같은 억양을 쓰는 사람들을 만나는 즐거움을 누렸다. 그는 이 임무를 즐거이 열정적으로 훌륭히 수행하였다. 또한 이 남부 지방 순례는 더 많은 사람들에게 이 새롭게 떠오르는 정치 스타를 직접 볼 수 있는 기회를 주었으며 그 자신도 한 주 안에서 빠르게 변하는 이주, 정착, 경제적 발전의 패턴이 다양한 하부 정치 문화를 만들어 내는 현상을 통해 대중 여론을 더욱 깊이 이해할 수 있는 기회를 얻을 수 있었다.

북단에서 남단에 이르는 길이가 사백마일에 달하는 일리노이주는 당시 다른 북서부 지역과 마찬가지로 광범한 지역에서 들어온 다양한 이주민들이 터전을 잡고 있었다. 인디애나와 오하이오주의 북부 지역과 비슷하게 일리노이의 북부 지방으로는 뉴잉글랜드와 나머지 북동부 지역 출신의 이주민들이 주로 흘러들어왔으나 링컨이 1830년 이주했을 당시에는 대부분 미개척지로 남아있었다. 한 편 남부와 중부 지역에는 켄터키, 버지니아 및 노예주 변경 지방에서 온 가난한 백인 개척자들이 먼저 터전을 잡고 화폐 사용이 한정된 주로 자족적이며 원시적인 물물교환 경제 체제를 구축하고 살고 있었다. 이중 일부는 노예제도를 이 지역으로 들여오려고 시도하기도 하였으나 대부분 실패하였다. 그들은 주지사인 토마스 포드의 표현에 의하면 "매우 정직하며, 친절하고, 온화한 사람들이며 부를 추구하지 않으며, 편안함과 사회적 즐거움을 사랑하는 사람들"이다. 그러다 북부 평원 지역과 미시간호 근처 지방에 자유주 출신의 이민자들이 정착하자 심각한 문화적 충돌이 발생하였다. 남부 지방 사람들은 북부 지방 주민들이 자신들보다 부유하고 훨씬 적극적일 것이라고 생각하였다. 이러한 생각 속에는 "진짜 양키는 폐쇄적이고 기만적인 구두쇠에다 돈을 밝히는 이기주의자이며 너그러운 데라고는 하나도 없고 호전적이고 인정머리가 하나도 없다."라는 편견이 깔려있었다. 게다가 동부 사람들은 모두 은밀히 노예제도를 반대한다는 믿음이 이러한 편견을 더욱 부채질하였다. 실제로 1840년과 1850년 시카고와 그 주변 카운티에서 급진적 노예제도 반대당이 약진하자 이러한 생각은 더욱 굳어지게 된다. 반대로 북부 주민들은 남부 주민들을 '홀쭉하게 깡마르고 게으르고 무지한 야만인'들 쯤으로 치부하며 "통나무 오두막에 쪼그리고 살면서 빈둥거리는 아이들을 제대로 입히지도 먹이지도 교육시키지도 못하고 야만인 같은 생활을 개선하려고도 하지 않는다."라며 비난하였다. 이러한 두 가지 고정관념은 정치에도 큰 영향을 주었다. 한 잭슨주의 추종자는 "양키들이 사방으로 퍼져나가고 있다."라고 한탄하기도 하였다. 그는 "양키들이 사방에 있으니 결국 일리노이주를 넘어서 전 세계 어느 곳에서도 양키를 발견하게 될 것이다."라고 걱정하였다.

이 지역적 우월주의는 종교적 반목을 통해 더욱 확대되었다. 종교적 갈등은 주 설립 초기 거칠고 무지한 복음주의 선교사들과 새로 도시 지역에 정착한 대학교육을 받은 세련된 목사들 사이의 충돌로 시작되었다. 복음주의 선교사들은 그리스도에 대한 사명감으로 끊임없이 계속되는 모든 육체적 고난을 각오하고 걷거나 말을 타고 돈도 받지 않고 돌아다니며 선교 활동을 펴는 반면 새로 온 목사들은 옷도 잘 차려입고 성서나 종교서적 출판사업을 벌이며 신도를 모집하고 일요학교와 기타 자선 및 교육 활동에 매진하였다. 종교적 갈등이 지역적 특성을 띠게 된 것은 존 맨슨 팩처럼 세련된 지식인 목사들이 주로 동북부 출신들이었기 때문이다. 여기서 문제가 된 것은 종교 체험과 양키 문화의 확장주의였다. 일명 "아버지"라 불리던 브리그라는 목사는 남부 지방의 전통 침례교를 하

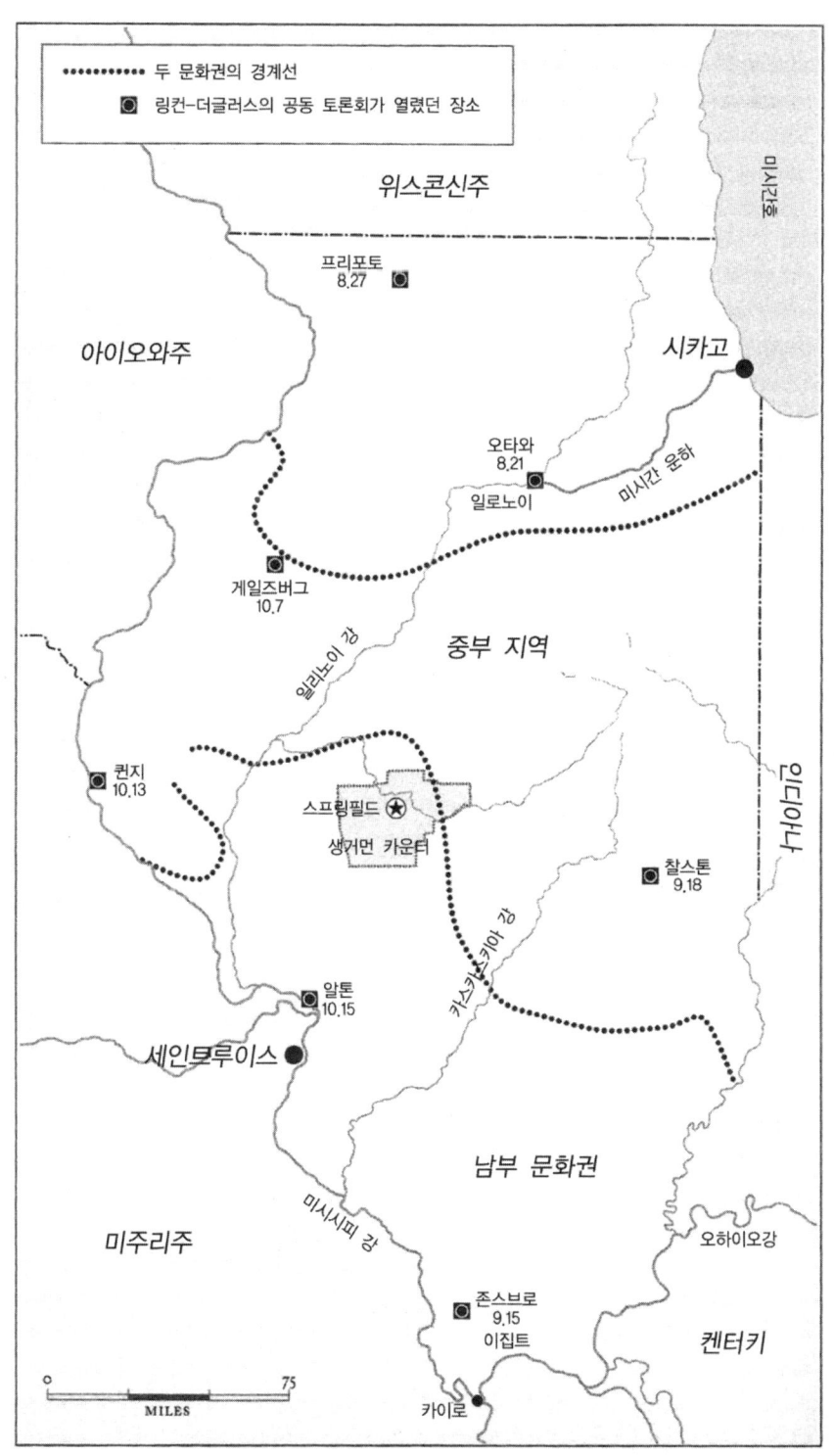

나님의 영광을 전하는 종교라고 정의하면서도 "바다 한가운데 떠 있는 섬과 황야의 가장 끝에도 하나님은 강림하신다. 에스키모나 토텐토트 부족까지 하나님은 포용하신다. 나의 형제들 중에는 이 불쌍하고 미개한 양키에게도 똑같은 자비를 베푸는 이들이 있다. 그러나 나는 결코 그럴 수 없다."라고 선언하였다. 따라서 양키를 향한 적개심이 최고조에 달했을 때 이 지역 주민들은 민주당의 열렬한 지지자로 돌아섰다. 이들에게 휘그당이나 후일 설립된 공화당은 모두 뉴잉글랜드의 강한 영향력에 노출된 정당으로 비춰졌기 때문이다.

링컨은 이러한 갈등이 일리노이의 중부 지역에 공존하고 있는 이 두 문화의 차이에서 기인한다는 것을 잘 알고 있었다. 초창기 스프링필드 주민의 다수는 켄터키 출신 이민자들이었으나 일부 양식 있고 교육받은 뉴잉글랜드 출신자들도 끼어 있었다. 특히 뉴세일럼에서 이러한 특징이 도드라졌다. 여기에 살면서 링컨은 1848년 재커리 테일러의 선거 유세차 뉴잉글랜드 지방을 실제로 방문하기 훨씬 전에 이미 이 지역의 문화를 살짝 엿볼 수 있었다. 그가 처음 다니던 스프링필드의 제1장로교 교회는 보수적인 남부 출신자들이 주 신도였던 반면 제2장로교 교회는 뉴잉글랜드 이주민이 주류로 이들의 진보적 세계관을 직접 체험할 수 있는 기회를 제공해 주었다. 우리는 링컨이 이 두 가지 서로 다른 종교관의 상호관계, 충성심의 차이, 그리고 투표 성향 등을 잘 파악하고 있었을 것이라고 생각한다. 노예제도를 반대하는 소수의 스프링필드 목사들 중에는 제2장로교 목사인 알버트 헤일과 링컨의 이웃이자 친구인 침례교도 노예스 W. 마이너도 끼어 있었다. 물론 두 사람 다 대학교육을 받은 양키였다. 헤일은 링컨과 함께 멕시코 전쟁을 반대하였고, 1854년 침례교 교회의 목사직을 수락한 마이너는 자신의 강경한 노예 반대론으로 인하여 교인들과 불편한 관계를 유지해야 했다. 남부 출신인 한 나이든 부인은 그에게 "마이너 목사님, 목사님의 기도 때문에 내가 죽을 것 같아요."라는 말을 한 적도 있다. 링컨은 유세장을 돌아다니며 얻은 경험을 통해 여론 속에 도사리고 있는 문화적 갈등의 중요성뿐만 아니라 이것이 선거 결과를 좌우할 수 있는 유권자와 후보자 간의 종교적 연대를 불러오는 결정적 역할을 한다는 사실도 깨달았다. 1846년 여름 그가 연방하원의원 선거에 출마했을 때 그의 경쟁자는 독실한 감리교 순회목사 피터 카트라이더였다. 선거 유세가 막바지로 치닫고 있을 때 링컨은 민주당에서 몰래 "링컨이 기독교를 공개적으로 모독하였다."라는 비방을 퍼뜨리고 다닌다는 사실을 알게 되었다. 링컨은 즉시 개인 성명을 발표하였으나 이미 입은 상처를 되돌리기에는 역부족이었으므로 다시 전단지를 발행하여 자신의 종교적 입장을 분명히 밝혔다.

"나는 분명히 교회의 신도가 아니다. 그러나 나는 한 번도 성서의 진실성을 부정한 적이 없다. 그리고 나는 한 번도 고의로 전체 종교계나 일부 종파를 집어서 모독하는 발언을 한 적도 없다."

8월 3일 의외로 선거에 쉽게 당선되자 링컨은 카트라이트 측의 주장을 확실히 잠재울 수 있도록 〈일리노이 가제트(Illinois Gazette)〉 신문사의 편집장에게 신문에 자신의 전단지를 실어달라고 요청했다.

카트라이트 측의 모략과 링컨 측의 반응은 당시 널리 퍼져있던 종교 문화, 특히 복음주의적 신교의 강력한 영향력에 정치계가 깊게 관련되어 있었음을 보여준다. 19세기 초 종교적 혼란 기간을 통해 꽃을 피운 복음주의적 교리, 일명 제2차 대각성 운동은 종교적 영역에 머물지 않고 강력한 정치적 영향력을 행사하며 시민의 책임과 정치에 대한 민중의 참여를 종용하고 정당에 금전적 지원을 하며 충성심을 고양시키고 의제를 선점하였다. 링컨이 전단에 "나는 내 자신도 종교를 공개적으로 적대시하며 모독하는 사람을 의원으로 선택할 수 없다고 생각한다. 따라서 누구도 자신이 속한 지역사회의 윤리관에 상처를 주고 주민들의 감정을 상하게 할 권리는 없다."라고 썼을 때 그는 양쪽 종교계의 사회적 입지를 이해하고 정치가로서 민감한 유권자의 종교 문제를 존중해야 한다는 사실을 인식하고 있었던 것이다. 그는 1843년 휘그당의 연방하원의원 후보자 지명에서 떨어졌을 때에도 이와 유사한 말을 한 적이 있다. "기독교인은 누구도 나에게 표를 주지 않을 것이다. 왜냐하면 내가 어느 교회의 교인도 아니라서 이신론자라는 의심을 받고 있기 때문이다." 그는 이러한 종교적 영향력이 결정적 역할까지는 아니더라도 "상당히 큰 영향을 끼쳤으며 기독교인들 사이에서 나의 지지도를 떨어뜨리는데 일조하였다."라고 말하였다. 그러나 그는 결국 불만을 제기하지 않았으나 에드워드 D. 베이커가 성공한 이유로 그가 사도교회의 신자였던 점을 들며 "그가 교회 신도라는 점만으로도 충분히 옳은 결정이 되었을 것이라고 생각한다."라는 글을 쓴다.

양당 체제가 성숙기에 접어들면서 휘그당과 민주당은 모두 복음주의적 신교도와 기타 여러 가지 기독교 종파의 지지 요인을 두루 갖추게 된다. 그러나 두 정당은 각자의 주요 지지 기반에 있어서 현저한 차이를 보인다. 민주당은 당시 교회가 문을 닫으며 어려움에 처했던 여러 종파를 포함하여 다양한 '비주류' 종교인들의 지지를 아우르게 된 반면 휘그당은 자기 통제와 자기 훈련을 미덕으로 여기는 정통 신교에 헌신적인 복음주의자들을 주요 지지층으로 확보하고 있었다. 복음주의자들은 특징적으로 정부에게 사회 규범의 규제와 공중 도덕률의 보호라는 간섭자의 역할을 주문하였다. 휘그당의 홍보 조직은 이러한 요구를 교육 기회의 제공, 금주 조치와 인디언 부족처럼 주정부에서 독립된 집단에 대한 인도적 대우 등의 정책을 통하여 유권자 앞에 제시하였다. 휘그당원들은 민주당원들을 자주 무신론자 또는 배교자, 몰몬교 옹호자, 자유 사상가 또는 로마 가톨릭 교도 등으로 불렀다. 그리고 잇따른 1840년 선거에서 휘그당은 자신이 '기독교 정당'이라는 점을 전면에 내세운다.

링컨이 1843년 자신의 지명전 실패를 왜 종교적 배경에서 찾았는지는 휘그당 내 정치 문화의 근본을 이해하면 분명해진다. 그는 이 외에도 여러 가지 다른 실패의 원인을 언급하였지만, 적어도 부분적으로나마 교회 신도도 아니고 비정통적 신앙을 가지고 있다고 알려진 자신에 비해 베이커가 사회적으로 강력하고 지배적인 신교의 한 종파에 속해 있다는 사실이 그에게 유리하게 작용하였다고 확신하였다. 링컨은 또한 제임스 쉴드와의 얼토당토않은 논쟁에 휘말렸던 일이 더 많은 기독교 교인들로 하여금 자신에게 등을 돌리도록 만들었다고 생각하였다. 여기에 1842년 스프링필드의 워싱턴 사람들을 향한 링컨의 금주 관련 연설과 1843년 휘그당 전당대회에서 자유주의자를 자처한 일도 "많은 교인들의 심경을 거슬렸다."라고 윌리엄 울프는 덧붙였다. 그렇다고 링컨의 경우에 비

취 종교적 이단자들을 당이 철저히 배척하였다고 생각할 수는 없다. 어쨌거나 링컨은 휘그당의 지명을 받아 그 이듬해 연방하원에 진출하였기 때문이다. 그러나 독실한 정통 교인인 상당수 휘그당원들이 후보자의 종교와 윤리관을 중요하게 생각하였던 것은 사실이다.

링컨은 베이커가 사도교회 신도인 탓에 '거의 전적인 지지'를 얻을 수 있었을 거라고 생각하였다. 게다가 부인과 그의 몇몇 친척들은 장로교도였고 그 외의 사람들은 감독교회 교인이었으므로 자신은 '어찌되었든 이 둘 중 하나로' 간주되었을 것이라고 생각하였다. 링컨은 종교적 파벌주의를 탐탁지 않게 여겼으나 또한 종파 간 분쟁이 일리노이 중부 지방 주민들의 일과이며 이들의 열렬한 종교적 충성심과 적개심, 그리고 기독교 공화국의 보호를 위한 정부의 적절한 역할에 대한 이들의 욕구가 지지 정당을 결정하는 주요 요소라는 사실을 이해하고 있었다. 국지적 상황에 따라 달라지기도 하였으나 분명히 종파에 따라 정당 선호도는 사뭇 달랐다. 주로 개혁적 성향의 신파 칼뱅주의자들은 휘그당을 지지하였고 민주당은 가톨릭교도와 운명주의적 정통 침례교인, 전례와 의식을 중요시하는 신교도들 사이에서 큰 힘을 발휘하였다. 감리교도와 침례교도, 그리고 구파 칼뱅주의자들도 휘그당을 지원하였으나 그중 많은 수, 특히 남부 출신의 교인들은 제퍼슨의 종교적 다원주의에 근간한 포용론에 힘입은 민주당의 충성스런 지지자로 남아있었다.

일리노이의 여론과 반네브래스카 세력의 연합

링컨의 뛰어난 여론 판단 능력은 특히 정치적으로 혼란하였던 1850년대 중반 정당 교체기, 즉 그가 몸담았던 휘그당의 해체를 불러온 바로 그 시기에 진가를 발휘한다. 휘그당은 1852년 가을 선거 때까지 평소와 같이 총 투표수의

42%를 차지하며 연방의회 진출 의석을 늘리는 등 안정적인 상태를 유지하고 있었다. 그러나 4년이 채 지나지 않아 차기 대통령 선거 기간이 도래하자 링컨을 포함하여 휘그당원들은 대부분이 이탈하여 공화당에 합류하였다. 그리고 이로 말미암아 신당이 참여한 연방의회 구성에도 막대한 변화가 초래된다. 이들은 공화당의 첫 번째 대통령 후보 존 C. 프레몬에게도 표를 던졌고, 따라서 일리노이주는 각 주 선거인단 중 그를 지지한 11개 자유주에 매우 근접한 지지율을 보인다.

혼란스러운 정당 교체 기간에는 경력이 오랜 노련한 정치인들조차도 변덕스럽고 예측 불가능한 유권자들의 향방을 예측하는데 큰 어려움을 겪었다. 링컨은 공화주의 연합체를 형성하는데 깊이 관여하였던 한 사람으로서, 그리고 이 대격변의 조용한 관찰자로서 유권자들의 보편적인 생각을 파악했다. 즉, 유권자들이 생각하기에 '정치인은 민중이 표현하기 어려운 윤리 문제를 명확하게 해줄 의무가 있다.'라는 믿음을 가지고 있다는 것을 받아들였다. 링컨의 타고난 신중함과 일리노이 여론에 대한 분명한 판단은 신당이 휘그당보다 훨씬 성공적으로 민주당을 공략할 수 있는 기반을 제공한다.

1840년 이후 일리노이에서 이 두 정당은 당시 상당히 취약했던 정치 구조보다는 지지자들의 생활과 깊이 관련된 각자의 정강으로 인해 안정성과 지속성을 획득한다. 유권자들은 원래 정당 조직을 의심하였다. 얼마간 시간이 흐른 다음에야 비로소 이들은 당의 정강이 공화국의 가치와 일치할지도 모른다는 생각을 갖게 되었다. (링컨은 정치 입문 초기 민주당의 요란한 대회를 "개인의 자유와 판단을 뒤집는" 제도라며 신랄히 비판하였으나 그도 시간이 흐르면서 대회에 정기적으로 열심히 참여하는 사람들 중 하나가 되었다.) 휘그당 대 민주당 양당 체제의 전성기에도 많은 유권자들이 당을 바꾸기 일쑤였으므로 표가 흩어지는 일은 다반사였다. 각 당 모두 지속적인 중앙집권적 통제기구를 갖추지 못한 채 대회, 위원회, 민간 정치 클럽 및 기타 단기적 홍보 조직에 의존하여 당을 운영하였다. 따라서 1830년대와 1840년대 지지 기반 확보의 근간이 되었던 경제 이슈가 사라지면서 민생과의 연관성을 잃어버리자 각 당은 정강을 유지할 능력도 함께 잃어버리게 되고, 뒤이어 1850년대에 새로운 두 가지 정치적 이슈가 떠오르자 당의 응집력은 불안하게 흔들리기 시작했다.

　1850년까지 전체 85만여 명의 일리노이 주민 중 여덟에 한 명꼴이었던 외국 태생은 그 후 20년 동안 두 배로 늘어나 다섯 명에 한 명꼴이 되었다. 이중 독일과 아일랜드 태생 이민자들이 수천 명을 차지하였으며, 이들 대부분은 가톨릭교도로서 수로 철도 건설 현장에서 일하였다. 이러한 이민자의 유입에 대한 이민 배척주의자들의 적대감이 어느 정도였는지는 정확히 알려져 있지 않다. 왜냐하면 이민 배척주의를 추구하던 각 단체는 그 특성상 매우 은밀히 활동하였기 때문이다. 그러나 배척주의자들은 시민권 제한을 비롯하여 잘 절제된 신교 사회 시민들의 생활을 보호한다는 명목으로 새로 온 이민자들에 대한 맥주, 위스키 및 기타 주류 소비 금지 조치를 촉구하였다. 이들의 금주 조치 요구는 두 정당에 각각 혼란을 불러일으켰다. 휘그당은 지지층의 대부분이 신교도임에도 불구하고 선거를 이유로 조심스런 침묵을 지켰다. 민주당은 전통적으로 외국 이민자의 피난처임을 자처하여 왔으므로 외국인 공포증의 냄새가 나는 금주법을 지지할 이유가 없었으며, 따라서 단순히 술의 해악에 반대하는 기본적인 성명을 발표하는 차원에서 대응을 자제하였다. 그리고 이 두 당의 불확실한 태도에서 가장 이득을 본 것은 바로 소위 '불가지론자'들이었다.

　미주리 협약이 철회되기 이전부터 이미 두 당은 노예제도와 인종 문제가 당의 응집력을 위협할 수도 있다는 사실을 깨닫고 있었다. 1853년 주의회가 통과시킨 흑인 통제법은 노예소유주가 일리노이 영토 안에서 노예를 해방시키는 것과 해방 노예가 일리노이로 이주하는 것을 모두 금지시켰다. 이 법은 광범한 대중의 지지를 받았으나 각 당내에는, 특히 휘그당 내에는 이에 반대하는 소수 세력이 존재하고 있었다. 사실 이듬해 네브래스카 법안을 제출할 당시 더글러스는 이 법안이 불러올 여론의 반응뿐만 아니라 당 분열의 위험성에 대해 전혀 자각하지 못하고 있었다. 그는 자신의 인형을 만들어 불태우는 불빛에 의지하여 길을 찾을 수 있을 정도였다고 한탄하는 말을 한 적도 있다. 9월에 그가 워싱턴에서 일리노이로 돌아가던 여정 중 시카고를 지날 때 불길한 사태에 직면하였다.

거기에는 조기가 걸려 있었고 종이 한 시간 동안이나 울리고 있었다. 따라서 더글러스가 시민들을 '극도의 혼란과 충격'에 빠뜨렸다고 한 링컨의 발언은 전혀 과장이 아니었다. 1854년 여름 당적을 막론한 반대 모임이 확산되자 각계각층의 모든 일리노이주 주민들이 일치단결하여 대중적 분노가 가져올 파괴적 결과에 대해 경고하기 시작하였다. 이 혼란스런 시기에 민주당은 더글러스의 화려한 인맥, 강력한 지지층 단속력, 네브래스카 법안을 당 충성도에 대한 시험의 장으로 변화시킨 그의 놀라운 수단 등에 힘입어 가까스로 위기를 모면한 반면 휘그당은 불행히도 치명적인 타격을 입는다. 두 당의 미래가 모두 불확실한 와중에서도 링컨과 다른 일리노이의 지도층 인사들은 1854년 가을 선거를 준비하기 시작한다. 8월 말까지 링컨은 공개적으로는 변호사 업무에 충실하면서 책을 읽거나 다른 사람들의 의견을 듣는데 집중하였다. 링컨이 침묵을 깬 것은 소속 지역구의 휘그당 의원 리처드 예이츠의 복귀를 위해 열정적으로 일하기 시작하면서부터이다. 링컨의 개인적 희망과 유세 전략에 대해서는 정확한 기록이 없기 때문에 우리는 그의 연설과 당시 정황, 그리고 간접 증언을 통해 이를 예측할 수밖에 없다. 수집된 정보에 따르면 링컨은 이때 이미 더글러스의 위험한 수로 인해 다수의 정치적 가능성이 열렸다는 사실을 간파하고 있었던 것 같다. 그는 더글러스에 대한 반대 여론을 휘그당의 보수적 성향과 노예제도 반대론을 들어 지지 기반 확대에 활용한다면 자유주에 대한 사명에 충실한 동시에 개인적으로는 상원의원의 자격으로 워싱턴에 복귀할 기회를 잡을 수 있을 것이라고 판단하였다.

링컨가의 주치의이자 자유 지역 당원이었던 윌리엄 제인에 따르면 9월 그가 의논도 없이 <일리노이 스테이트 저널(Illinois State Journal)>을 통해 링컨이 주의원에 출마를 선언하였다는 기사를 실었다는 것을 알게 되자 링컨은 말할 수 없이 실망한 반응을 보였다고 한다. 제인은 후일 링컨이 이 선언을 달가워하지 않고 "세상에서 가장 슬픈 사람으로 돌변하였다. 거의 울음을 터뜨릴 것 같은 표정으로 이리저리 우울하게 거닐었다."라고 회상하였다. 제인이 링컨에게 후보자로 남을 것을 권고하자 그는 "안 돼. 나는 그렇게 할 수 없다네. 자네는다 알지도 못하면서 그 절반이라도 알려고도 하지 않는군. 됐네. 그만하세."라고 말했다. 링컨은 주 헌법상 현직 의원을 연방 상원의원으로 선출하는 것이 금지되어 있다는 것을 알고 있었다. 주의원에 출마한다는 것은 자동적으로 당시 민주당이 갖고 있던 상원의원직을 승계할 후보자 명단에서 자신의 이름을 제외시킨다는 것을 의미하였다.

자기 자신과 동료 휘그당 의원을 위해 유세 활동을 벌이는 동안 링컨은 네브래스카 법안에 반대하는 유권자들이 기존의 정당을 통해 결집할 것이라고 생각하던 다른 인사들과 의견을 같이하였다. 아마 이러한 결정에는 당연히 정치적 이기심이 작용했을 것이다. 연방 상원의원직을 노리는 정치인이라면 누구나 불확실한 신당보다는 기존의 정당에서 익숙한 동료들에게 영향력을 발휘하는 일이 더 자신 있을 것이 당연하기 때문이다. 그러나 동시에 우리는 일련의 사건을 통해 링컨의 실용주의적 측면도 엿볼 수 있다. 그는 일리노이 안에 아직 더글러스 반대 세력을 모두 통합하여 하나의 조직으로 승화시키려는 움직임이 부족하다는 것을 알고 있었다. 시카고와 북부 카운티 내 주로 양키와 영국 출신으로 이루어진 급진적 성향의 소수 휘그당원들은 다른 제 삼당의 급진적 인사들, 즉 '자유 지역 당원'들과 협력하여 통일된 새로운 노예제도 반대 세력을 형성하여 이미 '죽어 생명을 잃어버린' 기존 정당을 대체하고 노예제도 확산을 저지하겠다는 생각에 고무되어 있었다. 그러나 중부와 남부 지역의, 주로 남부 출신인 보수적 휘그당원들은 이러한 움직임에 전혀 미동하지 않았다. 이들은 대부분 단순히 미주리 협약이 복구되어야 한다는 요구만을 반복하고 있었다. 링컨은 휘그당이 새로운 연합 세력, 즉 '공화당'과 연합한다면 얻는 이득보다 지지 기반 이탈을 불러올 가능성이 크다고 판단하였다.

1854년 스프링필드의 주 농산물 품평회가 열리는 첫 번째 일주일 동안 링컨은 여러 가지 말과 행동을 통해 특히 급진 세력과 휘그당 사이의 적절한 관계에 대한 자신의 입장을 명확히 표명하였다. 주의회 연설에서 그는 네브래스카 법안에 반대하면 민주당으로부터 폐지론자라는 비난을 받게 될까 두려워하는 보수적 휘그당원들에게 다음과 같이 일갈하였다. "민주당이, 오랜 휘그당원인 내가 민주당을 향해 농으로라도 이것이 매우 어리석은 일이라고 생각합니다라고 말하도록 내버려 두겠습니까?" 진실한 휘그당원이라면 더글러스식의 극단적 노예 찬성론과 헌법에 어긋나는 노예 폐지론 사이에서 '국민적' 토대를 바탕으로 누구든 함께 하고자 하는 이들을 기쁘게 받아들여서 누구든 정의의 편에 서는 사람과 함께 해야 한다. "누구든 그가 옳다면 함께 하고, 그르다면 떠나십시오. 미주리 협약을 복구하기 위해서라면 폐지론자와도 함께 합시다. 그러나 만일 그가 탈주 노예법을 폐지하려 한다면 그를 떠나십시오. 후자의 경우 당신은 남부 분리주의자의 편에 서는 것입니다. 그러면 어떻습니까? 당신이 옳다면 말입니다." 링컨은 급진적 노예 폐지론자들을 휘그당으로 끌어들이는 것이 중요하다는 사실을 인식하고 있었다. 그러나 반드시 휘그당의 주도하에 세력을 통합해야 한다고 생각하였다. 이러한 노력을 통해 휘그당은 1840년 선거에서 큰 성공을 거둔다. 반면 이것이 사라진 4년 후 휘그당은 같은 선거에서 대패한다.

스프링필드 연설 바로 다음 날 링컨은 다른 유권자들을 향해 이와 유사한 주장을 반복했다. 이때 일단의 진보 인사들이 '공화주의 정부 수립을 추진할 정당 설립'을 위해 일리노이 북부에서 내려와 주의 수도를 방문 중이었다. 이들을 이끌던 이들은 뉴잉글랜드 출신의 오랜 노예 폐지론자로서 조합교회파의 목사였던 오웬 러브조이와 아이카보드 코딩이었는데 마침 하원회관에서 링컨의 연설을 듣게 되었다. 연설의 톤과 내용에 완전히 매료된 러브조이는 다음 날 링컨에게 자신들의 모임에 참석해 달라고 요청하였다. 링컨은 이 초청을 달갑게 여기지 않아 법원 일정에 맞추어 북쪽으로 떠났다. 그러나 그가 없는 동안 그의 동의도 없이 이 '공화주의자'들은 링컨을 주 중앙위원회 위원으로 임명해 버렸다. 몇 주 후 우연히 이 사실을 전해 들은 링컨은 이 자리를 사양했다. 그는 코딩에게 "내가 노예제도의 원칙에 반대하는 것은 사실이지만 동시에 내가 이 반대 의견을 표명할 수 있는 범위도 정해져 있습니다. 그리고 이것은 당연히 당신의 당에서 만족할 만한 수준이 될 수 없습니다."라고 말하였다. 네브래스카법에 반대하여 진보주의자들과 연대하는 것과 휘그당이라는 거대한 배를 완전히 새로운 목적지를 향해 몰아가는 것은 전혀 다른 일이었다. 이것은 다만 링컨을 숨은 노예 폐지론자로 몰아갈 민주당의 조롱에 좋은 빌미를 제공하는 일이 될 것이 뻔하였다.

링컨은 네브래스카 법안에 반대하는 민주당원들과 연합을 꾀하는 일이 휘그당원들을 규합하는 것만큼이나 많은 장애에 부딪히리라는 것을 알고 있었다. 더글러스의 행동은 민주당에서 가장 능력이 뛰어난 여러 명의 인물들이 당을 등한시하게 되는 계기로 작용한다. 그중에는 리만 트럼불, 존 파머, 노만 B. 쥬드, 존 웬트위스 등도 포함되어 있었다. 링컨은 이들이 이미 당에 대한 충성심의 시험 수단이 되어 버린 법안에 반대하면서 정치적 위기에 처한 모습을 보았다. 또한 네브래스카 법안에 반대하는 것과 휘그당의 오랜 경쟁자들과 운명을 함께하는 것은 전혀 별개의 일이라는 것도 알고 있었다. 노예제도 확산에 초당적 합의를 했다 하더라도 장기적인 협력이나 연대의 토대를 마련한 것과 거리가 있었으며, 유능한 민주당원을 받아들인다 하더라도 소수인 이들이 휘그당이 유세를 점하고 있는 당에서 침몰 또는 종속되는 것을 방지할 도리가 없어 보였다. 그리고 이어진 선거 결과를 보면 지지할 후보가 없어도 네브래스카법에 반대하는 많은 민주당원들이 당을 박차고 나가는 대신 투표를 포기함에 따라 전통적인 당에 대한 충성심이 힘을 잃지 않고 지속되었음을 알 수 있다.

이민 배타주의의 정치 세력화는 법안 반대 세력의 규합을 방해하는 또 다른 요소였다. 링컨이 불가지론자들과 반네브래스카 세력이 편안한 동반자 관계를 유지할 수 없으리라는 것을 깨닫는 데는 그리 오랜 시간이 걸리지 않았다. 배타주의자 중 다수는 가톨릭과 노예제도가 똑같이 신교도들의 국가인 이 공화국의 안위를 위협한다고 믿는 복음주의자들이었다. 그러나 일리노이의 배타주의자들이 모두 분명한 노예제도 반대론자일 수는 없었다. 그렇다고 강경한 노예제도 반대론자가 반드시 배타주의에 동의하는 것도 아니었다. 링컨 자신은 불가지론의 원칙에 전혀 동의하지 않았으며 심지어 남 몰래 이들의 편협함과 비합리성을 경멸하였다. 그는 자신의 친구 스피드에게 "흑인에 대한 압제를 혐오하는 사람이 어떻게 다른 백인 집단을 폄하하는 일에는 찬성할 수 있는 걸까?"라고 물은 적이 있다. 링컨에게는 소위 불가지론자들의 주장이 제퍼슨의 헌장을 "흑인과

'외국인, 그리고 가톨릭교도'를 제외한 모든 인간은 동등하게 창조되었다."라고 수정하기를 원하는 것과 같은 소리로 들렸다. 그럼에도 그는 이 운동의 대중적 인기도를 인식할 만큼 현명하였다. 그와 가까운 휘그당의 동료들 중 많은 수가 이 운동에 참여하고 있었으며, 그가 소속된 지역구 의원 후보이자 감리교도인 리처드 예이츠도 이들 단체와 가까이 지내고 있었다. 링컨의 노력에도 불구하고 외국 태생 휘그당원들이 탈당했을 때 예이츠는 더글러스의 민주당에 패한 몇 안 되는 네브래스카법 반대론자 중 하나가 되었으며 링컨은 배타주의가 가진 잠재적 파괴성의 증거를 불편하게 지켜보아야 했다.

예이츠의 패배에도 불구하고 반네브래스카 세력은 주의회의 다수를 차지하였다. 이것은 민주당의 선거 참패라기보다 민주당을 지배하던 더글러스의 세력이 선거 패배라는 천벌을 받은 결과라고 하는 편이 옳았다. 이들은 다른 어느 때보다 아일랜드계 주민과 남부 출신자들의 충성심에 의존하게 되었으며, 반면 반네브래스카 세력은 개혁적 성향의 신교도 사이에 유례없는 정치적 연대를 불러일으켰다. 한편 링컨은 생거먼 카운티에 미친 자신의 영향력을 되새기며 편안히 승리의 여운을 충분히 즐긴 후 처음부터 마음에 두고 있던 계획에 공개적으로 착수했다. 즉, 차기 일리노이주 연방상원의원 자리에 도전한 것이다. 이 일은 무엇보다도 링컨이 주의회─연방의원 선거 기관─의 의석을 거부하고 상원의원 후보자 자격을 획득하였음을 의미하였다. 개인적 목표를 사명감보다 우선시한 이 행동은 급진적 노예제도 반대론자들 사이에서 그의 평판에 어느 정도 부정적인 영향을 미쳤다.

새로운 의회는 여러 갈래로 분열된 복합적인 성향의 의원 백 명으로 구성되었으나 기존 정당의 명성은 그대로 유지되었다. 링컨은 이중 정확히 마흔세 명의 의원이 더글러스파에 속한다는 사실을 알게 되었다. 이들은 네브래스카 법안의 열렬한 지지자인 제임스 셸프 하원의원의 귀환을 요구하였다. 네브래스카법에 반대하는 다수 세력에는 휘그당과 민주당 의원이 약 2 대 1의 비율로 섞여 있었다. 이중 상당수는 모든 반대 세력을 규합하여 새로운 공화당 조직을 탄생시키자는 생각에 매우 호의적이었다. 상원의원으로 당선되려면 링컨은 휘그당의 범위를 벗어나 더 많은 지지표를 확보할 필요가 있었다. 공화당 연합론을 주도하던 진보적 의원 사이에서 링컨은 남부 출신자이자 이민 배타주의자로서 그 이미지가 이미 손상된 상태였다.(사실이 아니었지만 링컨은 불가지론자들의 지지가 반드시 필요하였으므로 공개적으로 이를 부인하지 못한다.) 그러나 오랜 노예 폐지론자인 오하이오 출신 조슈아 기딩스의 중재와 그의 오랜 조력자인 데이비드 데이비스, 레오나르드 스웨트, 힐 라몬 및 진보주의자들과 개인적 친분이 있던 헌든의 노력에 힘입어 그는 의회 내 모든 공화당 연합론자들을 자기편으로 확보하게 된다.

그러나 당선을 확신하려면 링컨은 더글러스와 결별한 반네브래스카 성향의 민주당 의원들도 섭외해야 했다. 여기에는 투표 시 몇 남지 않은 다른 민주당 의원들과 함께 단호히 민주당을 지지하였던 쥬드와 파머, 그리고 완벽한 노예제도 반대론자 리만 트럼불도 끼어 있었다. 이들은 휘그당이나 불가지론자들에게 아무런 연대감을 가지고 있지 않았으며 민주당이 다수인 의회에 민주당 의원으로서 선발되는 것을 유일한 사명으로 삼고 있었다. 첫 번째 투표에서는 링컨이 마흔다섯 표, 그리고 쉴드가 마흔한 표로 링컨이 앞서나갔다. 트럼불은 정확히 링컨의 완전한 승리를 위해 필요한 숫자인 다섯 표를 획득하였다. 그러나 트럼불 측은 전혀 동요하지 않았다. 그 이후 링컨의 표는 점차 줄어들었고 여섯 번의 혼전을 거듭한 끝에 민주당 의원들은 쉴드 대신 좀 더 당선 가능성이 높은 주지사 조엘 A. 매터슨을 밀기로 결정한다. 반네브래스카 세력은 이제 눈에 띄게 트럼불 쪽으로 기울기 시작하였다. 아홉 번째 투표 이후 링컨의 총 득표 수가 열다섯 표로 줄어들고 매터슨의 승리 가능성이 점쳐지자 링컨은 즉시 그의 나머지 지지자들에게 트럼불을 지원하도록 지시한다. 결국 트럼불은 열 번째 투표에서 힘겹게 승리한다. 링컨은 깊이 절망하였으나 그의 아내와는 달리 새로 뽑힌 상원의원과 그의 지지자들에 대해 아무런 적개심도 드러내지 않는다. 어쨌든 이들은 이때 링컨에게 진 빚을 후일 충분한 이자를 붙여 갚게 된다.

상원의원 선거는 더글러스 파에게 큰 타격을 입혔다. 그러나 오랜 민주당의 명성이 가진 위력은 계속되었고, 여전히 분열된 양상을 보이던 반네브래스카 세력이 자신의 잠재력을 완전히 실현하려면 이것을 반드시 극복해야한다는 사실도 자명해진다. 휘그당의 이름은 지난날 그를 도와주었던 만큼이나 그에게 장애가 되었다. 이 일로 링컨은 여러 가지 교훈을 얻었으며, 1856년 가을까지 일리노이에는 선거가 없었으므로 다행히 이를 소화할 충분한 시간도 가질 수 있었다. 또한 당시 그의 관심은 그동안 등한시했던 법조계로 돌아가는 것이었다. 그 후 12개월 동안 링컨은 금주 조치와 배타주의를 둘러싸고 소용돌이치는 여론 때문에 노예제도 반대 세력이 통합하지 못하는 사태를 지켜보았다. 1855년 여름 금주론자들은 금주 법안 표결에서 패배하였다. 그러나 단 한 차례의 격렬한 유세 활동을 벌인 끝에 금주 연대 세력은 노예제도 연대 세력을 앞지른다. 또한 이와 유사한 혼전이 아메리카당을 둘러싸고 진행되면서 노예제도를 반대하는 원주민 유권자와 약 2만여 명의 독일 이민이 포함된 반노예제도 성향의 이민자 단체 사이를 갈라놓고 있었다. 이민 배타주의 운동은 1854년 선거 이후에도 계속 확대되어 휘그당의 발목을 잡는 한편 그 이듬해 여름 미국당의 출범을 가져왔다.

　이러한 상황은 1855년 내내 모든 반네브라스카 세력의 통합을 이루기 위해 심혈을 기울이고 있던 오웬 러브조이의 노력에 찬물을 끼얹었다. 그는 진보 세력이 중도 지대를 중심으로 연대할 준비가 되었다고 강조하면서 조슈아 기딩스와 함께 새로운 공화당의 지도자가 되어주도록 링컨을 설득하는데 많은 힘을 쏟았다. 링컨은 새로운 정치적 연대가 필요하다는 점에는 동의하지만 시기가 적절치 않다는 사실을 지적했다. "나는 '연대'에 전혀 반대하지 않습니다." 그는 그 해 8월 러브조이에게 보내는 편지에 이렇게 적었다. "나는 내가 옳다고 생각하는 사명, 즉 노예제도의 확산에 대한 반대를 위해서라면 얼마든지 연대에 참여할 수 있기 때문입니다." 그러나 그는 동시에 미국당의 존재가 연대 추진에 장애가 될 것이라고 판단하였다. "조직결성의 모든 요건을 갖출 때까지는 네브래스카법을 지지하는 민주당과의 성공적 투쟁을 보장할 만한 충분한 동력을 얻지 못할 것입니다. 대중이 기존의 조직을 통해 성공하리라는 희망에 매달리는 한 우리는 이러한 투쟁 동력을 결코 얻을 수 없을 것입니다. 또한 지금 우리가 공개적으로 연대를 추진한다면 기존 세력을 공격하는 것에 비추어져 결코 지지를 얻을 수 없게 되지 않을까 두렵습니다." 같은 달 그의 오랜 친구 조슈아 스피드가 그의 정치 행로에 대해 질문하자 링컨은 "그게 바로 문제지. 나는 내가 휘그당원이라고 생각하지만 다른 이들은 나를 휘그당원이라기보다 노예제도 반대론자로 바라본다네. …… 나는 이제 노예제도의 확산을 반대하는 것 외에는 아무 일도 할 수 없게 되었다네."라고 대답한다. 링컨으로 하여금 윌멋 프로비소의 지지자로 나서게 했던 휘그당의 정치 원칙은 그대로 살아있지만 노예제도 반대론을 수용했던 당의 입장은 혼란에 빠져있었다. 1855년 가을 일리노이를 벗어나 전국 정치 상황을 관찰하면서 링컨은 공화당과 미국당의 약진과 함께 민주당 회생의 불길한 징조를 발견하였으나 휘그당의 존재감은 어디에서도 찾아볼 수 없었다. 한 해가 지나가고 있었지만 링컨과 일리노이의 반네브래스카 인사들은 여전히 하나로 통합된 반노예제도 단체 설립을 위한 합의점을 찾지 못하고 있었다.

그러나 몇 달이 지나지 않아 가시적인 성과가 눈에 보이기 시작하였다. 먼저 링컨은 배척주의의 정치 세력화가 추진 세력이 희망하던 만큼 활기찬 모습을 보이지 못하고 있으며, 이 세력의 분열이 가속화되면 노예제도 반대 세력의 규합을 원하는 통합 추진 세력에게 유리하게 작용하리라는 사실을 발견하였다. 또한 미국당의 전국위원회는 이 지역 내 노예제도에 대해 애매모호한 태도를 취하면서 북부 자유 지역 출신 위원들 중 상당수를 소외시켰다. 게다가 금주론자들이 주내 표결에서 패배함으로써 통합 추진 세력이 유권자 이탈 가능성을 들어 금주론을 반대할 수 있는 확고한 토대가 마련되었다.

두 번째로 더욱 중요한 것은 1855년과 1856년 상반기 동안에 일리노이주 경계 밖에서 발생한 각종 사건이 '네브래스카법에 대한 초기 반대 여론의 격렬함이 이미 많이 사라졌음에도 불구하고' 이질적인 반네브래스카 세력이 계속 연립할 수 있는 기반을 제공해 주었다는 사실이다. 매달 자유 지역의 전 언론은 캔사스에서 발생한 여러 사건을 보도하며 여론 형성을 주도하였다. 당시 캔사스에서는 자유 지역론을 지지하는 용감한 정착자들이 노예제도 찬성론자들의 손

아래서 고통에 시달리고 있었다. 특히 미주리에서 넘어온 '주 경계의 불한당'이라 불리는 집단이 가장 악질적인 것으로 알려졌다. 각 신문의 편집자들은 불법 투표와 집단 폭행, 가혹한 노예 관련 법률, 그리고 남부 편향적이며 무관심한 대통령 프랭클린 피어스의 무능하고 소심한 정부 기관이 보여주는 무능력한 통치 행태에 한탄을 금치 못하였다. 모든 폭력사건이 노예제도와 관련된 것도, 그리고 한쪽에서만 모든 사건을 일으키고 있는 것은 아니었음에도 불구하고 전 북부 지역이 분노로 뜨겁게 달아올랐다. 이러한 일련의 사태는 네브래스카법에 반대하는 민주당원들이 당으로 다시 되돌아가는 것을 막았을 뿐만 아니라 공화당 연합 추진 세력의 야망을 더 크게 불지핀다. 이 와중에 노예제도에 반대하던 휘그당원들은 결국 당을 소생시키겠다는 희망을 버리게 된다. 결국 캔사스 사태는 링컨이 자신의 입장을 확고히 하는 동기가 된다. 그의 친구이자 자유지역론자인 편집장 마크 델라헤이는 그와 정기적으로 연락을 하는 사이였다. 그는 캔사스 사태의 '폭력성'과 '비열한 수단'에 대한 링컨의 분노에 감화되어 스스로 캔사스의 용감한 정착자들을 보호하기 위한 기금을 전달한 적도 있다고 한다.

  미래의 유일한 대안은 오직 노예제도를 반대하는 새로운 중도 정당의 설립에 있다는 사실을 점점 확신하게 되면서 링컨은 1856년 대통령 선거가 있던 해인 2월 22일, 데카투어에서 열린 노예제도에 반대하는 주 전체 편집장 모임에 참석함으로써 구체적인 행동에 돌입했다. 같은 날 피츠버그에서 열린 전국 정당 대표자회의에서는 북부 전역 여러 공화당의 대표가 서로 만나는 자리가 마련되었다. 링컨은 당의 회의 참석 대표로 임명되었으나 이 회의에 가는 대신 데카투어의 언론인 모임에 참석했다. 공화당 연합 추진 세력은 일리노이를 제외한 여러 자유주에서는 상당한 성공을 거두고 있었다. 따라서 그는 일리노이에서 가장 시급한 일은 가을 선거에서 승리할 만한 역량을 갖춘 주 차원의 반네브래스카 정당을 설립하는 것이라는 사실을 알았다. 그는 여기서 신당의 정강 발표문과 성명서 작성을 주도하였다. 1854년 연합 추진 운동이 있은 이후 '공화주의'라는 단어는 여전히 폐지주의 이미지가 짙었으므로, 모임에서는 이 단어를 사용하지 않았다. 신당은 노예제도에 대해 상당히 완화된 입장을 취하면서 도망 노예법을

지지하고 기존 노예주의, 노예제도에 대해서는 불간섭 원칙을 천명하였다. 그러나 동시에 이러한 배려는 노예제도를 국민의 자유를 보장하는 원칙에 대한 국지적 예외로서 간주된다는 점을 명확히 못박았다. 또한 외국 태생 주민들을 지지층으로 끌어들이기 위해 종교적 관용을 찬미하면서도 귀화법의 수정은 반대하였다. 동시에 가톨릭계가 자신들이 운영하는 종교학교를 위해 공공기금을 끌어다 쓰려는 시도를 저지하는 능 보통 학교 제도에 대한 공격을 차단하겠다는 약속을 함으로써 불가지론에 대해서도 유화적 태도를 유지하였다. 그리고 5월 29일 블루밍톤에서 열릴 반네브래스카 세력 주 대회에서 주의회의원 후보자를 선출하기로 결정하였다.

"차기 미합중국 상원"으로 건배를 제의했던 2월 모임에서 링컨이 수행한 역할을 보건대 그가 신당 창당에 회의적이었다는 주장은 공허한 것이었음을 알 수 있다. 민주당과 휘그당을 막론하고 트럼불, 펙 및 기타 다른 온건한 네브래스카 반대론자들처럼 링컨도 두 가지 그럴만한 이유를 근거로 블루밍톤 대회의 결과를 낙관하지 못하였다. 러브조이와 다른 급진론자들이 이 대회를 망치거나 지배하려 들지는 않을까? 만일 그렇지 않다하더라도 여러 이질적 집단들이 응집할 수 있을 것인가, 아니면 해체될 것인가? 모두가 알 수 있다시피 이 두 가지는 반드시 짚고 넘어가야만 할 문제들이었다. 냉엄한 더글러스 파가 버티고 있는 당에 네브래스카법을 반대한 민주당원들이 돌아갈 수는 없는 노릇이었다. 마찬가지로 노예제도를 반대하는 휘그당원도 달리 갈 곳이 없었다. 따라서 헌든이 예이츠에게 "당신이 가지 않으면 당신도 링컨도, 그리고 다른 모든 사람들도 정치적으로 영원히 생매장 당하게 될 겁니다."라고 한 말은 현실을 그대로 반영하고 있었다.

다행이 블루밍톤 대회는 성공적으로 막을 내렸다. 급진파, 중도파, 보수파, 휘그당원, 그리고 민주당원, 독일 이민과 이민 배척론자까지 모든 노예제도 반대 세력이 모여들었다. 거의 300명에 달하는 대표자들이 모인 가운데서도 행사는 질서를 잃지 않았다. 모두가 현실적인 타협이 필요하다는 점을 인식하고 있었으므로 문제를 일으키지 않도록 목소리를 낮춘 결과였다. 또한 수많은 자원봉사자들과 각 지역사회를 대표하는 비공식 참석자들의 존재는 이 대회에 대중적 모임의 성격을 더해 주었다. 그리고 휘그당의 법률 고문이던 올바일 브라우닝이 주선한 각 단체 지도자들의 모임을 통해 실질적인 협상이 진행되었다.

이 모임의 목적은 그 근래에 캔사스와 워싱턴에서 일어났던 일련의 사태에 힘입어 순조롭게 달성되었다. 대회 직전인 5월 21일 사건 직후 노예제도 반대론자들이 '로렌스의 약탈 사건'이라 이름 된 자유주 내 언론사와 호텔에 대한 약탈 및 방화 사건이 발생했다. 바로 그 다음 날에는 상원의회에서 사우스캐롤라이나 출신의 피터슨 브룩스 의원이 노예제도를 반대하던 매사추세츠의 상원의원 찰스 섬너가 자신의 출신 주와 친척 앤드류 버틀러 의원을 모욕하는 말을 했다는 이유로 그를 지팡이로 가격하는 사건이 발생했다. "피 흘리는 캔사스", "피 흘리는 섬너"라는 제목의 머리기사는 블루밍톤에 모인 대표들이 연합을 결정하는데 큰 지렛대 역할을 했다. 이들은 링컨의 감독 하에 작성된 원칙에 합의하였다. 여기에는 데카투어 선언의 내용을 그대로 반영한 유화적 노예제도 반대론, 금주론에 대한 입장 유보, 외국 이민 배척 반대 등의 내용이 모두 들어 있었다. 또한 대표들은 민주당에 주지사직을 포함한 충분한 양의 최고위직 의석을 할애하고 독일 이민자 단체와 소위 이전의 불가지론자들의 상당한 양의 의석을 할당하는 복수 후보 추천제를 승인한다. 마지막으로 이들은 '공화'라는 용어를 사용하는 것을 피하면서 곧 다가올 공화당 전당 대회에 참석할 대표자를 임명하였다.

링컨은 현란한 수사의 극치를 이루는 90분간의 연설을 통해 대회의 클라이맥스를 장식한다. 즉흥적으로 진행된 이 연설은 헌든을 포함하여 그 자리에 참석한 기자들이 받아 적기를 멈출 만큼 너무나 감동적이었다. 이렇게 '사라진 연설'의 주요 부분은 1854년 그의 연설에서 이미 소개되었던 노예제도에 대한 남부 지방의 위험한 인식 전환, 건국 선언을 거부한 노예 소유주들에 대한 경고, 연방의 고결함과 자유와 평등이라는 공화주의적 가치 보전의 필요성, 북부 민주당의 타락, '노예제도를 반대하는' 모든 이들이 통일된 개혁의 움직임에 동참해야 하는 필요성 등의 내용이 담겨있었다고 한다. 헌든에 따르면 연설의 파괴력을 더한 것은 링컨이 노예제도를 단지 '정책적 이슈의 차원'에서 '근본적 영구불변의 권리의 문제'로 끌어올렸다는 점이었다. 링컨은 이미 피오리아 연설에서 "인류 전체 중 상당수가 노예제도를 거대한 윤리적 과오라고 생각한다."라고 단언하였고, 그 어떤 정치인도 그러한 사상을 쉽게 묵살하지는 못할 것이라고 말하였다. 이러한 그의 리더십에는 책임감 있는 정치적 사회학자의 그 무엇이 있었다. 그러나 이제 블루밍턴에서 그는 노예제도의 도덕적 흉포성과 이것의 정치적 의미로 인해 발화된 듯 그 자신이 이러한 상당수 중 한 사람이 되어 있었다. "이때 그는 새로이 세례를 받고 다시 태어난 것 같았다."라고 헌든은 회상하였다. "그에게는 새로 개종한 사람의 열정이 보였다. 마치 꺼져가던 불길이 다시 타오르는 것을 보는 듯했다. 그에게서는 평소에 볼 수 없었던 격정이 불타오르고 있었고 그의 두 눈은 영감으로 가득 찬 듯 보였다. 그는 온몸으로 정의를 느꼈고 그의 가슴은 옳은 일에 대한 사명감으로 힘차게 고동쳤다. 그의 마음 깊은 곳에서부터 연민의 정이 솟아올랐고, 그는 이제 영원한 정의의 전당 앞에 서 있는 듯했다." 헌든은 그의 묘사가 문학적 과장은 아니라고 주장하였다. 링컨은 그 이전에는 한 번도 볼 수 없었던 논리, 비장감, 그리고 열의를 모두 보여주었다. 연설은 '불의에 진노한 영혼의 순결한 불길에 의해 타오르는 정의, 평등, 진실, 그리고 권리'에 대한 전언이었다.

무엇이 링컨으로 하여금 평소의 냉정함을 버리고 청중의 가슴과 머리에 동시에 호소하는 이토록 열정적인 연설을 하도록 만들었을까? 아마도 이 질문에 대한 대답의 일부는 이 모임의 성격에서 찾을 수 있을 것이다. 링컨은 이 모임에서 여러 가지 근본 원칙에 대한 합의를 이끌어내었다. 여기서 그는 조심스런 설득 대상, 즉 중립적이거나 또는 노골적으로 적의를 드러내는 청중 앞에 서 있는 것이 아니었다. 그는 그가 신뢰할 수 있는 사람들 앞에 서 있었다. 또한 청중의 다양성도 그에게 영향을 미쳤을 것이다. 열렬한 지지자와 숨은 지지자들 사이에는 목사들까지 끼어 있었다. 그는 앞으로 다가올 선거 운동을 대비하여 이들을 하나로 통합하고 격려할 필요를 느꼈을 것이다. 그러나 여기에는 더 깊은 사연이 숨어 있었음이 분명하다. 아마도 블루밍턴 대회의 성공을 지켜보면서 평상시 내성적이던 링컨에게는 말할 수 없는 쾌감과 안도감이 동시에 밀려들었을 것이다. 블루밍턴 대회는 링컨이 네브래스카법에 대항할 강력한 정치 세력을 조직하는 과정에서 최대 정점은 아니었지만, 중요한 전환점이 되었다. 피오리아 연설에서 그는 '전 세계적인 자유주의 정당'에 대해 언급한 바 있다. 그에 의하면 이 정당(거대한 도덕적 오류를 저지르는 자들을 오싹 떨게 만드는 '자유를 사랑하는 자들')의 미국 대표는 모든 정치 지도자들이 여론의 반향을 불러올 도덕적 관심사를 다루어주길 기대하였을 것이다. 이 대회 이 후 링컨의 행보는 그가 네브래스카법으로 인해 집중적인 조명을 받게 된 지지층에게 필요한 것은 효율적이고 명료한 정치적 리더십이었음을 인식하게 되었다는 사실을 함축적으로 보여준다. 기존의 휘그당과 그 뒤를 승계한 공화주의 연합, 이 두 단체를 통해서 링컨은 1854년부터 1860년까지 자신의 판단에 따라 미국의 유권자를 노예제도에 반대하는 사람과 노예제도에 관심이 없거나 찬성하는 사람 두 가지로 분할하고, 이를 공식화하는데 역점을 두고 활동한다.

    같은 윤리관에 기초한 링컨의 연대 조직은 주로 다수의 개혁적 성향 신교도, 특히 복음주의자들의 지지에 바탕을 두고 있었다. 과연 이들을 어떻게 수용할 것인가? 링컨이 이미 잘 알고 있던 대로 이들이 제시하는 의제는 그 다양성보다는 그 안에 정치적인 불화의 요소가 내포되어 있다는 점이 문제였다. 복음주의자들 중 다수는 이민 배척주의와 금주론적 관점을 가지고 있었으며, 이러한 관점이 비록 노예제도 반대론과 충분히 양립할 수 있었음에도 불구하고 연합 세력의 확장에 방해가 되었다. 링컨 자신은 금주를 법적으로 강제한다는 것이 여의치 않다고 생각하였을 뿐만 아니라 이민 배척주의에 대해서도 불쾌감을 가지고 있었다. 그는 이민 배척주의가 일으키는 종교 문화적 마찰에 대해 일언반구 대응하지 않았으며 그럴 생각도 전혀 없었다. 그러나 결국 소위 불가지론자들은 전국적으로 붕괴하고 이것은 개혁적 성향의 신교도들을 연합 세력 안으로 끌어들일 수 있는 여지를 남겨주게 된다. 그리고 이렇게 섭외한 신교도들 중 상당수가 블루밍턴 대회에 참석한다. 따라서 링컨에게는 연합 세력의 굳은 결속을 축하하는 연설을 통해 '새로 세례를 받고 다시 태어난' 것 같은 복음주의적 열정을 표출할 충분한 이유가 있었던 것이다.

　1856년 가을 선거에서 50여 회의 연설을 하면서 링컨은 더욱 합리적이고 냉정한 원래의 스타일로 되돌아간다. 이러한 스타일은 그가 부동층으로 구분한 일리노이 남부와 중부 지방의 보수적인 휘그당 지지자들에게 더 효과적이었기 때문이었다. 캔사스-네브래스카 사태의 여파를 피할 수 있었던 제임스 뷰캐넌이 민주당의 대통령 후보로 지명되자 미국당은 전 휘그당원이자 전직 대통령인 밀라드 필모어를 후보로 내세웠다. 링컨은 공화당 전국 대회를 통해 그에 못지않게 안전한 후보인 대법원 법관이자 또 다른 전 휘그당원인 존 맥밀란이 선출되기를 바랐으나 당은 그 대신 급진적 서부 개척자 존 C. 프레몬트를 지명하였다. 한동안 부통령 후보로 링컨이 유력하게 거론되며 북서부 지역 공화당들은 크게 고무되었으나 이 자리는 결국 또 다른 전 휘그당원인 뉴저지의 윌리엄 L. 데이톤에게 돌아갔다. 링컨은 즉시 이 경선 결과가 암시하는 바를 파악하고 필모어를 지지할 가능성이 높은 유권자들, 특히 일리노이 중부 지역의 유권자들을 겨냥한 선거 전략을 짠다. 링컨은 이를 통해 미국당이 후보 지명을 철회하거나 프레몬과 연합전선을 구축하게 된다면 가장 이상적일 것이라고 생각하였다. 그러나 실제로 그럴 가능성은 거의 없었으므로 그는 여러 연설과 인쇄물을 통해 미국당은 결코 선거에서 승리할 수 없으며 민주당의 승리를 도울 뿐이라고 역설하였다. 8월 초 링컨은 만일 선거가 이대로 삼파전으로 치달으면 뷰캐넌이 7,000표 또는 4%포인트 차이로 당선될 것이라고 예상하였다. 이 예상은 놀라우리만치 정확한 것으로 드러났다. 11월 뷰캐넌은 필모어의 선거 참여로 인해(높은 투표율 속에서 9,000표의 차이) 승리할 수 있었다. 보수적 휘그당원들은 민주당을 혐오하였으나 동시에 '흑인을 옹호하는' 공화당에 주도권을 넘겨주기도 꺼려하였다. 필모어는 이 두 가지를 모두 피할 수 있는 도피처를 제공해 준 셈이었다.

　그러나 11월의 결과는 링컨에게 커다란 실망을 안겨주었다. 링컨은 공화당(선거 기간 내내 사용하기 꺼려했던 그 명칭)이 이미 주지사 선거와 기타 주정부 요직을 차지하며 내구력, 조직력, 절도 있는 태도, 광범위한 호소력을 증명한 바 있음을 상기하였다. 그리고 그는 자신도 다른 누구보다 신당 창당에 힘을 쏟앉음을 기억해 내었다. 링컨은 여론이 끝없이 통제 불가능한 상태로 변화하던 시기에도 성급한 행동을 자제함으로써 이러한 성과를 일구어낼 수 있었던 것이다. 1856년 말이 되자 최악의 소요 사태는 가라앉았다. 그렇지만 창당 과정은 아직 끝나지 않았고 여론에 호소하는 링컨의 한결같고 뛰어난 조정 능력은 이제 막 꽃을 피우려 하고 있었다.

1858년의 상원의원 선거 캠페인

1858년 유권자들 앞에는 또 한 차례의 주의회의원 선거가 기다리고 있었다. 여기서 선출된 주의회 의원들은 일반 유권자를 대신하여 미국연방 상원의원을 선출하게 될 것이다. 더글러스의 임기는 거의 끝나가고 있었고 재선 가능성은 매우 희박해 보였다. 링컨은 일리노이의 많은 공화당 지지자들이 이 '작은 거인'을 쓰러뜨릴 사람으로 자신을 생각하고 있다는 것을 알고 있었다. 그에게 정치적 조언을 해주는 사람들 중에는 이미 확고한 사회적 기반을 다진 능력 있는 신당의 지도층 인사들, 주의회 시절의 오래된 정치적 동료들, 그리고 여러 동료 변호사 등이 끼어 있었다. 무엇보다 1855년 트럼블의 주요 지지자들, 특히 노만 B. 쥬드가 링컨을 인정하게 되었다는 사실은 매우 큰 의미가 있다. 일리노이 내 반민주당 성향의 주요 신문들 중에서 <시카고 프레스(Chicago Press)>와 <트리뷴지(Tribune)>, 그리고 <일리노이 스테이트 저널(Iillinois State Journal)> 등은 굳건히 링컨을 지원하였다. 그 누구도 링컨이 상원을 원한다는 것을 의심하지 않았다. 1857년 한 공화당원이 "이제 다음 주의회 선거에서 승리하기 위해 무언가 행동을 취할 때가 되었다."라고 선언하는 내용의 글을 기고하였을 때 링컨은 이 글에 동의하고 드디어 후보자로 나서지만, 반대 여론을 의식하여 조용히 선거 운동을 준비하기 시작하였다.

뷰캐넌 대통령이 취임한 지 12개월이 조금 넘었을 때쯤, 일리노이 공화당의 후보 선출과 선거 캠페인에 영향을 미치는 전국적인 차원의 대규모의 두 개의 정치 사건이 일어났다. 첫 번째 사건은 1857년 3월, 로저 태니 대법원장이 이끄는 미국연방 대법원에서 드레드 스콧 대(對) 샌펀드(Dred Scott VS Sanford) 사건에 대한 최종 판결을 내린 것이다. 스콧은 한 육군 군의관이 노예 주인 미주리주로 데려가기 전에 일리노이, 위스콘신주로 데리고 돌아다니던 노예였다. 일리노이는 자유주이며, 위스콘신주는 미주리 협약을 통해 노예제도가 금지된 주였으므로 스콧은 자신의 해방을 위해 소송을 제기했다. 미 대법원은 다수 결정에 따라 그의 청구권을 기각했으며 태니 대법원장은 스콧은 흑인 노예로서 소송 자격이 없다고 판시하였다. 그에 따르면 미국 헌법 기초자들은 흑인이 열등하다고 생각하여 흑인 노예들에게는 미연방 헌법이 보장하는 시민권을 향유할 권리가 없다고 생각하였다. 나아가 놀랍게도 수정 헌법 제5조인 적법 절차를 인용하면서 미주리 협약을 통과시켜 루이지애나주의 북부 지역에서 노예의 소유권을 부정한 미 의회의 결정은 위헌이라고 판시하였다.

남부 출신들과 동조 세력이 주도하던 민주당 편향적 대법원의 이 결정은 더글러스에게도 큰 문제를 안겨주었다. 노예 소유자들이 자신의 노예를 자유주 지역으로 들여올 수 있는 권리를 갖게 된다면 시민의 주권과 자치권은 어떻게 될 것인가라는 북부의 들끓는 여론에도 불구하고 더글러스는 결국 침묵을 지키기로 결정한다. 그는 태니의 판결이 오로지 의회의 권한에 한정된 문제이며 노예 소유자의 권리 보호와 깊이 연관된 사유재산 보호를 위해 '치안, 경찰력'을 동원할 권한을 가진 주의회와는 아무 관계가 없다고 주장하였다. 따라서 6월 12일 스프링필드 연설에서 그는 대법원의 이번 결정은 인민 주권을 '보존'하기 위한 조치였다고 주장하였다. 동시에 일리노이 중부 지역의 뿌리 깊은 인종적 우월감을 교묘히 자극하여 자신의 주장을 뒷받침하면서 '독립선언서'는 결코 흑인을 포함하지 않았으며, 공화당은 모든 인종을 계층과 성별에 관계없이 완전히 혼합하려는 '인종 융합주의자들'의 모임이라고 비난을 퍼부었다.

대법원의 판결은 공화당에게도 큰 두통거리였다. 만일 연방의회에게 이 지

링컨, 1857년. 그는 이 사진에 대해 "이 사진에 나온 내 머리 모양은 너무 끔찍하다."라고 썼다.

역으로 노예제도가 유입되는 것을 막을 권한이 없다면 정부 권한을 활용하여 노예제도의 확산을 막는다는 당의 핵심 계획은 어떻게 될 것인가? 그러나 링컨이나 많은 그의 동료들은 몸속 깊이 배여 있는 사법부에 대한 존경심으로 말미암아 적극적인 반응을 보일 수 없었다. 링컨은 역사학자 데이비드 도날드의 말대로 사법 절차를 "다수 의견은 항상 옳다고 믿는 민주당의 비이성적 포퓰리즘과 헌법보다 도덕률에 호소하는 노예 폐지론자와 같은 개혁 세력의 비이성적 도덕적 절대주의"에 대한 필수적인 방어 수단이라고 생각하고 있었다. 그러나 6월 26일 그는 마침내 더글러스의 연설에 대응하여 "분열된 법원"의 "잘못된" 결정에는 승복할 수 없다고 선언하였다. 그는 이 판결이 왜곡된 역사 인식과 앞선 판례에 대한 의도적 무관심에서 기인한 것이며 "아직 합의된 국가적 원칙으로 제정된 바 없으므로" 도전의 여지가 있는 상태라고 주장하면서, 공화당이 무법적 저항으로 치닫고 있다는 비판을 거부하였다. 헌법에 보장된 흑인의 권리를 공격한 쪽은 오히려 더글러스와 민주당, 그리고 그들과 담합한 법원 쪽이었다. 독립선언서에 대한 이들의 배타적 해석은 노예제도를 더욱 옥죄기 위해 고안된 부패한 신개념일 뿐이다. 더글러스의 인종 융합주의 비판론에 대해 링컨은 그의 이론에 따르면 "내가 흑인 여인을 노예로 원하지 않는다면 나는 그녀를 오직 아내로서 원한다는 것과 같은 의미가 된다."라면서 이것은 전혀 논리적으로 맞지 않는 거짓 주장이라고 항변하였다. 물론 독립선언문이 모든 인간은 모든 면에서 똑같다고 선언한 것은 아니며 모든 인간은 피부색, 크기, 지식, 윤리관 및 사회적 능력에 있어서 모두 똑같다고 주장하는 것도 아니다. 다만 '삶, 자유, 행복 추구 등 결코 양보할 수 없는 특정한 권리'에 있어서 동등하다고 말하고 있는 것이다.

링컨은 드레드 스콧의 판례와 이에 대한 더글러스의 옹호론을 들어 두 정당의 전혀 다른 윤리관을 적나라하게 대조해 보여 주었다. 공화당은 독립선언문에서 모든 이가 달성을 위해 노력해야 할 '자유 사회의 근본 원칙'을 발견하고, 이 원칙을 달성하는 것이 "비록 불가능할지라도" "끊임없이 근접하려고 노력함으로써" 피부색에 관계없이 모든 세계인의 삶의 가치와 행복을 증진시켜 나갈 수 있는 방향을 찾았다. 반면 더글러스의 민주당은 영국의 통치에 대한 백인 식민지인들의 저항으로 이 선언문의 시간과 장소적 의미를 축소함으로써 인간의 권리에 대한 전인류적 선언이라는 이 문서의 진정한 가치를 "산산이 조각내어 너덜너덜한 휴짓조각"으로 만들어 버렸다고 비난하였다. 간단히 말해 공화당은 모든 역량을 총동원하여 흑인도 인간이고 흑인을 속박하는 것은 잔인한 범죄이므로 이들을 압제하는 지역이 더 늘어나서는 안 된다는 인식을 심어주려고 노력했다. 반면 민주당은 흑인의 인간성을 부인하고 이들을 속박하는 범죄를 사소한 문제로 축소시키려는 의도하에 흑인에 대한 연민의 감정을 짓밟고 오히려 이들에 대한 증오와 혐오감을 조장하며, 신성한 자치권을 빌미로 흑인에 대한 압제를 한없이 확장시키려 했다.

그러나 대법원의 판결 후 채 1년이 지나지 않아 캔사스에 발생한 뜻밖의 정치 상황은 위와 같이 명확했던 두 정당의 입장 차이를 혼란에 빠뜨린다. 리콤프턴 이라는 작은 도시에서 캔사스의 주정부 수립을 승인하기 위하여 헌법제정의회가 개최되었다. 자유주의 의원들은 숨겨진 책략을 경계하여 대표 선출을 거부했다. 이에 따라 나머지 대표들은 캔사스 땅에 이미 거주하고 있던 200명의 노예를 노예로 인정하는 법안을 작성하였다. 또한 대표들은 전체 법률 중에서 이후로도 캔사스주에 대한 노예의 도입을 허용한 단 한 가지 조항에 대해서만 국민투표를 실시하도록 결정하였다. 리콤프턴 법안의 친노예제도적 성격에 격분한 만 명의 자유주 대표들은 기권을 결정하고 결과적으로 '노예제도를 인정한' 이 법안은 6,143 대 569표로 순조롭게 승인을 받아 대통령 앞에 상정된다. 뷰캐넌은 법률 전체를 국민투표에 붙일 수 있기를 바랐지만 절차상의 위법성을 찾을 수 없었던 데다가 정치적 문제로 캔사스에 더는 유혈사태가 발생하기를 원치 않았으므로 민주당이 다수를 차지한 의회에서 법안이 통과될 것을 낙관하며 이를 승인하였다.

놀랍게도 더글러스는 이 법안에 거세게 저항하며 정계를 충격에 빠뜨렸다. 그는 1858년 8개월 동안 워싱턴에서 법안 채택 반대 운동을 주도하였다. 행정부에 대한 그의 강력한 저항, 민주당에 대한 그의 유례없는 배신 행위는 대통령의 행동에 더글러스 상원의원이 얼마나 큰 개인적 위협을 느꼈는지 가감없이 보여준다. 1854년 미주리 협약을 파기할 때 북부 주민의 감정을 오판하여 큰 실수를 한 적이 있었던 더글러스는 이제 와서 남부 편향적 행정부 앞에 굴복하고 자신이 금과옥조로 여기던 인민 주권을 포기할 수 없었다. 여기서 아무 저항 없이 리콤프턴 법안을 수용한다는 것은 북부 민주당원들에게조차도 국민의 뜻을 무시하는 정치적 자살 행위로 간주될 상황이었다. 온 힘을 다해 토론회와 반대 운동을 주도하며 이 작은 거인은 노예제 허용 규정보다는 다수 현지 주민의 감정이 무시당하는 것이 문제라는 주장을 펴나갔다. 그는 민주당원, 공화당원, 그리고 자유지역당원과 노예 폐지론자 등 다소 이질적인 여러 반대 세력을 한 방향으로 그러모아 연방의회에서 성공적으로 법안의 통과를 저지한다.

리콤프턴 법안을 둘러싼 투쟁을 통해 더글러스는 뷰캐넌의 영원한 숙적으로 낙인찍혔으나 한편 오래된 경쟁자들로부터 끝없는 찬사를 받게 된다. 찬미가를 가장 크게 부른 사람은 동부 지역 공화당원으로서 당시 자유주 전역에서 널리 읽히고 있었으며 일리노이에만도 만 명이 넘는 독자를 거느리고 있던 〈뉴욕 트리뷴(New York Tribune)〉지의 편집장 호레이스 그릴리였다. 그해 봄 투쟁이 최고조에 다다르자 그릴리는 가을 선거에서 리콤프톤 법안에 반대하는 민주당원들을 지지해야 하지 않을까, 아니면 아예 이들을 공화당원으로 섭외해야 하지 않을까 하는 발언을 하는 정도에까지 이르렀다. 링컨은 1857년 12월 리만을 만나 최초로 더글러스에 대해 칭찬 일색의 글을 싣는 〈뉴욕 트리뷴〉지에 대한 불만을 토로한다. "이게 워싱턴 측의 입장인가요? 워싱턴에서는 공화당의 대의를 위해서 일리노이를 희생할 각오가 되어있는 겁니까?" 일리노이의 공화당원들은 링컨과 마찬가지로 동부 공화당의 참견에 큰 불만을 느꼈고 '부정한 연합'을 시도하며 더글러스와 화해해야 할지도 모른다는 생각에 치를 떨었다. 링컨에게 자극받은 당의 지도층은 6월 16일 스프링필드에서 주차원의 당대회를 열기로 결정한다. 이 대회의 주된 목적은 링컨만이 '최선의, 그리고 유일한' 공화당 상원의원 후보임을 세상에 알리는 것이었다.

스프링필드 대회는 동부 공화당을 책망하며 더글러스의 민주당으로 당의 기반이 기우는 것을 차단하기 위한 조치였다. 그리고 링컨을 내세움으로써 가을 선거에서 민주당이 유권자들을 혼란에 빠뜨리고 심할 경우 공화당의 분열을 조장할 수 있는 기회를 먼저 박탈한다는 효과도 노리고 있었다. 또한 새로 구성된 주의회가 워싱턴으로 고집불통의 강력한 또 다른 공화당 후보이자 변절한 민주당원인 시카고의 '키다리' 웬트워스를 보낼 가능성을 배제하려는 의도도 숨어있었다. 결국 링컨의 말마따나 링컨을 후보로 지명한 데에는 '호전적인 언론에서 웬트워스에 대해 이러쿵저러쿵 시끄럽게 떠드는 것을 피해 보자'는 생각이 더 큰 작용을 한 것이 사실이었다. 그러나 이 결정이 주의회가 스스로 미국 상원의원을 선택할 수 있는 재량권을 가지고 있음을 부인하고, 상원의원 선출의 종속적 역할에 국한시킴으로써 윤리적 오류를 범한 것과 같다는 점은 모두가 간과하였다. 뒤를 이은 선거 유세가 암시한 바도 이와 크게 다르지 않았다. 실제로 유권자들은 직접 자신들의 상원의원을 선택할 수 있었다. 1854년 링컨의 상원의원 선거 유세는 11월 새로 선출된 주의회의원을 대상으로 실시한 여론조사 결과와 정확히 일치하였다. 이제 링컨과 4월 민주당 전당대회를 통해 결출한 민주당원으로서 자신의 입지를 확인한 더글러스는 주민 앞에서 직접 자신들의 후보

자격을 겨루게 되었다.

1858년 링컨과 더글러스의 대결은 일리노이주민의 민주적 참여에 대한 비상한 욕구를 잘 보여주었다. 비록 후세대가 이 대결의 뒷이야기에 낭만적 요소를 많이 가미하기는 하였으나, 추가된 요소를 배제하고도 우리는 여기에서 참여 정치의 뛰어난 본보기를 발견할 수 있다. 무덥고 먼지가 풀풀 날리던 여름부터 4개월 동안 이 두 사람은 열차로, 배로, 그리고 마차를 타고 수만 마일을 달려 주 곳곳을 누비며 각각 60여 회의 주요 연설, 그리고 수십 회의 즉흥 연설을 하는 등 적극적인 유세 활동을 벌였다. 이것은 엄청난 체력을 요구하는 살인적인 일정이었지만, 두 후보는 다른 어느 때보다 질서정연하게 그들의 말에 귀 기울이는 수만 명의 열정적인 유권자들을 만나면서 심리적 동력을 얻었다. 선거 유세가 막바지에 이르면서 더글러스의 목소리는 점차 낮아진 반면 링컨은 여전히 힘이 넘치는 듯 보였다. 후보 자신과 지원 연설자, 집회 조직원, 신문 편집장, 음악대 등으로 구성된 유세단은 방방곡곡을 돌며 전에 없이 대대적 선거운동을 벌였다. 동부 지역의 신문들은 일리노이의 소식을 전하면서 "평원이 불타고 있다."라고 표현하고 "이 지역 주민이 정치에 갖는 관심도는 놀라운 수준이다."라고 보도하였다.

선거에 흥미를 더한 것은 7회에 걸쳐 열린 두 후보 간의 공동 토론회였다. 전체 유세 활동 중 아주 일부분에 지나지 않았으나 이 토론회에는 역사상 가장 많은 관중과 기자단, 속기사 등이 몰려들었으며 전국적으로 큰 관심을 불러일으켰다. 이 토론회는 공화당 지도부의 조언에 따라 링컨이 제안한 것이었다. 토론회를 제안하면서 링컨은 자신이 더글러스의 뒤꽁무니를 따라다니며 더글러스가 지나가고 나면 다음 날 링컨이 찾아온다는 조롱 섞인 목소리를 잠재운다는 부차적인 목적도 달성할 수 있을 것으로 기대하였다. 공동 토론회는 더글러스의 지명도로 인해 여러 정치 거물을 끌어들일 수 있다는 이점이 있었으며, 이 작은 거인이 그를 무시하지 못하도록 하는 제어판의 구실도 할 수 있었다. 링컨의 도전으로 곤혹스러운 지경에 빠진 것은 바로 더글러스였다. 만일 이를 받아들인다면 이득을 보는 쪽은 링컨이라는 것을 알고 있었으나 반대로 거절한다면 비겁자라는 오명을 쓸 판이었다. 더글러스는 고심 끝에 토론회의 횟수를 공화당이 원하는 50회가 아닌 단 7회로 제한하고 두 후보가 아직 유세 연설을 하지 않은 각 지역구에서 3시간 동안 진행하며 이중 네 번은 더글러스 자신이 시작과 마감 연설을 하고 나머지 세 번은 링컨이 시작과 끝을 담당한다는 조건을 내걸었다.

토론회의 중심적인 주제는 자유주 내 노예제도에 관한 것이었다. 노예 문제는 정치인이 대중에게 관심을 강요하는 차원을 넘어서 정치에 관심 있는 평범한 모든 주민들의 일상과 관련된 민감한 문제로 인식되고 있었다. 링컨은 알톤의 토론회에서 '정치, 종교, 문화, 도덕, 그리고 모든 삶의 인간적 관계에서 사회 각 계각층'을 흔들어 놓는 노예제도의 위력을 언급하며 "만일 당신이(더글러스) 나서서 모든 사람이 이 문제에 대해 왈가왈부하지 못하도록 할 수 있다면, 나는 즉시 입을 다물겠습니다."라는 말로 청중의 웃음을 자아내었다. 일부 선거 운동원들은 1857년 금융공황 이후 지속되고 있는 지역 경제와 관련하여 철도 문제 등을 나머지 토론회의 주제로 채택하자고 제안하였으나 두 후보는 유세에 도움이 되지 않는다고 거절하였다. 더글러스는 전 연설을 통하여 노예제도 한 가지 문제에 집중하는 모습을 보였으나 링컨은 좀 더 다양한 내용을 선보였다. 그러나 당의 지명을 받고 몇 시간도 채 지나지 않아 발표한 첫 번째 유세 연설을 시작으로 꾸준히 밀고나간 그의 원칙은 단 한 가지뿐이었다. '분열된 일가(House Divided)'라는 제목의 이 연설은 그의 전체 선거 전략의 근본 토대를 잘 보여준다. 아마도 이 연설의 주제는 그가 이미 여러 달 동안 고민해 오던 문제였을 것이다. 그는 평소와 달리 일주일이나 걸려 전체 연설문을 미리 작성해 두었었다. 그리고 연단에 섰을 때는 원고 없이 머릿속에 하나하나 새겨진 문장들을 그대로 전달했을 뿐이었다.

세 부분으로 이루어진 전체 연설 중에서도 링컨이 노예제도를 둘러싼 논란이 증가하고 있으며 갈등은 오직 "위기가 닥쳤다 사라진 후"에야 비로소 해결된다고 단언한 부분이 가장 널리 알려져 있다. 그는 "분열된 일가는 망할 것이다."라는 대단히 친숙한 성서 문구를 바탕으로 노예제도와 자유는 양립할 수 없는 가치이며 "나는 이 정부가 반은 노예주이고 나머지 반은 자유주인 상태를 영원히 허용할 수 없을 것이라고 생각한다."라고 주장하였다. 그러나 이 갈등은 반드시 연방제를 유지하는 범위 내에서 해결되어야 하며 "나는 결코 이 집안이 망할 것을 기대하지는 않는다. 단지 더는 분열되지 않기만을 바랄 뿐이다. 그래서 이쪽이든 저쪽이든 완전한 하나의 집안으로 다시 서기를 기대한다."라고 말하였다. 결코 이 두 가지 사이에 영원한 중간 지대란 존재할 수 없다. 현재 상태가 무한대로 계속된다는 것은 불가능하다. 공화당의 정책을 따라 노예제도를 직접 공격하지 않고 제도의 확산을 막을 수 있다면 결국 '노예제도는 자연히 소멸할 것'이라는 대중의 공감대를 이끌어 낼 수 있을 것이다. 그게 아니라면 반대로 노예제도 찬성론자들이 성공하여 '구주나 신주나 북부나 남부나 할 것 없이 모든 주가 노예제도를 합법화하는 날이 올 것'이다.

연설의 주요 부분은 1854년의 사건을 건국의 아버지의 의도를 전복시키고 전국적인 제도를 만들고자 하는 친노예제도 세력의 노예제도 확산 음모에 대한 강력한 정황 증거로 제시하는데 할애되었다. 더글러스, 피어스, 테니, 뷰캐넌, 그리고 네브래스카법과 드레드 스콧 대(對) 샌퍼드 사건에 대한 대법원 판결이 모두 함께 작용하여 이미 모든 영토가 노예제도에 노출되고 말았다. 이들의 음모는 마지막으로 대법원이 "연방 헌법은 각 주가 주 영토 내에서 노예제도를 금지할 권한을 허용하지 않는다."라는 판결을 내리는 순간 완성될 것이다. 물론 이러한 음모의 실존 여부나 사전 모의 사실은 알려진 바 없으나 '미주리가 자유주로 거듭날 순간을 꿈꾸며 편안히 잠들었다가 대법원이 일리노이를 노예주로 만들었다는 현실을 깨닫고 소스라치게 놀라 꿈에서 깨어나는 날이 올 것'이라는 예상은 충분히 할 수 있다. 현실적으로도 그의 음모론처럼 노예제도가 '전국적으로 확산' 될 가능성은 충분히 존재하였다. 사실 노예 소유주와 노예의 영토 내 진입을 금지하는 자유주의 권리는 이미 여러 법정에서 시련을 겪고 있었다. 테니와 그의 동료 법관들이 스콧 사건과 유사한 판결을 또 한 번 내리는 것은 오직 시간문제였다.

링컨에 따르면 더글러스도 이러한 문제의 일부분이었다. 링컨은 유세 기간 내내 그의 법률 조수에게 이렇게 말하였다. "더글러스는 바로 그 다음 날 5천 명의 사람들 앞에서 부인하게 될 것을 알면서도 만 명의 사람들 앞에서 거짓말

일리노이주 정치계의 두 경쟁자
링컨의 사진은 스테판 A. 더글러스와 공동 토론회를 가질 무렵 일리노이 피츠필드의 사진작가가 찍은 것이다. 더글러스의 사진은 1860년 무렵에 찍은 것으로 추정된다.

을 할 사람이네." 물론 그의 명성을 질투심한 면도 없지 않았겠지만 링컨은 진실로 더글러스를 믿지 않았던 것 같다. 1858년 선거에서 그는 주로 더글러스의 국민 주권론이 자유의 보루로서 현실적 신뢰성이 떨어지며, 노예제도에 대한 윤리적 중립성을 조장하는 것은 위험한 실험이라는 점을 부각시키려고 노력하였다. 비록 더글러스가 워싱턴 의회에서 뷰캐넌에 저항하여 공화당과 연대한 것은 사실이나, 이것은 어디까지나 전략적 겉모습의 변화일 뿐 그의 근본은 전혀 변함이 없다고 주장하였다. 문제는 그의 '상관 말자'는 원칙이었다. 이는 도덕적 무관심이라는 궁극적으로 대부분의 노예 소유자들의 노력과 같이 자유를 위협하게 되는 부식된 환경을 가져왔다. 더글러스는 1856년의 필모어처럼 불투명한 회색지대에 머물면서 보수적 자유 토지론자들에게 겉으로만 매력적인 피난처를 제공해 주고 있었다. 링컨은 그들이 틀렸다는 것을 보여 주고자 했다.

더글러스를 과격한 노예 찬성론과 묶으려는 링컨의 노력은 전략적으로 타당한 것이었으며 전국적 관심을 그러모았다. 그러나 지나치게 날카로운 표현을 사용하면서 오히려 자기 자신이 극단론자라는 혐의를 받게 되었다. 그의 지지자들은 '분열된 일가' 연설을 듣고는 즉시 링컨에게 주의를 주었다. 특히 노예제도와 자유는 양립할 수 없다는 그의 주장은 곧바로 노예 폐지론과 연결되었다. 시카고의 한 편집장은 링컨 때문에 마치 공화당이 남부 노예제도에 대해 전쟁을 선포한 것처럼 보인다고 걱정하였을 정도이다. 그러나 그는 자신의 주장을 굽히지 않았고 그럴수록 민주당이 반격할 수 있는 더 많은 빌미를 제공해주는 우를 범하였다. 더글러스도 7월 9일 시카고의 드레몬 하우스에서 가진 첫 번째 연설회에서 이 문제를 놓치지 않고 지적하였다. 바로 뒤 발코니에 링컨을 앉혀놓고 더글러스는 링컨의 대담한 "전쟁" 발언, 즉 "남부 대 북부의 전쟁" 가능성을 언급한 링컨을 신랄히 비판하였다. 더글러스는 이 연설회 내내 이 말을 반복하면서 링컨을 과격한 노예 폐지론자, 급진적 평등주의자, 그리고 "열등한 인종과의 융합"을 통해 "퇴보, 타락, 붕괴"를 꾀하는 인종융합주의자로 몰고 갔다. 이것은 자신이 상원의원 재직 시 저지른 과오로부터 대중의 주의를 돌리기에 더없이 좋은 주제였다.

링컨에게 씌워진 혐의 중 일부는 좀처럼 사라지지 않고 토론회 내내 그를 괴롭혔다. 링컨은 그가 1854년 당시 러브조이 등의 급진론자에게 동조했었다는 더글러스의 주장이 허위임은 쉽게 증명할 수 있었다. 오타와에서 있었던 첫 번째 토론회에서도 그를 북부 일리노이의 노예 폐지론자와 연결시키려는 의도로 더글러스가 던진 일곱 개의 질문을 가볍게 피해간다. 그는 탈주 노예법, 각 주와 콜롬비아 지구에서의 노예 소유자의 권리, 그리고 내부적 노예 거래의 지속에 대한 자신의 지지를 강하게 반복하였다. 그러나 링컨은 '노예제도를 제한하는 것이 어떻게 이 제도의 붕괴를 가져올 수 있는가?'라는 질문에 대해서는 정확히 답변하지 못하였다. 더글러스에게 더욱 강한 공격을 펼칠 수 있는 기회를 넘겨줄 수도 있는 순간이었으나 링컨은 바로 흑인 인구의 이주 계획과 노예제도의 자연발생적 종말에 대한 추가 언급을 통해 반격의 예봉을 가까스로 피하였다. 그러나 링컨에게 더 큰 숙제를 안겨주었던 것은 청중들에게 만연해 있던 인종적 태도에 대해 더글러스가 미치는 강력한 영향력이었다.

흑인이 백인과 동등하다는 그의 신념은 계속 조롱거리로 남아 그의 길을 가로막았다. 1857년 6월 스프링필드에서 더글러스와 대화를 나눈 이후 줄곧 예상하고 있던 대로 더글러스는 일리노이 북부 오타와에서 가진 첫 번째 토론회에서 이 문제를 최우선적으로 파고든다. 대다수가 공화당 지지자인 가운데 자신과 근접한 정치 성향을 가진 청중들 앞에서 링컨은 자신이 "흑인과의 완벽한 사회적 정치적 평등"을 원한다는 더글러스의 주장을 부인하고 "백인과 흑인 사이에는 분명한 신체적 차이점이 존재한다. 그리고 내 생각에는 이 차이점 때문에 아마도 영원히 흑인은 완전히 평등한 지위를 얻지는 못할 것이다. 그리고 차이점이 존재하는 만큼 더글러스 판사뿐만 아니라 나 자신도 내가 속한 인종이 우월적 지위를 누릴 수 있기를 바란다."라고 선언하였다. 그리고 관중의 요란한 환호성을 향해 "그렇더라도 흑인이 독립선언서 안에 열거되어 있는 모든 천부적 권한, 삶과 자유, 그리고 행복 추구의 권리를 누릴 자격이 없는 이유는 세상 천지 어디에서도 찾아볼 수 없다."라고 강변하였다. 한 달 후 일리노이 중동부의 찰스톤에서 열린 두 번째 토론회에서 훨씬 보수적이고 의견이 불분명한 청중들 앞에 선 링컨은 "아마도 영원히"로 시작한 문단에 내포되어 있던 자신의 개방적 입장에 대해 훨씬 더 조심스럽게 접근하며 동등한 권리나 독립선언서와 같은 내용은 일절 언급하지 않은 채 청중이 가볍게 웃어넘길 수 있도록 인종 간 결혼에 대한 편견을 가볍게 건드리는 선에서 자신의 주장을 마무리했다.

그의 말은 그가 아는 한 일리노이의 주류 정치인들이 겉으로는 흑인을 이등급 시민의 지위에 묶어두는 것을 전혀 개의치 않았다는 것으로 해석된다. 오타와 토론회에서 러브조이와 급진적 노예 폐지론자들을 상대로 그는 자신이 흑인의 권리를 부정하지 않으며, 오히려 그들의 권리를 요구한다는 취지의 훨씬 더 과격한 발언을 하였다. 그러나 이와 대조적으로 찰스톤에서는 보수적인 옛 휘그당의 지지자들을 맞이하여 불과 두 달 전 시카고에서 급진적 성향의 청중들을 기쁘게 했던 말들을 전혀 사용하지 않았다. 그 대신 그는 이렇게 선언했다. "이제 우리 모두 이 사람과 저 사람이 어떻고, 이 인종과 저 인종은 어떻고, 저 인종은 열등하니 열등한 지위에 묶어두어야 한다든가 하는 모든 말다툼을 끝냅시다. …… 이 사소한 다툼을 끝내고 다만 모두가 이 땅 위에 살아가는 사람이라는 생각 아래 하나로 뭉칩시다. 그리하여 다시 한 번 일어나 모든 인간은 평등하게 창조되었다는 선언을 할 수 있는 그날이 다시 오도록 노력합시다."

위와 같은 링컨의 인종에 관한 언급은 초기 토론회에서 그가 대체로 방어적 전략을 취하고 있었다는 사실을 감안하여 해석해야 한다. 사실 토론회 초기에는 더글러스가 우위를 선점한 듯 보였다. 오타와의 첫 번째 만남에서 링컨에게도 그를 '배신자이자 모사꾼이며 노예제도를 옹호하는 기만적 선동가'로 몰아붙일 수 있는 기회가 있었으나 그는 이것을 그대로 지나쳤다. 두 번째 토론회는 아군 진영이라고 할 수 있는 프리포트에서 열렸다. 링컨은 이때에는 좀 더 공세적인 자세를 취하며 여러 가지 질문을 던졌다. 그가 "주 헌법 제정 이전에 한 지역의 주민들이 자신의 영토에서 합법적으로 노예제도를 금지할 수 있는 방법이 과연 존재합니까?"라고 질문하자 더글러스는—소위 프리포트 독트린이라 불리게 될—전혀 새로울 것 없는 자신의 주장을 되풀이하며 자신은 이미 인민 주권의 가치를 확인하였을 뿐만 아니라 이 점에서 연방 행정부와도 거리를 두게 되었다는 말로 답변을 대신하였다. 더글러스와 뷰캐넌의 사이는 이미 회복 불가능한 상태로 벌어졌으므로 여기에서 링컨이 노린 것은 아마도 일리노이에 있는 소수의 뷰캐넌 지지 세력, 소위 '단 비밀결사대(Danites)'라 불리던 유권자들을 자신 쪽으로 끌어들이고자함이었을 것이다. 그러나 링컨의 주 목적이 더글러스와 친노예주의적 민주당원을 함께 묶으려 함이었음을 감안해 본다면, 이 질문을 통해 링컨이 얻은 소득은 미미한 것에 불과하였다. 토론회는 싱겁게 끝나버렸고 링컨의 참모들은 더글러스가 우위를 그대로 유지하고 있다는 사실을 크게 우려하였다.

뒤를 이은 두 번의 토론회는 일리노이의 남부 내륙 지방, 일명 '이집트'라고 알려져 있는 존스보로와 찰스톤에서 각각 개최되었으며 링컨은 여기에서도 별다른 성과를 거두지 못하였다. 존스보로에서 그는 소수의 남부 출신 민주당 지지자들과 강한 흑인 혐오증을 보이는 대다수 청중들 앞에서 더글러스의 소위 '프리포트 독트린'을 비판하는 정도로 공세의 강도를 조절하였다. 그리고 찰스톤에서는 더글러스가 비밀리에 노예제도에 대한 캔사스의 표를 취소하려고 작업하였다는 혐의를 증명하는데 주로 치중하였다. 이것은 트럼블에게서 처음 나온 소문으로서 그 증거가 매우 복잡하고 지루하여 전혀 청중의 반응을 이끌어내지 못하였다. 그러나 이 찰스톤의 토론회를 계기로 링컨은 변화된 모습을 보이기 시작하였다. 10월 초에 8일에 걸쳐 진행된 마지막 세 번의 토론회에서 링컨은 더글러스의 공격에 수세직으로 방어하던 자세를 벗어나 급진주의에 관한 논란을 밀어내고 위기에 처한 도덕성에 집중하며 더욱 현란해진 언변을 선보였다. 이제 피곤한 기색이 역력한 더글러스는 양키와 스칸디나비아 출신 노예제도 반대론자들이 우글대는 게일스버그의 토론회에서 녹스대학의 광장에 구름처럼 모여든 청중의 환호에 힘입어 새로이 원기를 회복한 링컨을 마주대하게 된다. 바로 다음 주 일리노이 중부의 퀸시에서도(<일리노이주 저널(Illinois State Journal)>에 의하면 "신선하고, 활력이 넘치며, 생기발랄한") 링컨은 자신만만하게 같은 도덕성에 관한 문제를 제시하지만 다수의 민주당 유권자들은 이를 저지하지 않았다. 마지막 토론회를 위해 미시시피강을 따라 알톤으로 내려간 링컨은 자신의 우위를 탈환하기 위해 이번 토론회가 결코 물러설 수 없는 마지막 기회라는 것을 깨달았다. 남부에 위치하고 있음에도 불구하고 이 도시에는 트럼블을 비롯해 민주당을 탈당한 여러 중견 정치인들과 밀월 관계에 있던 독일계 노예 폐지론자들을 포함하여 상당수 공화당 세력이 형성되어 있었다. 링컨은 이것이 자신의 의견을 광범위하게 전달할 수 있는 마지막 기회라고 생각하고, 가능한 모든 기교를 동원하여 노예제도의 확산을 저지해야 하는 이유를 설명하고 더글러스는 정의와 불의 간의 싸움에 오직 혼란만을 가중시키고 있다고 주장하였다.

    링컨은 게일스버그, 퀸시, 그리고 마직막으로 알톤에 이르기까지 윤리적, 사회적, 정치적 질병인 노예제도의 해악과 그것이 불러온 손실을 자신의 가장 강력한 토론 주제로 활용하였다. 모든 정치적인 이슈 중에서도 공화국의 짧은 역사 속에서 '노예제도 문제는 공화국의 근간을 흔들고, 연방의 해체 위기를 불러일으키며, 우리의 자유가 영원하리라는 믿음을 뒤흔들어 놓은 유일한 정치적 이슈'였다. 만일 정치적 이해관계에 따라 노예제도의 멸망이 예견된다면 백인 자유 시민들도 이 제도의 폐지를 요구하게 될 것이다. 노예제도는 경제적 능력 사회의 적이다. 청중들의 환호에 답하며 링컨은 "흑인을 노예로 부리는 것이 옳으냐, 그르냐 하는 윤리적 측면과 관계없이 그저 나는 우리의 새로운 땅이 백인이……, 정착하여 더 나은 삶의 터전을 만들어 나갈 수 있는 곳으로 남아있기를 희망할 따름이다."라고 덧붙였다. 그는 이것이 노예주에서 경제적 빈곤을 피해 탈출한 이주자를 포함한 모든 미국 원주민뿐만 아니라 한스도, 밥티스트도, 페트릭도, 그리고 전 세계의 모든 백인 자유 시민에게 똑같이 적용되어야 할 특권이며 만일 더글러스의 정책이 허용하는 대로 노예소유주들이 모든 지역을 장악하도록 내버려 둔다면 "앞으로 이들은 어디로 가야할 것인가."라는 질문으로 말을 맺었다.

사실 링컨은 이 문제의 '윤리적 측면'에 대해 깊은 고민을 하고 있었다. 윤리 문제는 1854년 피오리아 연설 이후 줄곧, 그리고 이번 선거 유세 초반부터 언제나 그의 중요한 관심사였으며, 그의 연설이 그토록 강한 호소력을 가질 수 있었던 것도 사회경제적 문제가 아닌 바로 그의 깊은 윤리적 성찰에 그 원인이 있었다. 그는 모든 인간은 피부색에 관계없이 독립선언문에 명시되어 있는 천부 권리를 향유할 자격이 있다는 그의 기본적인 입장을 계속 반복하였다. "나는…'흑인도' 백인만큼 이를 향유할 자격이 있다고 믿는다. …… 스스로의 손으로 얻은 빵은 다른 사람의 허락 없이 당당히 먹을 수 있어야 하며, 이 점에서 흑인은 나나 더글러스 판사, 그리고 다른 모든 이와 동등한 권리를 가졌다." 즉 "백인과 흑인 사이에는 백인이 흑인을 노예로 부리는 것을 정당화할만한 불평등한 조건은 존재하지 않는다." 그는 제퍼슨의 선언은 모든 이에게 적용되는 자유사회의 근본 원칙을 확립하기 위한 것이었으며 우리는 끊임없이 이 원칙을 달성하기 위해 노력해야 한다고 거듭 반복하였다. 링컨은 더글러스와 태니가 최근 이 선언문의 '신성한 원칙'을 원작자, 그리고 헨리 클레이를 포함한 후계자들의 의도에 반하여 재해석하였다며 한탄하였다. 이 문서는 흑인계 미국인은 포함하지 않는다는 것을 강조함으로써 그들이 "흑인의 인간성을 말살하고 인간이라면 마땅히

누려야 할 모든 권리를 박탈"하는 새로운 원칙을 조작해 내었다고 비판하였다.

링컨에 따르면 노예제도를 현재의 경계 속에서 금지하려는 공화당의 정책은 단지 "우리 선조들의 정책"과 그 안에 내포되어 있는 도덕성으로 회귀하는 것일 뿐이다. 건국의 아버지들은 노예제도를 제거할 수 있는 방법을 알지 못했을 뿐 이것이 이토록 오랫동안 지속되리라고 기대하지 않았다. 따라서 이들은 대서양의 노예 무역과 신 영토에서 노예제도를 금지하여 이 제도가 자연 붕괴될 발판을 마련하였다. 공화당도 마찬가지로 '시간이 지나면 이것이 소멸하리라는 희망을 가지고' 이 제도를 다루고자 한다. 따라서 당은 탈주 노예법의 합법성을 존중하고 콜롬비아 특별구 내 노예제도에는 반대하지 않을 것이다. 그렇지만 "이 제도가 확산을 꾀하는 것만큼은 결코 좌시할 수 없다."

그리고 나서 링컨은 공화당의 입장과 대조적인 더글러스의 윤리적 중립주의를 부각시킨다. 치밀한 과정을 거쳐 그는 자유와 노예제도 사이의 갈등에 대한 무관심은 결국 이 고약한 제도가 전혀 부당하지 않다고 인정하는 것과 같다는 사실을 증명한다. "부당한 일이 가결되거나 부결되었는데 상관없다고 말할 수 있는 사람은 없다. 실제로 상관없는 일이 가결되거나 부결되었을 때 사람들은 상관없다는 말을 할 수 있는 것이다. 논리적으로 옳은 일과 그른 일은 항상 선택을 필요로 한다. 혹자는 어떤 지역사회든 노예를 원한다면 이를 가질 권리가 있다고 말할 수도 있다. 다만 이때에도 이것이 부당하지 않다는 전제가 필요하다. 만일 이 일이 부당하다면 자연히 우리는 사람들에게 부당한 일을 할 권리가 있다고 말할 수 없게 되는 것이다." 더글러스의 '상관 말자' 주의는 노예 소유가 말이나 다른 물건을 소유할 때처럼 윤리적으로 거슬림이 없는 일이라는 전제를 깔고 있다. 링컨은 더글러스를 "매우 특이하신 분"이라고 표현하며 "…… 노예제도가 옳다거나 그르다거나 하는 말씀을 결코 안 하신다는 점에서 말이지요. 다른 모든 분들은 어찌 되었든 이쪽이다 저쪽이다 말들이 많으시지만 판사님께서는 정말 아무 말씀도 하지 않으십니다그려."라고 슬쩍 비꼬자 만장에 웃음이 터져 나왔다.

링컨은 더글러스와 그 당의 정책은 노예제도가 절대 부당한 제도가 아니라는 '중립적 입장'을 중심으로 수립된 것이라고 단언하였다. 만일 민주당원들 중에서 노예제도의 정당성을 인정하지 않는 사람들이 있다 하여 당이 노예제도 반대론을 어느 정도 수용하지 않느냐고 생각한다면 이것은 단지 자기기만일 뿐이다. 실제로 당은 어떤 상황에서든 시간과 장소의 부적합성을 빌어 이들의 말문을 막아버릴 수 있기 때문이다. 미주리의 경우에서 보았다시피 점진적 해방 계획이 떠오르기만 하면 민주당은 무효를 부르짖곤 하였다. 더글러스는 퀸시에서 피로감 때문인지는 몰라도 여느 때와 달리 말실수를 하고 만다. 그는 "공화국이 영원히 자유주와 노예주로 나뉜 채 존재할 수는 없을 것이다."라는 발언을 함으로써 링컨에게 두 당의 윤리관이 본질적으로 완전히 다르다고 주장할 수 있는 강한 공격의 빌미를 안겨준다. 실제로 링컨은 평등의 원칙에 따라 이 제도는 어디에서든 허용되어야 마땅하다는 민주당의 논리와 더글러스의 신념은 결국 노예제도의 전국 확산을 불러올 것이라고 주장하였다. 그리고 그가 "더글러스 판사님은 이것을 우리 선조들이 그 아래 바쳤던 토대 위에 세울 수는 없으시겠지만 그 대신 이를 제거하고 조면기(繰綿機) 위에 놓으실 수는 있을 것입니다."라고 덧붙이자 청중들은 모두 웃음을 터뜨렸다.

링컨은 그 다음 일리노이의 유권자들을 향해 그들 앞에 놓인 것은 "노예제도를 부당하다고 생각하는 사람과 그렇지 않은 사람 사이의 선택"임을 분명히 밝힌다. "더글러스는 노예제도와 자유의 갈등 사이에 중간 지대가 존재하는 듯한 환상을 불러일으켜 도덕심에 혼동을 불러온 동시에 우리의 윤리적 잣대도 빼앗아가 버렸다." 더글러스는 공화당이 노예제도를 비판하는 것이 단지 얄팍한 정치적 야심 때문이라고 일축하였으나 링컨은 '삶의 모든 측면에서' 사회를 뒤흔들어 놓을 수 있는 노예제도의 근본적 위험성을 지적하면서 더글러스는 "정치가로서 모든 사람들이 가장 큰 관심을 두고 있는 바로 그 문제에 대해 무관심의 원칙을 고수하며, 제도를 수립하려고 기도함으로써 큰 과오를 저지르고 있다."라고 비난하였다. 진정한 정치가라면 문제를 직시하고 유권자들 앞에 투명한 선택의 기회를 제시해야 할 의무가 있다. 링컨은 알톤의 연설에서 더욱 뛰어난 웅변술을 발휘하여 이 선택의 상황을 간단 명료하게 제시하였다. "진짜 문제는…… 정의와 불의, 이 두 원칙이 영원히 갈등 관계를 벗어나지 못하리라는 사실이다. 이 두 원칙은 이 세상이 창조될 때부터 서로 얼굴을 맞대고 평행선을 달려왔으며 앞으로도 영원히 그럴 것이다. 이중 하나는 평범한 인간의 권리이며 나머지 하나는 고귀한 왕들이 누리던 권리이다." 압제는 여러 가지 상황에서 다양한 가면을 쓰고 나타난다. 때로는 '자국의 국민 위에 군림하며 이들의 노동으로 얻은 과실을 먹고 살아가는 군주의 모습으로' 때로는 '한 인종을 노예로 부리는 다른 인종의 모습으로' 그 실체를 드러내는 것이다. 따라서 무엇이 도덕적 선택인지는 두말할 나위 없이 분명하다.

    10월에 발표된 그의 여러 연설은 정치적 설교문과 같은 성격을 띠고 있다. 신앙 부흥사의 설교에는 항상 시큰둥하였으나 유세 기간 동안 링컨이 보여준 모습은 도덕적으로 신실한 복음교회 목사의 그것과 그리 다르지 않았다. 그는 더글러스의 주도로 탄생한 윤리적 혼돈 상태를 걷어내고자 일화나 농담은 자제한 채 진지하게 청중을 행해 정의와 불의, 옳고 그름 사이에서 선택할 것을 종용하였다. 그는 복음교회의 극단적 독선주의를 경계하면서도 때때로 익살을 가장하여 성서에서 빌려온 용어와 비유 등을 활용(더글러스는 이를 비웃으며 "사탄이 성서에 임하였다."라고 공화당의 논리를 공격하였다.)하여 주로 독립선언문의 원칙이 가진 기독교적 본질을 설파하는데 주력하였다. "나는 구원자께서 어느 인간도 하늘에 계신 아버지만큼 완벽할 수 있다고 생각하지는 않으셨으리라 믿는다. 그럼에도 불구하고 그 분은 '하늘에 계신 너희 아버지가 완벽하시니 너희도 그러하리라.'라고 말씀하셨다. 그 분은 이 말씀을 기준으로 삼으시고 스스로 그 기준과 최고의 완전무결한 도덕성을 성취하기 위해 최선을 다하셨다. 따라서 모든 사람이 평등하게 창조되었다는 원칙과 관련하여 나는 우리도 그 원칙에 가장 가까이 다가갈 수 있도록 최선을 다하자고 말하고 싶다." 선언서의 원칙은 '진실, 정의, 자비와 인도주의, 그리고 기독교적 가치'에서 영감을 받은 것임이 분명하다.

    여기서 링컨은 더글러스가 공화주의의 도덕적 기반을 위협하는 적이라는 신념 아래 분명한 도덕적 선을 그으려고 시도하였던 것 같다. 그리고 아마 정치가는 청중의 태도를 그대로 반영하는 단순한 거울이 아니라는 그의 생각도 일부 작용하였을 것이다. "악마는 토론을 싫어한다."라는 믿음을 바탕으로 링컨은 선거를 통해 노예제도에 대해 집중적인 논의가 이루어지면 그 전에는 한 번도 진지하게 이 문제를 생각해 보지 않았던 수만 명의 사람들도 이 기회를 통해 이 제도의 악마성을 보게 될 것이라고 생각하였다. "스컹크는 스스로를 노출시킴으로써 죽음을 맞는다. 총을 든 사람들이 주변에 서성거리면 스컹크는 대낮에도 헛간 밑 으슥한 곳으로 숨어들게 마련이다." 그러나 사람들의 의식을 두드리는 그의 모든 말들 밑에는 사실 예리한 정치적 실용주의가 깔려있었다. 그가 진보적 도덕성을 주장할 때 그 이면에는 당시 그 수가 현저히 늘어나고 있었으며, 결국에는 이 고약한 제도에 대해 가장 어려운 질문을 던지게 될 것이 자명한 유권자 집단, 즉 독실한 개신교 사이에 그의 말들이 회자될 것을 염두에 둔 정치적 계산이 깔려있었다.

남북전쟁 전 교회는 일리노이주민들의 생활에 커다란 영향력을 드리우고 있었다. 교회는 일관성 없는 한시적 발언을 일삼으며 명확한 경쟁 관계를 구성하지 못했던 정당들에게도 풀뿌리 민주주의 저변 확대의 기회를 제공해 주었다. 그리고 교회의 울타리를 넘어서 다양한 국지적, 전국적 정보 교환의 중요한 경로를 제공해 주었다. 역사학자 린다 에반스가 지적한 대로 1850년대가 되자 주 전 지역이 목사와 전도사, 그리고 예배당으로 넘쳐나게 되자 일리노이의 정치인들과 기타 여론 주도층은 교회를 '대단히 탐나는 상(賞)'으로 간주하기 시작하였다. 당시에 벌써 거의 80만 개에 달하는 시설에서 이보다 훨씬 많은 수의 신도와 '청중'의 욕구에 봉사하고 있었으며, 1860년에는 총 170만 명의 성인 인구 중 대부분이 하나 이상의 교회와 관련이 있었다.

각 교회는 모든 정파를 포용하였으며 같은 신도들 사이에서도 다양한 의견이 상존하였다. 그러나 노예 반대론은 주로 여러 개신교 사이에서 널리 받아들여지고 있었다. 가장 강경한 노예제도 폐지론은 개혁장로교(종교개혁파), 자유의지 침례교, 웨슬리파의 감리교와 같은 소수 종파들, 그중에서 특히 1만여 명에 달하는 조합교회파 신도들 사이에 널리 퍼져있었다. 이들은 그 출신과 외양

에서 '양키' 냄새를 강하게 풍겼으며 주로 북부 지역에 거주하면서 낙관적 천년 왕국 교리를 주창하였다. 이 소수 종파와 더 큰 규모의 온건한 개신교와의 정치적 간극은 1840년대에 들어 더욱 거리가 멀어지면서 일견 극복 불가능한 것으로 보였으나, 그 후 10년 동안 다양한 사건으로 말미암아 점차 그 사이를 좁혀 갔다. 가장 큰 무리를 거느린 세 종파, 즉 감리교, 칼뱅주의의 침례교, 장로교에 속한 온건주의자들조차도 남부 주도로 확산되고 있던 분리주의에 불편한 심경을 드러내었다. 특히 네브래스카 법안의 통과와 그 뒤를 이은 캔사스 소요 사태에 자극받아 각종 회의, 지역 모임, 장로회 및 기타 모든 지역적 종교 모임에서 사람들은 남부의 부당한 공격 행위에 대해 우려하는 말들을 나누고, 결국 좀 더 적극적인 노예제도 폐지론이 필요하다는 결론을 맺곤 하였다. 유테리네리안, 퀘이커, 그리고 그리스도파(켐벨파)신자들은 주로 노예제도 폐지론에 반대한다고 알려져 있으나 다른 종파와 마찬가지로, 특히 중부와 북부 지역에서는 노예제도에 대한 혐오의 감정을 숨기지는 않았다. 노예제도에 대한 부정적 인식은 감독교파와 전통 장로교의 보수적 신도들 사이에서도 널리 퍼져 있었다. 생거먼의 장로교회는 링컨의 독특한 신앙을 포용하며 노예제도를 없앨 수 있는 '현명하고 철저한 수단'을 요구하였다. 이것은 매우 드문 경우로서 노예제도에 대한 부정적 인식이 느리기는 하지만 분명히 거래상, 상인, 변호사, 의사 및 기타 상업과 전문직에 종사하는 스프링필드 장로교 사회의 상류층까지 전달되었음을 보여주는 증거였다.

이와 반대로 주로 사도파, '반선교' 침례교, 주류 감리교파와 침례교의 신자들로 이루어진 교외와 남부 출신 주민들은 자신들의 보수적 관점에 기대어 반대론자들이 천년왕국의 광적인 교리에 미친 양키 개혁주의자일 거라고 의심하였다. 이들 중 가장 '강경한' 부류는 '아무것도 하지 말자'는 원칙을 채택하고 있었으므로 당연히 노예제도에 대한 더글러스의 '상관 말자'는 방법론을 선호하였다. 대부분이 아일랜드 출신인 일리노이의 가톨릭계 주민들도 행동에 적극적인 개신교를 멀리하기는 마찬가지였다. 그러다 북동부 각 주와 유럽에서 개신교의 이민이 크게 늘자 이들은 더욱 방어적 자세를 취하게 된다. 결국 이들을 제외한 노예제도 폐지론자와 이들을 지지하는 복음주의 종파와의 사이는 점점 더 가까워져 간다. 이러한 상황적 변화에 따라 1850년대 제비나 이스트만, 조나단 블렝카드, 오웬 러브조이 및 기타 전 자유당 당원이자 자유 토지론자인 이들의 주도하에 노예제도를 반대하는 공화주의자들과의 연대가 탄생하게 되는 것이다. 이는 이스트만의 폐지론 지인 <프리 웨스트>가 <시카고 트리뷴(Chicago Tribune)>으로 흡수됨으로써 상징화되는 과정이다. 항상 정치적으로 편향되어 있는 일리노이의 폐지론자들은 완벽주의자들과 윌리엄 로이드 개리슨과 다른 급진적인 동부 개혁가들이 주창한 모든 인간의 정부와 이별하기를 원하는 '기독교적 무정부주의'의 교리를 뒤흔드는 것에 지속적으로 저항해 왔다.

일리노이주민들과 평소 많은 교감을 나누던 링컨은 노예 폐지론의 원동력은 주로 개신교 사회에서 비롯된다는 사실을 잘 알고 있었다. 노예 폐지론자들의 윤리적 절대주의를 경계하면서도 링컨은 여전히 주류 교회의 온건파들마저 흥분시킬 만한 용어를 사용하여 그의 주장을 펼쳐나갔다. 그의 연설은 휘그당의 자기개발론의 바탕 위에 제퍼슨주의와 성서의 격언을 교묘히 결합시킨 것으로서 개신교들의 귀에는 달콤한 음악처럼 들렸다. 그들이 속한 교회도 종교 언론뿐만 아니라 정치 언론을 통해 건국의 계몽적 이상주의와 신약의 신학 이론과 결합시킨 성명을 발표한 바 있기 때문이다. 링컨은 유세 기간 내내 이미 이름과 얼굴을 잘 알고 있던 이런 부류의 사람들과 어깨를 마주하고 여러 가지 대화를 나눌 수 있었다. 예를 들어 메릴랜드에서 노예 소유주들을 위한 목사직을 그만두고 도망 나온 존 알렉산더 윈저는 같은 감리교 신자 헨더슨 리치의 소개로 게일스버그에서 링컨을 만나 그와 악수하고 격려하며 신의 가호를 빌어주었다. 링컨을 지지하던 독실한 신자들은 그에게 "좀 더 분명한 언어를 사용하여 …… 정의의 편에 선 것은 당신이며, 더글러스는 틀렸다는 것을 지위나 학력에 관계없이 모든 사람이 보고 느낄 수 있도록 해 달라!", "시대의 기독교적 원칙을 향한 …… 고귀한 사명에 계속 매진해 달라."라고 요청함으로써 그의 유세 방향에 적잖은 영향을 미치기도 하였다. 누군가 지적한 바와 같이 이제 이것은, 천상의 왕국의 부흥이냐 사탄의 왕국의 부흥이냐, 문명의 진보냐 퇴보냐를 결정하는 대결의 장이 되었다. 링컨은 당시의 유권자에 대한 깊은 이해를 바탕으로 도덕성을 최우선 과제로 선택하여 전략을 수립하였던 것이다.

링컨의 정점에 달한 호소력 있는 연설은 공화당의 소생에 결정적 역할을 하였다. 버밀론 카운티의 퀘이커는 링컨이 "한편에는 사탄"을 지니고 있는 적에 대항하여 "진실이라는 영구적이고도 무너뜨릴 수 없는 방벽에 당당하게 올라탔다."라고 즐거워하였다. 퀸시에서 링컨의 연설을 생전 처음 들어본 칼 슐츠는 이 후보의 '진실되며 숭고하고 고귀한 생각과 관대한 연민의 감정이 담긴 목소리'와 간간히 비치는 '고귀한 윤리관'에 완전히 도취되어 더글러스는 "원칙이 없고 무성의하게" 편견에 기대려 했다고 매도하였다. 감리교 신자였던 존 윈저에 따르면 더글러스는 "수단과 방법을 가리지 않고 표를 얻는 것에만 관심이 있는 교활한 정치인"으로 폄하된 반면 링컨은 "솔직함과 진실함, 선량함을 갖춘" 이상적 인물로 비춰지며 "자신에게 주어진 대단히 중요한 명령을 수행하고 있다고 생각하는…… 양심있는 정치인"이라는 평가를 받았다고 한다. 페터스버그의 메너드 카운티에 사는 농부 제임스 마일스는 선거 유세가 막바지로 치달을 무렵 "신께서 나에게 이 두 손을 주셨다. …… 내 입을 부양하라고"라는 링컨의 말을 들었을 때 전기에 감전된 듯한 전율을 느꼈다고 보고하였다. 링컨의 유세장을 따라다니던 〈시카고 프레스 앤 트리뷴(Chicago press and Tribune)〉지의 호레이스 화이트는 "그의 위대한 영혼은 인간의 권리와 신의 정의에 대한 영감으로 충만해 있었다."라고 찬양하였고, 그의 동료인 속기사 로버트 히트는 알톤의 연설이 링컨이 한 가장 뛰어난 연설이라고 칭송하였다. 그 외에도 많은 사람들의 입을 통해 그의 청중의 "감정을 녹이는 비장함"이 알톤뿐만 아니라 다른 여러 곳의 청중들에게 어떠한 반응을 불러 일으켰는지는 이미 우리는 잘 알고 있다.

그렇다면 이러한 모임에 꼬리에 꼬리를 물고 사람들이 몰려든 것은 단지 흥미로운 구경거리를 찾아서가 아니라 여기에 매우 중대한 문제가 달려있었기 때문이었을 것이다. 링컨은 도덕성의 위기를 거론하며 자신과 더글러스 사이에 분명한 선을 그으면서 노예제도가 부당하다고 생각하지 않는 사람은 "모두 우리를 떠나야 할 것"이라고 선언함으로써 양날의 칼을 빼어드는 모험을 한다. 아마 그는 노예제도를 반대하는 민주당원과 리콤프턴 사건 이후 '새로운' 모습으로 단장한 더글러스의 덫에 빠질 것이 뻔한 공화당원을 포함하여 상당한 수의 유권자를 끌어들이려면 극단적 수단이 필요하다고 생각한 것 같다. 그러나 이 전략도 1856년 선거에서 12개 이상의 중부 지역 카운티에서 쓰라린 경험을 맛본 전 휘그당원들에게 다시 확신을 심어줄 수는 없었다. 보수적 성향이 강한 이 지역에서는 링컨의 모든 말이 오직 '분열된 일가' 연설의 메아리처럼 느껴졌을 뿐이다. 이러한 위험성을 인식한 링컨은 전 유세를 통해 노예 폐지론자와 거리를 두려고 노력하고 자신이 남부 지방이나 연방의 통일성에 전혀 위협적 존재가 아님을 강조하였다. 공화당은 남부 각 주의 권리를 존중한다. 그러므로 누구든지 노예제도 보호를 보장한 헌법을 무시할 만큼 참을성이 없는 사람은 "우리를 떠나야 할 것"이며 "전쟁이나 폭력 사태는 없을 것이다."라고 링컨은 선언하였다. 흑인의 평등권을 대하는 링컨의 조심스런 태도와 이에 대한 부정적 발언은 보수적인 부동층 유권자들을 안심시키는 효과는 거두었을지 몰라도 급진적 폐지론자들의 비난을 피해갈 수 없었다. 그렇다고 진보 진영 안에 링컨에게 동조하는 사람이 전혀 없는 것은 아니었다. 일부 진보 인사들은 공화당을 노예제도의 부당성에 대한 인식을 함께하고 만성적 지역 갈등에 종지부를 찍기 위해서 반드시 선거에서 승리해야 한다는 믿음으로 뭉친 광역 기반을 갖춘 포괄적 세력으로 바라보려는 링컨에 시각에 충분히 동의하고 있었다.

링컨의 전략은 결국 가까스로 성공했다. 선거일이 다가오자 그는 선거 결과를 낙관하기 시작했다. 드디어 11월 2일, 투표 결과를 열어보니 실제로 공화당은 더글러스의 민주당을 4,000표 차이로 이긴 것으로 밝혀졌다. 그의 과반수 득표는 1856년 주지사 선거로 얻은 공화당의 입지를 굳건히 하였다. 특히 더글러스가 다시 되찾기를 간절히 원했던 반노예 성향의 전 민주당 지지층에서 당의 기반을 더욱 단단히 다지는 큰 수확을 올렸다. 이 부분에서 링컨은 그의 전 민주당 인사들, 특히 리만 트럼블에게 상당한 빚을 진 셈이었다. 그는 공화당 상원의원으로서 더글러스와 상원에서 대결하느라 상당히 지쳐있었음에도 불구하고 자신의 강력한 추종자들과 일리노이 지역 유지들 사이에 널리 걸친 자신의 인맥, 특히 남부 카운티에 대한 영향력을 활용하여 링컨을 지원하였다. 민주당 탈당 인사들 중 상당수는 과거 휘그당에서 물려받은 노골적 배척주의의 이미지를 벗어나고자 공화당이 열렬히 영입을 원했던 독일이나 스칸디나비아 이민자 출신이었다. 이들의 지지가 간절히 필요하던 공화당 주위원회는 시카고의 독일인 단체와 세인트루이스 근방의 주민들과 대화하기 위해 위스콘신에서 칼 슐츠를 불러들이기도 하였다. 당의 선거 운동 중 간혹 반 가톨릭 정서가 비치는 경우도 있었으나 링컨은 결코 이를 전면에 드러내지 않았으며, 특히 교황에 대한 부정적인 말이나 당시 널리 퍼져있던 반 아일랜드 정서에 편승하는 발언은 적극적으로 피하였다.

그러나 실제로 공화당이 일리노이 정계를 주도하기 위해(북부 주들을 보다 전반적으로 꿰차기 위해서는) 반드시 넘어야 할 산은 바로 정통 휘그당원들이었다. 링컨이 '늙고 고집불통인 실크 스타킹이나 입는 휘그당원'이라고 이름 붙인 이들은 타고난 보수주의자들로서 생거몬과 그 주변 여러 카운티에서 주로 활동하였다. 최상의 조건하에서도 공화당이 이들을 설득하기란 쉽지 않았을 터인데, 불행하게도 강력한 켄터키의 원로 휘그당 상원의원 존 J. 크리텐든이 간섭해왔다. 크리텐든은 당시 헨리 클레이의 정치적 후계자로 불리며 일리노이의 보수층 사이에서 상당한 입지를 확보하고 있었다. 링컨은 사적인 서신 교환을 통해 리콤프턴 법안을 반대함으로써 더글러스의 재당선이 확실시된다고 판단한 크리텐든이 더글러스를 열렬히 지원하고 있다는 사실을 알게 되었다. 링컨의 우려는 선거 막판에 민주당계 언론에서 이 서신의 내용을 대중에 공개하자 원통함으로 바뀌었다. 이 사건의 여파로 링컨의 승리가 예상되었던 스프링필드 근방의 다섯 개 중부 카운티에서 공화당의 주의회 후보들은 미묘한 표 차로 패배하고 말았다.

이 다섯 개 카운티에서의 실패는 커다란 여운을 남겼다. 공화당은 일반 투표에서는 승리하였음에도 불구하고 결국 일리노이 상원과 하원을 합하여 54석 대 46석으로 다수당 자리를 넘겨주게 되었으며, 민주당이 과반을 차지한 주의회는 1월 양원 합동회의에서 더글러스를 다시 한 번 상원의원으로 선출했다. 다시 말해 링컨은 의회 의석의 구식 할당 방식으로 인한 기술적 요인으로 인해 패배한 것이다. 그러나 당과 링컨은 여기서 커다란 교훈을 얻는다. 주도권을 잡기 위해서는 링컨이 "팔자 좋은 고집불통 휘그당원"이라고 부르던 이 부류를 다만 소수라도 반드시 당으로 영입해야 할 필요성이 있었다. 한 운동원은 은유적으로 이 상황을 이렇게 표현하였다. "당이 민주당에서 지난 3년간 뒤꽁무니를 쫓아다니던 전 휘그당의 보수적 인사들을 단속하지 못한다면 우리들은 '활이고 바이올린이고 다 치워야 할지도 모른다."

링컨은 비록 실망했을지언정 오랜 라이벌에게 패배했다는 사실로 인해 무너지기를 거부했다. '흐리고, 비가 오는 음울한' 선거일 저녁 무렵 전보를 통해 민주당이 주의회를 장악했다는 소식을 접한 링컨은 집을 향해 가다 가파른 길에서 발을 헛디뎠다. 그는 후일 이때 자신이 거의 넘어질뻔 하였으나 "몸을 추스르고 불을 켠 뒤 스스로에게 나는 단지 미끄러졌을 뿐 절대 넘어지지 않았다고 다짐하였다."라고 회상하였다. 그는 이날 이후 여러 지지자들에게 위로의 편지를 보내어 같은 뜻의 말을 되풀이한다. "투쟁은 계속되어야만 한다. 우리는 정의의 편에 서 있으니 결코 실패할 수 없다." "시민의 자유라는 사명은 한 번의 패배, 아니 백 번의 패배 앞에서도 절대 저버려서는 안 된다." 그 아무리 교활한 더글러스조차도 "노예제도를 지지하는 동시에 파괴하는 수단을 동시에 제공함으로써" 이번과 같은 승리의 마법을 다시 한 번 부릴 수는 없을 것이다. 그는 "이제 민주주의 정치계에 새로운 '바람이 불어오겠지만' 자신은 곧 시야에서 사라져 잊혀져갈 것"이라고 말하였다. 그러나 그는 노만 쥬드에게 다음 선거에서도 자신이 "끝까지 싸울 것"이라고 말했다.

링컨이 의구심을 가진 것은 이해할만하지만, 우리는 그가 진정으로 자신의 정치적 미래가 불투명하다거나 대중이 그토록 건망증이 심하리라고 생각하지는 않았을 것으로 믿는다. 지난 사오 년을 되돌아 볼 때 그가 확신할 수 있는 단 한 가지 일이 있다면, 그것은 일리노이의 오래된 양당 체제를 뒤흔들어 새로운 정치 질서를 향한 가능성을 열어젖힌 강력한 여론의 소용돌이 속에서 가장 큰 수

확을 얻은 사람은 바로 자신이라는 사실이다. 1854년과 1856년, 그리고 1858년에 걸친 여러 선거 기간 동안 수많은 연설을 통해서 그가 꾸준히 주장해온 노예 반대론은, 이제 대중 깊이 파고들어 공화당에게 옛 휘그당 시절보다 광범위한 지지 기반을 선사하고 전국 무대에서 큰 힘을 발휘할 수 있는 토대를 만들어준다. 새로운 제도적 질서 확립을 추구하며 복음주의교회 여론의 힘을 등에 업고 링컨은 사신의 주장에 조심스럽게 개신교의 천년왕국 교리와 계몽적 합리주의를 혼합시키려는 시도를 한다. 1858년의 토론회가 정점에 달했을 때 링컨의 열정은 결국 시카고나 양키들이 주로 거주하는 지역뿐만 아니라 주 전역에 걸쳐서 노예제도에 반대하는 종교적 정서를 끌어내는 힘을 발휘한다. 그는 비록 선거에서 패배하였지만 도덕성에 호소한 그의 전략은 결코 헛된 것이 아니었다. 공화당이 가진 종교적 도덕성의 힘은 결국 2년이 지나 대통령직을 향한 자물쇠를 푸는 결정적 열쇠가 된다.

Chapter 03

정당의 힘

'대통령 선거의 승리 : 1858~1860'

    1860년 총선이 있던 날 늦은 저녁, 링컨과 몇 명의 친구들은 스프링필드의 전보사무국에 들어가 동부에서 들어올 소식을 기다리고 있었다. 일리노이와 서부의 다른 여러 주에서 공화당이 승리하였음을 이미 듣고 있었던 링컨은 조용히 승리를 자신하였다. 불과 12개월 전만 해도 그는 전국 무대 진출에 있어서 상반된 기록을 가지고 있던 지방의 중견 정치인에 불과하였다. 이러한 경력 때문에 당시에는 그의 백악관 입성 가능성은 고사하고 대통령 후보로서의 자격도 의심하는 사람이 많았다. 그러나 그 뒷면을 자세히 들여다보면 1858년 선거에서 더글러스의 손에 의해 패배의 깊은 수렁에 빠졌던 그가 가장 높은 선출직으로 비상하게 된 데에는 빈틈없는 논리가 작용하고 있음을 알 수 있다. 많은 이들이 그의 성공을 생각지 못했던 결과로 받아들였지만, 이것은 결코 우연이 아니었다.

    남북전쟁 전 링컨의 정치적 성공은 그 자신의 정치적 에너지, 여론의 변화, 그리고 정당 메이커니즘의 세 가지 요소가 상호 작용한 결과이다. 특히 이중 1860년 선거에서 그에게 극적인 성공을 안겨다 준 것은 정당의 활동이었다. 누구나 대통령 후보로 지명받기 위해서는 먼저 공화당 전 조직의 신뢰를 획득해야 하며, 일단 선택된 다음에는 대통령 후보는 당선될 때까지 하나의 선거 운동 조직으로서 당의 헌신에 전적으로 의지해야 한다. 아무도 가르쳐 준 적은 없지만 링컨은 이 점을 너무나도 잘 이해하고 있었다. 그는 당의 도움 없이는 누구도 어떤 자리에도 오를 수 없다는 것을 알고 있었다.

그러나 당시 전국적 차원의 모든 정당들은 현대의 매끄럽게 돌아가는 기계적 조직과는 전혀 다른 상태에 머물러 있었다. 각 당은 잘 조직된 통합적 선거 운동을 벌일 수 있는 내구성, 충분한 자금력, 통합되고 조화된 캠페인을 수행할 수단을 전혀 갖추고 있지 못했다. 링컨이 의지하고 있던 당은 각 주의 지부가 느슨하게 결합된 조합에 가까운 형태로서 각 조직에 대한 전국적 선거 후보와 지도부의 영향력은 오직 미미할 따름이었다. 따라서 한편에서는 탑과 같이 견고한 조직을 갖춘 지부가 있는 반면 다른 한편에서는 서로 다른 개인 및 사상적 입장이 서로 충돌하며 현지 활동에 현저한 어려움을 겪고 있는 경우도 있었다. 그러나 1860년 당시 공화당은 이러한 조직적 결함에도 불구하고 노예제도와 관련하여 민주당과 같은 자기 파괴적 난관에 빠져들지 않았다. 더욱 중요한 사실은 공화당은 전국적 조직의 정비를 위해 반드시 필요로 했던 각 지역 주민들의 열성적 지원을 받을 수 있었다는 것이다. 복음주의적 개신교가 지원하는 천년왕국의 이상에 영향을 받은 당의 철학적 연대와 기독교적 열의는 다른 여느 선거 때와 비교할 수 없이 거대한 에너지를 그러모았다. '정치계의 기독교 정당' 이라는 자체 이미지에 고무된 열정적인 운동원들로 인해 가장 큰 혜택을 입은 것은 바로 이들이 내세운 후보 링컨 자신이었다.

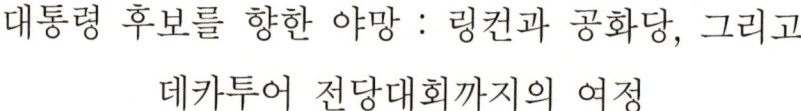

대통령 후보를 향한 야망 : 링컨과 공화당, 그리고 데카투어 전당대회까지의 여정

링컨이 언제 대통령 자리에 도전하기로 결심했는지는 잘 알려진 바 없다. 하원의원으로 재직하던 1848년 그는 '내가 대통령이 된다면'이라는 글을 쓴 적이 있다고 알려져 있으나 사실 이 글의 '내'가 링컨이 아니라 재커리 테일러라는 사실을 뒷받침하는 일련의 서류가 존재한다는 사실이 밝혀졌다. 링컨이 1856년 프레몬트의 러닝메이트로 자신이 거론되며 광범위한 지지를 받았던 사실에 대단히 감명을 받았던 것은 분명하다. 그러나 그의 전국적 지명도에 가장 큰 영향력을 미친 것은 다름 아닌 2년 뒤 더글러스와 가진 토론회였다. 선거 운동 시작 때부터 그는 우울하게 자기 자신과 호사스럽게 꾸민 화려한 적수를 비교하며 "누구도 나를 대통령감으로 생각하지 않을 거야."라는 말을 한 적이 있다. 그러나 〈시카고 트리뷴(Chicago Tribune)〉지의 찰스 H. 레이가 그를 바이런과 비교하며 "하루아침에 유명해졌다."라고 묘사한 지 몇 개월이 지나기도 전에 그는 데이비드 데이비스로부터 그의 "품격 있는 선거 운동"에 감명을 받아 전국 곳곳에 지지자가 생겨났으며 자신이 이제 "전국적 유명인사"가 되었다는 이야기를 전해 들었다. 일리노이 안팎의 여러 신문에서도 그를 상원의원보다 더 높은 자리에 어울리는 사람으로 평가한 기사들을 다루는데, 이중 헨리 빌라드라는 젊은 기자가 링컨과 나눈 대화는 의미심장하다. 링컨은 이 기자에게 "메리는 내가 상원의원도 되고 대통령도 될 거라고 합디다."라고 말하다가 온몸으로 웃음을 터뜨리며 "상상해 보시오. 나 같이 보잘것없는 사람이 대통령이라니요!"라는 말을 했다고 한다. 1858년 제스 펠은 자신의 출신지인 펜실베니아를 포함한 전 동부 지역을 여행하고 돌아와 링컨에게 링컨의 명성이 점차 높아지고 있으며 유력한 대통령 후보로 거론되고 있다고 전하였다. 펠에 따르면 링컨은 현실적으로, 그리고 상식선에서 윌리엄 헨리 시워드나 새먼 포틀랜드 체이스 아니면 다른 전국적으로 비중있는 정치인을 대통령 후보로 거론하면서 "나도 자네가 말한 정도는 느끼고 있고 또 대통령이 되고 싶은 욕심도 있다는 것은 인정하지만……, 그래도 내게 그런 행운이 오겠나."라고 대답하였다고 한다.

링컨은 1859년 내내 이런 겸손한 자세를 유지하였다. 선거의 해가 다가오자 몇몇 일리노이 신문들은 그의 이름을 띄우고 싶어 안달하였다. 그러나 록 아일랜드 〈리지스터(Register)〉지의 편집장이 전국의 공화당 당지를 통해 링컨을 기사로 다루고 싶다고 제안하자 그는 이것을 거절하였다. 그의 지지자들은 이것이 정말로 후보가 되려는 마음이 없어서인지 아니면 때 이른 띄우기에 대한 반격을 우려한 냉철한 정치적 계산에 의한 것인지 판단할 수 없었다. 진실이야 어떻든 링컨은 대통령 후보를 둘러싼 소문이 자신에게 도움이 된다는 것을 발견하였다. 이러한 소문이야말로 일리노이 공화당 내에서 자신의 비중을 확인해 주며 다가올 상원의원 선거에 자신이 당선될 기회를 더욱 높여줄 수 있을 거라고 생각하였다. 그는 이미 리만 트럼불에게 1860년 상원의원 후보 경선에 출마하지는 않겠지만 1864년에는 한 번 도전해 보고 싶다고 이야기해 둔 상태였다.

대통령 선거의 해가 다가오자 링컨은 후보 지명 획득에 도움이 될 수 있는 여러 가지 방법을 동원하는데 정치 역량을 집중했다. 첫 번째로 그는 인맥 확장에 열중하였다. 더글러스와 가진 토론회 이후 유명세를 타게 되면서 그에게는 전 북부 지역에서 수많은 편지와 강연 요청이 쇄도하였다. 그러나 1859년 변호사 사무실의 재정난으로 이중 몇몇 건은 취소할 수밖에 없었다. 아이오아 주에서 온 강연 요청을 거절할 때 그는 "만일 내가 작년처럼 올해도 변호사 사무실의 일을 소홀히 한다면 손가락을 빨아야 할 지경입니다."라고 설명하였다. 그러나 연말이 되어 재정 상태가 호전되자 그는 북부 4,000마일을 여행하며 23회의 강연회를 갖는다. 지난 5년 동안 일리노이주 밖에서 한 연설은 단 3회였으나 불과 수개월이 지나기 전에 그는 아이오와, 캔사스, 위스콘신 등을 돌아다니며 20여 회의 연설을 하였다. 그에게 이 강연 여행은 새로운 지지자를 얻고 더 넓은 정치적 기반을 다지는 기회가 되었다.

링컨의 두 번째 목표는 공화당의 철학적 바탕을 공고히 다지는 동시에 전국 선거에서 승리를 보장할 수 있도록 충분히 광범위한 지지층을 확보하는 것이었다. 이것은 1850년대 공화당 측 언론에서 매우 중요하게 다루었던 주제이기도 하다. 〈뉴욕타임즈(New York Times)〉를 포함한 일부 보수 언론들은 1860년 선거에서 뷰캐넌 행정부를 무너뜨리려면 남부의 소위 불가지론자들을 끌어들일 수 있도록 당의 정책을 확산 금지론에서 인민 주권론으로 바꿔야 한다고 주장하였다. 또 다른 언론들은 대서양의 노예 무역 재개를 반대하는 선으로 노예제도 반대론을 후퇴시켜야 한다고 주장하였다. 당의 입장이 후퇴할 것을 우려한 링컨은 보수적 당원들에게 "지지층을 넓힌다는 미명하에 공화당의 기준을 낮추라는 유혹"에 저항하라고 독려했다. "당은 노예제도 확산 반대를 약속함으로써 힘을 얻었다. '부패한 민주주의의 적인 남부'를 끌어안기 위해 우리의 주장을 후퇴시킨다면 남부로부터는 얻는 것 하나 없이 북부에 있는 모든 것을 잃게 될 것이다."

여기서 링컨은 더글러스와 그의 '교활한' 정책을 주 타도 대상으로 삼는다. 남부의 민주당과 더욱 멀어진 더글러스는 자신이 남부의 과격한 노예 소유주들의 요구, 즉 주정부가 아직 들어서지 않은 지역에서 노예제도를 보장하는 연방 법률 제정 요구를 뿌리쳤다는 사실을 강조하며 공화당원들에게 손을 뻗친다. 그는 1859년 〈하퍼스 매거진(Harper's Magazine)〉에 인민 주권론이야말로 진정한 국가적 원칙임을 주장하는 글을 싣고 확장 저지론과 노예제도 합법화 사이의 광범위한 중도 세력 연대를 꾀한다. 그리고 그의 글은 상당한 파장을 불러일으켰다. 링컨은 놀라는 대신 경계의 고삐를 죄었다. 더글러스가 1858년 가까스로 선거에 이겼을 때 링컨은 이미 트럼블에게 민주당 내 갈등이 지속되면 이에 자극받아 더글러스가 모든 북부인을 상대로 "노예제도의 종말을 가져오려면 자신을 대통령으로 뽑아야 할 것이라는 당위성"을 호소하게 될 수도 있다고 경고한 바 있다. 링컨은 이 일이 전 공화당원의 기개를 시험하는 계기가 될 것임을 알았다. 이번 투쟁은 "공화당이 정체성을 유지할 수 있을 것인지 아니면 산산이 분열되어 더글러스의 뒤꽁무니로 전락할 것인지"를 가늠할 수 있는 기회를 제공해 줄 것이다.

링컨은 더글러스가 진정한 인민 주권론을 하찮은 것으로 전락시켰다고 비난하였다. "이렇게 되면 누가 다른 이를 노예로 삼아도 제삼자나 어느 누구도 반대할 권리가 없어진다." 노예제도의 확산을 저지할 방어막을 없앰으로써 그의 인민 주권론은 서서히, 그리고 꾸준히 여론의 타락을 불러올 것이다. 타락한 여론은 "독립선언문의 고귀한 원칙에서 흑인을 배제시켜 짐승으로 낙인찍고 결국 노예제도를 자유 북부의 가장 깊은 곳까지 불러들일 '채굴자 또는 잠입자'의 역할을 하게 될 것이다." 만일 공화당원들이 이 작은 거인의 뒤를 따른다면 "그를 흡수하기보다는 결국 그에게 흡수되고 말 것이다." 그러나 공화당원의 의무는 "믿음을 가지고 굳건히 정의의 편에 남는 것이다. …… 원칙을 지켜라. 무기를 지켜라. 그러면 반드시 완전하고 영원한 승리를 맞이하게 될 것이다."

링컨은 당에게 1858년 발견한 기개를 다시 한 번 보여 달라고 호소했다. 만일 그들이 그릴리의 잘못된 조언을 따랐다면 "연방 안에 오늘의 공화당은 존재할 수 없었을 것이다." 노예제도 반대론은 깨뜨릴 수 없는 원칙이며, 혼란에 빠진 지도부로 인해 당이 무너지더라도 궁극적으로는 똑같은 진실을 바탕으로 다시 일어서게 될 것이다. "그러나 이러는 동안 한 20년 뒤 우리가 다시 한 번 같은 원칙을 바탕으로 공화당의 기치 아래 완벽한 조화 속에 어깨와 어깨를 마주하고 강건하고 포괄적이며 위력적인 조직으로 다시 태어날 수 있을 때까지 현재의 공화당을 일으킬 때 쏟았던 모든 노력은 사라져버릴 것이다." 링컨의 모든 글 중에서도 이만큼 사회적 변화를 이끌어낼 당의 핵심적 능력과 분열과 타협, 그리고 원칙 위반에 대한 취약성을 가장 정확히 기술해 놓은 글은 없을 것이다.

동시에 링컨은 급진주의 진영의 성급함이 당의 통일성에 위험을 초래하였다고 비난하였다. 가장 큰 증오의 대상이었던 탈주 노예법을 어떻게 다룰 것인가 하는 문제는 특히 큰 논란거리로 떠올랐다. 1850년대 대부분의 자유주에서는 이 법의 무력화 또는 철회를 위한 노력을 기울였으며, 심한 경우에는 무장 저항 사례까지 발생하였다. 위스콘신에서는 급진론자들이 보수적 공화당원들의 저항을 딛고 탈주 노예법을 무력화시킬 수 있는 개인적 자유에 관한 법을 통과시키기도 하였다. 1859년 오하이오에서는 서부 보류지의 일부 주민들이 탈주 노예를 구출하려다 체포되어 감옥에 잡혀들어 가기도 하였다. 곳곳에서 험악한 장면이 연출되었으나 결과적으로 당은 그 토대를 굳건히 다짐으로써 가까스로 분열을 면하고 있을 뿐이었다.

오하이오 사태는 링컨에게 경각심을 불러일으켰다. 사실 그는 이 사태를 매우 명확히 분석하고 있었다. 노예 소유주들은 탈주 노예 소환 권리를 헌법에서 보장받았지만, 연방 헌법은 소환 방법에 대해 전혀 명시하지 않은 채 의회에 정부의 임무 수행에 필요한 모든 법규의 제정 권한을 이양한 상태였다. 그러나 그

가 가장 우려하던 것은 이런 종류의 사건이 당내에 악감정을 발생시켜 걷잡을 수 없는 손실을 불러올 수 있다는 사실이었다. 그는 인디애나의 공화당 의원 슐러 콜팩스에게 공화당원들의 법에 대한 도전이 "의존하는" 것이 "헌법 자체에 대한 적의로서 비춰지며 일리노이인들을 경악케 할 것"이라고 털어놓았다. 또 새먼 P. 체이스에게 보낸 서신에서는 1860년의 공화당 전국 대회에서 철회 제안이 나온나면 "당과 전당대회 전체가 폭발할 것"이라고 걱정하였다.

링컨의 생각에 탈주 노예법으로 인해 당이 직면하게 된 각종 어려움은 그가 콜팩스에게 보낸 서신에서 이미 언급하였던 총체적 위기의 모든 증상과 일치하였다. "각기 다른 지역에서 대중적인 정의를 정강에 반영하고 싶은 유혹이 가장 큰 문제이다. 한쪽에서 인기있는 의견은 그 외의 지역, 특히 전국적 차원에서 커다란 불씨가 될 수도 있다." 캔사스의 경우에서 보듯이 현지인들은 지역적 자유를 추구하는 수단으로서 인민 주권론을 채택하면서 그 속에 내포된 더 큰 위협을 보지 못하였다. 링컨은 이미 당내 불화 요인들을 조정해야 할 필요성을 인정하고 있던 콜팩스에게 연방의회와 각 주의 지도부에 영향력을 발휘하여 전국적 차원에서 생각하고 "적어도 전국적 동의를 얻지 못할 만한 사안에 대해서는 함구하도록" 지도해 줄 것을 당부한다. 동시에 링컨은 일리노이에서 중부와 남부 지역 보수적 인사들과 북부 진보론자들 사이의 불화를 최소화하기 위해 전력을 다했다. 그는 중부 지역의 한 신문 편집장이 선거 승리의 절대적 견인차 역할을 했던 북부 사람들을 비아냥거리며 "과격주의자"와 "흑인 도둑"으로 매도하자 이를 크게 비난한다. "적들이 우리에게 대항하여 사용하게 될 속어를 만들어낼 이유가 무엇이란 말인가?" 공화당원들은 서로에게 "흠집을 내려고 애쓰는 대신 서로 도와야 할 것이다."

모든 공화당원들이 동의하는 한 가지 이슈가 있었다. 그것은 1859년 10월에 강경한 노예 폐지론자 존 브라운의 주도하에 일어난 경악스러우면서도 결국 성과 없이 끝난 노예 반란 사건이 선거에서 당에게 커다란 악재가 되리라는 전망이었다. 브라운이 하퍼페리의 연방 무기고를 어설프게 공격한 사건이 발생하고 공포 분위기가 확산되면서 보수주의자들은 당이 이 노예 폐지론자의 도발적 음모를 후원하였다는 비난을 퍼부었다. 링컨은 보수주의자들의 공격을 "선거를 겨냥한 구실 만들기"라고 일축하였으나 사실 이 주장에 전혀 근거가 없는 것은 아니었다. 일부 공화당원들이 이 계획에 연루되어 있으며 자금을 대주었다는 증거가 발견되었기 때문이다. 게다가 대부분의 공화당원들은 헌법 수호의 보수적 색깔을 표방하기는 하였으나 내심 브라운의 대담무쌍한 행동에 감탄하고 있던 속마음을 완전히 감출 수 없었다. 링컨의 캔사스 연설을 살펴보면 링컨도 이와 비슷한 심정이었음을 알 수 있다. 링컨은 이 연설에서 이 무모한 행동이 두 가지 측면에서 잘못되었다고 지적한다. "이것은 법에 대한 도전이며 이러한 모든 행동은 거대한 불의의 종말을 불러오는데 아무런 도움이 되지 않는다." 헌법은 우리에게 변화의 수단으로 "폭력, 유혈 사태, 반란"이 아닌 투표라는 제도를 정해주었다. …… 그러나 브라운은 "우리와 같이 노예제도의 부당성에 동의하여 뛰어난 용기와 보기드문 자기희생의 모습을 보여주었다." 그럼에도 불구하고 계속 이어지는 당의 보수 세력에 대한 저항과 신랄한 민주당의 공격이 맞물린 상승 효과는 자유주의 당 지지 세력의 유출을 막기에 충분한 효과를 불러일으킨다. 그러나 이 습격 사건으로 남부 국경 근처 지역의 경계가 강화되며 반 뷰캐넌 야당 당원들과의 연대를 도모해 보려던 당의 계획은 물거품으로 돌아간다.

　1859년이 끝나갈 무렵 다른 주의 여러 신문들은 공화당의 대통령 후보로 링컨의 이름을 자주 거론하였다. 펜실베니아와 일리노이가 선거에서 가장 큰 격전지가 될 예정이었으므로 어떤 신문들은 퀘이커주의 사이몬 카메론이나 존 M. 리드를 대통령 후보로, 링컨을 이들의 러닝메이트로 선출해야 한다고 주장하였다. 이에 대해 링컨은 공손히, 그러나 단호한 어조로 "저는 공화당 전국 전당대회에서 공정하게 지명을 받고 난 후에 이 제안을 감사히 받겠습니다. 그러나 그 이전에는 아무런 약속도 할 수 없습니다."라고 응답하였다. 자신이 대통령 후보 지명과 관련된 여러 큰 행사에서 영향력을 발휘할 수 있다는 전제하에 선택의 여지를 열어두는 것은 매우 현명한 선택이었으며 실제로 그는 그럴만한 능력이 있었다. 1859년이 저물어가는 수개월 전부터 공화당 전당대회 때까지 링컨은 자신을 알리기 위해 실로 바쁘게 움직였다.

먼저 그는 더글러스와 1858년 가졌던 토론회 원고를 출판하자는 제의에 기꺼이 동의했다. 1859년의 오하이오 연설문까지 담은 이 소박하지만 충실한 책은 이듬해 봄 출간 후 6월까지 3만 부가 팔려나가고도 수요가 줄지 않아 제3판까지 인쇄하여 출판되었다. 두 번째로 링컨은 펜실베니아의 공화당 당지 〈체스터 카운티 타임즈(Chester County Times)〉지에 간단한 자전적 소개의 글을 싣는다. 이 계획은 제스 펠의 머리에서 나온 것으로 그는 자신의 출신 주 인맥을 이용하여 이 걸출한 일리노이 정치인에게 이 지역 정계의 관심을 돌리고 싶어 하였다. 이 짧은 글은 그의 집안 내력, 소박한 출신, 그리고 정치 경력 등을 약 수백 자로 요약해 소개하고 있다. "별로 내용이 없지요." 그는 펠에게 이렇게 말하였다. "아마 그건 내가 별로 특별할 게 없는 사람이라서 이겠지요." 그는 자신이 직접 글을 쓰지 않았다는 사실에 무척 마음을 썼다. 실제로 이 글을 쓴 사람은 〈체스터 카운티 타임즈〉지의 편집장이었다. 이 간단한 글을 곧 다른 많은 공화당 당지에도 실려 여러 곳에 배포된다.

링컨은 브룩클린의 플리머스 교회 헨리 워드 비처의 초청을 받고 준비한 연설을 통해 더 많은 청중들에게 다가가는 기회를 갖게 되었다. 1860년 2월, 뉴욕에 도착했을 때 링컨은 자료 조사와 연설문 작성, 그리고 세련된 동부 유권자들을 배려하는 마음으로 새로운 양복을 사는데 꼬박 몇 개월을 보낸 뒤였다. 당의 새로이 구성된 위원회에는 호레이스 그릴리, 윌리엄 컬린 브라이언트 등 여러 현지 당 지도부 인사들이 포함되어 있었다. 이들은 링컨을 다른 주에서 온 뛰어난 공화당원의 연설을 듣는 강연회 시리즈 중 하나를 맡기고, 충성스런 공화당 신봉자들을 넘어서 훨씬 더 다양한 청중을 만날 수 있도록 주선하였다. 또한 맨해튼의 쿠퍼 유니온에서의 강연회도 기획되어 있었다. 링컨은 도시에 도착해서야 변화된 청중의 특성을 깨닫고 훨씬 더 가벼운 종교적 성향을 가진 유권자들에게 맞도록 연설문을 수정하는데 첫날을 다 써버린다. 또한 유명한 사진사 매튜 브레이디를 위해 포즈를 취하였는데, 이 사진사는 이 평범한 남자를 잘생긴 신사의 모습으로 변화시키는 뛰어난 기교를 발휘하였다.

그의 연설은 대단한 성공을 거두었다. 링컨의 이름이 이미 널리 알려져 있기는 했으나 대부분의 뉴욕커들이 기대하고 있었던 것은 서부의 거칠고 촌스러운 연사였다. 그러나 비록 외양은 촌스러울지언정 그의 역사적 지식, 뛰어난 정치적 분석력, 확고한 윤리관 등이 담긴 무게감 있는 연설은 청중을 압도하였다. 몇 주에 걸쳐 헌법 기초자들에 대해 힘들여 연구한 결과 그는 "이들이 …… 악마적 제도의 확장을 부정할 토대를 세웠으며" 누구도 노예제도에 대한 연방정부의 권위를 부인할 수 없다고 주장하였다. 이미 확립된 정통성을 부인하는 남부 분리주의자들의 목적에 수단을 제공한 것은 바로 더글러스의 네브래스카법이다. 소위 흑인 옹호자라 불리는 공화당원들은 사실 남부 극단주의자들이 새로 만들어낸 계획에 저항하는 보수적 국수주의자일 따름이다. 이들은 존 브라운 습격 사건에 관여하지도, 이를 조장하지도 않았다. 이것은 "흑인의 동조 없이 백인이 흑인 폭동을 유도하려 했던 얼토당토않은 사건"이었을 뿐이다. 1860년 선거에서 공화당이 승리하면 연방을 탈퇴하겠다고 위협하는 남부인들이야말로 도리어 피해자가 폭력의 원인을 제공했다고 우기는 것과 같은 노상 강도의 냉혹한 논리에 편승한 진짜 분리주의자들이다. 공화당의 의무는 "격정과 성급함"을 억누르고 우리가 그들을 간섭하지 않을 것이라고 남부인들을 설득하면서 분리주의자들의 위협에 굴하지 않고 노예제도 폐지 원칙을 지켜나가는 것이다. 마지막으로 링컨은 절정에 다다른 설교자처럼 외친다. "우리에게 정의는 위대하다는 믿음을 허락하소서. 그리고 이 믿음 속에 마지막 순간까지 우리가 우리에게 주어진 의무를 다할 수 있도록 허락하소서."

이날 강연회에 참가한 청중들의 박수와 웃음소리, 그리고 환호성 등 뜨거운 반응은 〈뉴욕 타임즈〉의 정치면을 통해 그대로 전해진다. 그의 웅변은 이 신문 기사를 통해 "자상하고 호소력 있으며 …… 유쾌하고 감동적"이었다고 소개된다. 기사를 쓴 노아 브룩스는 그의 연설에 완전히 도취된 것 같았다. "그는 사도 바울 이후 가장 위대한 인물이다. …… 이제까지 누구도 첫 방문에서 뉴욕 청중을 이토록 사로잡은 경우는 없었다." 시내 4대 신문들은 일제히 이 연설의 전문을 실었다. 다른 여러 신문에서도 이들을 따라 연설문을 실었으며 곧 소책자로도 만들어져 판매되었다. 이후에도 계속된 링컨의 뉴잉글랜드 여행은 성공적으로 마무리되었다. 링컨은 가는 곳마다 차기 대통령 또는 차기 부통령감이라 소개되며 따뜻한 환영을 받았다. 비록 여행으로 상당히 지치기는 하였으나 링컨은 대통령 후보 자리를 향한 큰 희망을 품고 일리노이로 돌아갔다. 이 여행의 성공은 또한 일리노이 공화당의 지도층 인사들 사이에도 링컨이 단지 '일리노이의 총아' 그 이상이 될 수 있을지 모른다는 극적인 인식의 변화를 불러왔다.

링컨은 일리노이의 공화당에 가장 큰 기대를 걸고 있었다. 따라서 이와 관련하여 그는 한편 열정적으로, 다른 한편으로는 은밀하게 두 가지 목표를 달성하기 위한 작업에 착수하였다. 첫 번째로 그는 창당 이후 일리노이 공화당의 특징이 되어 버린 파벌주의를 극복하는 것이 급선무라고 판단하였다. 공화당은 원

매튜 브레이디가 찍은 링컨의 사진
링컨은 1860년 2월 27일 쿠퍼 유니온 연설 몇 시간 전에 이 사진을 찍었다. 이 사진과 그의 연설은 대중의 마음속에 그를 품위를 갖춘 큰 정치인으로 각인시키는데 커다란 역할을 하였다.

래부터 서로 다른 이상을 가진 여러 집단, 즉 공리주의적 자유 토지론자, 급진적 노예 폐지론자, 외국 이민자 단체, 이민을 배척하는 전 불가지론자, 보수적 휘그

당, 그리고 옛 민주당원 등이 모여 서로 부분적으로 공유하는 공통된 정치 원칙의 철학적 기반 위에 설립된 정치적 연대의 형태로 탄생하였다. 이러한 탄생 배경 속에 자연스럽게 존재하는 개인적 불화, 종교적 적개심, 지역 갈등 등을 파악하고 통제하는 것은 대단히 어려운 일이었다. 이중 특히 두통거리가 되었던 것은 시카고의 공화당 지부를 통제하는 일이었다. 시카고에서는 당시 주상원의원 노만 쥬드와 그의 〈트리뷴(Tribune)〉지, 그리고 시장 존 웬트워스와 그의 추종자, 그리고 그가 소유한 〈데일리 데모크레트(Daily Democrat)〉가 서로 편을 갈라 으르렁대고 있었다. 웬트워스는 쥬드에게 1858년 링컨의 패배에 대한 책임을 지우고 그의 재정적 건전성에 의문을 제기하였다. 복수의 칼을 빼 든 쥬드는 이 부유한 시장을 명예훼손죄로 고소하였다. 선거 준비에는 공화당 내 가장 비중 있는 이 두 정치인의 역할이 필수적이었으므로 이 둘을 반드시 화해시켜야만 했다. 그러나 주지사 윌리엄 H. 비셀은 와병 중이었고 트럼블 상원의원은 전 민주당원인 트리뷴 파벌과 너무 밀착되어 있었으므로 그 역할을 맡기에 적합하지 않다는 것이 문제였다.

마침 양측은 모두 링컨에게 도움을 요청하였다. 링컨은 이 두 사람의 갈등이 전국 선거에서 당을 이끌어야 할 공화당의 능력을 위축시켜 결국 자신에게 불이익을 가져다주리라는 사실을 잘 알고 있었다. 동시에 그는 이 두 파벌 중 어느 쪽도 희생시킬 수 없다는 점도 알고 있었다. 쥬드는 당의 중앙위원회 의장이었으며, 웬트워스 시장의 '효과적인 지원과 협조'는 주 공화당의 지지를 확보하는데 결정적 요소였기 때문이다. 링컨은 기꺼이 중재자 역할을 떠맡았으나 한편 이 일로 자신이 가장 의존해야 할 바로 그 두 사람을 잃게 될 수도 있다고 생각하였다. 그래서 링컨은 명예훼손 소송에서 자신의 편에 서 달라는 웬트워스의 요청을 거절하고, 웬트워스는 자기의 발언에 대한 철회 기사를 싣고, 쥬드는 소송을 취하하는 선에서 타협하도록 제안한다. 그는 공개적으로 쥬드가 당과 자신에게 '진실되고 충실한' 동지라는 사실을 절대적으로 확신하며 모두가 자신의 훌륭하고 진실한 친구들이므로 특별한 후보를 지지할 수는 없다는 내용의 편지를 발표한다. 쿠퍼 유니온으로 강연 여행을 떠난 사이 시장 선거가 치열한 혼전으로 치닫자 링컨은 쥬드에게 전보를 쳐 지원을 부탁하고 쥬드는 마지못해서 〈트리뷴〉지를 이끌고 웬트워스에 대한 지원에 나선다. 결국 웬트워스는 시장으로 당선되고 소송을 취하하였다.

링컨의 두 번째 목표는 당내 갈등 최소화를 바탕으로 전국적 후보 지명전에서 일리노이 공화당의 단합된 지지를 확보할 토대를 마련하는 것이었다. 그는 이 일을 되도록 조용히 진행하고 싶어 하였다. 당 지도부 인사들 중에는 비록 서로 신뢰하지는 못하지만, 그와는 개인적으로 친분이 두텁고 의지할 만한 동지들이 여럿 있었다. 웬트워스는 링컨에게 서로 반목 중인 시카고의 여러 정치인들이 그를 모두 두려워하고 있다는 소식을 전해주었다. 물론 이것은 상당히 과장된 이야기였지만, 링컨은 타고난 직감으로 상당한 위협을 느꼈다. 자기 자신은 주 상임위원회의 위원이 아니었지만, 위원회에는 요직을 차지한 링컨의 동지들이 여러 명 있었다. 이중에는 의장직을 맡은 쥬드와 통신서기직의 펠도 포함되어 있었다. 링컨은 사교 모임을 대단히 싫어했지만 그럼에도 불구하고 도움이 될 만한 정치인들과의 관계를 유지할 정도의 모임에는 여전히 참석하였다. 시간이 지나면서 점차 링컨이, 어느 신문 편집장의 말을 빌자면, "주의 당내 지지표를 공고화하는 작업 중"인 것이 아니냐는 예측이 흘러나오고, 1859년 말이 되자 그는 자신의 후보 지명전 참여 의도를 더는 숨기지 않았다. 그러나 그가 쥬드에게 한 말에서 보듯이 그는 이때에도 여전히 주로 미묘하고 간접적인 표현을 사용하였다. "내 친구들 중에는 나보다 더 전국 전당대회를 일리노이에 유치하는데 큰 의미를 두고 있는 사람들이 있습니다. 어떤 친구들은 이 말을 당신에게 꼭 전하라고 다짐까지 시키더군요."

1860년 1월 쥬드는 전당대회를 시카고에서 개최하도록 공화당 전국 상임위원회를 설득하는데 성공했다. 이 성공에 힘입어 당은 일리노이가 단일 후보 아래 하나로 뭉쳐야 한다는 생각을 품게 되었다. 얼마 후 스프링필드에서는 쥬드 및 기타 주 위회위원들과 잭슨 그림쇼 등 링컨을 지지하는 인물들이 조용한 모임을 갖고 링컨에게 대통령 후보로 그의 이름을 올리겠다고 제안했다. 이에 대해 링컨은 특유의 겸손한 태도로 성공할 수 있을지 확신이 서지 않는다며 생각할 시간을 달라고 대답했다. 다음 날 그는 이 제안을 수락하면서 부통령 후보 대열에는 자신의 이름을 넣지 말아달라고 부탁하였다. 이것은 그의 동지들에게 가장 높은 목표를 향해 전진하도록 독려하려는 빈틈없는 조치였다. 그의 현실 감각은 시카고 전국 대회의 승리를 의심하면서도 이 대회에서 당의 일치된 지지를 이끌어 낸다면 1864년 상원의원 후보 지명전에서 유리한 고지를 점령할 수 있을 것이라고 계산하였다. 2월 초 그가 쥬드에게 설명하였듯이 그는 "나에게는 전국 후보 지명전에서 실패하는 것보다 일리노이 대표들의 지지를 얻지 못하는 것이 더 큰 타격이 될 것입니다."라고 생각하였다.

1월과 2월이 지나면서 링컨은 <시카고 프레스와 트리뷴(Chicago press an Tribune)>의 소유자인 찰스 로이와 조셉 미딜의 언론에 의한 지지를 포함하여 자신의 지지층이 늘어나는 것을 기쁘게 지켜보았다. 그리고 주의 북동부 지역을 방문하면서 더 큰 새로운 희망을 품게 되었다. 헌든에 따르면 링컨은 이 지역에서 돌아왔을 때 "더욱 커진 야심에 더욱 조심스러워져 있었다."라고 한다. 그는 법률사무소 일을 뒤로 미뤄 놓은 채 목표를 수정하는데 열중하였다. 때때로 그는 자신의 자신감을 감추고자 말을 삼가기도 하였으나 리만 트럼불에게는 솔직하게 "벌써 입안에 그 맛이 느껴진다."라고 말하였다. 1840년 휘그당 지명전에서 이미 링컨은 자신의 지치지 않는 에너지와 신중함이 혼합된 특유의 근성을 선보인 바 있다. 잘 돌아가는 기계와 같은 시스템이나 민간 지원금 등이 없던 이 시절 링컨은 자신이 가장 애용하던 수단인 펜에 다시 한 번 의지한다. 그는 주 안팎의 영향력 있는 인사들에게 일리노이 정계의 힘찬 에너지, 더 큰 숲을 바라보는 자신의 안목, 개인적 인맥 등을 피력하는 내용의 비밀 편지와 개인적 서신을 수없이 발송했다. 그에게 가장 큰 도움이 되었던 사람들은 주 중앙상임위원회에 포진해 있던 그의 동지들, 특히 쥬드, 펠, 그림셔, 헌든 등으로서 이들은 결정적으로 5월 9일 데카투어에서 열릴 주 후보 지명전에 가능한 한 많은 친 링컨 인사들이 대표로 참가할 수 있도록 조치하는데 성공하였다. 1859년 여름 이후 당의 입지가 크게 강화되고 1860년 초 현지 공화당 세력과 링컨 지지층이 함께 확장된 데다가 이들의 노력이 맞물리면서 3월과 4월에 열리는 각 카운티의 지명 대회 중 대부분은 결국 이 쿠퍼 유니온의 영웅을 지지했다. 단 북부의 일부 지역에서는 시워드를, 그리고 남부 일부 지역에서는 베이츠의 지지를 천명하였다. 이것은 중앙상임위원회가 전 카운티를 완전히 장악하지 못하였으며 데카투어 지명전에서 각 카운티의 대표들이 각자 원하는 후보를 지지하면서 당의 통일성을 크게 저해할 것이라는 전망을 가능케 하였다.

전국 대회를 일주일 앞둔 시점에 이틀 후에 열릴 주 전당대회에 참석하기 위해 어리 지역의 공화당원들이 속속 일리노이 중부의 작은 마을로 모여들었다. 특별히 제작된 목재 기둥 위에 천막을 걸쳐 만든 대회장 안은 600명의 대표와 2,000명이 넘는 관중으로 빼곡히 들어차 있었다. 링컨이 대통령 후보 지명전에서 광범위한 지지를 원한다는 사실은 이미 알려져 있었으나 그가 '일리노이의 총아'라고는 해도 여전히 당이 주 대표들에게 시카고 대회에서 링컨에게 일치된 지지를 보내라고 지시할 리는 만무한 상황이었다. 그런데 갑자기 예상치 못했던 변화가 발생하였다. 데카투어의 젊은 변호사 리처드 오그레스비가 행사를 압도하며 링컨을 상류 계급과 얼어붙은 사회 질서에 대항하여 투쟁 중인 자수성가한 개척자, 농부와 같이 거친 손을 가진 민주사회 자유 노동자의 대표로 우상화시켜버린 것이다. 대회가 잠시 쉬는 동안 오그레스비는 익살맞은 투로 "이 일리노이의 훌륭한 시민"이 대회장 안에 있음을 선포하고 그에게 연단으로 나올 것을 요청한다. 링컨은 그때 입구 안쪽에 관중과 섞여 있었다. 오그레스비가 그의 이름을 부르자 우레와 같은 박수가 터져 나왔다. 그 자리에 있던 사람의 증언에 따르면 그 다음 사람들은 "버둥거리는 링컨을 머리 위로 들어 올려 무대까지 전달하여 올려 보냈다."라고 한다. 그가 얼굴을 붉히며 무대 위에 올라서자 사람들은 "마치 이제 모자가 더는 필요없다는 듯이 일제히 모자를 위로 던져 그를 환영하였다."

청중들과 대화하며 이 드라마를 이끌어가던 오그레스비는 '민주당의 지난 텃밭'이었던 메이콘 카운티가 특별히 보여줄 것이 있다고 발표하였다. 그러자 링컨의 사촌 존 행크스가 예쁘게 장식된 두 개의 긴 말뚝 위에 현수막을 묶어 들고 무대 위로 올라왔다. 현수막에는 "에이브러햄 링컨, 1860년 말뚝 패는 대통령 후보, 1830년 토마스 행크스와 에이브러햄 링컨이 만든 3,000개의 말뚝 중 하나, 에이브의 아버지는 메이콘 카운티 최초의 개척자였다."라는 글이 쓰여 있었다. 귀가 떨어져 나갈 듯한 환호성이 지나간 뒤 링컨에게 한마디를 요청하는 목소리가 뒤를 이었다. '온몸을 흔들며 웃던' 링컨은 이에 간단히 응답하였다. 그는 30년 전 처음 일리노이에 도착했을 때 실제로 데카투어 근처에서 말뚝을 패고 통나무집을 짓고 살았었음을 시인한다. 이 두 개의 말뚝이 정말 그중의 하나인지 확인할 수는 없지만 "성인이 된 후 쪼갠 말뚝 중에는 이 보다 훨씬 더 나은 것들이 많이 있었다."라고 익살스럽게 덧붙인다.

이 순간 링컨은 순식간에 '말뚝 패는 일꾼'이 되어 있었다. 이것은 이전의 대통령 후보였던 앤드류 잭슨의 강철같은 의지와 결의를 상징하는 '오래된 히코리'나 각각 서부 개척과 정복 전쟁을 이끌었던 강력한 국수주의자 윌리엄 헨리 해리슨과 재커리 테일러를 대표하는 '올드 티피커누(Old Tip)'와 '노련한 지휘관'에 비견할 만한 강력한 이미지였다. 데카투어 대회는 링컨에게 진취적이며 능동적인 서부 노동자의 상징이라는 이미지를 부여하였다. 천재적 발상이었든지 단순한 행운이었든지 오그레스비의 행동은 눈부신 성공을 거두었고, 그의 현재 위치보다 그의 출신에 더 큰 비중을 둔 링컨 신화의 밑거름을 제공해 주었다. 관중들 중 누군가는 나중에 일견 이것이 순간에 도취된 즉흥 드라마처럼 보였을지 몰라도, 사실 자세히 들어다 보면 그 뒤에 고도의 정치적 계산이 깔려있음을 알 수 있을 것이라고 지적하였다. "나는 점차 석연치 않은 냄새가 난다는 생각이 들기 시작했다. 이 모든 것이 링컨을 대통령으로 만들려고 사람들이 교묘히 꾸며낸 일이고 현수막은 앞으로 다가올 '자유 노동 대 노예 노동, 민주주의 대 귀족 정치' 간의 선거 전쟁에서 '전투 깃발'로 사용될 것이란 생각이 들었다."

링컨을 향한 대중의 열렬한 지지를 보여주는 이 놀라운 사건에 고무된 그의 동지들은 다음에 취할 행동에 대해 논의했다. 이들은 전국 대회에서 상당수의 일리노이주 대표들이 시워드를 지지하리란 사실을 알고 있었다. 레오나르드 스웨트는 그 수가 전체 22명의 대표 중 8명 정도 될 것이라고 예상하였다. 주 대회의 두 번째 날, 존 M. 파머는 다른 모든 일을 젖히고 일리노이주 대표들이 시카고에서 링컨의 지명을 이끌어낼 수 있도록 가능한 모든 합법적 수단을 사용할 것이며 "한 몸이 되어 링컨에게 투표할 것"을 결의하자고 제안했다. 예상대로 북부 시워드 지지자들의 반대가 있었으나 그는 일장 연설을 통해 이를 무력화시키고 자신의 제안을 만장일치로 통과시키는데 성공했다. 더욱 주목할 일은 이 대회가 시카고 대회에서 링컨의 실패 가능성을 아예 배제하고자 차선 후보를 지정하지 않겠다는 결의를 채택한 것이었다. 그의 선거 동지들과 당에 대한 그들의 영향력 덕분에 링컨은 자신의 첫 번째 목표, 즉 주 전체의 통일된 지지를 업고 지명전에 나서고자 했던 자신의 뜻을 이룰 수 있었다.

공화당 대통령 후보 지명

공화당은 시카고 대회를 향해 순조로운 첫발을 내디뎠다. 당은 1856년 이후 1858년 정부의 거의 완패에 가까운 선거 결과와 바로 이듬해 이어진 민주당의 패배에 힘입어 지지 기반을 상당히 확대할 수 있었다. 워싱턴에서 활동하는 공화당 대표의 수가 현저히 늘어났다는 사실은 당이 이미 강세를 보이던 지역, 주로 뉴잉글랜드와 그 위 북부 지역에서 더욱 탄탄한 입지를 굳혔으며, 전통적으로 민주당의 텃밭이었던 그 이남 지역으로도 당세를 확장하고 있음을 증명하는 것이었다. 특히 펜실바니아에서는 공화주의 연합체인 민중당이 압도적으로 주의회를 장악하게 되었다. 당 지도부는 만일 당이 1856년 프리몬이 지지표 획득에 실패했던 펜실바니아, 인디애나, 일리노이 및 뉴저지에서 현재의 확장세를 이어갈 수만 있다면 1860년의 승리는 공화당의 것이 되리란 점을 잘 알고 있었다. 이중 앞의 두 주는 10월에 주 선거를 치를 예정이었으며, 그 결과에 따라 공화당은 뒤이은 대통령 선거에서 큰 탄력을 받을 수 있을 것으로 분석되었다.

그리고 4월 찰스톤에서 열린 민주당 전당대회가 비극적인 결과를 낳고 해산되자 공화당은 내심 더욱 쾌재를 부른다. 연방 탈퇴론의 본거지인 이 도시는 아직도 생생히 살아있는 뷰캐넌과 더글러스 간의 갈등으로 생긴 상처를 치유하기에 적당한 장소가 아니었다. 한편에서 남부 권리 옹호론자들은 정부에게 신생 영토 내 노예제도의 보호를 요구하고 더글러스파는 다른 편에서 인민 주권론과 대법원 판결을 두둔하면서 두 사람 사이의 전선은 대회의 연단 위로까지 확장되었다. 결국 이 대회는 반대 의견이 난무하는 가운데 합의된 대통령 후보를 선출하지 못하고 5월 3일 해산되고 말았다.

그러나 공화당의 선거 전략가들은 자만을 경계하였다. 찰스턴 대회가 실패로 돌아갔을지언정 민주당은 결코 만만히 볼 상대가 아니었다. 에드워드 피어스가 지적한 대로 만일 "적당한 기회만 주어진다면 민주당은 화합과 통일을 이룰 역량을 충분히 가지고 있다." 그리고 이렇게 된다면 아마도 더글러스가 민주당을 이끌게 될 가능성이 가장 컸다. 그러나 반대로 만일 민주당이 분열을 극복하지 못한다고 하더라도 여전히 가장 확실한 후보는 더글러스일 것이며, 그와 남부 과격론자 사이의 거리는 북부 지역 유권자들에게 커다란 영향력을 행사하게 될 것이었다. 어떤 경우이든 공화당은 이 작은 거인과 대적하여 위축되지 않을 수 있는 후보자가 필요하였다. 당은 또한 격전지, 또는 불확실 지역으로 예상되는 주에서도 승리를 보장해 줄 수 있는 후보자가 필요하였다. 당의 이러한 방침은 전당대회 불과 일주일 전 옛 휘그당원들과 미국당원들이 모여 새로운 당을 결성하면서 더욱 확고해 진다. 자신들의 모임을 헌정연합당으로 명명한 이들은 경계 주 출신의 존 벨을 대통령 후보로 지정하고 그의 러닝메이트로 에드워드 에버렛을 지정하였다. 비록 이 후보들의 전반적 득표력은 미지수라고 치더라도 북부 아래쪽 최남단에 위치한 여러 자유주의 보수적 유권자들에게 특별한 호소력을 발휘하리라는 것은 충분히 예상할 수 있었다. 게다가 이 지역은 1856년 선거에서 프레몬에 반대한 전력이 있었다.

대회 전날 신문 사설에는 링컨의 이름과 함께 가능성 있는 여러 후보자들의 이름이 열거되었다. <하퍼스 위클리(Haper's Weekly)>는 가능성 있는 다른 10명의 대표들과 더불어 브레디(Bready)가 찍은 그의 초상화를 두 페이지 되는 글에 실었다. 신문은 시워드의 가능성을 가장 높게 보고 경선 선두 주자로서 그의 전국적 지명도에 관해 비중 있는 기사를 실었다. 최근 몇 달 동안 이 뉴욕 상원의원은 자신의 진보적 이미지를 완화함으로써 후보 지명 가능성을 높이기 위해 상당한 노력을 기울여왔다. 사실 시워드는 관념론자라기보다 오히려 그의 노련한 선거 매니저 털로우 위드처럼 철저한 실리주의자에 가까웠다. 당의 중도 진영을 안심시킬 목적으로 그는 2월 말 상원에서 한층 완화된 연방 제도를 제시하며 분리주의와 존 브라운을 함께 부정하는 연설을 발표한다. 그러나 당은 시워드가 남북부 격전지에서 승리할 수 있을지 확신하지 못했다. 이것은 주로 그 지역이 아직도 전 불가지론자들의 강한 영향력 아래 놓여있다는 사실에서 기인하였다. 이민 배척주의자들은 뉴욕주지사 시절 시워드가 교회 산하 종교학교에 정부 기금을 지원해주도록 요청한 로마 가톨릭 교회의 요구에 지지 의사를 표명했었던 사실을 잊지 않고 그에게 앙심을 품고 있었다. 또한 위드가 이끄는 악명 높은 정치 기구와 그의 밀접한 관계도 그의 입지에 큰 타격을 입힐 가능성이 높았다.

시워드의 이러한 약점들은 다른 주요 경쟁자들 특히 새먼 P. 체이스와 에드워드 베이츠, 존 맥린, 그리고 사이먼 캐머론에게 희망을 주었다. 그러나 이들도 각자 시워드에 못지않게 강한 반대론에 노출되어 있었다. 체이스는 자신의 탈주노예법에 대한 견해로 인해 오히려 시워드보다 더 과격한 급진주의자로 알려지면서 격전지에서 승리할 가능성이 낮을 것으로 평가되었다. 또한 자유 거래상이자 외국 이민자의 친구로서 쌓은 그의 명성도 전혀 도움이 되지 않았다. 그리고 지나치게 야심만만하다보니 치밀성도 부족하였고, 자신의 세력도 과대평가하는 경향이 있었다. 사실 그의 출신 주인 오하이오에서조차도 그에 대한 평가는 여러 가지로 분분한 상태였다. 교양 있고 보수적인 전 휘그당 출신 변호사 베이츠는 노예주인 미주리 출신으로 그릴리의 〈트리뷴(Tribune)〉지와 남북부 지역의 여러 책략가들의 지원을 받고 있었으므로 이 지역에서 승산이 있다고 점쳐졌다. 그러나 그의 가장 큰 장점이었던 조건부 연방제론에도 불구하고 이민 배척주의에 대한 공개적 지지와 자신이 살아온 노예주에 대한 유화적 태도, 그리고 때늦은 공화당 입당 등으로 인해 그의 정치적 입지는 상당히 허약한 상태였다. 심지어 서부의 유지들은 "투표하러 가기는 하겠지만 뭣 하러 후보하나 때문에 흑인 천지에 들어가겠나?"라고 퉁명스럽게 비꼬았다.

연방대법원의 맥 밀린 법관은 훨씬 사정이 나았다. 보수적이기는 해도 그의 이름은 이미 1856년 대통령 후보 지명전에서 진지하게 거론된 바 있었으며, 드래드 스콧 사건 심의에서 반대 의견을 내면서 계속 후보 물망에 올라 있었다. 특히 불확실 지역에서 그는 상당히 승산이 있어 보였다. 그러나 75세라는 나이가 걸림돌이 되었다. 급기야 아이오아의 피츠 헨리 워렌은 "공동묘지나 납골당에 들어가기는 싫다."라고 선언하고 "후보는 적어도 응접실에서 식당까지 살아서 걸어 들어갈 수 있는 사람이어야 한다."라고 주장하였다. 캐머론의 강점은 전략적 요충지인 펜실베니아의 연방상원의원이자 부유한 정치 지도자로서 다져온 인맥에 있었다. 그러나 부패와 양심 미달로 얼룩진 그의 명성과 전 민주당원이자 불가지론자였던 경력으로 인해 정통성 문제가 불거지자 그의 출신 주를 제외한 다른 지역에서 표심을 얻는데 실패한다.

이들과 대조적으로 링컨은 당내 주요 이익 집단의 반감을 자극할 가능성이 훨씬 적었다. 중도적 공화주의자로서 그의 이미지는 광범위한 의견을 수렴할 수 있는 여지를 충분히 갖추고 있었다. 당의 보수 진영에서는 클레이파의 원칙에 대한 그의 충성심, 연방에 대한 존경심, 탈주 노예법 및 남부인의 재산권과 관련한 헌법 존중 정신, 도덕률의 거부, 다른 노예 폐지론자들과 달리 남부의 죄인들에 대해 지나치게 엄격한 윤리적 잣대를 들이대지 않는 점 등을 높이 샀으며, 반면 그의 '분열된 일가' 연설과 그 이후의 여러 연설을 통해 구체화된 노예제도에 대한 대항법, 즉 노예제도의 확산을 막고 점차 사라지도록 만들자는 그의 주장은 기딩스를 포함한 진보 진영에도 확신을 심어주었다. 역사학자 에릭 포너가 지적한 대로 그는 정부의 힘을 빌어 직접 노예제도를 공격할 준비는 아직 되어 있지 않았으나 다른 급진론자들처럼 '역사가 자신들의 편이라는 것'은 추호도 의심하지 않았다. 그는 급진주의자들이나 다른 중도파 인사들과 도덕적으로 같은 언어를 사용하였으며 1860년 선거를 통해 당이 보수주의보다는 진보주의적 방향으로 그 중심추를 옮기게 될 것이라고 확신하였다.

링컨은 또한 외국 출신 세력과 배척주의자 사이에서 양쪽이 모두 받아들일 수 있는 입장을 취하고 있었다. 실질적으로나 원칙적으로 당이 북서부에 상당수 포진해 있는 외국태생 유권자들, 특히 독일계 미국인들을 포섭할 필요가 있다는 점에 공감하고 링컨은 1859년 구스타프 코너, 노만 쥬드 및 기타 일리노이 공화당 지도층 인사들과 함께 매사추세츠의 귀화법 비난 대열에 동참하였다. 특히 그는 일리노이 내 〈스타츠 안자이거(Staats-Anzeiger)〉지의 출판인 테오도르 캐니시어스에게 편지를 써 "나는 우리나라의 인간 존중 정신을 받들어 다른 사람을 폄하하려는 모든 시도를 반대합니다. 나는 흑인에 대한 압제를 추호도 인정하지 않습니다. 따라서 만일 내가 단지 어떤 이가 타국에서 태어나 나와 다른 언어를 쓴다는 이유만으로 그 사람에게서 백인이 가진 권리를 빼앗으려는 일에 찬성한다면 일관성없는 이상한 사람이 되겠지요."라는 말을 전한다. 그리고 얼마 지나지 않아 이 신문사가 문을 닫게 되자 링컨은 비밀리에 신문사를 사들이고 공화당을 지지한다는 조건하에 캐니시어스를 편집장으로 임명하였다. 그는 결국 시카고 대회 하루 전날 저녁 기쁜 마음으로 일리노이 안팎의 독일계 미국인 유지들의 지지 의사 표시를 감사히 받아들일 수 있었다. 또한 시워드와 달리 불가지론이 극성을 부리던 1850년대 중반에도 이들에 대한 비판의 감정을 노골적으로 드러내지 않고 처신한 덕에 이민 배척론자들 사이에서도 전혀 원망을 사지 않고 있었다.

링컨은 당이 가장 필요로 하는 신선함과 검증된 능력을 모두 갖추고 있었다. 그는 이미 더글러스와 그의 인민 주권론에 대한 호적수로서 명성을 드높인 바 있으며 동시에 비교적 대중에게 덜 알려져 있었으므로 당이 임의로 당의 '이미지'에 맞추어 그를 말뚝을 패는 서부 개척자이자 청렴한 서민적 인물로 그려낼 수 있었다. 게다가 선거에서 그가 '민중의 손에' 패배한 것은 1832년 주의회 의원석에 도전했을 때뿐이었으며 그 후 1855년과 1858년 선거에서는 자기 희생적 아량으로 상원의원직을 포기했을 뿐 그의 선거 성적이 흠잡을 데 없이 완벽하다는 점도 큰 강점이었다.

링컨은 전국 전당대회 몇 주 전부터 다른 주 대표들에게 좋은 인상을 심어 주기 위해 물밑 작업에 열중하였다. 그와 그의 동지들은 링컨을 단순한 '일리노이의 총아'에서 격전지를 하나로 아우를 수 있는 '시워드 저지 세력'으로 부상시키려면 일리노이 외부의 지원이 필요하다는 것을 깨달았다. 오하이오와 인디애나에서 쏟아져 들어오는 격려 편지를 받아보며 링컨은 조심스럽게 전략을 수립하였다. 3월 말 그는 주변에 "내 이름은 이제 격전장에 나붙었네. 나도 내가 다른 훌륭한 후보들을 젖히고 선택받기 힘들다는 것을 알고 있다네."라고 시인하면서 "그렇다면 우리가 다른 후보들을 공격해서는 안 될 것이네. 대표들이 최선의 선택을 포기할 수밖에 없는 이유를 납득하고 우리에게 다가올 마음이 들도록 그대로 내버려 두는 게 좋을 것이네."라고 자신의 전략을 밝혔다. 그리고 한 달 후 그는 과연 오하이오의 변호사 리처드 M. 콜윈에게 "아마 인디애나와 일리노이를 제외하면 전 지역에서 저에게 호감을 보이고 있고 노골적인 반대 의견은 들어보지 못했습니다."라고 말할 수 있었다. 타 후보들의 약점에 대한 언급을 자제하면서도 그는 이것을 여전히 눈여겨보는 한편 동지들이 시카고에 속속 도착하는 각 지역 대표들과 대화의 기회를 갖도록 기꺼이 허락하였다.

링컨은 대회장에 가고 싶어 온몸이 근질거렸지만 이것이 불필요한 행동이라는 것을 알고 있었다. 그는 대회장에 가지도 집에 있지도 못하는 좌불안석의 상태였다. 그의 운명은 그의 손을 떠났지만 그에게는 믿음직한 대표단이 있었다. 위력적인 데이비드 데이비스의 영도하에 링컨의 오랜 동지이자 정치적 동반자인 쥬드, 파머, 펠, 오쟈스 M. 해치, 제스 K. 두보아, 스웨트, 헌든 등이 합류한 이 대표단은 자신들의 개인적 갈등은 잠시 뒤로 한 채 지난 대엿새 밤낮을 쉼 없이 일하였다. 이들은 시워드가 전체 450여 명의 참석 대표 중 150명 이상의 지지표를 받을 수 있을 것으로 판단하였다. 그러나 이들은 마침내 시워드를 저지하는 선을 넘어서 자신들의 후보를 위한 왕관을 확보하는데 성공했다. 이 눈부신 성공은 일부 예상치 못한 환경 변화에 기인한 것이기도 하였으나 주로 당 지도부가 최선의 선거 논리에 입각하여 최대의 효과를 얻기 위해 합리적인 계산을 한 결과였다.

먼저 전당대회 개최지가 시카고라는 점이 큰 힘이 되었다. 전국 위원회가 지난 12월에 쥬드의 엉큼한 제안에 넘어가 선정한 이 개최지는 시워드나 다른 유력 후보들에게 전혀 유리할 바 없는 중립적 무대를 제공하였다. 기차의 주요 기착지이자 곡물 유통의 중심지로서 한창 발전 중이던 이 신생 도시는 공화당의 중요 텃밭이기도 하였다. 대회가 열리는 일주일 동안 10만여 명의 시민들은 수만 명의 방문객들을 맞이하였다. 링컨의 지지자들은 쥬드의 뛰어난 협상 능력 덕분에 단체 요금으로 페리선을 타고 시카고로 들어올 수 있었다. 이들은 지명 당일 대회를 위해 특별히 제작한 거대한 대회장을 가득 메워 주었다.

두 번째로 링컨 진영에서 채택한 전략은 링컨의 목적과도 완전히 부합하는 것이었다. 데이비스의 팀은 각 주의 대표들과 연달아 회동하면서 타 후보를 비방하는 발언을 의도적으로 피하였다. 단지 자신이 지지하는 후보의 긍정적 측면, 즉 그의 출신, 잠재력, 온건하면서도 확고한 확장 저지 원칙 등을 부각시키려 애썼을 뿐이다. 전하는 바에 따르면 데이비스와 그의 팀은 위와 같은 홍보 전략과 함께 지지 약속의 대가로 정부 요직을 제안했다고 한다. 실제로 첫 번째 투표 후 펜실베니아 대표단과 협상할 때 이러한 대화가 오고갔던 흔적이 발견된다. 캐머론 측이 지지의 대가로 재무부장관직을 요구했을 때 데이비드는 이미 링컨으로부터 "나중에 나를 구속할 수 있는 계약은 안 된다."라는 분명한 지시를 받았던 터라 최대한 불분명한 제안으로 얼버무린다. 그러나 대부분의 경우 링컨 측은 이 같은 뇌물을 사용할 필요가 전혀 없었다. 그저 링컨이야말로 당의 가장 정확한 선택이 될 것이라는 냉정한 선거 논리에 호소하는 것만으로도 충분하였다.

시워드가 격전지에서 사용하기에 너무 위험한 카드라는 주장은 그와의 사이에 감정의 골이 깊던 그릴리와 인디애나의 헨리 S. 레인, 그리고 펜실베니아의 앤드류 G. 커틴이 강하게 들고 나온 것이다. 이 두 주는 아직 공화당 출신 주지사를 배출하지 못한 상태였다. 전 민주당계 인사들도 시워드의 지명을 막기 위해 심혈을 기울였다. 불신의 바이러스는 시워드가 강세를 보이던 뉴잉글랜드 지역 대표들에게도 옮아갔다. 그리고 코네티컷의 기디온 윌레스와 하니발 햄린이 메인의 기간 당원이 시카고에 남북부 지역을 이끌고 갈 수 있는 후보를 점찍어 두었다는 발언을 하자 긴장은 더욱 고조되었다.

시워드가 안 된다면 누구를 선택해야 할 것인가? 급진적 이미지 때문에 불확실 지역에서 불리한 체이스를 제외하고 한동안 베이츠와 맥린이 거론되었으나 곧 링컨의 이름이 함께 거론되기 시작했다. 당시 소속 주의 전폭적인 지지를 받고 있던 후보로는 펜실베니아의 캐머론과 뉴저지의 데이튼, 그리고 일리노이의 링컨이 있었다. 인디애나는 자체 후보를 내지 않았으므로 첫 번째 투표에서 이들의 역할은 매우 중요하였다. 데이비스와 두보아는 인디애나 대표단이 도착한 당일 이들 중 일부와 접촉하고 1848년 휘그당 상원의원으로 재직하던 시절부터 가까운 사이였던 링컨의 인디애나 친구 케일럽 B. 스미스의 도움을 받아 어렵지 않게 지지 약속을 받아낼 수 있었다. 대회 개막 이틀을 앞두고 인디애나 대표단은 첫 번째 투표에서 만장일치로 링컨을 지지하겠다고 선언한다. 인디애나의 표와 일리노이의 표를 합치면 링컨은 베이츠나 맥린보다 득표 수에서 훨씬 앞서 나갈 수 있었다.

데이비스의 전략은 착착 들어맞았다. 스웨트가 나중에 회상하기를 "우리의 계획은 링컨이 첫 번째 투표에서 100표를 먼저 얻고, 그 다음 점차 득표 수를 늘려가는 것이었다. 그래서 우리에게 행운이 돌아올 것이란 분위기가 확산되면 그를 의심하던 표심을 돌려놓을 수 있을 것"이라고 생각했다. 그 다음 단계는 다른 두 예상 격전지에서 지지 약속을 받아내는 것이었다. 투표가 있기 바로 전날 저녁 데이비스, 케일럽 스미스 외 여러 명은 후보에 합의하기 위해 펜실베니아와 뉴저지의 대표들을 만났다. 비록 커틴-맥큐어와 캐머론 간의 파벌 다툼으로 인해 그 다음날 아침까지 결정이 지연되기는 했지만, 이 두 주의 대표단은 결국 냉정하게 시워드를 저지하기로 결정한다. 아마 이때 캐머론의 요구에 대한 링컨 측의 애매모호한 약속이 얼마간 기여했을 수도 있다.

모든 준비가 끝나자 5월 18일 금요일 아침 일리노이 대표단은 위그웜에 함께 모인다. 쥬드와 다른 행사 준비에 관여한 자들은 링컨에게 유리하도록 좌석 배치에까지 신경을 썼다. 그리고 링컨 지지 그룹과 유동적인 유권자들을 격리하였다. 시카고의 에임 박사(그의 목소리는 맑은 날 미시간호를 건너서까지 전달되는 것으로 유명하다.)가 링컨을 위해 연호하도록 배치되었다. 만일 즉흥적 행동이 필요한 순간이 온다면 이들이 큰소리로 링컨을 연호할 수 있도록 배려하는 등 만반의 준비를 갖추었다. 그러나 결과적으로 링컨의 대의명분이 성공의 정점에 오르게 된 것은 조작된 감정의 휩쓸림이 아니라 합리적인 정치 논리가 작용한 결과였다.

첫 번째 투표에서는 예상대로 시워드가 가장 앞서나갔다. 그러나 불길하게도 자신의 텃밭인 뉴잉글랜드 지역의 표를 독식하는 대신 뉴햄프셔를 링컨에게 빼앗기고 말았다. 링컨은 이때 이 지역 외에도 메인, 메사추세츠, 코네티컷의 지지표를 얻었다. 시워드는 또한 노예주에 속하는 버지니아와 켄터키에서도 예상 밖의 졸전을 펼쳐 과반수가 넘는 표를 링컨에게 양보한다. 이 뉴욕 출신 후보는 원래 필요한 수보다 60개가 부족한 총 173과 ½개의 표를 얻었다. 그러나 인디애나와 일리노이의 일치된 지지를 등에 업고 기타 지역에서 선전한 결과 링컨은 총 102개의 득표 수를 기록하며 시워드 저지를 선언한 다른 모든 후보들 카메론(50½), 체이스(49), 베이츠(48), 맥린(12)을 두 배 이상 앞서나갔다. 바로 이어진 두 번째 투표에서도 링컨은 뉴잉글랜드 지역에서 좋은 기록을 거두었다. 버몬트가 그에게 10개의 표를 모두 던지자 시워드 측은 '오르시니 폭탄이 터진 듯' 당황하기 시작했다. 마지막으로 펜실베니아가 캐머론의 이름을 후보자 명단에서 철회하고 모든 표를 링컨에게 몰아주자 상황은 더욱 극적으로 돌변하였다. 링컨은 이때 이미 아이오아와 오하이오의 지지도 확보하고 있었다. 투표가 끝나갈 무렵 시워드는 184과 ½표로 겨우 3과 ½표차로 링컨을 앞서가고 있었으며 체이스와 베이츠는 훨씬 뒤로 뒤쳐져 있었다.

링컨 자신은 그날 아침 일찍 그가 가장 즐겨하는 구기게임인 파이브즈를 한 다음 전보사무국과 자신의 변호사 사무실, 그리고 〈일리노이 스테이트 저널(Illinois State Journal)〉의 건물 사이를 오전 내내 하릴없이 오락가락하였다. 첫 번째와 두 번째 투표가 끝나자 그는 물결이 움직이기 시작하였음을 느낄 수 있었다. 그리고 드디어 세 번째와 마지막 투표 결과가 도착했다. 시워드에 대한 지지세는 꾸준히 이어졌다. 그러나 뉴저지, 펜실베니아, 메릴랜드, 그리고 델라웨어의 보수파들이 링컨을 지지하고 나서면서 그의 득표 수가 233개를 돌파하고 뒤이어 체이스의 오하이오에서 링컨 앞으로 4개의 표를 추가로 던진 후 시워드는 지지자들의 몰표를 받았음에도 불구하고 링컨 앞에 무릎을 꿇고 말았다. 링컨의 지지자들 중 한 사람은 그날 아침 링컨이 "겉으로는 침착한 듯 보였지만 자세히 관찰해 보면 그 밑에 강렬한 감정을 흐르고 있다는 것을 느낄 수 있었다."라고 회상하였다. 그는 싱겁게도 행운을 빌어주는 사람들에게 "명예는 사람의 지위를 격상시키기도 하니" 기회가 있을 때 자신과 악수를 해두라고 농을 걸었다. 그는 집으로 향하면서 "자, 신사 여러분, 우리 집에는 나보다 이 결과를 더 목 놓아 기다리는 소박한 여인이 있답니다."라는 말도 하였다.

시카고의 링컨 지지자들은 그와 달리 북받치는 감정을 자제하지 못했다. 그의 지친 운동원들은 눈물을 펑펑 쏟았다. 아이오아의 찰스 C. 놀스는 환희에 차 찢어질 듯한 목소리로 크게 외쳤다. "우리는 꼭두각시를 조종하는 뉴욕 사람들을 꺾고 이 나라에서 가장 훌륭한 사람을 대통령 후보로 맞이하게 되었습니다. 다 같이 만세를 부릅시다, 만세!" 그러나 대표들이 뒤이어 부통령 후보로 뉴잉글랜드인이며 옛 민주당원인 하니발 햄린을 지명하여 옛 휘그당원이며 서부인인 링컨과 균형을 유지하도록 배려한 사실을 볼 때 이 선택은 감정을 배제하고 선거의 필요성에 맞추어 합리적으로 계산을 한 결과임을 알 수 있다. 미국의 새로운 대중민주주의 정치 체제는 당선 가능성이 높은 또는 유효한 후보에게 프리미엄을 부여하였다. 1840년 이후 모든 대통령 후보 지명전 결과(해리슨, 포크, 테일러, 피어스, 프레몬트 등)를 보면 전국적 입지와 검증된 집행 능력 등이 당선 유효성의 가장 중요한 요인이 되었음을 알 수 있다. 대회 결과는 과거에도 몇 번 그랬던 것처럼 워싱턴 정가를 거의 뒤집어 놓았으나 시카고에서는 시워드가 위험하다는 결론을 내리자 더 추가 논의를 접어 버렸다. 링컨은 급진론자인 에드워드 피어스가 지적한 대로 "시워드나 체이스와 달리 보수 진영의 편견에 시달리지 않을 유일한 후보"였기 때문에 지명된 것이었다.

1860년 대통령 선거 유세 : 정의로운 당의 힘

후보자가 발표된 저녁, 의사당 앞의 집회 이후 그의 집으로 행진해 들어온 수많은 공화당원들에게 링컨은 "이는 단지 일개 시민인 그를 만나기 위해서라기보다 위대한 당을 대리하게 될 일꾼을 찾아온 것이라고 생각한다."라고 말하였다. 이것은 단지 겸손의 말뿐만은 아니었다. 링컨은 11월 선거에서 이날보다 훨씬 더 많은 것을 공화당 조직에 의존해야 함을 너무나 잘 이해하고 있었다. 링컨의 후보 지명 소식이 전해지자 북부 전역의 각 지방에는 자발적인 후원 모임이 수없이 열렸다. 축포가 발사되고 모닥불이 피워지고 불꽃놀이와 북소리가 울려 퍼지는 가운데 현수막이 내걸리고, 교회에서도 종을 울려 축하 분위기는 한껏 부풀어 올랐다. 이렇게 열렬한 시민의 반응은 일견 희망을 약속하는 듯 보였지만 실제로 링컨을 백악관으로 보내기 위해서는 더욱 많은 노력이 필요할 것임은 당연한 일이었다.

우선 무엇보다 지명 대회에서 불거진 당의 갈등을 봉합하고 비록 만장일치로 선출된 후보는 아닐지라도 일단 선택된 후보 뒤에서 당이 일사 분란한 모습을 보여주는 것이 필요하였다. 대회 결과에 격노한 한 뉴잉글랜드 대표는 "당신 시카고 사람들...... 이번에야말로 진정한 정치가가 필요하다는 것을 누구보다 잘 알고 있으면서 결국 말뚝이나 쪼개던 일꾼을 후보로 선출하다니."라고 불평을 터뜨렸다. 사실 이번 대회의 결정을 링컨에게 알리기 위해 스프링필드를 방문한 고위 대표단의 각 임원들 중 링컨을 개인적으로 잘 알고 있는 사람은 거의 없었다. 그러나 이제 이들은 냉소적 태도를 삼간 채 링컨의 자택 응접실에 어색하게 모여 그의 소박한 외양과 겸손한 태도를 눈여겨보며 그에게 앞으로 다가올 힘겨운 싸움을 이겨낼 능력이 있는지 내심 저울질하고 있었다. 그러나 그들의 우려가 무색하게도 잠시 동안의 개인적 대화를 통해서도 이들은 링컨의 깊은 지성과 인격에 깊은 인상을 받았다. 마침내 자리를 떠나며 한 임원은 칼 슐츠에게 "더 훌륭한 후보를 뽑을 수도 있었겠지만 이보다 더 나은 인물은 결코 찾을 수 없었을 것 같군요."라고 말한다.

시카고에서 패배한 다른 후보들은 곧 자신을 추스르고 결과에 승복하는 모습을 보여주었다. 브라우닝의 방문을 받은 직후 베이츠는 비록 공개적인 연설 요청은 거절하였으나 대신("견고하고, 안전하며, 전국적인 인물"인) 링컨에 대한 확고한 지지를 약속하는 공개 서신을 발표한다. 캐머론도 며칠 후 공식적으로 당이 선출한 후보를 지지한다고 발표하였다. 오하이오의 맥린 사단도 곧 지지를 약속하였고, 체이스는 깊은 배신감에도 불구하고 링컨을 비난하는 대신 그를 완전히 신뢰한다고 선언하였다. 시워드 지지자들 중 가장 문제가 되었던 것은 털로우 위드였다. 데이비드는 이 뉴욕 정계의 거장을 설득하여 대회 후 1주일이 지나기 전에 스프링필드를 방문하여 링컨과 만나볼 수 있도록 주선하였다. 링컨은 그가 "나를 전혀 알고 싶어 하지 않으며 단지 나를 만나 가능한 한 대화한다는 모습을 보여주고자 할 뿐"이라는 사실을 이미 전해 듣고 있었다. 마침내 그를 만나 장장 다섯 시간 동안 대화를 나눈 후 위드는 링컨의 뛰어난 정치 감각과 '인간 본성에 대한 깊은 직관력'에 커다란 인상을 받고 떠난다. 한편 시워드 자신은 링컨에게 깊은 신뢰를 갖고 있음을 공식화하고 자신의 동지들에게 실망감을 극복할 때가 되었음을 분명히 알린다. 링컨은 다른 후보들의 잇따른 지지 선언에 대해 자신이 대통령으로서 임명권을 행사하게 된다면 이들과 그 지지자들을 결코 등한시하지 않을 것이라고 밝힘으로써 화답하였다. 데이비스는 링컨을 대신하여 시워드의 최측근에게 후보자로서, 그리고 대통령으로서 링컨이 최선을 다할 것이며 모두를 "한 치의 편차 없이 공평하게" 대할 것이라는 말을 전하였다.

당내 통합의 달성이 선거 승리를 위한 필수불가결한 선제 조건이었다면 두 번째로 공화당은 선거 운동이 상당히 엉성했던 1856년에 비해 훨씬 단합된 유세 활동을 펼쳐야 할 필요성이 있었다. 당 기구의 조직적 통제와 전문적 운동원의 활용을 꺼려했던 옛 휘그당과 달리 공화당은 효율적이고 기계적인 조직 운영의 이점을 잘 이해하고 있었다. 1860년까지 위드와 시워드는 당의 조직을 특히 각 주 차원에서 구상 및 구체화하는 데 큰 공헌을 하였다. 다가올 대통령 선거에서 각종 유세 활동을 통해 잔뼈가 굵은 각 주의 위원회는 가장 핵심적인 역할을 담당할 것이다. 이중 아이오아, 미네소타, 위스콘신, 오하이오, 뉴저지의 경우에는 작년 선거 승리의 결과로 공화당이 주도권을 잡고 있었으나 남부 접경과 서부 저편의 여섯 개 주에는 공화당 조직은 존재하지만 승리의 전망이 아직 불투명한 상태였다. 그리고 11개 다른 주에는 봄 또는 가을에 선거가 예정되어 있었나. 닝컨의 운명은 주로 펜실베니아의 커틴, 일리노이의 예이츠, 인디애나의 레인, 메시추세츠의 존 A. 앤드류스, 그리고 마지막으로 미시간의 오스틴 블레어가 각각 출마한 주지사 선거의 결과에 달려있었다. 이들 여러 주의 역동적인 조직력과 대조적으로 뉴욕의 주지사 에드윈 D. 모르간이 이끌던 전국위원회와 프레스톤 킹이 수장으로 앉은 연방위원회는 연방제의 권력 분산적 당 구조의 각 활동을 통합하고 조정하는 역할을 수행하기에 상당히 취약한 상태였다. 모르간은 선거전을 지휘하기 위해 일곱 명의 위원으로 구성된 '전국 부속위원회'의 회장으로 임명되었으나 자신의 재선 준비에 더 정신이 팔려있었다. 자연히 뉴햄프셔 출신의 예리한 전략가 조지 C. 포그가 위드의 지시를 받아 대부분의 업무를 추진할 수밖에 없었다.

1860년 5월, 시카고 전당대회 직후 공화당 대통령 후보로 확정된 후 찍은 두 장의 사진

조직적 차원에서 당은 상대 당에 비해 여러 가지로 부족한 점이 많았다. 당시 민주당은 우체국을 비롯해 선거 운동에 동력을 제공해 줄 수 있는 기타 여러 가지 연방 관청을 장악하고 있었다. 그러나 공화당의 승리에 대한 전망이 긍정적으로 비춰지면서 한 자리를 노리는 많은 활동가들이 비교적 적은 자금력에도 불구하고 대중의 열의에 힘입어 즉석 이벤트 등을 벌이며 적극적으로 선거 활동에 참여하며 당에 큰 힘을 보태 주었다. 또한 민주당은 분열된 상태로 강행한 6월 전당대회를 통해 '남부' 민주주의의 이전의 동맹에 반하는 더글러스를 후보로 지명하면서 심각한 내부 갈등에 직면했다. 더글러스는 자신의 전통적 텃밭에서 여전히 강력한 조직 장악력을 유지하고 있었으나 남부에서는 법적으로나 행정적으로 깊은 수렁에 휘말려 들어가고 있었다.

링컨은 선거 기간 동안 당의 지침에 따라 연설이나 공개 인터뷰, 또는 서신이나 공개 성명 발표 등을 일체 삼간 채 선거 활동에 직접적인 개입을 피했다. 스프링필드의 의사당 마당에서 열린 공개 모임에 참석했을 때도 연설 요청이 있자 연단에 서기를 거절하고 간단히 손을 흔들어 답례를 대신하였다. 당은 후보자에게 언행을 신중히 하도록 당부하였으며, 조그마한 공개 활동의 기미라도 보이면 노골적으로 불만을 표시하였다. 후보자 수락 연설 때에도 그는 시카고 대회의 강령 선언문 중 "어떤 부분이라도 결코 위반하지도 가벼이 여기지도 않을 것"임을 서약하는 간단한 선언으로 긴 말을 대신하였다. 그럼에도 불구하고 인디애나의 리처드 톰슨은 링컨의 말이 끝나기가 무섭게 "제발 신문에 더는 편지는 쓰지 마시오."라고 서슴없이 당부하기까지 하였다.

물론 링컨은 겉으로 드러나는 것보다 훨씬 깊이 각종 활동에 관여하고 있었다. 1840년 이후 여러 선거에서 천부적인 선거 전략가로서 그리고 걸출한 선거 운동원으로서 적극적으로 활약해온 전력이 있는 그가 전적으로 다른 이들의 손에 자신의 미래를 맡기고 싶지 않았을 것이다. 그는 헌든에게 변호사 사무소를 완전히 맡긴 후 비서 한 명을 데리고 의사당 건물 안에 사무실을 장만하고 입주하였다. 이 사무실에서 그가 오랜 지인들, 그리고 기타 다양한 여러 방문자들과 단순히 의례적인 대화를 나누기만 한 것은 아니었다. 그는 기자들이나 정계의 지인들을 통해 선거 소식을 듣고 신문을 읽거나 신중함을 당부하는 수백 통의 편지를 보내는 등 다양한 활동에 열중하였다. 시워드가 시카고로 가는 도중 스프링필드를 경유하게 되자 당의 통합을 대내외에 과시할 목적으로 철도역으로 그를 마중 나가기도 하였다. 선거 기간 내내 그가 가장 우려하였던 것은 당이 과연 파벌을 극복하고 조직을 최대한 효율적으로 목표를 향해 이끌어 갈 수 있을 것인가 하는 점이었다. 따라서 1858년 선거 이후 더글러스 파가 다수를 차지한 스프링필드와 생거먼몬에서 공화당이 승리하는 것이 반드시 필요하다는 결론을 내렸을 때에는 직접 선거 운동 계획 수립에 참여한다는 방침을 세웠다. 그러나 선거 전략팀이 불과 선거 수일 전까지 시내에서 아무런 조직적 활동을 벌일 계획이 없다는 것을 알게 되자 적극적으로 자신이 직접 세운 부동층 유인책을 추진하기에 이른다.

생거먼은 북부 남단 전 지역에 걸쳐 강한 영향력을 유지하고 있는 옛 휘그당 세력의 요새로서 전체 선거의 판도를 결정할 수 있다는 점에서 전략적으로 매우 중요한 지역이었다. 링컨은 여러 정보원들을 통해 이 지역에서는 더글러스의 민주당보다는 벨과 그가 이끄는 헌정연합당이 공화당에게 더 큰 위협이라는 사실을 들어서 알고 있었다. 그는 민주당이 장악하고 있던 우편망을 피해 데이비스, 스웨트, 쥬드 및 기타 친구들로 이루어진 그의 '공중 비행 중대'와 비서 존 니콜레이를 통해 여러 통의 서신을 발송하여 간접적으로 벨 지지표를 별도로 확보하려는 보수주의자들의 의지를 꺾을 수 있는, 아니면 최소한 이 세력을 약화시킬 수 있는 다양한 공동 노력을 이끌어 내었다. 특히 데이비스는 링컨의 말대로 10월 선거의 승리가 단지 인디애나뿐만 아니라 11월 대통령 선거의 결과를 거의 결정짓게 될 것이라는 점을 인식하고 인디애나를 중심으로 이 부분에 있어서 정력적인 노력을 기울였다. 그는 케일럽 스미스와 다른 여러 인디애나 지도자들과 회동을 갖고 전국위원회로부터 기금을 지원받아 많은 수의 뛰어난 연사들을 불러들였다.

링컨의 은밀한 막후 활동은 그 비중에 있어서 막상막하인 펜실베니아의 10월 선거를 통해서 더욱 빛을 발한다. 이 지역에서는 커틴 대 맥클루어가 오랫안 대립 상태를 유지하고 있었으며, 캐머론 사단이 선거전을 무력화시키겠다고 공공연히 위협을 해오던 지역이다. 캐머론 파는 맥클루어의 주위원회를 자신들 계파에 속한 인물들로 채우려고 시도하였으나 실패하였다. 양측 캠프에서는 링컨에게 수많은 서신을 보내왔으며, 그중에는 맥클루어 측의 재정 비리를 고발하는 내용도 들어있었다. 링컨은 엄정히 중립을 유지하면서 양측에 모두 현재와 미래만을 바라보자고 주문하는 한편 데이비스와 스웨트를 파견하여 사태의 진행 상태를 점검하도록 지시했다. 이들은 꼬박 이틀 동안 맥클루어의 업무 현황을 면밀히 살펴본 후, 주 전역에 2,000개의 지역위원회를 설립하는 성과를 이룩한 조직의 뛰어난 성과에 깊은 인상을 받고 모든 의심이 근거 없는 것이었다는 결론을 내린다. 맥클루어는 이 기회를 통해 링컨이 결코 모든 것을 당연히 받아들이지 않는다는 교훈을 얻게 되며, 이후 두 사람은 상호 신뢰와 존경을 바탕으로 계속적으로 연락을 취하면서 여러 가지 선거 문제들을 논의하는 관계로 발전한다.

"조직을 위해서 지금 위치에서 내가 할 수 있는 일은 모두 할 것이오." 링컨은 매사추세츠주의 연방 상원의원 헨리 윌슨에게 이같이 이야기하면서 "그러나 상황이 그다지 바람직해 보이지는 않는군요."라는 우려의 말을 덧붙였다. 그는 본능적으로 자기 자신의 노력보다는 각종 후보자 후원 모임을 지원하는 당내 각종 위원회의 적극적인 활동에 선거의 승패가 달렸다는 사실을 깨닫고 있었다. 링컨은 당이 번거로운 수고를 해가며 후원회 조직에 발 벗고 나서지는 않을 것이라고 걱정하였으나 이것은 한낱 기우에 지나지 않았다. 5월에 산발적으로 발생하기 시작한 수많은 자생적 후원 모임들은 여름이 다가오면서 처음에는 카운티 수준으로, 그 다음에는 주차원 모임으로 발전해 갔다. 수만 명의 주민들이 이 같은 단체에 몰려들었으며 이들이 기획한 모임이나 퍼레이드, 악대 연주 또는 바비큐 파티 등에 참가하였다. 9월과 10월에는 이곳저곳에서 거의 매일 집회가 열리면서 사람들의 시선을 그러모으고 선거 운동은 바야흐로 그 절정을 행해 치닫는다. 이 같은 각종 행사의 뒤에 공화당 내 수많은 정치 클럽의 폭발적인 조직력이 작용하고 있었음은 두말할 나위 없다. 공화당 내 정치 클럽은 기존의 영역을 벗어나 이제 남북부와 남부 접경 지역으로까지 그 영향력이 확대되고 있었다.

<집에서 기다리는 후보>
링컨(문 앞 오른쪽에 흰색 옷을 입은 사람)이 그를 둘러싼 지지자들 위에 우뚝 솟아 있다. 전국대회를 통해 당은 후보 지명자에게 전 선거 기간 중 침묵할 것을 주문하였다. 그러나 1860년 8월의 이 특별한 날 일리노이의 공화당원들은 스프링필드 시내를 행진하여 환희를 만끽하였다.

그리고 각종 활동을 통해 조성된 선거자금은 주로 가장 치열한 공방전이 예상되는 지역의 공화당 조직으로 수혈되었다. 또한 '각성한 자들'이라고 불리던 열렬한 선거 운동 조직을 지원하는 데도 사용되었는데, 이들은 들고 다니던 횃불의 등유를 막을 수 있도록 특이하게 기름으로 피복한 망토와 모자를 쓰고 마치 군대처럼 시내를 행진하는 모습으로 유명하였다. 링컨도 그 해 초 코네티컷의 하트포드에서 이 특이한 조직과 조우한 경험을 가지고 있었는데, 이 단체는 사실 이 지역의 주지사 선거 운동을 지원하기 위해 처음 조직되면서 유래된 것이었다. 11월이 되자 이 특이한 복장의 조직원들은 공화당의 유세장이라면 어느 곳이나 어김없이 그 모습을 드러냈다. 이들의 모습은 유세장에 단지 흥미와 볼거리를 제공하였을 뿐만 아니라 당의 각종 행사에 실질적인 힘과 패기, 그리고 불패의 분위기를 불어넣어 주었다. 이들의 강한 위력에 당황한 민주당은 자체적으로 이에 대항할 단체를 조직하여 '각성한 자들을 다시 잠재울' 임무를 부여했다. 민주당의 이 대항 단체는 이러한 임무 때문에 브룩클린에서 '마취제'라는 별명을 얻었다.

공화당의 선거 운동 기획자들은 각종 정치 연설 행사를 늘어놓음으로써 대중의 흥을 돋우었다. 홀이나 광장, 또는 강가의 선착장이나 시내에 설치한 모조 대회장에서 공화당원들은 연설을 통해 민중에게 당의 메시지를 전달했다. 연사들 중에는 막강한 핵심 인사들도 끼어 있었는데, 특히 당은 주 또는 전국위원회를 통해 각자 가장 큰 영향력을 발휘할 수 있는 지역으로 이들을 파견하였다. 시워드는 그의 진보적 성향으로 인하여 북서부와 뉴잉글랜드 지역에서 큰 인기를 끌었으며 톰 코윈, 프랭크 블레어, 케일럽 스미스외 기타 보수적 인사들은 인디애나를 중심으로 활동하였다. 체이스는 자유 토지론을 지지하는 미시간주의 공화당 지지자들을 맡았으며 헨리 윌슨은 전직 구두 수선공이자 전 불가지론자라는 특이한 경력 때문에 노동자 계층과 이민 배척론자들을 담당하게 되었다. 슐츠는 독일계 미국 이민들을 대상으로 연설하고 버몬트의 연방상원의원 저스틴 S. 모릴에게는 보호주의자들을 상대하는 역할이 주어졌다.

공화당은 또한 많은 작가와 편집자 군단을 내세워 각종 인쇄물을 쏟아내며 이들을 지원하였다. 세계 어느 나라보다 많은 수의 신문이 발행되던 이 나라에서 공화당이 소유한 신문도 수백 가지에 달하였다. 전국은 지난 대통령 선거 이후 워싱턴의 공화당 연합과 각 지방 언론사에서 쏟아낸 작은 선전 책자와 연설문 등으로 넘쳐나고 있었다. 또한 공화당의 선거 전략가들은 지역 주민의 성향에 맞추어 연설 의제를 설정하는 융통성도 발휘하였다. 일례로 일리노이의 한 운동원은 리처드 예이츠에게 "나는 주 전체를 대상으로 링컨의 연설문에서 문구를 뽑아 글을 편집하는 것보다는 '급진론자' 러브조이의 지난번 연설이 락리버 북부 전 지역에서 가장 잘 먹혀들어갈 것이라고 생각합니다."라며 장난스럽게 "더글러스의 민주당에 대항하려면 미시시피의 상원의원 제프 데이비스의 지난번 연설을 이집트 지역에 배포하는 게 좋을 겁니다."라고 말한 경우도 있었다. 여기에서 엿볼 수 있듯이 1858년에서 1859년 사이 링컨이 한 각종 연설문들은 선거 준비를 위해 널리 회람되고 있었으며, 링컨 자신도 쿠퍼 유니온의 연설문을 준비할 때 출판을 염두에 두고 있었다는 기록이 있다.

링컨과 햄린의 선거 현수막, 1860년
각 후보들의 사진이 들어있는 소박한 타원형의 틀은 링컨의 상징인 울타리와 연결되어 있으며 현수막에는 당의 대표 슬로건인 "자유로운 토지, 자유로운 노동, 자유로운 시민"을 살짝 변형하여 만든 "자유로운 연설, 자유로운 가정, 자유로운 땅"이라는 슬로건이 박혀있다. 또한 정부가 노예제도와 그 영향력에서 완전히 벗어날 때 공업과 농업 육성을 통한 국가의 발전이 가능하리라는 점을 암시하는 당의 공약이 제시되어 있다. 여기에 실린 링컨의 사진은 1858년 찍은 것을 다시 활용한 것으로 추정된다.

　　남북전쟁 이전의 대통령 선거전에서 결코 빠질 수 없는 것이 바로 후보자의 일생에 관한 간단한 전기문이었다. 링컨의 경우에도 지명이 확정된 지 채 몇 주가 지나지 않아 당은 이미 네 가지 다른 양식의 링컨 전기를 완성하였고, 모두 합해 18가지가 출판되었다. 이중에서 개별 인터뷰를 바탕으로 존 록 스크립이 작성한 32페이지짜리 책자가 특히 높은 신뢰도를 인정받고 있다. 존이나 링컨이나 똑같이 대단히 철저하고 성실한 성품을 가지고 있는데다가 링컨의 타고난 겸손함과 맞물려 작업은 대단히 어렵게 진행되었다. 스크립은 링컨을 인터뷰하며 '가난했던 그의 유년 시절과 지극히 현실적이고 소박한 그의 모습'에 깊은 감명을 받았다. 링컨은 그에게 "나의 어린 시절에서 뭔가를 끄집어내려고 한다면 그것은 대단히 어리석은 일이 될 거요. 내 어린 시절은 간단히 줄여 그레이의 비가에 나오는 '가난한 자의 짧고 수수한 일생'이라는 표현과 별반 다르지 않았지요. 이게 바로 내 인생이고 당신이나 다른 어느 누구라도 그 이상은 찾을 수 없을 겁니다."라고 말하였다. 그러나 그의 생각과 달리 당은 이 글에서 충분한 효용을 찾아내었다. 스크립의 글은 〈시카고 프레스 앤 트리뷴(Chicago Press and Tribune)〉과 그릴리의 〈뉴욕 트리뷴(New York Tribune)〉에 실린 후 다시 간단한 팸플릿의 형태로 발행되어 선거일 전까지 100만 부 이상 팔려나갔다.

공화당은 당의 각 조직을 통해 집중적이며 체계적으로 선거 운동을 전개하는 한편 일단의 뛰어난 아이디어를 동원하여 이를 뒷받침할 강력한 정신적 동력을 이끌어 내었다. 다시 말해 당은 시카고 대회에서 채택된 중심 과제, 즉 노예제도 확장 저지 원칙에 다음 세 가지 아이디어를 접목시키는 기교를 발휘했다. 공격적 노예제도의 영향력에 대한 항전을 선언하며 먼저 당은 보수적 입헌론의 휘장을 두르고 노예제도로 인해 위험한 처지에 놓인 공화국 건국의 목적과 이념 수호를 다짐한다. 동시에 노예제도의 격리를 추구하면서 노동의 가치와 민주적 자본주의, 그리고 진취적 경제 활동을 지키는 수호자임을 자처한다. 마지막으로 노예제도를 폐지시킴으로써, 결국 윤리적 죄악을 뿌리 뽑을 수 있다는 희망을 제공함으로써 노예제도를 반대하는 개신교 유권자층을 공략할 수 있는 기반을 마련한다. 지난 세월 동안 링컨이 했던 수많은 명언과 과거 경력은 당에게 이 주제를 채울 충분한 재료를 제공해 주었다.

첫 번째로 '노예제도의 영향력'에 대해 시카고 강령의 정책은 근본적으로 진보적 원칙을 채택하였다. 인민 주권을 부인하고 적법 절차 조항의 요구 사항, 즉 신 영토 내에서 노예제도를 법적으로 금지시켜야 할 연방정부의 헌법상 의무를 강조하였다. 당의 각 대표들은 기딩스의 중재로 1856년 논란을 불러일으켰던 과격한 문구를 버리고 그 대신 독립선언문의 평등주의 원칙을 내세우기로 합의하였다. 대회가 해산되면서 슐츠 같은 급진론자들은 자신들이 얻은 성과에 뿌듯해하며 시카고를 떠났다. 그러나 반대로 당은 합의된 원칙을 바탕으로 보수주의자들이나 전통주의자들에 대해서도 건국 이념의 수호자임을 표방하며 지지를 호소할 수 있는 유리한 고지를 확보할 수 있었다. 즉, 공화당은 급진적 혁신보다는 전통으로의 회귀를 추구한다는 것이다. 당은 국가의 공화주의적 뿌리로 완전히 돌아가 노예제도를 서부 지역으로 확대하고 대서양 노예 무역을 부활시켜 캐리비안 해역에 새로운 왕국을 건설하려고 꾀하는 파벌적 '노예 귀족'들의 손에서 권력의 지렛대를 떼어 놓는데 전력할 것이다. 그러나 남부인들의 헌법상 권리를 존중하는 차원에서 각자의 영토 내에서 제도를 제정하고 통제할 수 있는 각 주의 고유 권리를 침범하지 않을 것이라는 점을 강조하며 암묵적으로 존 브라운 사건과의 연관성을 부인하였다. 그러나 여전히 노예제도의 확산을 막는 일은 공화국의 근본으로 돌아가는 것을 의미할 뿐이며, 진정한 극단주의자들은 바로 노예제도를 연방법을 통해 합법화하고자 요구하는 무리들이라고 주장하였다. 뉴욕 주지사 모르간과 전국 위원회의 표현을 빌자면 공화당의 주요 전략은 자신들만이 "사악한 친 노예 세력의 뻔뻔하고 난폭한 요구"에 맞설 역량이 있다는 것을 대중 앞에 확실히 보여준다는 것이었다.

당이 이렇게 중도적이고 한편 보수적이기까지 한 입장을 취하게 된 데는 공화당이 '분열된 일가' 연설에서 보듯이 연방을 토막토막 분열시킬 것이라고 매도하고 있던 벨 에버렛과 더글러스의 민주당 세력에 대응할 목적이 가장 컸다. 노예 해방론자인 링컨이 당선되면 유혈 충돌이 일어날 것이라는 남부 일부 탈퇴론자들의 섬뜩한 위협은 공화당에게 그다지 심각한 문제가 아니었다. 그러나 연방을 지지하는 남북부 지역의 보수주의 세력이 선거에 미칠 영향은 거의 절대적이었다. 따라서 당은 노예제도를 혐오하면서도 노예제도 반대론자들도 경원시하는 까다로운 유권자들을 유인하기로 결정하였다. 자신과 링컨을 헨리 클레이의 후계자로 내세우며 공화당의 연사들은 시카고 대회의 강령 선언이 오래된 '애국적' 휘그당의 정신을 승계한 것이며 링컨을 '진정한 보수주의자'라고 치켜세웠다. 링컨에게도 여러 차례 대중의 우려를 가라앉힐 수 있도록 연설을 해달라는 요청이 들어왔지만, 그는 그대로 침묵을 유지하였다. 그는 이미 지난 10년 동안 민주당과 남부인이 흑인을 배제하도록 독립선언문을 재해석하고 건국의 이념을 '거부하고 조롱함'으로써 스스로 헌법을 파괴해왔다는 점을 설파하는 충분한 노력을 기울였으며, 이성적인 사람이라면 누구라도 자신의 지난 연설을 통해 자신의 주장을 충분히 이해하였을 것이라고 자신하였다. 그의 분열된 '일가 연설'은 노예제도의 전국적 확산을 꾀하는 새로운 극단주의에 대한 경고의 말이기도 하였다. 좀 더 최근으로 거슬러 올라가 유명한 그의 쿠퍼 유니온 연설 속에도 공화당의 보수주의적 관점의 핵심적 내용이 그대로 녹아있다고 말할 수 있었다.

두 번째로 당은 노예 노동력의 확산 금지를 약속하면서 국가 경제 구조의 현대화 계획을 구체화하였다. 그리고 당의 신뢰성을 더할 수 있도록 몇 가지 실질적인 정책을 제안하였다. 당은 우선 북서부 농부들과 곡물 수입업자들의 이해관계를 고려하여 하천과 항구 개발, 태평양 연안까지 철도를 연결하는 사업을 추진하기로 공약하였다. 이 계층의 유권자들은 1860년 초 이와 비슷한 법안에 대한 뷰캐넌의 의안 거부권 행사로 큰 실망감을 맞본 적이 있었다. 그리고 자유 농토의 제공을 보장함으로써 옛 휘그당에서 등한시되었던 원주민과 외국 이민자 노동계층 사이에서 신뢰성을 구축하고자 시도하였다. 일부 서부 지역에서는 1857년 대공황 이후 여러 가지 문제가 불거졌지만 특히 수천 명의 농민들이 선매수권 법안으로 인해 토지를 판매하거나 유질 처분하는데 어려움을 겪게 되면서 '자작 농장 문제'가 가장 큰 이슈로 떠오른 상태였다. 설상가상으로 1860년 뷰캐넌 대통령은 이미 약해질 대로 약해진 가산압류 면제법에 대해 거부권을 행사함으로써 사실상 서부 지역 민주당의 숨통을 끊어버렸다. "에이브러햄 링컨이라면 과연 이러한 법안에 거부권을 행사했을까요?" 링컨이 휘그당 시절부터 당의 정책에 반하여 가산압류 면제에 대해 동정적이었던 점을 언급하며 그릴리는 자신만만하게 유권자들을 향해 질문을 던졌다.

한편 시카고 대회 당시 의결위원회에서 관세법안이 제시되자 펜실베니아 대표들은 다른 어느 누구보다 열렬히 환영 의사를 표시하였다. 보호주의는 정치적으로 폭발적인 힘을 가진 이슈였다. 링컨 자신도 잘 알고 있다시피 국내 제조업을 보호하기 위한 옛 휘그당의 고관세 정책은, 특히 키스톤 스테이트란 애칭으로 불리던 펜실베니아주의 산업에 가장 큰 혜택을 가져다 줄 수 있었으며, 이 공약 없이는 이 지역 선거에서 승리할 가능성이 매우 희박하였다. 그러나 펜실베니아를 제외한 대부분의 서부 및 동부 지역 관계자들은 수입 원자재와 제조

상품에 고관세를 물린다는 생각을 별로 탐탁히 여기지 않았다. 결국 이 공약은 구체적 내용은 생략한 채 가능성만을 열어두는 정도에서 마무리되었다. 그러나 이 법안은 공화당과 민주당 사이에 존재하는 경제 정책의 차이점을 충분히 부각시키는 한편 펜실베니아뿐만 아니라 선거에서 중요한 위치를 차지하는 북서부 전역의 보호주의자들로부터 열렬한 지지를 확보하는 성과를 불러들였다. 공화당 선거 전략가들은 링컨을 "관세를 지지하는 정통 클레이파"로 규정하고 민주당이 상원에서 저스틴 모릴이 제출한 관세법을 어설프게 저지하려 했던 사실을 폭로한다. 펜실베니아의 민주당은 당의 어처구니없는 자충수에 충격을 받아 공황 상태로 빠져들고 공업 지역에 위치한 전 민주당원들은 더글러스에게 "흑인 문제는 언급할 새도 없이 모든 것이 관세 문제로 집중되고 있다."라며 강한 불만을 표시했다.

개발 계획, 자작 농장 제공, 관세법안 등의 공약을 통해 공화당은 옛 휘그당을 지지해오던 중산층을 넘어서 노동자 계층의 유권자에게까지 영향력을 확대했다. 그러나 여기서 우리는 무엇보다 당이 노예제도의 확산을 저지할 수단으로서 경제 발전, 사회적 기회의 보장, 능력 사회를 구현하기 위한 헌신을 약속했다는 점에 주목해야 한다. 노예제도는 이와 반대로 인류의 기술적, 과학적, 지적 전진을 발목잡는 지난 시대의 유물인 고정된 사회 계급을 대변하고 있었다. 시워드가 언급한 "피할 수 없는 갈등"이란 인종 간 갈등이 아닌 남부와 북부 사이에 존재하는 계층간 반목 상태를 지목한 것이었다. "여기에서 인종은 전혀 문제가 되지 않는다. 이것은 단지 귀족주의와 민주주의 사이의 영원한 문제일 뿐이다." 독일계 노동자 계층을 향한 슐츠의 연설을 포함하여 수많은 다른 연설에서도 이와 비슷하게 두 가지 상이한 노동 체제 사이의 양립 불가능한 가치의 차이점이 지적되었다.

링컨 자신도 지난 시간 동안 좀 더 광범위한 관점에서 다양한 주장을 조화시키는 노력을 기울여 왔다. 1858년 토론회에서 링컨은 노예제도가 백인 노동자 계급에 미치는 영향을 그다지 눈여겨보지 않았다. 그러나 1859년과 1860년 그가 발표한 연설을 보면 그가 이 문제에 깊은 주의를 기울이기 시작했다는 표시들을 찾아볼 수 있다. 그의 유명한 연설 중 하나인 신시내티의 연설문을 통해 그는 '노동 가치 이론'을 빌어 노동과 자본 사이의 관계를 설명하려고 시도하였다. 노동은 인간 활동의 주 동력이며 이를 통해 근면하고 성실하며 정직한 사람이 부를 축적한다. 자본이 쌓이면 노동자는 토지나 일터가 필요한 타인을 고용할 여력이 생긴다. 이렇게 고용된 인력도 영원히 의존적 상태에 속박되지 않으며 국가 전체 노동력의 일부를 차지할 뿐이다. 이들은 링컨 자신이 젊은 시절 그랬듯이 희망, 기회, 그리고 자기개발의 의미를 잘 알고 있다. 그러나 노예가 아는 것은 채찍과 끝없는 절망뿐이다. 이런 이유로 인하여 "스스로 땀 흘려 일하는 일터 근처에 노예제도가 들어오면 대부분의 백인 노동자들은 피해를 보게 되는 것이다." 몇 달 후 동부에 머무는 동안 링컨은 구두수선공의 파업 현장을 목격하고 이 두 제도의 차이점을 다시 한 번 확인하게 되었다.

"나는 누구나 원할 때 일을 그만둘 수 있도록 자유를 보장해주는 뉴잉글랜드에서 널리 시행되고 있는 노동 체제가 좋다. 그리고 나는 이러한 제도가 모든 곳에서 꽃피우기를 원한다." 이후 많은 서부 연설에서 보듯이 그는 이전보다 더욱 탈 인종적 태도를 보이며 이 문제를 다루게 된다. "나는 모든 이가 기회를 가질 수 있기 바란다. 노동자들이 자신의 처지를 개선하고 올해는 고용된 노동자 신분이지만 그 다음해에는 자신의 가게를 차리고 마침내 자신을 위해 일할 사람을 고용할 수 있는 능력을 갖추게 되리라는 희망을 가지며 노동할 수 있는, 그리고 나는 흑인에게도 이러한 자격이 있다고 생각한다. 이것이야 말로 진실된 제도일 것이다."

링컨을 자유 노동자의 순수한 화신으로 포장하는 데는 말보다 여러 가지 상징물이 더욱 큰 효과를 발휘하였다. 공화당의 유세장은 1840년 선거에 사용되었던 사이다통 만큼이나 특이하게 쪼개놓은 말뚝으로 장식되었다. 북서부 지역 공화당의 선거용 기간지는 아예 그 이름을 "레일 스프리터(말뚝 패는 일꾼)"로 정하였다. 링컨의 장남 로버트에게는 '말뚝 왕자'라는 별명이 붙었다. 후보자가 일리노이의 일부 부유한 농장주들과 땅 투기꾼의 지원을 받고 있다는 사실, 그리고 그가 농촌에서 도망 나와 변호사가 된 후 철도라는 북서부의 가장 큰 기업

이익을 옹호하는 대변자가 되었다는 사실 등은 단순한 도끼와 통나무 그림 뒤에 가려져 전혀 보이지 않게 되어 버렸다. 그러나 이 상징물들이 만들어낸 확고한 이미지는 결코 거짓은 아니었다. 링컨은 놀랄 만한 계층 이동에 성공한 후에도 한때 자신이 속해 있었던 서민 계층을 향한 온정을 버리지 않았다. 데이비드 데이비스가 자신의 친구를 가리켜 "그는 어려운 처지의 다수를 사랑하였다. - 그는 모두 함께 더 나은 문명을 향해 나아가기를 간절히 바라고 기원하였다."라고 말한 것은 전혀 빈말이 아니었다.

세 번째로 공화당은 도덕적 차원에서 남부의 노예제도 확장주의자에 대항하는 저지선을 확립하겠다고 약속한다. 노예제도 폐지론으로 인한 손상을 최소화하려는 일념하에 중도파와 급진파를 막론하고 당 지도부는 당의 노예제도 확장반대론을 양심과 윤리적 목적을 암시하는 심각한 언어들로 포장했다. 이에 따라 선거전은 성전(聖戰)과 같은 성격을 띠게 되고, 강력한 복음주의적 개신교 세력을 끌어 모으는데 큰 효과를 발휘한다. 복음주의에 기대어 공격적 노예 소유주들의 '끊임없는 전진'을 우려하며 당의 연사들은 노예제도 반대 투쟁에 복음서 말씀을 접합시켜 조지 워싱턴 줄리안의 말처럼 "신과 악마, 하늘과 지옥 사이의 전쟁!"에 임하여 모든 기독교 전사들이 무기를 들고 일어서야 한다고 호소하였다. 윌리엄 벌리에 따르면 "자유 노동과 노예 노동 사이의 갈등은 그리스도의 정의와 악마 간의 투쟁과 동급"으로 취급되었다고 한다. 따라서 조슈아 기딩스가 시카고에서 링컨을 예언자적 매력을 가진 신실한 장로교도로 소개하면서 취한 기본적 입장은 이러한 광범위한 여론을 은유적으로 대변한 것에 지나지 않았다.

1854년 이후 알려진 링컨의 각종 연설문이나 정치적 견해도 또한 이러한 공화당 선거 전략의 종교적 요소를 충족시킬 수 있는 토대를 제공해 주었다. 그는 그 동안 노예제도를 옳다고 생각하는 여론과 그르다고 생각하는 여론 사이에 분명한 선을 그으려고 많은 노력을 기울여왔다. 1859년 그의 오하이오 연설은 더글러스와 가진 마지막 세 번의 토론회에서 밝혀진 그의 예리한 윤리적 시각을 그대로 담고 있다. 또한 신시내티에서는 켄터키의 노예 소유주들도 섞여 있는 청중을 향해 "나는 노예제도가 윤리적으로나 정치적으로나 잘못된 것이라고 생각합니다. 나는 이 제도가 미국의 다른 지역으로 더는 확산되지 않았으면 합니다. 그리고 만일 이 제도가 미국 내에서 점차 소멸된다 해도 아무런 유감이 없을 것입니다."라고 선언하였다. 계속해서 그는 이 제도가 부정한 것임을 인식하고 그렇게 다룰 수 있는 국가 정책이 반드시 필요하다고 말하면서 "나는 이 정부가 전 세계의 모든 불의에 대항할 의무가 있다고 말하는 것은 아닙니다. 다만 적어도 이 국가에 불의를 가져다주는 잘못된 일을 방지하고 고쳐나갈 책임이 있다고 생각할 뿐입니다."라고 덧붙이며 공화당이 결코 물러설 수 없는 마지막 전선인 노예제도 확산 반대의 원칙 위에 모든 반대 세력이 규합하자고 촉구하였다. 6개월 후 링컨은 쿠퍼 유니온 연설을 통해 '정의는 위대하다는 믿음'에 헌신하는 자들의 안식처로서 당의 역할을 다시 한 번 강조한다. 진정한 공화당원이라면 "정의와 불의 사이의 중간 지대를 모색하자는 감언이설이나 연방이 진정 원하는 것은 신성한 원칙에 반하여 반 연방 세력에게 항복하는 것이라는 주장이나 죄인이 아니라 정의의 편에 선 사람들에게 회개를 강요하는 궤변적 정치 모략"에 넘어가서는 안 될 것이다.

1860년 선거에서 공화당은 한편으로는 정의와 신의 계율을 등에 업고 다른 한편으로는 당이 휘그당의 혈통을 계승하였다는 사실을 강조하였다. 과거의 휘그당처럼 현재의 공화당도 기독교 이념을 수호하기 위해 노력하고 있다는 사실을 주지시키며, 당은 〈시카고 프레스 앤 트리뷴(Chicago Press and Tribune)〉에 실린 문구처럼 "신성한 사명의 기치" 아래 믿음에 헌신하는 종교 세력을 정렬하고자 시도하였다. 이와 동시에 당은 링컨의 반 노예제도론에 신뢰성을 더하기 위해 그의 두 가지 주요 자질, 즉 굳건한 기독교 신앙과 굽히지 않는 정직성을 중점적으로 홍보하였다. 이 두 가지는 공화당의 프로테스탄트 신념과 그 가치에 대한 헌신이라는 주제와 광범위하게 연결되어 있었다.

따라서 대통령 후보 링컨은 결과적으로 신교 정통 교리의 큰 후광을 입게 되었다. 스크립은 전기문에서 그를 "그는 비록 성체 배령자는 아니었으나 부인이 속해 있는 스프링필드의 장로교회에 지정석을 두고 예배에 정기적으로 참석하며

관대한 액수를 기부하는 독실한 신자"로 묘사했으며, 각종 언론에서는 그를 '모든 선의 근원으로 성서의 교리를 소중히 지켜온 진실된 기독교 신앙인의 본보기'로 추앙하였다. 또한 당의 홍보 전문가들은 그를 흠 없이 반듯한 생활 태도를 가진 사람으로 추켜세웠다. 링컨은 도박을 하지 않았으며 포도주를 비롯한 모든 중독성 주류는 입에 대지도 않았다. 이렇게 포장된 그의 모습이 당의 전략가들에 의해 완전히 날조된 것은 결코 아니었다. 실제로 링컨은 1850년 이후 제1장로교회에 다니고 있었으며 그와 친분이 두터운 침례교회의 목사 노이에 W. 마이너를 포함하여 그의 많은 이웃들도 그가 "술을 전혀 마시지 않았으며 신의 이름을 모독하는 언행을 한 적도 없다."라고 진술하였기 때문이다. 그러나 이미 우리 모두 잘 알고 있듯이 링컨은 결코 신실한 복음주의 개신교는 아니었다.

그러나 1840년 후보 지명전에서 문제가 되었던 불충한 링컨의 개인적 신앙에 관한 진실은 그를 '죄많은 정부의 지배로부터 이 나라를 구해낼 구원자'로서 포장하려던 홍보 관계자들에게는 전혀 문제가 되지 않았다. 휘그당이 과거에 그러했던 것처럼 공화당은 민주당이 그 기반을 각종 이단에 의지하는 점을 빌어 민주당의 윤리적 태만을 비난하였다. 그중에서도 특히 가톨릭의 영향력 아래 일어난 윤리적 파탄을 문제 삼았다. 링컨 자신은 한 번도 종교적 파벌을 조장하여 선거에서 이익을 취하려고 시도해 본 적이 없었다. 그러나 공화당 소속의 열정적 편집자들 중에는 더글러스를 변절자로 매도하는 사람이 적지 않았다. 이들은 더글러스를 담배 하나를 얻으려고 뉴올리언즈 설탕통 위로 주사위를 굴리는 한심한 늙은 노름꾼만큼이나, 시나이산의 계명을 업신여기는 윤리적 장애인이자 술주정뱅이로 묘사하였다. 그에게는 가족의 칼뱅주의 신앙을 버리고 가톨릭의 막강한 권력을 선호하여 로마를 방문하고 교황에게 복종을 맹세하였다는 혐의가 씌워졌다. 또한 그의 부인이 가톨릭교도이며 같은 로마 가톨릭교도들이 1858년 선거에서 그를 지지한 사실은 그가 비밀리에 교회의 지도층과 조건부로 교회 신도들의 지지를 약속받았다는 것을 보여주는 명확한 증거로 돌변하였다. 이어서 이들은 '미개한 아일랜드인 군단'은 1860년 선거에서도 더글러스를 지지하여 그를 백악관에 앉히고 대주교 존 휴에게 '왕의 양심을 지키는 문지기' 역할을 맡길 것이 분명하지만, 링컨에게 투표한다면 "이 나라의 정부는 그대로 개신교의 지배하에 남을 것이다."라는 논리를 펼친다. 공화당의 반 가톨릭 전략은 어느 정도 관련성은 있으되 사실 전혀 별개인 대중적 두려움에 호소하였다. 이 전략은 로마를 적그리스도이자 신앙의 자유를 압살한 살인자로 규정한 개신교들의 종교적 두려움과 가톨릭 신앙을 아일랜드 이민과 불량배, 폭도, 역겨운 신성 모독 행위로 대변되는 선술집 문화와 동일시한 이민 배척주의자들의 사회적 공포증, 그리고 로마 교회가 노예제도만큼이나 공화국의 자유를 저해할 수 있는 사악한 근본에서 유래했다는 개혁적 노예제도 반대론자들의 정치적 반감에 그 뿌리를 두고 있었다. 1850년 후반을 지나면서 당의 반 가톨릭 정서는 이미 완전히 자리를 잡은 상태였으며, 당 소속의 유명한 연사들이나 후보들 가운데에는 이민 배척주의자나 로마 가톨릭 반대자들이 종종 섞여 있었다. 1856년 선거 승리는 주로 '개신교' 유권자들을 공략한 결과라는 점을 잘 알고 있었던 당의 방침에 따라 찰스 레이의 〈시카고 프레스 앤 트리뷴〉지는 선거전 초반부터 벌써 "가톨릭 신앙과 공화주의는 물과 기름처럼 전혀 양립할 수 없다."라고 선언하였다. 그러다가 벨의 헌법연합당과 더글러스의 민주당 세력이 뉴욕 외 여러 지역에서 링컨의 승리를 위협하는 상황이 오자 당은 공연히 '청교도 신도와 배신자들'의 '보수적 태도와 난폭한 언동' 그리고 '폭동 주모자와 법률을 준수하는 사람들을' 싸잡아 탓하였다. 결국 '개신교도' 링컨은 자신의 의사와 전혀 관계없이 반가톨릭 정서의 혜택을 볼 수밖에 없었다. 그러나 이상하게도 민주당은 기발한 이야기를 끌어대어 존 프레몬 후보의 가톨릭 옹호론을 지적하며 유권자들을 압도하였던 1856년과는 전혀 다르게 링컨의 '불충한' 과거를 충분히 활용하지 못하는 의외의 모습을 보여주었다.

선거에서 승리하려면 이민 배척주의자들의 표뿐만 아니라 전체 유권자 중 이미 상당한 비율을 차지하는 외국 이민자들의 지지를 얻는 것이 필요하였다. 당 지도부는 북서부 지역 전체 유권자 중 외국계 유권자가 약 20퍼센트를 차지하는 것으로 파악하고 있었다. 아일랜드계 주민은 이미 민주당으로 돌아선 반면 상당수에 달하는 독일계 주민은 공화당이 포섭할 수 있는 가능성이 충분히 있었다.

시카고에서 슐츠는 이미 특별히 독일계 유권자를 겨냥하여 자작 농장 제공 공약을 제안하고 매사추세츠의 귀화법을 부인한 바 있다. 뉴욕에서 위스콘신에 이르는 전 지역에서 공화당은 독일어를 구사하는 연사와 신문 편집장들을 포진시켜 자유 토지론에 호소하며 청중을 향해 민주당을 지지한다면 농부, 거래상 및 노동자 할 것 없이 모두 잘 길들어진 '민주당의 농노'로 전락할 것이라고 비판의 목소리를 높였다. 물론 갈 길은 요원하였으나 전혀 불가능한 것도 아니었다. 이에 대항하여 민주당은 링컨을 공화당 내부의 이민 배척주의 세력과 연결시키려고 노력하였다. 링컨은 공개적으로 자신에게 씌워진 모든 혐의를 거부하고 싶은 충동을 느꼈으나 자신이 그 전해 발표한 《카니시어스에게 보내는 편지(Canisius letter)》와 〈일리노이의 스타츠 안지거(Illinois Staats-Anzeiger)〉지의 영향력만으로도 충분히 민주당의 모략을 막아낼 수 있으리라는 자신감을 되새기며 이를 이겨냈다. 결국 당은 슐츠와 그 외 충성스런 독일계 연사들의 놀라운 웅변술과 링컨 자신의 침묵에 힘입어 기름과 물처럼 겉돌던 반가톨릭 정서와 친 이민 정책을 혼합하는 놀라운 성과를 일궈냈다.

공화당이 반 가톨릭 정서에 기대는 전략을 채택한 데에는 당시 정부의 부패한 행태를 부각시키려는 의도도 담겨있었다. 이 전략은 휘그당에서 애용하던 것으로 특히 1840년 휘그당은 이를 능숙하게 조작하여 대통령 선거에서 승리를 이끌어 낸 바 있다. 지난 4개의 정부 중 3개를 탄생시킨 민주당은 20년이 흐른 이 시점에 다시 한 번 국가를 도덕적 위기로 몰아갔다는 여론의 추궁에 직면했다. "삶의 모든 측면에서 도덕적 정직성과 품위를 되살리자."라는 공화당의 선거 구호는 1860년 6월 뷰캐넌 행정부가 캔사스 사태를 다루고 정부 계약을 진행하면서 부정을 저질렀다는 사실이 폭로되자 더욱 탄력을 받게 되었다. 사건의 개요를 담은 축약 보고서는 공화당 선거 운동을 받치는 대들보가 되었다. 공화당은 민주당을 "도둑 집합소, 기생충과 흡혈귀의 안식처, 신과 인간의 적, 전형적인 사기꾼이자 야바위꾼, 위선자, 냉혹한 약탈자, 무뢰한 변절자, 범죄자" 등으로 몰아붙이고 뷰캐넌의 행정부에 대해서는 "나라를 부패와 무질서의 심연으로 빠뜨림으로서 공화국 존폐의 위기를 자초하였다."라고 맹렬한 비난을 퍼부었다. 그리고 마침내 정치계의 도덕적 독립성과 과거의 루터와 같은 새로운 존재를 요구하는 때가 도래하였다고 선언하였다.

링컨이야말로 이러한 시대적 요구의 대답이었다. 민주당은 링컨의 부족한 행정 경험을 조소거리로 삼았지만 이것은 이제 검소한 정부를 기약할 수 있는 그의 가장 큰 강점이 되었다. 북부 전역에서 공화당은 연사와 작가들을 동원하여 그가 고결한 칼뱅주의자라는 점을 강하게 부각시켰다. 조슈아 기딩스는 오벌린의 한 후원 모임에서 "정직한 에이브의 가슴속은 진실과 성실함으로 가득 차 있다."라고 보장하였다. 〈오하이오 스테이트 저널(Ohio State Journal)〉지에서는 그의 변호사 경력을 나열하면서 "그는 평생 공적으로든 사적으로든 기만이나 책임 회피 또는 표리부동한 언행을 한 적이 한 번도 없었다. 그는 한결같이 매사에 정직하고 남자다웠으며 분명하고 지조가 있었다."라는 찬사를 덧붙였다. 코네티컷의 한 신문은 "그는 항상 고결한 윤리적 관점에서 모든 주장을 펼쳤다. 이것이 옳은 일인가 잘못된 일인가? 라는 것이 그가 항상 처음이자 마지막으로, 그리고 유일하게 던지는 질문이다."라는 글을 실었다. 이러한 공화당의 공략에 대항하기 위하여 민주당은 링컨의 사촌 존 행크스의 말을 빌어 "그는 야심가이며 지조없는 변절자이다. 처음 일리노이에 왔을 때는 민주당원이었으나 휘그당이 지배하는 지역에 터를 잡자 휘그당으로 배를 갈아탔고, 이제는 한자리 해보겠다는 유혹에 휩쓸려 공화당원이 되었다."라고 비난한다. 더글러스 파에 속한 스프링필드의 신문들은 "야비함", "불순함" 등의 용어를 들어 링컨을 조롱하면서 그에 대해 "Mr. 링컨의 소위 정직성이라는 것은 공화당 안에 수없이 많이 존재하는 비슷한 부류의 다른 위인들처럼 한자리를 노리는 교활한 야심가의 그것에 지나지 않는다."라는 냉정한 정치적 평가를 내린다. 그러나 이러한 노력에도 불구하고 결국 민주당은 이미 대다수 유권자들의 머릿속에 뿌리를 내린 '정직한 정치가'라는 링컨에 대한 인식을 뒤바꾸지는 못하였다.

위와 같은 전략을 통해 공화당은 정의를 위한 성전에 나선 하나님의 정당으로 거듭났다. 공화당은 선거 캠페인 과정에서 1856년과 같이 전당대회장이 기도하는 자나 고무된 성직자들이 현격한 역할을 하는 것을 선호했다. 아직도 노예제

도에 반대하는 가장 급진적인 복음주의자들 중 일부세력은 당에게 더욱 고결한 대의명분을 요구하였지만, 이미 헨리 워드 비처나 조시아 부쉬넬 그리넬과 같은 대다수 영향력 있는 종교지 편집장들과 명망높은 목사들은 당의 적극적인 후원자 대열에 참여하고 있었다. 다만 1856년 선거 때와 다른 점은 소위 가톨릭 옹호론으로 인해 프레몬이 심한 타격을 받았던 것과 달리 이제 당에게는 모든 주요 이슈에 대처할 만한 가장 적합한 후보자가 생겼다는 것이었다. 따라서 공화당은 훨씬 더 커진 이념적 자신감을 가지고 선거에 임하였다. "우리는 바위처럼 굳건히 일어섰다. 그리고 지옥의 문은 우리에게 대항하여 더 버티지 못할 것이다." 케일럽 스미스가 시카고에 모인 대표들에게 한 말이다. 공화당 소속의 편집장들도 당이 내세운 대의명분이 '19세기의 윤리적 가치와 정서'를 구체화한 것이라고 굳게 믿었다. 슐츠도 "인간 본성을 그토록 강력하고 효과적으로 자극하여 대중의 마음을 거의 종교적 광풍과 맞먹을 정도로 들어올린" 선거전은 그 전에도 그 후에도 없었다고 회상하였다. 공화당원들이 8월 스프링필드 대회를 위해 집결하는 모습을 바라본 어떤 사람은 그들이 마음속 깊이 "신이여 부디 정의를 승리로 이끄소서."라는 기도의 말을 끊임없이 되뇌이는 듯이 보였다고 진술하였다.

일부 민주당 세력은 공화당의 전략을 빌어 장로교의 신앙 부흥 운동가 제디디아 버카드와 감리교도이자 아이오아 대통령 선거인단의 일원인 헨리 클레이 딘, 그리고 피터 카트라이트와 같이 민주당을 지지하는 저명한 종교 인사들의 도움을 받고자 시도하였다. 그러나 민주당과 헌법연합당의 일반적인 정서는 '정직하고 도덕적인 기독교 정당'이라는 공화당의 구호를 야유하는 데 머물러 있었다. 5월에도 스프링필드에서 공화당이 교회의 종을 일제히 울려 링컨의 후보 지명을 축하하자 스프링필드의 더글러스 파에 속한 신문들은 "흑인을 옹호하는 공화당이 언제부터 설교단과 교회종을 당의 부속물로 삼았느냐. 어제의 행위는 정직과 품위의 선을 훨씬 넘어선 것이 아니겠는가."라며 혹평하였다. 민주당원들은 공화당을 "하나의 사고에 광적으로 집착하는 종교적 이단아"라고 규정짓고 정부와 교회를 하나로 묶고 뉴잉글랜드의 윤리관을 전파하려 애쓰는 것이 "청교도"나 "유대 광신도"와 아주 잘 맞는 짝이라고 조롱하였다. 그리고 공화당

단에 올라선 두 얼굴의 링컨
왼쪽을 바라보는 링컨의 얼굴은 1858년 공화당 전당대회 당시 대통령직에 대한 야망이 없으며 지지자들에게 보상으로 한자리('돈')를 제공할 수는 없다고 부인하는 모습을 그린 것이고, 오른쪽을 바라보는 링컨의 얼굴은 2년 후 대통령 후보로 지명된 후 의아한 얼굴로 지루해하는 청중들을 향해 "나는 보기 위해 또한 보여주기 위해 왔다."라고 말하는 모습을 보여준다.

은 다가올 노예제도와의 전쟁에서 링컨을 신의 도구로 승화시키려 꾀하는 "극단적이며 광신적" 목사들의 당이며 또한 "하나님의 말씀을 흘리며" 자신과 이념을 공유하는 동지를 대통령 자리에 앉히려고 책동하는 "늙은 노예 도둑", "강력한 흑인 옹호자", 그리고 무엇보다 노예 반대론자인 오웬 러브조이의 당이라고 비난하였다. 오하이오에서는 공화당의 종교적 언사를 조롱할 목적으로 클리블랜드의 양심이라 불리던 유명한 목사 하드쉘 파이크를 내세워 링컨 진영의 목사들에 대해 '풍자적 은유를 담은' 정치 설교로 응수하기도 하였다. 파이크는 "그는 일리노이에서 말뚝을 패고 판저선을 저었다."라는 말을 시작으로 다음과 같이 주장하였다.

"우리를 반대하는 선원들은 우리에게 에이브러햄의 품으로 들어오라고 말합니다. 그러나 사실 그의 품 안은 지녀의 도구상자 만큼이나 텅 비어 있습니다. …… 아마 그는 선량한 사람일 것입니다. 형제들이여, 나는 여기 그를 헐뜯기 위해 온 것이 아닙니다. 그가 말뚝을 패는 훌륭한 일꾼이었다는 이야기는 사실일 것입니다. 그리고 아마도 그는 가족에게 따뜻하며 식료품 값도 꼬박꼬박 갚는 성실한 가장일 것입니다. 그러나 내 형제들이여! 그에게는 호텔을 경영할 능력이 없습니다. 그는 대통령이 되기에 너무나 보잘것없고 소녀처럼 연약하기만 한 위인입니다."

10월이 되자 여러 주에서 선거의 승전보를 알려오면서 당의 선거 전략은 그 효과를 인정받았다. 오하이오에서 공화당은 과반수가 넘는 1만 2,000표를 휩쓸었다. 더욱 고무적인 사실은 인디애나의 레인과 펜실베니아의 커틴이 각각 1만 표와 3만 2,000표를 더 얻어서 주지사 관저에 입성하였다는 것이다. 이 두 사람은 시카고 대회에서 시워드를 저지하는 데 가장 큰 공을 세운데 이어 다시 선거에 승리함으로써 링컨의 대통령직을 향한 행로에 놓여있던 마지막 걸림돌을 걷어내는 결정적 역할을 한다. 이들의 승리는 이민 배척주의자, 옛 휘그당 세력, 그리고 이민자들을 모두 묶어 보수적 반 민주당 연대 세력으로 규합함으로써 11월 대통령 선거에서 헌정연합당에 지지표를 빼앗기는 일을 방지할 수 있게 되었다는 의미를 가진다. 링컨은 시워드에게 이러한 선거 결과는 자신이 바라던 바를 훨씬 넘는 커다란 성공이라고 기뻐하며 "정권 창출이 바로 목전에 다다른 것 같은 기분입니다."라고 소감을 말하였다. 더글러스는 우울하게 선거 결과를 인정한 후 서부 지역에서의 유세 활동을 걷어들이며 "다음 대통령은 Mr. 링컨이 되겠군. 그러나 우리는 반드시 연방을 살려야 하네. 나는 남부로 가겠네."라고 선언하였다.

공화당의 선전에 당황한 반 링컨 세력은 연합을 도모하지만, 이것은 결국 실패로 돌아갔다. 각각 펜실베니아, 뉴저지, 뉴욕에서 세력을 잡고 있었던 더글러스와 브레킨리지, 그리고 벨은 공화당의 승리가 남부의 탈퇴 결정을 가속화시키고 뉴욕, 필라델피아 및 각자의 세력권 내에 경제적 충격을 가져다주지 않을까 우려한 나머지 연합 전선을 구축하기로 합의하였다. 그러나 이것은 반쪽의 성공으로 끝났다.

'교활한' 더글러스 파와 '탈퇴주의자' 브레킨리지 파 사이의 끊임없는 반목은 조각조각 분열된 민주당을 실리적 목적하에 하나로 묶는데 결코 도움이 되지 않

공화당에 반대하는 시사만화. 호레이스 그릴리가 지고 있는 말뚝 위에 링컨을 태우고 일단의 급진적 개혁주의자들과 사회적 낙오자들과 함께 정신병동을 향해 행진하는 그림. 여성의 권리, 자유연애, 사회주의 옹호자들의 바로 뒤에는 무뢰한들이 따르고 있다. 그림의 몰몬교도가 "다른 종교를 모두 없애고 몰몬교리를 사회규범의 기준으로 삼고 싶다."라고 말하는 동안 멋지게 차려입은 흑인은 "흑인이 존경받을 수 있도록 백인의 권리를 없애자. 이 점을 꼭 이해해 달라."라고 말한다. 그리고 링컨은 이들을 향해 "동지들이여! 이제 내가 거의 다 들어갔으니 천년왕국이 곧 시작되고 여러분이 원하는 모든 것이 성취될 것이다."라고 말한다.

앗다. 더구나 아일랜드 및 다른 외국계 민주당원들은 헌정연합당의 전신이 이었던 이민 배척주의를 쉽게 간과하지 못했다. 이와 같은 제반 조건으로 말미암아 연합 세력은 뉴저지와 펜실베니아, 그리고 뉴욕으로 그 영역이 제한된다. 그나마 효과적인 공조가 이루어졌던 뉴욕에서도 링컨은 쉽사리 우위를 유지하였다.

그러나 전국 투표 수의 40퍼센트 가량을 획득하며(링컨 186만 6,452표, 더글러스 137만 8,957표, 브레킨리지 84만 9,781표, 벨 58만 8,879표) 공화당이 승리한 사실만 본다면 상대 당의 분열로 인해 11월 6일 선거의 승리가 링컨의 손에 떨어진 것으로 보일 수도 있다. 그러나 대통령 선거인단의 득표 수를 들여다보면 링컨의 위력이 얼마나 대단했는지 더욱 정확히 알 수 있다. 브레킨리지가 72표, 벨이 39표, 더글러스가 12표를 획득한데 반해 링컨은 180표를

이 공화당의 전단지는 선거를 야구에 빗대어 풍자하고 있다. 승리를 거둔 링컨이 "각성한 자들의 클럽"이라고 쓰인 벨트를 매고 "홈베이스"를 밟고 서서 후보들에게 "좋은 야구방망이"의 장점을 설명하고 있다. 그의 방망이는 나무 말뚝으로 만들어진 것으로 "평등한 권리와 자유로운 영토"라는 글자가 새겨져 있다. 벨, 더글러스, 브레킨리지 등 패배한 상대 후보들은 각각 "연립", "불간섭", "노예제도 확산" 등의 글이 새겨진 방망이를 들고 있다.

확보하여 월등한 표차로 승리를 굳힌다. 이러한 결과는 모든 자유주에서 링컨이 과반수를 휩쓸었기 때문에 가능하였다. 뉴욕, 펜실베니아, 오하이오, 매사추세츠 및 기타 인구에 비례해 가장 많은 수의 표를 할당받은 주들이 링컨에게 던진 표의 총 합계는 상대 후보자들이 얻은 득표 수를 모두 합친 것보다 많았다. 링컨이 전체 투표 수 중 50퍼센트 이하를 획득한 지역은 캘리포니아, 오레곤, 그리고 뉴저지뿐이었으며 그나마 이들 지역에는 적은 수(총 14표)의 표만이 배당되어 있었으므로 선거 결과에 중요한 변수가 되지 못했다. 따라서 반대표를 한 후보 앞으로 몰아서 계산한다고 하더라도 링컨은 여전히 169 대 134로 선거에서 승리했을 것이란 예상이 가능하다.

만일 상대 당이 1856년처럼 단일 후보를 내세워 공화당을 상대하였다면 공화당은 결코 선거에서 승리할 수 없었을 것이라는 예상은 1860년의 국내 정세로 볼 때 전혀 불가능한 시나리오이다. 리콤프턴 법안 반대를 계기로 당시 민주당은 더글러스의 정치적 현실주의와 남부의 극단적 친 노예제도 세력이 첨예하게 갈등하고 있는 상태였다. 모든 가정을 뒤로하고 만일 민주당의 각 세력이 서로 타협하여 다시 하나로 뭉치더라도 결국 고유의 권리를 주장하는 남부의 지지 세력과 자유 토지론을 옹호하는 북부의 지지 기반 중 하나 또는 모두를 잃게 될 공산이 컸다. 더글러스는 이 선거에서도 북부의 일부 반노예 민주 세력의 지지표를 유지하였으며 이것은 주로 그가 '줏대없는' 정부와 거리를 두고 있었기 때문이다. 즉, 1860년까지 전개된 모든 국내 상황을 되짚어 볼 때 적진의 분열은 공화당의 승리에 도움이 되기보다는 오히려 반 링컨 효과를 극대화하는 결과를 낳을 가능성이 더 컸다. (그러나 10월 주 선거에서는 이 분열이 링컨에게 도움이 되었을 수도 있다. 특히 인디애나에서는 개인적 반감이 훨씬 깊었기 때문에 많은 브레킨리지 지지자들이 더글러스 세력에 대항하여 실질적으로 공화당을 옹호하였다.)

우리는 민주당의 분열이 링컨의 승리를 향한 포석 역할을 했다는 사실보다는 공화당이 1856년 그들에게 등을 돌렸던 보수적 미국 유권자를 사로잡는데 성공했다는 사실에 더욱 주목해야 할 것이다. 필모어에 비해 벨은 자유주에서 매우 저조한 성적을 거뒀다. 인디애나의 전략적 요충지에서 그는 5 대 1로 패배하였으며 남부 일리노이에서는 8 대 1로 무릎을 꿇었다. 반대로 링컨은 이 지역에서 프레몬에 비해 거의 두 배가 넘는 지지표를 획득하였다. 6월이 되자 헌든은 가장 먼저 서부 지역의 변화를 감지하고 "옛 휘그당의 지지자들이 빠르게 우리 쪽으로 넘어오고 있으며 일치단결하여 링컨을 지지할 것"이라고 확신했다. 결국 당의 중도적 공약과 남부 출신으로서 휘그당의 계보를 잇는 후보자의 변호사다운 입헌주의가 공화당의 급진성에 대한 보수적 유권자들의 두려움을 잠재우는데 큰 역할을 하였다. 이러한 유권자의 변화를 상징하듯 당은 1858년 민주당에게 넘겨주었던 스프링필드와 생거먼에서 더글러스파에게 겨우 몇 표만을 넘겨주고 대승을 거둔다.

프레몬을 지지했던 공화당의 주요 표밭은 이번에도 변함없이 당의 버팀목이 되었다. 지역적으로는 주로 농촌과 소도시에서 뉴잉글랜드식 가치관의 영향력이 큰 힘을 발휘하였다. 그러나 시카고를 제외하고 주요 대도시에서 링컨은 큰 인기를 끌지 못하였다. 대도시 지역에 주로 거주하는 큰 사업가 중에는 남부와 거래 관계를 가진 이들이 다수 포함되어 있었으며, 기술도 돈도 없는 외국 이민자들도 링컨에게 호감을 갖고 있지 않았다. 따라서 공화당이 가장 큰 영향력을 행사할 수 있었던 유권자 계층은 숙련된 노동자들이나 시장 지향적 농부들이었다. 당의 "자유 토지, 자유 노동, 자유 시민"이라는 구호는 자유주의의 특정한 이해관계를 가진 계층에 대해 강력한 호소력을 가지고 있었다. 그러나 공화당이 유권자들로부터 큰 호응을 이끌어낸 힘은 물질적 이해타산보다는 자기 개발, 자기 절제를 통한 성공, 그리고 경제적 독립성을 추구하는 당의 이념에서 나온 것이었다.

위와 같은 공화당의 이념은 윤리적 측면에서 모두 같은 종교적 뿌리를 공유하고 있었다. 공화당의 득표 상황을 살펴보면 종교나 교회에 소속된 계층, 그리고 종교적 색채가 강한 이민족 집단과의 연관성이 분명히 드러난다. 노련한 개혁론자에서부터 혈기왕성한 젊은 이상주의자까지 다양한 유권자들이 당과 링컨의 이름 아래 특정한 계층의 대표자, 즉 굽힐 줄 모르는 개혁적 신교 신앙의 불굴의 전사 아래 몰려들었다. 물론 당은 퀘이커, 자유 의지 침례교, 웨슬리파의 감리교, 자유 장로교 등 기타 소규모 교파에 속한 지지자들도 기쁜 마음으로 포용하였을 것이다. 그러나 공화당은 자유주에 주거하는 대다수 독실한 복음주의 개신교들의 지지표를 확보함으로써 획득한 기독교 정당이라는 이미지에 과연 성공적으로 부응할 수 있었을까?

링컨 자신은 개신교가 획일적인 정치 성향을 가졌을 것이라는 가정을 경계하였다. 선거 기간 중에 바로 옆 사무실을 쓰고 있던 뉴톤 베이트만과 이야기하면서 링컨은 최근 스프링필드 주요 유권자들의 명단을 언급하였다. 명단에는 시내의 여러 목회자들의 이름도 포함되어 있었다. 베이트만의 기억에 이때 링컨은 소위 신의 종임을 자처하는 사람들은 성서를 편리할 대로 해석하여 노예제도의 합법화 여부에 관심을 두지 않을 수 있다며 불만스러워 하였다고 한다. "여기 각각 다른 종파에 속한 스물 세 명의 목사가 있는데, 이중 세 명만 빼고 나머지 사람들은 모두 나에게 반대합니다. 여기에 있는 고위 교회 관계자들 대부분도 나를 반대하지요." 우리가 이미 살펴보았다시피 링컨은 주의 선거 지형과 정치 문화, 그리고 양키 개혁론과 남부 지향적 보수론 사이의 교차로 위치한 스프링필드의 특징을 잘 파악하고 있었다. 압도적인 민주당 세력과 헌정연합당을 지지하는 대다수 목회자에 비하여 뉴잉글랜드 파에 속하는 사람은 소수에 불과하였다. 이들 소수를 대표하는 인물로는 코네티컷 출신의 알버트 헤일과 노이에 W.

마이너를 들 수 있으며, 특히 링컨의 이웃이자 침례교도였던 마이너는 1860년 선거 당일 투표장에서 "투표자에게 이의를 제기하거나 투표가 제대로 진행되도록 감시하는 등 일생에서 가장 힘든 날을 보냈다."라고 한다.

그렇다고 링컨이 일리노이 복음주의 신교 교회들 사이에서 공화당이 일률적으로 약세를 면치 못한다고 생각했던 것은 아니었다. 특별히 공화당은 신교 중에서도 신파와 주내 200개에 달하는 조합교회파의 지지를 받고 있었다. 또 다른 주요 공화당 세력으로는 주내 주류 종파 중 하나로서 링컨을 지속적으로 지지해오던 감리교 교회, 특히 북부 여러 카운티에 위치한 교회들이 있었다. 특히 선거 기간 중 북부 지역의 감리교 목사 앤토니 뷰리가 텍사스의 폭도에게 폭행당하는 사건이 일어나자 감리교 교회 신문의 편집장 토마스 M. 에디는 뷰캐넌 대통령에게 보내는 공개 서한을 싣고 감리교도들은 이 사건으로 인해 "과연 이 정부가 양심과 종교의 자유를 수호할 능력이 있는가?" 자문해 보게 되었다고 지적하였다. 당연히 엇갈린 투표 성향을 보이던 과거와 달리 이번 선거에서 감리교도들은 자신들의 권리를 지켜줄 수 있는 사람을 합심하여 지지하는 단합된 모습을 보였다. 열렬한 공화당원으로서 간접적으로 링컨에게 힘을 실어준 에디의 글은 상당한 효과를 발휘하였으며 곧 〈시카고 프레스 앤 트리뷴(Chicago Press and Tribune)〉지를 비롯해 여러 공화당 신문에 실려 자유주 전역에 소개된다.

일리노이 중부의 공화당을 지지하는 감리교 세력은 비록 그 수는 미약하였으나 뜨거운 열정으로 이를 극복하였다. 그 좋은 일례로써 캐나다 태생의 젊은 순회목사 리오나르드 F. 스미스는 그해 8월 8일 일생에서 가장 인상 깊은 경험을 하였다. 그와 그의 감리교도 친구들은 링컨 후원 모임에 참석하기 위해 새벽 세 시에 일어나 잭슨빌을 나와 말이 끄는 수레와 기차를 번갈아 타고 수 시간을 달려 스프링필드에 도착하였다. 그는 모여든 군중의 수와 다양한 볼거리뿐만 아니라 특히 2,000명의 '각성한 자'들이 횃불을 들고 행진하는 모습에 깊은 감명을 받았다. 마침내 다음날 아침 다섯 시가 지나서 집에 도착했을 때 그의 정치 신념은 더욱 확고해져 있었다. 비록 그의 위에는 피터 카드라이트를 비롯하여 남부 출신의 민주당원 목회자들이 여럿 있었지만 그는 결연히 공화당의 각종 집회, 바비큐 파티, 막대 들어올리기 대회 등에 참석하면서 '시끄럽고 더럽고 무식한 오합지졸'에 불과한 민주당에 대항하여 링컨의 승리를 위해 헌신하는 것이야말로 자신의 신앙을 제대로 표현하는 것이라 다짐했다.

일리노이와 그 외 북부 지역에서 공화당은 개신교들 사이에 깊숙이 침투하는데 성공했다. 1856년 프레몬의 경우와 달리 링컨은 독일계 개혁론자와 독일계 개신교들 사이에서도 선전을 펼쳤다. 링컨은 또한 완고한 복음주의적 민주당원들조차 끌어들이는 위력을 발휘했다. 그러나 무엇보다도 윌리엄 시워드가 '청년당'이라 이름 붙인 처녀 유권자들을 사로잡은 것이 그의 가장 큰 수확이었다. 위에 나온 리오나르드 스미스는 당시 22세로 이것이 그가 첫 번째 맞는 대통령 선거였으며, 마찬가지로 시카고 YMCA의 존 워너메이커도 처녀 유권자로서 1858년 더글러스와 벌인 공동 토론회 이후 링컨의 열렬한 지지자가 되었다.

비록 링컨을 앞세운 공화당이 복음주의 개신교의 일률적 지지를 이끌어 내지는 못했다고 하더라도 성취한 결과는 놀라운 것이었다. 당은 노예제도 반대와 사회 정화라는 대의명분 아래 복음주의 교회의 윤리적 동력을 유례없이 효과적으로 조직화하는데 성공하였다. 결국 천년왕국을 주창하는 개신교의 도덕적 힘을 성공적으로 집결하고 지난 30년 동안 분열된 상태로 지속되었던 여론을 효과적으로 취합한 것은 바로 공화당의 공이었다. 그리고 복음주의적 세계관은 양심과 칼뱅주의적 의무, 사회적 책임 등 정치에 더욱 긍정적인 요소를 불러들여 초기 공화당을 통해 그 정점에 도달했다. 공화당은 과거 미국의 복음주의자들보다 더 나아가 특정 정당의 성공을 하나님 왕국의 도래와 동일시하였다. 1856년과 1860년에 선거 운동에 참여하였던 목회자들은 이제 신앙 부흥 운동과 공화당 집회에 참여하면서 미국 역사상 유례없이 종교와 정치가 완벽하게 통합되었음을 목격했다.

물론 링컨의 공화당은 근본적으로 제2대각성 운동 이후 널리 퍼진 낙천적 복음주의의 단순한 도구가 될 수는 없었다. 경제적 이해관계와 뿌리 깊은 반 남부 정서도 공화당을 구성하는 주요 요소였다. 그러나 이기적인 물질주의는 공화당 주류의 마음속에 자리 잡은 "순수한 윤리적 동기"에 비하면 부차적인 것일 뿐이라는 슐츠의 말에는 많은 이들이 공감하였다. 실제로 공화당은 '정치계의 기독교 정당'이라는 성격을 어느 정도 가지고 있었으나, 북부의 노예제도를 반대하는 도덕가들은 이 조직이 다른 어떤 정치 세력보다 그 이름에 어울린다고 판단하였다. 그리고 변호사로서 입헌적 보수 성향과 타협을 모르는 헌신적 윤리관을 함께 갖춘 링컨에게서는 실용주의에 바탕을 둔 사회 통합과 고결한 성전(聖戰)을 이끌어가기 위해 자신들이 필요로 하던 적합한 지도자를 발견하였다.

Chapter 04

힘의 한계
'대통령 당선자에서 전시 대통령이 되기까지 : 1858~1860'

　1860년 11월 6일 밤 링컨은 깊은 잠을 이루지 못하였다. 선거에 승리함으로써 그의 정치 경력은 최고에 도달하였지만, 그는 단지 약간의 만족감과 '예전에는 알지 못했던 커다란 책임감'만을 느낄 뿐이었다. 그의 막연한 불안감은 남부의 탈퇴와 전쟁 발발 위협이 단지 전술적 선언 이상의 것이었음이 밝혀지면 곧 어려운 결정의 시간에 그 자리를 내주게 될 참이었다. 실제로 당선 후 1년도 못되어 링컨 대통령은 깊은 절망감에 빠져들고 말았다. 900여 만 명의 주민이 살고 있으며, 건실한 경제력을 갖추고, 전체 몇십 만 마일을 차지하고 있으면서 엉뚱한 야욕에 사로잡힌 11개 주가 뭉쳐 결성한 남부 연맹의 군사적 위협에 맞서 연방의 화합을 복원하는 일은 누가 보아도 위압적인 과제였다. 특히 연방의 재정이 거덜날 지경에 이르러 대규모 자원군도 다른 때와 달리 활동을 멈췄으며, 고지식하기 짝이 없는 군의 총사령관은 장티푸스로 열에 쓰러져 있던 이 시기에 이러한 노력은 전혀 소용이 없어 보였다. 취임 후 링컨의 얼굴에는 굵은 주름이 눈에 띄게 늘어나고 머리카락도 군데군데 흰색으로 물들어 갔다. 1862년 1월 초 마침내 그는 병참장교를 향해 "밑 빠진 독에 물붓기와 같군. 나는 어떻게 해야 할까?"라는 질문을 던진다.

　당시 상황에서 링컨이 무기력에 가까운 감정을 느꼈다면 그것은 충분히 이해할만하다. 또한 이것은 당선 이후 자신이 통제할 수 없는 각종 사건에 휘말리면서 갖게 된 절망감이 점차 심화되고 있었다는 증거이기도 하다. 이 혼돈스런 14개월의 시간은 가장 노련한 정치인조차 절망에 빠뜨리기 충분한 것이었다. 지난 10년 동안 워싱턴 정가에 발도 들여놓지 않았을 뿐 아니라 직접적인 행정 경험이 전무하던 링컨이 확신 없이 불안한 상태에서 실수를 연발하였다 하더라도 전혀 놀랄 일은 아닌 것이다.

그러나 이 시기에 개인적 능력의 한계와 환경적 제약이 무엇이었던 간에 링컨이 직면했던 긴급한 전략적 질문에 명확히, 그리고 대담한 해답을 제시할 수 있었다는 사실은 매우 놀라운 일이다. 이 시기는 대략 세 단계로 나누어지며, 링컨은 각각의 도전을 전력을 다해 헤쳐 나간다. 첫 번째로 뷰캐넌 대통령의 임기를 불과 4개월 남짓 남겨두고 행정부의 레임덕 현상이 심화되면서 남부 각 주에서 연방 탈퇴 움직임이 본격화되자, 링컨은 자신의 선거 공약이었던 시카고 강령 선언을 일부 포기하고 남부와 타협하라는 각계각층의 거센 압력에 시달린다. 그러나 대통령 당선자는 이미 노예제도 확장 저지라는 공화당의 사명을 포기하느니 차라리 연방 분열의 위협을 직면하기로 마음을 굳힌 상태였다.

두 번째는 링컨의 취임 전야에서부터 섬터 요새의 충돌 사태가 불거질 때까지 살얼음판 같은 평화가 이어지던 몇 주간의 시기로서 신임 대통령의 정치적 관심은 노예제도의 정당성에서 연방의 헌법상 영속성에 대한 문제로 빠르게 옮아갔다. 그는 스스로에게 탈퇴한 각 주 안에 위치한 연방정부 소유의 요새를 방어함으로써 연방이 더 무너지는 것을 막겠다는 목표를 부여한다. 그러나 동시에 취임 연설을 통해 약속한 대로 먼저 피를 부르는 행동은 절대 피할 것이며, 만에 하나 충돌 사태가 발생하면 북부의 모든 주는 애국심을 바탕으로 똘똘 뭉쳐 이에 대항해야 할 것이라고 결정하였다. 세 번째로 뒤를 이은 연초 여러 달 동안 링컨은 길고 우울한 싸움을 벌였다. 대통령은 연방을 원래의 모습대로 유지하겠다는 결심을 굽히지 않고 연방에 대한 충성을 약속한 노예 지역 북단의 각 주를 포함하여 구성된 4월 대연합을 그대로 유지 및 최대화하겠다는 뜻을 분명히 밝혔다. 동시에 이 사태를 내부 반란으로 규정하고 외부 세력의 개입을 배제하고 내부적으로 해결하기로 결심을 굳혔다.

결론적으로 이 불확실한 몇 개월 동안 링컨은 전쟁을 피하기 위해 노력하는 한편 "모든 대가를 지불하고라도 평화를 지켜야 한다."라는 의견에는 저항하였다. 그는 다른 무엇보다 종국에는 연방이 승리하리라는 단 하나의 전략에 의지하고 있었다. 모든 상황이 계속 악화일로를 걷던 이 시기에 그는 여론의 향방에 깊은 주의를 기울이면서도 결코 비굴하게 그 비위를 맞추려 들지 않았다. 그는 결국 민중의 뜻이야말로 대통령과 최고사령관으로서의 그의 권력과 연방 승리의 근본 토대가 되리라는 것을 잘 알고 있었다.

대통령 취임식 전까지 : 당의 분열을 막으며

11월 선거 이후 4개월 동안 공식적인 권한은 뷰캐넌 행정부의 손에 그대로 유지되었으며, 링컨은 민간인으로서 스프링필드에 머물렀다. 이 기간 동안 남부로부터 점점 치고 올라오는 연방 탈퇴의 움직임에 대처할 책임은 불운한 대통령 뷰캐넌에게 달려있었지만, 그는 단지 이 사태가 이미 그의 권한을 벗어났다는 구차한 변명만을 늘어놓으며 모두의 조롱거리로 추락하고 말았다. 사우스 캐롤라이나와 6개 주는 링컨이 사악한 노예 폐지론의 화신이라고 오해하고 있었다. 그리고 그의 당선으로 역사의 추가 뒤바뀌어 이제 남부와 이념적으로나 조직적으로 전혀 연관성이 없는 정당이 연방 권력을 장악하는 초유의 사태가 발생하였다는 위기감에 사로잡혀 탈퇴를 향한 첫발을 내딛기 시작하였다. 공화당이 주도하던 연방의회는 이제 임기가 다하여 물러날 때가 되었으므로 당연히 전 국민의 관심은 당의 새로운 지도자가 된 대통령 당선자 링컨에게로 쏠렸다.

공식적 권한이 없다고 하더라도 책임감 또는 비공식적 영향력은 그대로 남는 것이다. 많은 정치인, 언론인, 예술가, 그리고 친구들이 링컨을 만나기 위해 스프링필드의 의사당으로 찾아왔다. 이들 중에는 한자리를 노리는 사람도 있었고 행운을 빌어주기 위해 찾아오는 이들도 있었다. 그러나 모두 한결같이 그들의 새로운 지도자가 커지는 위기 상황에 어떻게 대처할 것인지 알고 싶어 하였다. 한편 다양한 정보가 간절히 필요했던 그는 신문이나 쏟아져 들어오는 편지들을 읽으면서 바쁜 시간을 보냈다. "그는 끊임없이 편지를 읽었지요. 집에 있을 때나 길을 걸으면서 또는 친구들과 함께 있을 때도 말입니다. 제 생각에 아마도 예배 중에도 편지를 읽고 싶은 마음이 굴뚝같았을 것입니다." 링컨이 자신의 개인 비서 존 니콜라이의 일손을 돕기 위해 고용했던 존 헤일리가 한 말이다. 자기 자신과 국가 운명의 전환점에 서서 고뇌에 잠겨 있던 이 위대한 인물은 돌연 수염을 기르기 시작하였다. 이런 외적 변화에 내포된 심리적 의미는 명확히 알려진 바 없다. 그러나 이것은 그의 허영심보다는 오히려 심적 불안감을 반영한다고 생각된다. 그의 비서들은 나중에 그가 이 몇 개월 동안 여러 인터뷰에서 자신감과 관대함을 보여주며 "자연스럽게 당의 지도자 역할을 자처하였다."라고 주장하였다. 그러나 그도 평범한 인간이었고 보통 인간이라면 앞으로 다가올 일을 우려하지 않을 수 없었을 것이다.

당선 전에도 링컨은 잔뜩 긴장한 남부를 향해 유화적인 신호를 보내라는 요청을 받은 적이 있었다. 이제 더욱 악화된 상황 속에서 이러한 요구는 점점 더 거세어 진다. 남부의 연방 옹호론자들은 그에게 남부 노예주를 방문하거나 아니면 탈주 노예법과 기타 시험대에 오른 여러 가지 문제들에 관해 그의 헌정적 보수주의를 담은 여러 연설문을 발췌하여 책자를 만들어 출판하는 것이 어떠냐고 권한다. <뉴욕타임즈(New York Times)>의 헨리 J. 레이몬드와 같이 공화당의 보수적 당원들을 비롯하여 다양한 정파에 속한 북부 인사들도 남부인들의 오해를 바로잡고 사업과 금융 시장이 자신감을 회복할 수 있도록 연설이나 공개 서한 등을 발표해 달라고 요청하였다. 그러나 링컨 자신은 대부분의 공화당 지도층 인사들이나 여러 진보 진영 지인들의 의견에 따라 '보수주의자들의 호들갑이나 배신자들의 터무니없는 소리'에 대범하게 대처하기로 결정한다. 대부분의 남부인들은 그의 정부를 이미 인정하고 있으며 '소동을 일으키는 미치광이'는 단지 소수일 뿐이라는 이들의 말에 힘입어 그는 당선 후 3개월 동안 공개적으로 전혀 입장을

링컨과 그의 충직한 비서들
존 G. 니콜라이(왼쪽 의자)와 존 헤이(서 있는 사람). 이들은 일반적인 업무 외에도 대통령의 특명을 수행하거나 방문자를 확인하고 그를 대신해 편지 또는 기사를 쓰거나 정보를 수집하는 역할을 하였다. 이들이 쓴 10권짜리 책 《에이브러햄 링컨 : 하나의 역사》(1890)는 아직도 중요한 역사학 교제로 쓰이고 있다.

밝히지 않은 채 침묵으로 일관하였다. 이 기간 중 그는 남부 경계 지역의 편집장들에게 평범한 민간인 신분으로 공개적인 입장 표명을 한다는 것은 예의가 아니라는 단순한 격식의 차원을 넘어서 자신의 말이 곡해되거나 소심함이나 비겁함으로 비쳐져 더 큰 화를 부를까 우려된다고 속마음을 털어놓았다. "나는 남부의 선량한 주민들을 위해서라면 일흔일곱 번이라도 부정할 수 있다. 그러나 나는 북부나 남부를 막론하고 잘못된 해석을 바탕으로 새로운 어떤 것을 만들어내는 데 혈안이 되어있는 악인들도 상대해야 한다.", "아마 분리주의자들은 내가 경고를 받았다고 생각하면 더욱 큰 소리로 떠들어댈 것이다." 그리고 사업의 불확실성 밑에 깔린 부당한 공포심을 조장해온 '존경스런 모리배'들은 반드시 "자신이 초래한 모든 손해를 보상해야 할 것이다. 그러면 아마 다시는 이렇게 불미스런 일을 벌이지 못할 것이다."

당선 후 2주가 지나 스프링필드의 집회에 참석했을 때 그는 간접적으로 자신의 견해를 표명할 기회를 갖는다. 리만 트럼블의 연설에 간단한 문장을 덧붙임으로써 그는 트럼블 상원의원과 함께 남부인들을 향해 공화당이 보수주의적 입장을 그대로 유지할 것이라는 점을 다시 한 번 확인시켜 주었다. 그러나 그 결과는 링컨이 예상했던 것과 전혀 다르게 나타났다. 그는 헨리 레이몬드에게 적대적 남부인들이 이 연설을 '공개적 선전포고'로 받아들인 반면 일부 공화당원들은 당의 원칙을 저버린 비겁한 행동이라고 생각한다는 말을 전하면서 불편한 심경을 감추지 못하였다. "내가 입을 떼기만 하면 이런 일이 생긴다. 이러한 정치적 악마들은 아직도 더 혼나야 한다. 이러한 '당파적 악의'와 '공공선'의 부재는 그들 전부를 삼키고 있다. …… 그들은 표시를 찾아 헤매지만 아무 표시도 주어지지 않을 것이다."라고 덧붙였다. 그는 이전에도 성미급한 테네시인에게 "만일 그들이 모세와 그의 예언을 듣지 않는다면 죽은 자가 벌떡 일어난다고 하더라도 그들을 설득하지 못할 것이다."라는 이에 못지않게 딱 들어맞는 성서 구절을 사용한 적이 있었다.

 그러나 링컨은 사적인 경로를 통해서는 충분히 자신이 앞으로 나아갈 길과 그 보장을 재확인해 줄 준비가 되어 있었다. 1840년대 말 연방의회 동료로 일했던 알렉산더 스테판이 조지아 의회에서 연방 탈퇴 반대 연설을 발표하자 링컨은 그에게 개인적으로 희망에 찬 서한을 전달한다. 링컨은 편지에서 만일 남부인들이 그의 정부가 직간접적으로 노예나 주민들 또는 노예에 관한 문제에 간섭할 것이라는 생각에 두려워하고 있다면 '과거나 지금이나 나는 친구이지 적이 아니며', 따라서 그러한 두려움은 전혀 근거가 없는 것이라고 명확히 의사를 전달하였다. "이러한 관점에서 보면 워싱턴의 시기보다도 남부는 덜 위험에 처해 있는 것이다." 이에 답하여 스테판은 링컨이 "우리 모두의 나라를 구하기 위해" 힘을 써야 한다고 주문하면서 "이제 당신이 옳은 말을 하였으니 이것은 '은 그림 가운데 들어있는 금 사과와 같다.'"라는 성서의 잠언으로 화답하였다. 그러나 그의 요청은 이루어지지 않았고 두 사람 사이의 서신은 끊겨버렸다.

 동시에 링컨은 데이비드 데이비스와 당 지도부의 조언을 받아들여 남부에 대한 호감의 표시로 성실하고 능력있는 비공화당원 남부 출신 인사를 그의 내각에 포함시키는 방법을 시도해 보기도 하였다. 비록 그 자신은 이러한 생각을 탐

탁히 여기지 않았지만 그래도 켄터키의 민주당원이자 연방주의자 제임스 거트리와 노스캐롤라이나의 전 휘그당 연방주의자 존 A. 길머 등에게 내각 합류를 권하는 노력을 기울였다. 그러나 거트리는 노환을 빌미로, 길머는 장고 끝에 결국 그의 권유를 거절하였다. 내심 이들의 기용으로 내각의 통일성과 '동지들의 신뢰'에 금이 갈까 우려하고 있던 링컨은 이를 전혀 개의치 않았다. 길머가 링컨의 제안을 거부하면서 법무부장관 자리는 자연스럽게 보수주의자 에드워드 베이츠에게 돌아가게 되었다. 링컨은 베이츠가 '하원의원'으로서 노예주(미주리)의 주민이라는 점을 고려할 때 남부인들을 안심시켜줄 수 있을 것으로 기대하였다. 그러나 불행히 그의 생각은 잘못된 것이었다. 공화당의 유망한 대통령 후보자로 물망에 올랐던 전력이 있는 베이츠는 결코 남부 노예소유주들의 불안을 덜어줄 수 있는 카드가 될 수 없었다.

이것은 링컨이 남부의 탈퇴 여론을 잘못 이해한 하나의 예에 지나지 않는다. 겨울 내내 공화당 지도층 인사들과 그는 남부의 탈퇴론 주도 세력의 움직임을 따라잡지 못하고 있었다. 처음에 그들은 남부의 탈퇴 발언을 대표성 없는 극단론자들의 허풍으로 취급하며 이들의 탈퇴 법안은 결코 주의회를 통과하지 못할 것이라고 판단하였다. 마침내 사우스캐롤라이나가 12월 20일 연방 탈퇴를 선언했을 때도 이것을 대표성 없는 어리석은 집단의 경거망동이라고 치부하였다.(실제로 현지 주민 가운데에도 '공화국이라고 하기에는 너무 작고 정신병동이라고 하기에는 너무 큰'이라는 말로 신랄히 비판하는 이들이 있었다.) 그 후 남부의 다른 6개 주가 곧바로 사우스캐롤라이나와 합류했을 때도 이들은 일시적인 협상 카드 이상은 아닐 것이라고 생각하였다. 링컨은 남부 연방주의자들의 속내와 충성심을 계속해서 오판하는 실수를 범하였다. 남부의 많은 주와 국경을 맞대고 있는 켄터키에 살았던 경험으로 링컨은 북남부 주민들의 연방에 대한 충성도를 잘 이해하고 있었는데 이것을 남부 전역의 정서로 확장 적용하는 우를 범하였다. 알렉산더 스테판에게 대화의 손길을 뻗었을 때에도 그는 이 조지아 정치인의 의도가 노예제도를 보호하는 최선의 방책을 강구하기 위한 빈틈없는 계산에 근거한 것이라고 의심하기 전에 탈퇴론을 근본적으로 거부하는 것이라고 오해하고 있었다.

링컨은 또한 강경한 공화당원들을 노예주의 연방 관리로 임명하지 않을 것임을 더욱 분명히 하여 불안한 남부인들을 안심시켰어야 했다. 그가 이 문제에 대해 더는 조치를 취하지 않은 이유는 불분명하다. 그러나 노예소유주들 사이에는 그가 권좌에 오르면 우체국장이나 기타 연방 관청에 노예 반대론자들을 끌어다 앉히고 이들을 통해 남부 전역에 흑인을 옹호하는 타락한 공화당 연대를 구성하여 노예와 노예를 소유하지 않은 백인들 사이에 노예 폐지론을 퍼뜨릴 것이라는 공포가 깊숙이 자리잡고 있었다. 길머가 이 문제를 거론했을 때 링컨은 즉시 다독이는 어조로 "노예주의 관리 문제로 말하면 공화당원이 아예 없거나 몇 명밖에 없는 곳에서 피임명자의 정치 성향이나 노예 소유 여부를 물어볼 생각은 전혀 없습니다. 그 문제라면 나는 현지 인물 중에서 적임자를 찾을 생각입니다. 한마디로 나는 한 번도, 그리고 지금도, 그리고 아마 앞으로도 절대 북부와 남부를 막론하고 주민들을 괴롭힐 생각이 없습니다." 그러나 링컨은 이 같은 견해를 공개적으로 확인해 달라는 길머의 요청을 받아들이지 않았다.

그럼에도 불구하고 링컨의 침묵 전략이 전혀 무용지물이었던 것은 아니었다. 트럼블의 연설과 관련한 소동에서 볼 수 있듯이 공개 의사 표현에는 분명한 위험이 따랐다. 게다가 선거인단 개표가 끝나는 2월 13일('우리 모두에게 가장 위험한 시기')까지는 모든 것이 불확실하였으므로 침묵은 그의 법적 지위에 걸맞는 것이기도 하였다. 그리고 무엇보다 대승적 견지에서 보면 공개 성명 발표는 사방에서 양보를 요구하는 압력이 거세어지고 있던 시기에 그를 논란의 한복판으로 끌어들일 수 있는 위험성이 매우 큰 선택이었다. 연방의 분열이 코앞에 닥친 상황에서 탈퇴한 주들은 주 영토 내의 연방 소속 요새와 무기고들을 대부분 접수하였다. 무능한 뷰캐넌을 제치고 12월에 연방의회는 다양한 협상안을 구상하였고, 이중 자칭 헨리 클레이의 정치적 계승자인 켄터키의 상원의원 크리텐든이 제시한 협상안이 큰 주목을 받았다. 그리고 이 협상안은 공화당의 합의를 얻기 위해 링컨의 승인만을 기다리고 있었다.

크리텐든의 협상안은 몇 번의 헌법 개정을 통해 노예제도에 대한 연방정부

의 권한을 영원히 제거하는 것을 주요 내용으로 하는 매우 정교히 짜여진 평화 조약이라고 할 수 있었다. 이것의 핵심 조항은 '현재 소유한, 그리고 앞으로 획득할' 미국 영토 내에서 미주리 협정선을 36도 30부로 확정하고 그 이하의 지역에서는 노예제도를, 그 이상 지역에서는 자유 노동을 보장하며 이후 세대가 노예제도와 관련된 헌법 조항을 절대 개정하지 못하도록 못박는 내용을 담고 있었다. 특히 불안에 떨고 있던 지역, 즉 남부와 상업적 이해관계가 얽혀있던 남북부와 동부의 대도시들은 일제히 환영의 의사를 표명하였다. 그러나 여기저기서 찬성의 목소리가 높아지자 공화당의 강경론자들이 경계하기 시작하였다. "나는 우리 중에 소심한 이들이 끼어 있다는 것을 잘 알고 있습니다." 링컨의 동지 중 한 사람은 그에게 당내 뉴욕, 필라델피아, 보스톤 지역 세력이 미치는 위험한 영향력을 주지시키며 "공화당 유권자의 대다수는 남부의 깊은 증오심을 충분히 맛보았습니다. 민중의 도덕적 경계심은 크게 고취되었습니다. 이것이 우리의 전진에 지렛대가 되어줄 것입니다."라고 주장하는 글을 보냈다.

더 설득은 필요 없었다. 머지않아 링컨은 보수적 공화당원들이 타협의 길로 모색한다는 기미를 발견하고 곧바로 워싱턴에 있는 동지들, 특히 상원의 리만 트럼불과 하원의 엘리우 B. 워시번, 윌리엄 켈로그에게 편지를 보내 자신의 확고한 의지를 전달했다. "노예제도 확산 문제에 대해 더 언급은 없어야 할 것입니다." 위드에게도 비슷한 메시지를 전하고 얼마 후 〈뉴욕 트리뷴(New York Tribune)〉지에 거의 공개 성명에 가까운 글을 실어 간접적으로 공화당 소속 주지사들의 모임에도 같은 뜻을 전달했다. 데이비드 데이비스의 말처럼 변호사답게 '가능한 한 소송을 피하자'는 성향이 다분하던 링컨은 이 문제에 대해서는 놀랍도록 완고하고 굳건한 태도를 견지했다. 그는 미주리의 한 공화당원에게 타협하느니 "뒷마당에 나가 목을 매고 자살하겠다."라고까지 말하였다. 왜 링컨은 이토록 결연한 모습을 보인 것일까? 그 해답은 그의 헌정주의, 당의 안위에 대한 우려, 그리고 확고한 윤리관을 통해 찾아볼 수 있다.

첫 번째로 링컨은 취임 선서도 하기 전에 시카고 강령 선언의 근본 원칙을 위반한다면 이 나라의 정부가 합헌적, 민주적 절차를 모두 버리고 공갈과 협박에 굴하는 것과 같다고 굳게 믿었다. 실제로 공화당은 지극히 합법적 절차를 거쳐 과반수의 지지를 업고 권력을 쟁취하였다. 따라서 그가 타협한다면 공정하게 패배한 소수가 다수의 결정을 제압할 수 있음을 인정하는 꼴이 될 것이다. "우리는 방금 국민에게 약속한 원칙에 따라 공정한 선거를 치렀습니다." 링컨은 동요하는 남북부 지역의 공화당원에게 말하였다. "지금 우리는 벌써 패배자들의 요구에 굴복하지 않으면 나라가 분열될 것이라는 협박에 시달리고 있습니다. 이 협박은 우리를 시험하기 위한 것일 수도 있고, 진심일 수도 있습니다. 그러나 어느 쪽이든 만일 우리가 항복한다면 그것으로 우리나 정부는 모두 끝장날 것입니다. 왜냐하면 이들은 언제든지 같은 실험을 반복하려 들 것이기 때문입니다."

두 번째로 링컨은 노예제도 문제에서 양보한다면 결국 당은 분열될 것이라고 생각하였다. 반노예 정서야말로 이질적 이익 집단의 부실한 집합체에 불과하였을 공화당을 하나로 굳건히 묶어주고 있던 끈이었기 때문이다. 물론 소수의 보수적 공화당원들은 하원과 상원의 각 위원회 앞으로 제시된 여러 가지 화해 수단에 대해 열정적인 관심을 보이며 당이 정한 원칙에서 한발 물러설 각오를 하고 있었다. 만일 이러한 분위기가 확산되도록 내버려 둔다면 결국 – 펠리 아담스의 말처럼 – '당의 완전한 해체'를 피할 수 없을 것으로 보였다. 많은 공화당원들은 링컨의 단호한 간섭으로 보수 진영 내의 화해 여론이 차단됨으로써 당이 궁극적인 분열 위기를 모면할 수 있었음을 깨달았다. 선거 전야에도 그는 이미 당이 타협한다면 핵심 지지층이 그들을 버릴 것이라는 점을 인식하고 있었다. "만일 내가 개인적으로, 또 공약으로 내걸었던 도덕적 원칙을 팔아넘긴다면 워싱턴으로 가더라도 선거에서 나를 지지해 주었고 나의 소중한 친구가 되어준 모든 사람들을 잃게 될 것이다. 나는 버크아이(buckeye: 오하이오주 사람을 칭함) 나무의 토막 난 조각처럼 무용지물이 될 것이다." 그의 권력 기반은 바로 당에 있었다. 이것을 포기하는 것은 자살 행위와 같았다.

그러나 링컨은 그의 원칙을 '팔아넘길' 생각이 전혀 없었다. 옳다고 믿는 원칙을 지키려는 완고함은 이 시기 그의 정치 행보에서 가장 큰 특징을 이룬다. 그는 말과 행동 모두를 통해 이 나라가 전무후무한 윤리적 위기에 처하였으며,

가벼운 술수나 멸망과 파멸의 악몽을 들먹이며 이를 회피하는 행위는 결코 용납할 수 없음을 분명히 밝혔다. 1854년 이후에 발표된 많은 연설문을 통해 그는 현재 나라가 처한 위기 상황이 독립선언문에 바탕을 둔 사회경제적 질서의 정당성과 노예제도라는 윤리적 죄악 사이의 갈등으로 말미암아 생겨난 것이라고 규정하였다. 링컨은 알렉산더 스테판과 존 길머에게 보낸 편지에서도 이 문제를 매우 간단 명료하게 정의하였다. "당신은 노예제도가 '정당'하며 확산될 필요가 있다고 생각하고, 우리는 이것이 '부당한' 제도이며 반드시 격리되어야 한다고 생각합니다. 바로 이 점이 문제입니다." 그는 계속해서 "그리고 이것이 우리 사이의 유일한 차이점이기도 합니다."라고 썼다. 아마 이러한 그의 인식은 링컨에게 기회가 닿는 대로 합헌적 절차를 거쳐 단호하고 실질적인 노예제도 반대 운동에 돌입하고 싶은 당연한 충동을 불러일으켰을 것이다. 그리고 마침내 기다리던 그 날이 밝았다. 타협은 피할 수 없는 난국을 잠시 뒤로 미루어줄 수는 있어도 완전히 막아줄 수는 없으며, 결국(말 그대로) '도덕성 해체'라는 부정적 효과만 불러올 것이 분명하였다. "만일 이렇게 '타협'한다면 우리의 모든 노력은 수포로 돌아갈 것이다." 링컨은 워싱턴의 측근들에게 이렇게 말하였다. 스프링필드의 장로교회 목사 알버트 헤일에 따르면, 링컨이 반복해서 "타협한다고 끝나는 것이 아니다. 노예제도는 이 나라 안의 모든 악 중에서도 으뜸이며 이제 우리의 생존을 위협할 지경에 이르렀다. 이것은 우리를 속이고 파멸의 문턱으로 몰아갔다. 우리는 이것을 반드시 막아야 한다. 반드시 지금 그 자리에 묶어 두어야 한다."라고 경고하였다고 한다.

당이 '속은 다 빠져나가고 빈 껍질만 남은 원칙도 없는 상태'가 되는 상황을 막겠다는 링컨의 결심은 공화당을 원칙에서 후퇴하지 않은 채 하나의 결합체로 유지하도록 하는 접착제 구실을 한다. 1월과 2월에 걸쳐 의회가 다양한 방안을 모색하는 동안 링컨은 국무부장관 내정자인 윌리엄 시워드에게 워싱턴 대변인 역할을 맡기고 일단 크리텐든의 제안을 심각하게 검토해 보도록 지시했다. 그는 시워드에게 탈주 노예법, 콜롬비아 특별구 내 노예제도 허용, 역내 노예 무역 등 미국 내에서 노예제도를 보장할 수 있는 다른 방안을 검토해볼 생각이 있음을 시사하였다. 이때 그는 남부의 노예제도를 보장하기 위해 개헌까지 할 각오가 되어 있었으며, 더 나아가 뉴멕시코를 노예주로 인정하자는 찰스 프렌시스 아담스의 제안까지 수락할 준비가 되어 있었다. 단, 노예제도의 확산 문제에 있어서는 단호한 태도를 고수하였다. 그는 펜실베니아의 연방의원 제임스 T. 헤일스에게 "노예제도 문제를 완전히 해결하고 더 확산을 방지할 수 있는 단 한 가지 타협안이 있기는 하다."라고 말하였다. 따라서 전 회기 동안 공화당의 의원들은 가장 그럴듯한 제안들, 특히 크리텐든의 제안이 상정되는 것을 저지하는데 총력을 기울였다. 마지막 순간 의회는 이 제안을 표결에 붙이는데 성공하지만 결국 부결되고 말았다. 2월 말 버지니아 및 기타 혼란에 빠진 남부 접경 여러 주의 요청으로 워싱턴 평화회의가 열리고, 이 회의에서도 이와 유사한 여러 제안들이 쏟아져 나오지만 제임스 로웰이 빈정댄 것처럼 "사람은 나이가 든다고 더 현명해지는 것은 아니다."라는 진리를 확인하는데 그치고 만다. 회의에 참석한 북남부의 어설픈 연방주의자, 탈퇴 동정론자, 북부의 보수주의자, 그리고 의심많은 공화당원들은 합심하여 크리텐든과 유사한 개헌안을 의회에 제출하지만 큰 호응을 얻는 데는 완전히 실패하였다.

링컨은 2월 중순까지 스프링필드에 머물면서 이 모든 상황을 지켜보았다. 왜 그가 시워드의 제안대로 워싱턴으로 가기를 거부하고 조용히 자택에 머물렀는지는 불분명하다. 그러나 워싱턴과 멀리 떨어져 있으면서 그는 뷰캐넌의 애매한 태도와 탈퇴 주도 세력이 워싱턴에 일으킨 온갖 열병과 광풍을 피하고 사태의 책임을 면할 수 있었으며, 무엇보다 타협론자들의 손아귀에서 벗어날 수 있었다. 마침내 워싱턴으로 떠날 준비가 다 되었을 때 그는 당의 도덕적 기반이 조금도 흔들리지 않았다는 점에 그나마 약간의 만족감을 느꼈다. 그러나 동시에 그는 그 대가로 연방이 분열될 수 있다는 사실을 깨달았다. 화해 안이 거부된 후에도 남부의 7개 주는 탈퇴를 향한 걸음을 멈추지 않았다. 사실 탈퇴 법안은 2월 1일 이미 의회를 통과한 상태였다. 이중 7개 주의 대표들은 2월 4일 알라바마 몽고메리에서 회동을 갖고 그 후 5주 동안 남부연맹 건립의 청사진을 마련하였다.

1861년 초의 위험한 사태 변화를 되새기면서 링컨은 종이 위에 국가의 핵심 가치와 헌법 기초 사이의 관계에 대한 자신의 생각을 정리해 보았다. 미국의 가장 위대한 성공은 헌법과 연방에 기초하고 있으나 이 나라 '최고의 사명'은 독립선언문에 명시되어 있는 보편적 자유에 대한 이상을 수호하는 것이다. 아마도 근래 스테판과 연락하며 마음에 담아 두었을 옛 잠언을 인용하여 링컨은 독립선언문을 '금 사과'에 연방을 '은 그림'에 비유하며 연방은 "사과를 감추거나 파괴하기 위해서가 아니라 사과에 헌신하고 이를 더욱 미화하기 위해 만들어 졌다." 라고 써내려갔다. "즉, 사과가 그림을 위해 존재하는 것이 아니라 그림이 사과를 위해 존재하는 것이다. 그리고 마지막으로 우리는 그림도 사과도 퇴색하거나 멍이 들거나 망가지지 않도록 행동해야 할 것이다."라고 결론을 내렸다. 위기감이 고조되던 겨울 동안 링컨은 여러 수단을 동원해 사과가 멍들거나 망가지는 일을 방지하였다. 이제 취임식을 맞아 그의 임무는 일부 부서지기는 하였으나 결코 버릴 수 없는 연방을 수선하는 일이었다.

스프링필드에서 섬터까지 : 연합전선을 구축하며

　　링컨은 침착하게 하나둘씩 스프링필드를 떠날 준비를 시작하였다. 그는 우선 양어머니를 방문하여 감회어린 작별 인사를 나누고, 그 다음 친구들을 위한 만찬을 열었으며, 마지막으로 변호사 사무실 동료인 헌든에게 작별을 고했다. 이때 그는 헌든에게 "내가 살아있는 한 언젠가 다시 돌아와 마치 아무 일도 없었던 듯 다시 한 번 함께 일하자."라는 약속을 건넸다. 2월 11일 아침 그가 떠나는 정거장에는 1천 명이 넘는 인파가 몰려와 그의 감동적인 작별 연설을 경청하며 눈시울을 적셨다. 그러나 인디애나폴리스, 콜롬버스, 피츠버그, 클리브랜드, 버팔로, 알바니, 뉴욕, 트렌튼, 필라델피아, 헤리스버그 등지를 경유하며 워싱턴을 향해 2주간의 여행을 하는 동안 이별로 인해 슬픔에 잠겼던 대통령 일행은 곧 원기를 회복하고 흥분 속에 휩싸였다가 마지막에는 완전히 지친 상태로 수도에 입성했다. 링컨의 가족, 비서진, 경호원(힐 레이온), 데이비스와 쥬드 등 몇몇 가까운 정치 동료가 함께 한 일행 앞에는 끝없는 청중들의 열광적인 환영 인사가 기다리고 있었다. 가는 곳마다 공식 만찬, 퍼레이드, 즉흥 연설회 등이 열리고 깃발과 박수, 큰 화톳불, 포병대의 축포가 이어졌다.

그러나 이 여행이 단순히 요란한 축하 행사들로만 이루어진 것은 결코 아니었다. 링컨은 이미 여행 전 두 가지 중요한 목표를 세워두고 있었는데, 헌든에게 작별 인사를 하며 이를 넌지시 알려주었다. "나는 선택되었다네. 내가 갈 길은 이미 정해졌네. 길은 이미 다 표시되어 있다네. 연방과 헌법은 반드시 보존될 것이며, 법은 어떤 경우에도 반드시 집행될 것이네. 나는 국민이 나를 지탱해 줄 것으로 믿고 있다네. 국민은 이제껏 한 번도 진실된 사람을 저버린 적이 없지 않은가." 우선 링컨의 환영위원회는 모든 계층과 세력으로부터 조심스럽게 선택된 위원들로 구성되었다. 모여든 청중들은 성별과 정파 또는 종교에 관계없이 다양한 인파로 구성되었다. 그리고 링컨은('다른 지역의 공화주의자들보다도 훨씬 더 공화주의적인' 지역의) 급진파 조슈아 기딩스의 애쉬타불라 방문 제의를 거절하는 대신 버팔로로 달려가 보수 진영의 밀라드 필모어가 베푼 환영식에 참석하였다. 이제까지는 단순히 승리한 정당의 상징일 뿐이었지만 이제 그는 이제 합헌적 절차를 거쳐 당선된 모든 국민의 대표자로 거듭나기 위해 노력하고 있었다.

링컨은 인디애나의 라파예트에서 구름처럼 운집해 있는 낯선 얼굴들을 향해 "우리 중에는 정치적 의견이 다른 사람들도 있겠지만"이라는 말로 운을 떼었다. 그리고 계속해서 "기독교 정신, 문명, 애국심" 등 공통된 가치관을 언급하며 "우리가 연방에 대해 갖고 있는 감정은 모두 똑같다."라고 확인하였다. 워싱턴, 제퍼슨, 그리고 메디슨 등 위대한 선조들의 예를 들어 독립선언문과 헌법에 속한 만인을 위한 자유와 기회의 평등이라는 이상을 지키기 위한 혁명적 투쟁이 전 세계인들에게 미래의 희망을 던져 주고 있다고 말하면서 자신도 이를 계속 추구할 것이며, 이것이 바로 연방을 살려야 하는 이유이기도 하다고 주장하였다. 그리고

수염을 기른 링컨의 모습
1861년 2월 11일 워싱턴 D.C로 출발하기 직전에 스프링필드에서 찍은 사진

만일 이 원칙 위에 연방을 살릴 수 없다면 "나는 이를 포기하느니 차라리 이 자리에서 암살당하는 길을 선택할 것이다."라고 선언하였다. 동시에 그는 "신성한 법칙", "하나님", "신의 섭리", "신은 결코 이 국민을 저버리신 적이 없다.", "이것이 없이는 아무것도 할 수 없는 신성한 힘", "우주의 창조자", "전능하신 분", "전능하신 하나님" 등의 말을 사용하여 청중의 신앙심을 한껏 고취시켰다. 이 연설의 주제는 워싱턴의 유명한 델라웨어강 도하 지점에서 멀지 않은 트렌튼의 뉴저지 상원에서 그가 했던 연설과도 정확히 일치한다. "나는 연방과 헌법, 그리고 국민의 자유라는 이상이 투쟁의 근본 이념에 준하여 영원불멸하기를 더욱더 열망하게 되었다. 그리고 보잘 것 없으나마 만일 내가 절대자의 손에서, 그리고 그가 선택한 국민의 손에서 이 위대한 투쟁의 목표를 영속시키기 위한 평범한 도구로 쓰일 수 있다면 더는 바랄 것이 없다."

다른 한편으로 링컨은 국민의 충성심을 고취시키기 위해 개인적인 노력을 기울였다. 주의회의 공식 연설이나 환영 회장 또는 간이 정류장 칸막이 안의 즉흥 연설에서나 그는 조심스럽게 용어를 선택하여 뛰어난 웅변술로 다음 대통령을 보기 위해 몰려든 수만 명의 호기심에 찬 관중과 친밀한 관계를 구축해 나갔다. 그가 뉴욕주의 덩커트에 도착했을 때는 철길 위로 특별히 설치된 아치 아래 12만여 명의 관중들이 그를 환영하기 위해 기다리고 있었다. 링컨은 열차에서 빠져나와 우선 촉박한 시간에 대해 양해를 구하였다. 그리고 나서 그가 국기 게양대 위에 손을 얹으며 간단히 "나는 지금 연방 국기와 함께 서 있습니다. 내가 여러분에게 바라는 것은 단 한 가지, 내가 국기와 함께 하는 한 저와 함께 해달라는 것뿐입니다."라고 말하자 군중은 모자를 던져 올리고 손수건을 흔들며 열광적으로 환호하였다. 니콜라이는 이 장면에 대해 "소박하고 자상해 보이는 한편 굳은 결의에 찬 한 남자가 그들 앞에 나섰을 때 군중들은 그가 그들 중 한 사람인 동시에 그들을 위해 존재한다는 것을 깨달았으며, 그 순간 연사와 청중 사이에서 흔히 볼 수 있는 '영적 교감'이 흐르는 것을 느낄 수 있었다."라고 설명하였다. 일반 국민의 애국심을 향한 링컨의 호소는 누가 봐도 성공적이었다.

  두 번째로 링컨은 여론의 향방을 탐색하고 확인하기 위해 노력하였다. 그는 당선 이후, 어쩌면 그 이전부터 취임 연설의 주제에 대해 고심해 왔으며, 워싱턴으로 출발하기 전에 이미 원고를 완성해 놓은 상태였다. 그리고 이 동부 지역 순례는 원고에 담긴 자신의 주장을 시험해 볼 절호의 기회를 제공해 주었다.(이 원고는 원래 링컨의 여행용 손가방 안에 있었다. 그런데 첫째 날 아들 로버트가 이 원고를 치워버렸을 때 로버트는 좀처럼 화를 내지 않던 아버지의 꾸지람을 들었다.) 여행을 마치기 전까지 그는 어려운 질문을 시험대 위에 던져 놓고 대답을 기다리는 사람처럼 막막한 심정이었으나 여행 도중 확인한 국민들의 뜨거운 반응은 그에게 북부 연방주의의 범위와 깊이를 다시 한 번 일깨워 주었다. 인디애나 폴리스에서 그가 한 연설은 워싱턴으로 떠나기 전부터 깊이 고민해온 모든 주제를 담고 있다. 이 연설에서 그는 그의 발언이 연방 탈퇴를 불법적 반란 행위로 규정하고 그에 대한 책임을 추궁하려는 것이 아니라 단순한 제안일 뿐이라고 강조하였다. "스스로 연방이라고 부르는 국가의 50분의 1 또는 90분의 1이라도 전체 국가를 분열시키고 멸망의 길로 인도할 기본적인 권리라는 것이 과연 존재합니까? 나는 여러분에게 단지 질문만 던질 뿐 아무것도 결정하지 않을 것입니

다." 청중들 사이에 간간이 동의의 웃음이 흘러나오자 링컨은 "그보다 상위의 모든 권위를 부정하고……, 한 지역의 주민이 다른 주민을 압제할 수 있는 이 신기한 권리란 도대체 어디에 있단 말입니까?"라고 재차 질문하였다. 그리고 링컨은 원하던 대답을 얻었다. 남부의 연방 탈퇴는 얼토당토않은 위헌 행위이다.

남부 연맹의 복귀를 촉구하는 실질적 정부 권한에 대한 링컨의 결연한 발언들은 여기저기서 비슷한 '열광적 호응'을 받았다. 그는 자신의 평화적 의도("나보다도 더 평화를 위해 헌신한 사람은 없다.")를 분명히 제시하며 인내의 필요성을 지적하고 위기는 조작된 것이며 남부에 대한 "무력 침공"은 결코 없을 것이라고 다짐하였다. 그리고 "더는 선택의 여지가 없는 불가피한 상황으로 몰리지 않는 한 유혈 사태는 결코 발생하지 않을 것이다."라고 약속하였다. 그러나 동시에 '연방정부'의 인내에는 한계가 있다는 점을 암시하며 정당한 권리를 방어하기 위한 연방정부의 노력을 '억압'이라고 부르는 분리주의자들을 힐난하였다. 그리고 마침내 뉴저지 주의회 앞에서 그는 더 한층 강경한 발언을 했다. 먼저 평화적 사태 해결에 대한 헌신을 약속한 후 그는 대단히 조심스럽게, 그러나 발로 힘차게 바닥을 구르며 다음과 같이 덧붙였다. "그러나 물러서지 않는 것이 필요할 때도 있습니다." 〈뉴욕 트리뷴(New York Tribune)〉지는 이 장면을 "그리고 링컨 대통령의 목소리는 열렬한 박수와 환호성 속에 파묻혀버렸다."라고 설명하였다. 이제 그들에게는 소속감 없고 무력한 제임스 뷰캐넌이 아니라 30년 전 사우스 캐롤라이나의 '연방 파기자'와 분리주의자들에 맞서 강철같은 의지로 연방을 지켜내었던 앤드류 잭슨같은 강력한 대통령이 필요하였다.

링컨은 여행 중 여러 연설을 통해 앞으로 다가올 위기 시간에 그에게 가장 필요한 것은 국민적 지지임을 강력히 호소하였다. 이것은 결코 의례적인 인사치레만은 아니었다. 오히려 여러 갈래로 갈라진 여론을 시험해보려는 그 나름의 시도에 가까웠다. 그는 여론의 뒷받침 없이는 자신-'우연히 선택된 도구'이자 '일시적인 일꾼'-이 실패할 수밖에 없다는 사실을 알고 있었다. "연방과 국가의 자유를 위해 민중이 함께 일어난다면 '지옥의 문은 그들 앞에 더는 버티지 못할 것이다.'라는 말은 진실로 밝혀질 것이다." 인디애나 폴리스의 열광하는 관중들을 향해 그는 이렇게 말하였다. "앞으로 닥쳐올 모든 시련의 순간마다 내가 의지할 곳은 바로 여러분, 바로 미국의 위대한 국민뿐입니다. 그리고 나는 여러분이 지금부터 영원히 기억해 주시길 바랍니다. 분연히 떨쳐 일어나 연방과 자유를 보존하는 일은 내가 아닌 바로 여러분의 의무이며, 또한 내가 아닌 바로 여러분 자신을 위한 일이라는 것을……." 그리고 트랜튼에서 그가 청중을 향해 "만일 내가 내 의무를 올바로 수행한다면 여러분은 저를 지지해 주시겠지요. 그렇지 않습니까?"라고 직접적으로 묻자 여기저기서 열광적으로 "그럼요.", "물론 하지요.", "지지하겠습니다."라고 크게 외치는 수많은 목소리가 터져 나왔다.

여행을 시작한 지 열두 번째 되는 마지막 날은 조지 워싱턴의 생일이었다. 링컨은 지난 여행을 조용히 돌이켜 보았다. 이 기간 동안 그는 일리노이를 벗어나 대중들에게 직접적으로 가장 많은 연설을 하였다. 일단 대통령이 되자 더는 청중과 얼굴을 맞대고 교감하는 친밀한 관계는 사라져 버렸다. 그 대신 그는 "링컨과 연방이여, 영원하라!"라는 구호를 연호하는 군중을 만날 수 있었다. 그리고 이들은 남부 탈퇴 주에 대한 연방 권한 보전 정책에 대한 자유주 내의 광범위한 지지를 확인해 주었다. 그러나 2월 22일 링컨의 자신감과 그의 결심에 대한 대중의 믿음을 시험하는 사건이 발생하였다. 그의 측근들과 핀커턴의 관리들은 그가 볼티모어에서 남부 동조자들에게 암살당할 위험이 있다고 판단하여 그에게 바로 워싱턴으로 향할 것을 권하였다. 여론은 이 사건을 크게 떠들었으나 정작 취임 연설에 포함되어 있는 그의 정책 기조가 광범위한 여론의 지지를 얻을 수 있으리라는 링컨의 판단에는 별다른 영향을 주지 못하였다.

열흘 후 수천 명이 지켜보는 가운데 링컨은 당시 아직 공사 중이던 워싱턴의 국회의사당 앞에서 취임 선서를 하기 위해 기다리며 서 있었다. 약간 떨어진 곳에서는 소총수와 포병대, 그리고 기병대가 경호를 위해 정렬해 있었다. 이 모습은 분열의 위기에 빠진 연방의 모습을 그대로 상징하였다. 링컨은 "새로 들어서는 정부는 국내 어느 지역이든 그들에게 속한 재산, 평화, 안정에 위협이 되지 않는다."라는 점을 확인하는 말로 그의 취임 연설을 시작하였다. 그리고 탈주 노예법 및 기타 노예 소유 주들의 보호하는 헌법 조항들은 그대로 차질없이 집행될 것이라고 약속하였다. 그는 '각 주의 고유한 제도'를 연방정부의 간섭으로부터 보호할 수 있도록 헌법 개정을 단행할 의사도 있다고 말하였다. 무엇보다 그는 아무 사심이 없으며, 연방은 결코 남부에 위협적인 존재가 아님을 확인하였다.

그러나 이어서 연방은 분리될 수 없으며 영원한 존재라고 못박았다. 따라서 보편적인 원칙에 따라 "올바른 정부라면 결코 법으로 자멸을 규정하지 않는다.", "만일 미국연방이 단순히 계약에 따라 각 주가 연합한 것이라고 하더라도 평화적으로 파기하려면 적어도 모든 관계자의 동의가 있어야 하지 않겠는가?" 이 나라의 역사를 살펴보더라도 분명히 그 해답을 찾을 수 있다. 연방은 헌법보다 먼저 생겨났으며 영속성을 가진다. 따라서 탈퇴를 결정한 주의회의 의결은 법적 효력을 가질 수 없다. 미국 연방의 권위를 부정하는 것은 반란이나 모반 행위일 따름이다. 링컨은 헌법에 규정된 "단순한 의무"에 따라 "법이 충실히 집행되도록" 최선을 다할 것이라고 하였다.

그렇다면 이 말의 실체는 무엇인가? 남부는 연방을 탈퇴하면서 곧바로 연방 관할의 요새, 무기고 및 기타 여러 시설을 점거하였다. 정부가 이전과 같이 정부의 자산과 영토를 지배 및 점령하거나 이에 대한 소유권을 유지하고 세금을 징수하려면 대통령의 행동이 필요하였다. 그러나 링컨은 이미 "어느 지역의 어떤 주민을 향해서든 침략이나 강제력을 동원하지 않기로" 서약한 상태였다.

링컨은 그의 약속으로 '어떤 경우에도 연방을 파괴하기로' 결심한 남부 반역자들의 마음이 바뀔 리 만무하다는 것을 알고 있었다. 그러나 이 파괴자들이 모든 남부 주민, 특히 국민 다수의 의식을 흐려놓지는 않았을 것이라고 믿고 있었다. 따라서 취임 연설의 나머지 부분은 왜 '모든 동포'가, '실망한' 쪽이든 만족한 쪽이든, 국민의 정부를 신뢰해야 하는지 설명하는데 집중하였다. 국가는 다수가 지배하지만 헌법은 이 다수에게 소수를 보호할 의무를 부여하였다. 오직 다수가 소수의 권리를 짓밟을 경우에 한하여 소수의 혁명적 분리 정책에 정당성이 부여된다. 그러나 현재 논란이 되고 있는 연방의회의 권한과 책임에 대해서는 헌법에 명확히 명시되어 있지 않다. 이 경우 소수는 일단 다수의 정부에 복종해야 할 것이다. 왜냐하면 다수는 '헌법에 의한 견제와 제한 외에도 변화무쌍한 여론에 묶여 있기 때문이다.' 법을 준수하고 너그러우며 조심스러운 다수야 말로 "자유 시민의 진정한 단 하나의 통치자이다. 필요에 의해서 이를 거부하는 자는 무정부 상태 아니면 독재를 부르게 될 것이다." 자신은 대통령으로서 이 통치자에게 권한을 인정받은 대리인일 뿐 연방의 파괴에 합의할 자격이 없다. 4년의 짧은 임기 동안 어떤 정부도 미국 국민의 '위대한 법정' 앞에서 책임져야 할 만큼 중대한 피해를 일으킬 행동을 결코 해서는 안 된다.

링컨은 지성, 애국심, 기독교 정신, 그리고 하나님에 대한 굳건한 의지를 바탕으로 이 위기를 헤쳐나갈 수 있도록 인내심을 가지고 기다려 달라고 호소하였다. 그리고 드디어 국민의 공통된 유대감을 확인하며 연설을 마무리하였다. 그러나 신임 대통령의 가슴을 울리는 웅변도 이미 목표 설정을 끝낸 남부의 얼어붙은 마음을 녹이지 못하였다. 그가 그들을 지칭하여 '친애하는 시민 여러분!'이라고 부르며 연방 탈퇴에 대해—아직 성공하지 못하였거나 못할 것이라는 뜻이 깔린—"끔찍한 시도"라는 용어를 선택한 순간—비록 고의는 아니었을 지라도—워싱턴과 남부 사이의 간극은 이미 돌이킬 수 없이 멀어진 것이었다.

그러나 링컨은 또 다른 부류의 청중, 즉 11월 선거에서 그를 거부하였던 나머지 국민들을 염두에 두고 있었다. 그가 성공적으로 분리주의자들을 저지하려면 이들의 도움이 절대적으로 필요하였다. 특히 그는 자신이 "연방 분열에 내전의 비극을 더하려 한다."라고 두려워하던 비판의 목소리를 잠재워야만 했다. 그가 목표한 대상에는 남부 북부 8개 주의 주민들도 들어있었다. 이 8개 주는 지난 2월 탈퇴 법안을 거부한 바 있으며, 경호상의 이유로 철회되기 전까지 링컨은 워싱턴을 행한 여행길에 이중 일부를 방문하려는 계획을 추진했었다. 따라서 정부는 탈퇴한 주를 공격하지 않을 것이며, 내전이라는 중대한 문제는 이미 그의 손을 떠나 분리주의자들에게 달려있으므로 "만일 이들이 공격해 오지 않는다면 결코 전쟁은 없을 것"이라는 그의 선언은 바로 이 지역 주민들을 향한 것이었다. 그는 또한 시워드와 오바일 브라우닝의 조언에 따라 남부인들의 정서를 고려하여 연설문의 초고에 포함되어 있던 연방 요새의 '탈환'을 선언하는 문구를 삭제하였다.

공화당의 승리를 자축하는 문구도 연설에서 삭제되었다. 그는 보수적 민주

당원들과 벨-에버렛 추종자들, 그리고 최근 생겨난 반공화당 세력을 자극하여 광범위한 연방 통합을 이끌어내는 작업에 장애가 발생하는 것을 원치 않았다. 따라서 공화당의 정책에 대한 언급은 길모와 스테판에게 보낸 자신의 편지에서 사용하였던 "이 나라의 일부는 노예제도가 '정당'하며 확장되어야 한다고 생각하고, 다른 일부는 이 제도가 '부당'하며 격리되어야 한다고 생각한다. 이것이 갈등을 일으키는 단 하나의 차이섬이다."라는 문구를 인용하여 단 한 번, 그러나 강력하게 도덕성의 문제를 거론하는 것으로 마무리하였다. 링컨의 연설문의 초안은 1856년 공화당 강령과 독립선언서의 자유의 원칙을 찬양하는 부분을 직접적으로 인용하고 있었다. 그러나 3월 4일 직전 그는 원문에 있었던 1860년의 시카고 강령 선언의 원칙과 공화당에 대한 특별한 언급은 모두 삭제하였다. 이것은 시워드의 영향이 컸다. 그는 링컨에게 공화당원들의 충성심은 "무슨 말을 하여도 변하지 않을 것이다."라고 말하였다. 이제 새로운 대통령은 1800년의 위기 속에서 제퍼슨이 그러하였듯이 '모든 당파주의를 애국심 속에' 녹여야 할 것이다. "당신이 승리자의 관대함을 보인다고 하더라도 공화당은 그대로 당신 곁에 남을 것입니다."라고 시워드는 그를 안심시켰다.

링컨은 결국 공화당을 넘어 광범위한 지지를 이끌어내는데 성공했다. 취임식에서 그의 모자를 들고 그의 바로 옆에 서 있던 스테판 더글러스가 낮은 목소리로 계속해서 그의 말에 동의해 주었던 것도 링컨에게는 큰 격려가 되었다("좋아", "그게 옳은 독트린이야". "그건 억압이 아니지."). 연설은 반대 진영의 언론에서도 수많은 찬사를 이끌어 내었다. 그리고 정도의 차이는 있었으나 비판의 목소리도 여전하였다. 브레킨리지를 지지했던 많은 신문과 더글러스를 지지하였던 일부 신문에서는 이 연설을 남부에 대한 선전포고로 받아들였다. 주식 중개인들은 주식시장이 크게 동요할 것이라고 예상하였다. 링컨은 그제서야 자신의 연설에 '시비의 요소가 다분하다'는 것을 깨달았다. 모든 것을 명확히 밝히고자 노력하였으나 불확실성은 여전히 그곳에 맴돌고 있었다. 함락된 연방 요새와 세금 징수에 관한 그의 정책이 내포한 잠재적 위험성으로 말미암아 그의 회유적인 말들은 모두 빛을 잃었다. 그러나 어쨌든 반대 진영으로부터 얼마간의 인정을 받는데 성공하면서 링컨은 한 정당의 지도자를 넘어서 전 국민의 대통령으로서 중요한 첫 발을 내딛는다. 뉴욕의 한 특파원은 신임 대통령에게 각 정당의 목소리를 전하면서 "나는 선량한 미국 국민의 대부분이 당신과 함께 한다고 생각합니다. 그리고 모두가 당신의 지시에 기꺼이 따를 것입니다."라고 격려하였다.

물론 공화당은 한 목소리로 그의 연설을 찬미하였다. 각 신문의 편집장들은 그가 "강하고 직설적이며 남자다운" 태도를 보여주었으며 그의 연설은 "서로 잘 엮어진 문장"을 통해 단호한 어조로 침착하게 목표와 화해의 메시지를 잘 전달하였다고 칭송하였다. 뉴욕주의 모르간 주지사는 링컨에게 그의 모든 말들이 "관대하고 단호하였으며 애국심으로 넘쳐흘렀다"라고 칭찬하였다. 그리고 스프링필드의 동지들 중 한 명은 그에게 "모든 공화당원들은 당의 원칙이 폐기되지 않을 것이라고 몹시 기뻐하고 있다."라는 말을 전하였다. "가장 중요한 문제"에 대해서 주권자인 국민들의 의견을 무시하고 대법원이 자의적으로 "최종 판결을 내릴 수 없도록 할 것"이라는 링컨의 선언은 큰 박수를 받았다. 드레드 스콧 사건과 같은 일은 다시 반복되지 않을 것이라는 것을 의미했다.

당의 노예제도에 반대하는 진보 진영은 취임식 직후 링컨이 상원에 보낸 내각의 명단을 받아보고 다시 한 번 큰 위안을 얻는다. 특히 재무부장관에 지난 20년 동안 노예 반대론을 강력한 정치 세력으로 키우는데 가장 큰 역할을 해온 강경론자 세몬 P. 체이스가 내정되었다는 사실은 매우 고무적인 소식이었다. 체이스가 내각에 진출함으로써 '과격한' 또는 '극단적' 진보 진영은 이제 자신들을 대변해 줄 강력하고 당당한 최고위층 대리인을 갖게 된 것이다.

링컨의 내각에 대한 구상은 심지어 선거 이전부터 시작되었으며 당선 후 잠 못 이루던 날 밤 마침내 일곱 명으로 확정되었다. 그의 선택은 지극히 실리적이었다. 그는 공화당의 넓이와 다양성을 반영할 수 있는 균형 잡힌 내각을 원하였다. 또한 자신의 경험 부족과 지난 후보 경선에서 자신이 물리친 후보자들, 특히 시워드, 체이스, 그리고 베이츠의 풍부한 정치 역량을 충분히 인식하고 있었다. 그러나 내각 선정 과정은 대단히 혼란스러웠고 경우에 따라서는 불쾌한 상황도 발생하였다. 링컨은 너무 조심스러웠고 또한 너무 멀리 떨어져 있었다. 부통령

새먼 포틀랜드 체이스(1808~1873)

윌리엄 헨리 시워드 (1801~1872)

에드윈 맥스터 스탠턴(1814~1869)

기디온 웰레스 (1802~1878)

링컨 내각의 핵심 인물들
가장 출중하였던 두 명, 국무장관 윌리엄 H. 시워드, 해양장관 기디온 웰리스는 링컨의 대통령 임기 동안 내내 그의 곁에서 일하였다. 새먼 P. 체이스는 1864년 6월 링컨이 그의 사직을 받아줄 때까지 재무장관으로서 뛰어난 능력을 발휘하였다. 에드윈 M. 스탠턴은 1862년 1월 사이몬 캐머론의 뒤를 이어 육군장관으로 재직하며 이 중요한 자리에 필요한 동력과 기강을 불어넣었다.

으로 확정된 햄린과 베이츠, 그리고 위드(시워드를 대신하여)는 각각 따로따로 일리노이를 방문하였다. 시워드는 링컨이 국무장관 자리를 권유할 때까지 자신을 너무 오래 기다리게 했다고 노여워하였다. 체이스는 이것이 잠정적 제안이라는 것을 알게 되자 애매한 반응을 보였다. 캐머론은 그의 제안에 쉽게 수용 의사를 밝혔으나 나중에 입장을 번복하였다. 링컨이 워싱턴으로 떠나기 전에 확정된 자리는 오직 두 개뿐이었다. 워싱턴 도착 후 월라드호텔에 묵으며 그는 경쟁자들 간의 치열한 로비를 목격하고 필라델피아의 신문 편집장 존 W. 포니가 한 말을 떠올리지 않을 수가 없었다. "누구를 선택하더라도 불평하지 않는 사람은 없을 것입니다."

균형 잡힌 내각을 구성하는 일은 결코 쉽지 않았다. 당은 기본적으로 전 휘그당원과 전 민주당원을 비롯하여 여러 가지 다양한 정파들이 모여 구성된 혼합체로서 갖가지 대립 인자들을 내포하고 있었다. 게다가 링컨은 정치 지형, 당의 이익, 시카고 대회의 강령 선언 내용에 덧붙여 개인적 경쟁심과 적개심, 자아가 강하고 자부심에 도취된 일부 인사들의 자존심까지 고려해야만 했다. 그가 작성한 최종 명단에는 전 민주당원과 전 휘그당원 전체 일곱 명의 이름이 올라가 있었다. 전 민주당원으로는 재무부장관에 체이스, 해군장관에 기디온 웰레스, 우정공사 총재에 몽고메리 블레어, 육군장관에 캐머론이 각각 내정되었으며, 전 휘그당 계열에서는 국무장관으로 시워드, 법무장관으로 베이츠, 그리고 내무장관으로 케일럽 스미스가 각각 거론되었다. 그리고 수적 불균형을 걱정하는 사람들에게는 간단히 "자기 자신이 정통 휘그당원이므로 내각은 자기를 포함하여 완전히 균형을 이룬다."라는 말로 우려를 일축하였다.

지역적 균형을 찾는데도 링컨은 성공하였다. 웰레스는 코네티컷 출신으로 뉴잉글랜드 지역을 대표하였으며, 스미스와 체이스는 각각 인디애나와 오하이오 출신으로 북서부를, 블레어와 베이츠는 메릴랜드와 미주리 출신으로 노예주 접경 지역을, 시워드는 뉴욕을 각각 대표하였다. 캐머론은 부패 혐의로 출신 주에서 미움을 받기는 했으나 강력한 자유무역주의자 체이스의 영향력을 우려하던 펜실베니아의 관세 옹호론자들을 안심시키기에 충분하였다. 링컨이 해결해야 할 가장 어려운 문제는 서로를 적대시하는 체이스와 시워드를 어떻게 내각 안에 함께 붙들어 두느냐 하는 것이었다. 시워드는 12월 말 링컨의 제안을 수락하자마자 곧바로 체이스의 지명을 저지하기 위해 동분서주하였다. 자신의 남부 화해 정책에 큰 자신감을 품고 스스로를 새로운 행정부의 진정한 권력자라고 생각하던 그는 링컨이 공화당 상원의원들을 불러모아 체이스에게 재무장관직을 제안하였다며 의견을 물어보았을 때 그만 아연실색하였다. 당시 체이스는 분리주의자들에 대한 강경론을 주장하고 있었다. 시워드는 링컨이 체이스를 내각에서 배제할 것이라 기대하고 장관직을 사양하겠다는 일종의 협박 편지를 보낸다. 그러나 이미 두 사람이 다 필요하다고 결정한 링컨은 니콜라이에게 "나는 시워드가 술수를 쓰는 것을 용납할 수 없네."라고 말하였다. 그는 두말없이 시워드의 사양 의사를 받아들임으로써 간접적으로 체이스를 포기하지 않겠다는 뜻을 분명히 하였다. 시워드는 당황하여 그의 사양 의사를 철회하였다.

그러나 혼란스런 과정과 부조화의 징후가 분명하였음에도 불구하고 새 내각을 통해 링컨은 두 가지 중요한 목적을 달성하였다. 즉, 공화당 정책의 후퇴를 반대하는 당의 강경파를 진정시키는 한편 북부와 남부 접경의 비공화당원들에게 정부의 광범위한 지지 기반을 과시하고 자신이 보수적 정서에도 충분히 주의를 기울이고 있다는 메시지를 전달하였다. 비록 위기의 상황을 맞아 양당을 포함한 거국적 내각이 필요하다고 생각하는 이들을 만족시키지는 못하였으나 분명히 링컨 내각의 구성은, 특히 블레어의 기용으로, 동요하는 민주당의 연방주의자들과 남부 접경, 그리고 특히 갈팡질팡하던 메릴랜드에 대해 확실한 메시지를 보내고 있었다.

내각 구성이 마무리되던 날 링컨은 자신이 심혈을 기울여 조성한 국민 통합의 분위기를 산산히 부서뜨릴 위협적인 소식을 듣는다. 그의 취임은 폭동 주의 충성스러운 자들에게 그들을 보장해줄 수 있는 기회를 제공하기 위해서 그들에게도 숨을 쉴 수 있는 공간을 제공하도록 설계되었다. 그러나 섬터 요새의 대장 로버트 앤더슨 소령으로부터 연방의 물자 공급 없이는 6주 안에 남부 연맹의 찰스톤 정부에 항복하게 될 것이라는 전문이 날아든 것이다. 링컨은 이제 어느 대통령도 직면한 적이 없는 어려운 임무를 마주하게 되었다. 그는 후일 이때에 관해 '내가 일생 동안 만났던 모든 난관과 근심도' 지난 5주 반 동안 그를 짓눌렀던 무게감에 비하면 아무것도 아니었다고 회상하였다. 요새에 대한 폭격으로 위기감이 절정으로 치닫자 그는 극도로 긴장하여 대응 조치 마련에 골몰한다.

이때 그는 여러 가지로 어려움을 겪고 있었는데 이중 일부는 스스로 자초한 것이기도 하였다. 그가 절차상의 실수를 범해 행정적 업무가 늦어지는 경우도 빈번하였다.(한 번도 시도해본 적이 없는 첫 소송에 대한 판결문을 낭독하는 치안판사처럼 그는 느꼈고, '이것을 그의 이해되지 않는 첫 번째 사건'이라고 말했다.) 무엇보다 밤낮을 가리지 않고 백악관으로 일자리를 부탁하러 들이닥치는 온갖 사람들의 뒤치다꺼리에 너무 많은 시간을 빼앗기고 있었다. 너무나 지친 그는 오랜 친구인 오바일 브라우닝에게 때때로 "이들 무리로부터 도망칠 수 있는 유일한 방법은 남쪽 뜰의 나무에 줄을 달아 목을 매고 자살하는 것뿐" 이라는 생각이 든다고 고백하였다. 친구의 말에 놀란 브라우닝은 "그럼 이 이기적이고 돈이나 밝히는 인간들을 쫓아버리십시오."라고 조언하였다. 그러나 링컨은 이 일을 쉽게 포기하지 못하였다. 그가 개인적으로 후원자 관리를 중요시 생각하였다는 점도 있지만, 아마 이들을 접대하는 일이 비록 힘들기는 하여도 자기를 감싸고 있는 훨씬 위험하고 심각한 문제에서 도망칠 수 있는 감정적 피난처가 되어주었기 때문일 것이다.

만일 분명한 조언과 확실한 정보가 뒷받침되었다면 그의 피로감은 훨씬 덜했을지도 모른다. 그러나 군대와 정치적 조언자들로부터 들려오는 목소리는 모두 불분명하고 혼란스러웠으며, 확실한 정보는 거의 찾아볼 수 없었다. 그리고 윈필드 스코트 장군은 언제나 맥빠지는 대답만 하여 그의 피로감을 더했다. 앤더슨의 항복은 불가피한 것으로 보였다. 그가 요청한 수준의 군대와 해군력은 기한 안에 준비가 불가능하였다. 그러나 링컨이 호의를 갖고 있던 전 해군장교 구스타프 바자 폭스는 좀 더 긍정적인 견해를 갖고 있었다. 링컨이 3월 15일 내각을 상대로 서면 답변을 요구하였을 때 병력 충원에 찬성한 사람은 체이스와 블레어, 그리고 폭스의 처남뿐이었다. 시워드는 아직도 협상에 희망을 걸고 내전을 자극할 수 있는 모든 행동에 결연히 반대하였다. 남부의 동향을 좀 더 알아보기 위해 링컨은 친구인 스테판 A. 허버트와 힐 레이몬을 찰스톤에 파견하였으나, 그들이 가지고 온 것은 사우스 캐롤라이나에서 "연방에 대한 충성심이 완전히 사라져버렸다."라는 절망적인 소식뿐이었다. 다음날 3월 28일 스코트 장군은 섬터뿐만 아니라 플로리다 해안에 위치한 피킨스 요새도 철수시킬 것을 권하여 링컨을 망연자실하게 만든다. 그는 연방이 굳건히 점령하고 있던 이 요새를 포기하면 남부 북부의 여덟 개 주를 '안심' 시키고 충성심을 확보할 수 있을 것이라고 주장하였다. 블레어는 이 일로 스코트가 시워드의 대변인 역할을 하고 있는 것이 아닌가 의심하였지만, 링컨이 3월 29일 이 두 요새에 관한 내각의 의견을 물었을 때 국무장관 시워드는 다른 모든 내각 요인과 함께 피킨스 요새를 포기하지 않는 쪽에 표를 던졌다. 시워드는 여전히 섬터 요새의 충원에 반대하였으나 이미 내각은 반대쪽으로 기울었고 그의 곁에 남은 사람은 스미스뿐이었다.

이 이틀 동안 링컨은 걱정으로 편두통이 생길 지경이었으나 마침내 행동을 취하기로 결심한다. 그는 3월 29일 웰레스와 캐머론에게 빠르면 4월 6일까지 섬터에 보낼 물자를 준비하고 피킨즈에 보낼 구원 물자도 따로 준비하라고 지시하였다. 그러나 이때도 링컨의 계획은 부서 간 비밀주의, 의사소통 부족, 각각 섬터와 피킨즈를 담당하고 있던 해군과 육군 사이의 경쟁심 등으로 말미암아 심한 차질을 빚었다. 그리고 링컨 자신의 부주의와 더불어 워싱턴에 머물던 남부 연맹 사절들에게 간접적으로 섬터 철수를 약속하고, 이 계획이 실패하기를 내심 바라던 시워드의 술수가 함께 작용하여 폭스의 군대는 최적기인 4월 9일 뉴욕에서 사우스 캐롤라이나로 가는 배를 놓치고 만다. 그때까지 링컨은 앤더슨에게 물자가 이미 떠났으며 만일 남부 연맹에서 저항하면 병력 증강이 있을 것이라는 말을 전하고, 또한 시워드의 권고를 받아들여 사우스 캐롤라이나의 주지사에게 "섬터 요새에 오직 물자를 공급하기 위한 평화적 작전이 실시될 것이며 군대나 무력 또는 무기를 동원하여 저항하지 말아달라."라고 통지했다. 그러나 몽고메리의 연맹정부는 이 메시지를 무시하였다. 마침내 4월 12일 폭스의 부대가 도착하자 찰스턴의 군대는 내전을 행한 첫 번째 총탄을 발사하였다.

윈필드 스코트 (1786-1866)
남부 출신으로 1812년 전쟁과 멕시코 전쟁의 영웅. 그러나 1861년에는 통풍에 시달리는 뚱뚱한 노인에 불과하여 변함없는 충성심에도 불구하고 섬터 위기 당시 그다지 도움이 되지 못했다. 미시시피강을 따라 고랑을 파서 남부 연맹을 압박하자는 그의 '아나콘다 계획'은 유용한 전략이었으나 링컨에게는 너무 소극적으로 비춰졌다. 맥클러렌과의 갈등으로 1861년 10월 사직하였으나 대통령은 계속 그의 의견을 경청하였다.

이 몇 주간의 혼란스런 상황 속에서도 링컨은 자신의 행동에서 지속성과 일관성을 유지하였다. 그는 자신의 취임 연설에서 한두 가지 약속의 범위 안에서 행동의 방향을 정하였다. 첫 번째로 그는 연방의 쇠퇴를 좌시할 수 없었다. 잃어버린 요새의 탈환이 야기할 모든 불확실성에도 불구하고 그는 연방이 이 요새들에 대한 관할권을 유지할 것이라는 의사를 분명히 밝혔다. 이 요새들, 특히 탈퇴주의자들의 소굴 한 가운데 들어앉은 섬터는 정부 권위의 강력한 상징이었다. 정부가 이 요새들을 자발적으로 포기한다면 대중들 앞에 연방의 자살을 인정하는 꼴이 될 것이다. 남부 연방주의자들을 안심시키고 위기를 해소하려면 '손 떼기' 정책이 필요하다는 끈질긴 요구의 목소리에도 불구하고 링컨은 조금도 양보의 기미를 보이지 않았다.

그러나 4월 초 마지막 순간까지 링컨은 버지니아에서 연방에 대한 충성 서약을 받는 대가로 섬터 요새에서 철수하는 방안을 고려해 보았던 것 같다. 버지니아는 당시 반분리주의자들이 주의회를 장악하고 있었다. 여전히 섬터 요새 작전을 반대하고 있던 시워드는 이 방안을 적극 지지하며 링컨을 독려하였다. 4월 4일 주의회로부터 비밀리에 존 B. 볼드윈이 백악관을 방문하였다. 그러나 그는 아무런 확약을 듣지 못하고 떠났다. 아마 링컨은 나름대로 자신의 뜻을 전달하였을 지도 모른다. 그러나 그 방법이 너무 은밀하여 존이 이를 전혀 이해하지 못한 것은 아니었을까? 어찌되었든 위의 사실을 뒷받침해 줄만 한 확실한 증거는 존재하지 않는다.

링컨이 취임 연설에서 약속한 두 번째 원칙은 남부를 억압하거나 침공하지 않는다는 것이었다. 이 약속으로 말미암아 함락된 연방 시설을 탈환하거나 각 요새의 안전을 확보하기 위해 남부 연맹을 선제 공격하는 일은 불가능하였다. 논리적으로 자신의 두 가지 약속을 지킬 수 있는 방법은 남부 연맹이 평화적 연방정부의 권한에 대항하여 먼저 행동하기를 기다리는 것뿐이었다. 오랫동안 역사학자들은 이 시기 링컨의 숨겨진 의도에 관하여 갖가지 해석을 늘어놓았다. 혹자는 링컨이 진작부터 전쟁의 불가피성을 깨닫고 교묘하게 적의 무력 도발을 유도하여 남부에 대한 적대적 여론에 불을 지폈다고 주장하는 반면, 다른 쪽에서는 남부가 탈퇴를 구체화함으로써 이미 정치적 반란을 도모하였음에도 불구하고 링컨은 평화를 지키기 위한 모든 노력을 다하였다는 좀 더 동정적 의견을 내놓는다. 완벽한 증거가 발견되지 않는 한 이 문제에 대한 논의는 결코 사그러들지 않을 것이다. 그러나 이중에도 우리가 결코 의심할 수 없는 몇 가지 사실을 발견할 수 있다.

링컨은 섬터 사태 발생 직후 그의 처남에게 '그가 전쟁 없이 국가적 난제를 풀기 위해 얼마나 노력해 왔는지 - 둘로 갈라진 남과 북 모두에 대해 얼마나 깊은 연민의 정을 느끼고 있는지 - 유혈 충돌을 피하기 위해 얼마나 고투해 왔는지'를 토로하였다. 3월 말 그가 격무로 쓰러진 사실을 보더라도 그가 느꼈던 고뇌의 깊이를 짐작할 수 있다. 그러나 역설적으로 이것은 링컨이 섬터 지원 작전으로 전쟁의 위협이 한층 가중되리라는 것을 알고 있었다는 증거도 된다. 지난 1월 뷰캐넌이 물자를 보충하고자 시도하였을 때에도 남부 연맹은 민간 상선 '스타 오브더 웨스터(Star of the West)'호에 주저 없이 포문을 열었던 전력이 있었다. 또한 얼마 전 허버트도 물자 보충 시도는 오직 찰스턴 주민들의 적개심을 자극할 뿐이라고 보고하였다. 폭스의 부대가 출발하기 전 링컨은 북부 여러 주

주지사들을 백악관으로 소환하여 주 방위군의 준비 태세와 워싱턴을 방어할 군사력의 존재 여부에 관해 논의하였다. 두 달 전에도 그는 "연방이 두 개의 연맹으로 분열되는 것을 허용하는 것보다 연방과 헌법을 지키는 것이 더 큰 피해와 유혈 참사를 피하는 길이다."라는 견해를 브라우닝과 공유한 바 있다. 모든 위기 상황은 그로 하여금 이러한 결정을 내리도록 만들었으며, 결정적 순간이 다가왔을 때도 이 결정은 변하지 않았다. 만일 이후 다가올 고통의 크기를 알았더라도 그가 같은 길을 선택하였을 것인가 하는 문제는 그가 내린 결정의 윤리적 정당성 여부만큼이나 후대의 역사학자들을 고민에 빠뜨렸다.

이 몇 주간 링컨의 행정적 지도력은 당시 충성스런 연방주의자들 뿐만 아니라 후대의 역사학자들로부터도 그다지 좋은 평가를 얻지 못하였다. 그는 주도권을 행사하거나 정보를 확보하는데 너무 소극적이었으며, 모든 문제에서 기다리는 태도로 일관하였다. 열혈 연방주의자 에드윈 M. 스탠튼은 링컨과 그의 내각이 섬터 문제를 다루면서 점점 더 공황상태에 빠져들고 있다고 비난하였다. 칼 슐츠와 다른 행동주의자들은 링컨에게 최근 일부 지역 선거에서 패배함으로써 의기소침한 공화당원들이 행정부의 우유부단함과 정책 후퇴를 탓하고 있다고 전하였다. 각 언론도 이 문제를 집중적으로 파고들었다. 〈뉴욕타임즈〉는 정부가 "무슨 일이 일어날지 지켜보며 무관심하게 기다리는 것 이상"의 아무 행동도 하지 않는다고 탄식하였다.

그러나 실질적으로 링컨에게는 다른 선택의 여지가 없었다. 평화적 분리를 허용하는 길은 그에게 금지되어 있었으며 대다수 북부인들에게 거부당할 것이 뻔하였다. 탈퇴 주를 강제로 연방에 합류시킬 수 있는 길도 이미 닫혀 있었다. 떠나간 뷰캐넌이나 연방의회 모두 허약한 군사력을 보강하거나 주 방위군을 동원할 수 있는 법적 근거를 마련해 두지 않은 관계로 그가 동원할 수 있는 수단은 미약할 수밖에 없었다. 이렇게 의지할 곳 없는 상황 속에서도 링컨은 놀랍게도 의회의 특별 회의를 소집하는 대신 평소와 같이 스스로에게 모든 책임을 돌린다. 시워드가 뻔뻔스럽게도 국제 문제보다는 해외 문제로 관심을 돌리는 새로운 정책을 적극적으로 검토해야 한다고 제의하였을 때 링컨은 단호히 "이것이 반드시 해야 할 일이라면 내가 할 것이오."라고 대답하였다. 그리고 냉정한 목소리로 정책 전환을 결정하면서 "내가 모든 내각 임원들의 의견을 들을 자격이 있다고 생각하며 또한 그럴 수 있기를 바라오."라고 덧붙였다. 대통령직 수행에 아무리 어려운 난관에 부딪히더라도 링컨은 결코 이를 피하거나 다른 이에게 전가하지 않았다.

링컨은 특히 한 가지 점에서 놀라운 수완을 발휘하였다. 그는 전쟁이 발발할 상황을 대비하여 정부에 대한 지지 여론을 극대화할 수 있도록 빈틈없는 과정을 밟아나갔다. 온갖 의견이 난무하고 소용돌이치는 여론의 동향을 파악하기가 결코 쉽지 않은 때에도 그는 연방에 충성스런 잔류 주 주민들의 목소리에 지속적인 주의를 기울인다. 3월 중순에는 시워드가 남부 연맹 사절들을 상대로 대통령이 평화적으로 섬터를 양도할 것이라고 위협했다는 소문이 퍼지고 공화당 내부의 의견마저 첨예하게 대립하기 시작하였다. 일부 충성스런 당원들은 이것이 유일한 군사적 대안이며 불명예스러운 선택이 아니었다고 그를 격려한 반면 대부분의 공화당원들은 남부 연맹의 정부가 점차 '힘을 얻으며 성공적으로 정착하는 것'을 이유로 유화 정책을 논의하는 것을 더는 좌시하지 않겠다는 입장을 분명히 하였다. 3월 말과 4월 초 연방이 사실상 붕괴되자 공화당계 언론들은 이전보다 훨씬 투쟁적인 목소리를 내기 시작하고 링컨 측 언론인들도 이를 확인해 주었다. 남부에서 연방주의가 되살아날 수 있도록 시간을 주며 기다리자고 주장하던 세력도 점차 무력 행사의 필요성을 수긍하기 시작하였다. 4월의 첫째 주를 지나며 정부가 소속 자산을 지키기 위해 행동에 돌입할 것이 확실시되자 여론은 가파르게 돌변하였다. 드디어 밀워키(Milwaukee)의 한 신문 편집장은 "전쟁보다 더 사악한 악도 존재한다."라는 일치된 의견을 만천하에 공표하였다.

비공화당원들 사이에서도 전혀 예상치 못한 반응이 나타났다. 더글러스가 애국심의 발로로 링컨의 취임 연설을 칭찬하였을 때 공화당의 광신도적 정책을 거세게 공격해 오던 민주당은 커다란 충격과 심각한 분열, 그에 따른 정책의 혼선에 봉착하였다. 그리고 3월 중순 더글러스 자신도 링컨의 연설에 대한 해석을 놓고 상원에서 공화당과 대치하게 된다. 더글러스에게 링컨의 말은 평화를 의미하였으며 공화당에서 헌법 개정을 통해 이 정책을 뒷받침해 줄 것이라고 기대하였다. 그러나 공화당은 단순히 링컨에게 침략 의도가 없을 뿐 화해나 타협을 약속한 것은 아니라고 해석하였다. 요새를 둘러싼 충돌로 말미암아 북남부 지역이 떠나갈 것을 염려한 더글러스는 관세 동맹의 틀 안에서 평화적 분리를 허용하는 계획을 추진하기 시작하였다. 북부의 많은 민주당원들은 연방의 미래에 대한 우려와 공화당 정부에 대한 반감 등으로 이 혼란의 시기에 더글러스를 따르기로 결정한다. 한편 민주당의 일부 국수주의자들은 공화당원들보다 더욱 엄중하게 링컨의 '허약함'을 비판하였다. 여기에는 브레킨리지 파에 속하는 인사들도 끼어 있었으며 이들은 링컨에게 "남부 독재 정부와 허풍쟁이 배신자들의 거짓 위협"에 위축되지 말 것을 주문하였다. 전통적 연방주의를 따르는 옛 휘그당원들은 링컨의 '줏대없고 비겁하며 허약한' 행동을 비난하는 부류와 '병력 증강이야말로 모든 어리석은 짓 중에서도 가장 어리석은 짓이 될 것'이라고 주장하는 부류로 갈라졌다.

그러나 혼란의 와중에도 커다란 여론의 물줄기는 오직 한 방향으로 흐르고 있었다. 여기에는 수단의 종류에 관계없이 연방의 '신성한 사명'은 반드시 지켜져야 한다는 공통된 전제가 깔려있었다. 남부의 평화적 분리를 주장하는 사람들도 대부분 '목화 연맹(Cotton Confederacy)'이 몇 년 안에 기꺼이 연방의 품으로 돌아올 것이라는 믿음을 가지고 있었다. 그렇다면 링컨은 모든 대결에 있어서 연방을 침략자가 아닌 희생자로서 제시하여 국민의 깊은 애국심을 끌어올려야 할 것이었다. 명석한 두뇌의 더글러스는 이미 섬터 요새에 대한 링컨의 최종 정책이 어떤 형태를 띠게 될 것인지 몇 주 전부터 예견하고 있었다. 방어적 자세를 취하며 정부는 "탈퇴주들이 저항의 수단으로 도발이나 공격 행위를 먼저 취하도록 유도할 것이다. 그리고 전쟁의 책임은 분리주의자들에게 돌아갈 것이다." 링컨은 비밀리에 앤더슨의 부대를 지원하는 대신 평화적 구원 노력이라는 구실로 폭스의 부대를 파견하고 사우스캐롤라이나 주지사에게 이를 공개 통지함으로써 온 세상이 그의 평화적 의도를 증언할 수 있도록 조치하였다.

드디어 섬터 요새에서 첫 총성이 들려오자 몇 주 동안 기다림과 근심에 지쳐 있던 연방주의자들은 짜릿한 카타르시스를 느꼈다. 브라우닝이 "애국적 분노의 폭발"이라고 묘사한 격분한 여론은 가히 태풍과 같은 기세로 각종 대중 집회, 종교 모임, 주의회 사무실, 그리고 강렬한 신문 사설 등을 통해 분출되었다. 링컨의 비서들은 쏟아져 들어오는 격정적 편지들 속에 깔려죽을 지경이었다. 대통령의 옛 휘그당 시절 동료 중 한 명은 섬터 요새에 대한 포격이 "북부인들에게 전기에 감전된 듯한" 충격을 안겨주었다고 선언하였다. 각 지역 공화당은 정부에게 "방울뱀의 머리통을 깨부수는 데" 필요한 모든 지원을 아끼지 않겠다고 약속하였다. 조셉 메딜은 링컨에게 "북서부는 최후의 일인까지 그리고 마지막 지폐 한 장과 옥수수 푸대까지 지원할 것"이라고 격려하였다. 필요하다면 정부는 삼십, 사십, 오십만 아니 칠십오만 명의 군대라도 동원할 수 있을 것처럼 보였다.

종교계도 경제계도 국가 수호의 이름 아래 하나로 뭉쳤다. 인디애나와 뉴욕의 감리교도, 필라델피아의 장로교도, 웨일즈의 조합교회파, 뉴잉글랜드의 목사들, 종파를 막론하고 모든 종교 단체들은 앞다투어 링컨에게 결사 항전의 결의를 전해왔다. 이와 동시에 보수적 금융가들, 상인, 그리고 공장주들의 경계심도 뜨거운 애국적 열기에 증발해 버렸다. 분노의 폭풍은 '청교도적 양심의 소리가 1,000대의 직조기에서 나는 소리보다 더 크다'라는 사실을 증명하였다.

남부의 배신 행위에 대한 공통된 분노는 어제의 정치적 숙적을 오늘의 동지로 변화시켰다. 아이작 아놀드는 링컨에게 시카고의 공화당원과 민주당원이 '하나'로 융합되었다는 전문을 보냈다. 위스콘신에서는 이 두 당이 '어깨를 맞대고' 함께 일어섰다. 펜실베니아에는 더는 '정당의 분열'이 존재하지 않았다. 뉴욕에서는 민주당의 든든한 후원자이자 반 탄압론의 선봉에 섰던 이들이 "정부가 있건 없건 이 문제가 해결될 때까지 오직 연방당만이 존재하기를 바란다."라고 선언하였다. "나는 링컨을 뽑지 않았다." 이들 중 한 사람은 이렇게 말하였다. "그러나 지금이라면 나는 그를 선택할 것이다. 마치 워싱턴이나 제퍼슨, 잭슨을 선택하듯이……." 남부 일리노이의 트럼블은 남부의 권리를 옹호하던 이 지역 민주당원들조차 여론의 힘에 빨려들어 갔다고 보고하였다. 남부 편향적 신문 〈뉴

애국적 연방주의 1861
국기게양대의 모습이 들어간 전쟁 초기 연방에서 흔히 볼 수 있었던 인쇄물의 전형.
이 삽화는 링컨에게 헌정된 애국적 노래집의 표지로 쓰였다.

욕헤럴드(New York Herald)〉는 북부의 일치 단결한 여론의 힘에 놀란 나머지 입장을 바꿔 이렇게 선언하였다. "이제 북부에는 단 하나의 당, 단 하나의 질문, 단 하나의 이슈, 단 하나의 목적, 즉 정부 수호의 구호만이 존재한다."

앞선 투쟁 과정에서 그가 느꼈던 근심과 걱정을 모두 잊고 링컨은 이제 공고화된 여론으로부터 위안을 얻을 수 있었다. 후일 그는 "배신자들이……, 계속 명백한 잘못을 저지르도록 내버려 두고" 먼저 침략 행위를 하도록 만들어야 한다고 조언을 해준것은 오바일 브라우닝이었다고 증언하였다. "계획은 성공하였다." 링컨은 만족스러운 목소리로 선언하였다. "남부는 섬터를 공격하고 함락시킴으로써 소기의 의무를 다하였다." 그를 비난하던 아군이나 적들도 모두 그의 생각에 동의하였다. 〈뉴욕 타임즈〉와 〈트리뷴〉은 섬터 요새의 포기는 "눈부신 성공"이었으며 남부연맹은 "전쟁 발발에 대해 전적인 책임"을 지게 되었다고 평가하였다. 남부에 호의적인 신문 〈이브닝 데이-북(Evening Day-Book)〉은 우울하게

"교묘하게 짜여진 계략"으로 북부가 정치적 통합에 성공하였음을 보고하였다. 그리고 계속해서 "일부 민주당원들은 자신들을 기다리고 있던 이 함정에 풍덩 빠질 만큼 어리석었다. 눈멀고 가련한 인간들아!"라고 탄식하였다.

'국민의 전쟁'을 위한 전략

4월 14일 일요일, 워싱턴은 마침내 앤더슨이 섬터에서 항복하였다는 소식을 접하였다. 링컨은 즉시 자신이 전쟁통수권을 행사하고 전체 전략을 수립할 것이라고 선언하였다. 그날 오후 그는 전 내각 앞에서 각 주를 향해 7만 5,000의 병력 소집을 요구하는 공고문을 발표할 생각이라고 밝혔다. 그는 "일반적인 적법절차를 통해서는 이 조직을 무너뜨리고 연방 관할을 벗어난 요새와 자산을 회수하기 어렵다."라고 주장하였다.

다음날 신문을 통해 공고문을 발표하면서 링컨은 7월 4일을 기준으로 연방의회의 특별 회의를 소집하였다. 의회 회기 연장으로 주 방위군의 복무 기간은 3개월로 연장되었으며, 무엇보다 링컨은 아무런 방해 없이 통수권을 장악할 수 있는 기회를 잡을 수 있었다. 독립기념일 전까지 그는 반란 지역의 항구를 봉쇄하고 정규 병력과 해군력을 증강하였을 뿐만 아니라 4만의 3년 기간의 자원군을 모집하고 국고에서 200만 달러를 꺼내 민간인의 무기 구입을 지원하는 등 적극적인 행정 조치를 진행하였다. 특히 4월 27일 그가 군에게 워싱턴과 필라델피아 사이의 도로에서 수도를 향한 군대의 이동을 방해한 자에 대해 인신 보호 영장을 생략하고 즉시 체포할 수 있는 권한을 부여한 조치는 큰 논란을 불러 일으켰다. 그러나 그는 이 모든 과정에서 공식적 또는 비공식적인 의회의 지지를 확보하였으며, 문제가 되는 정계의 거물들과 협의할 때조차도 국가 통수권의

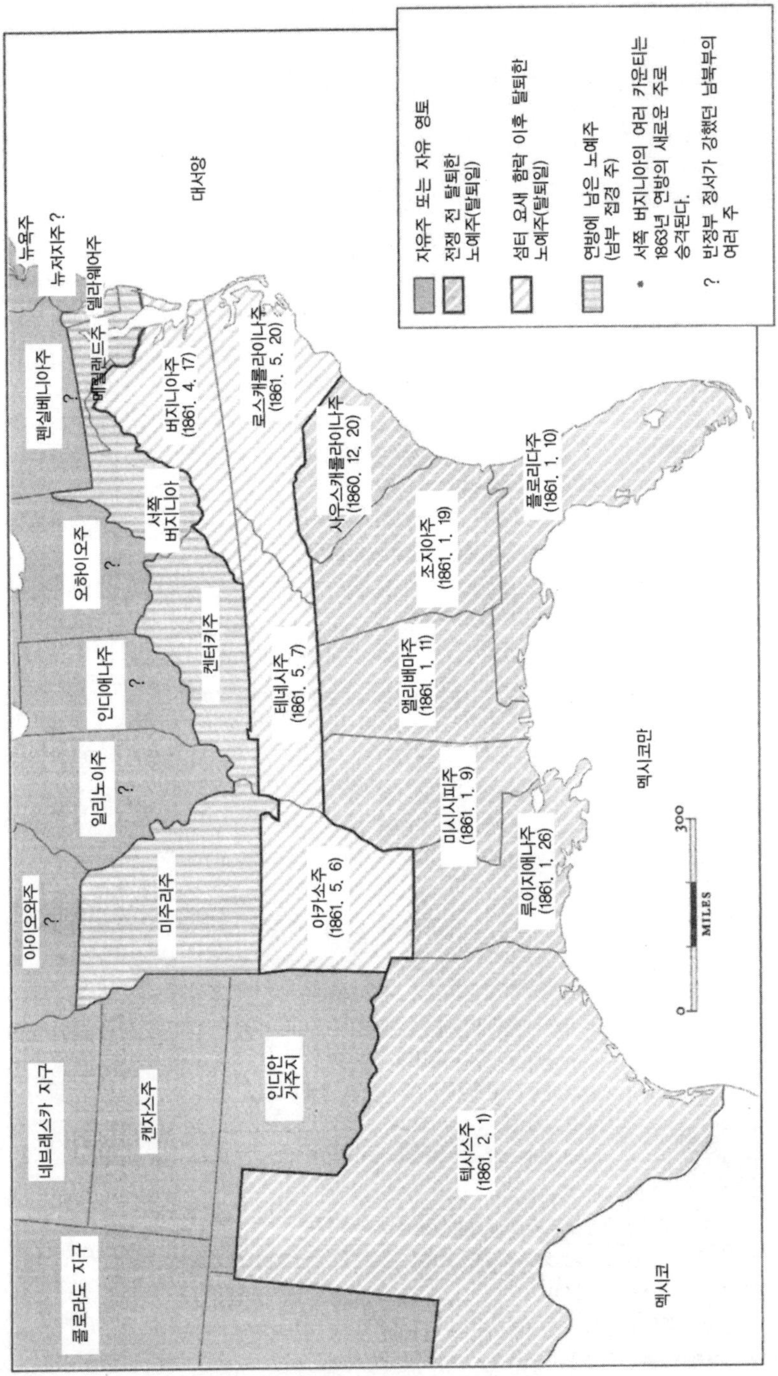

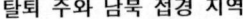

탈퇴 주와 남북 접경 지역
  남부의 7개의 주가 연방을 탈퇴하였고 섬터 요새의 함락 이후 링컨이 병력 소집을 공표하자 4개의 노예주가 추가로 연방을 탈퇴한다. 접경 지역의 잔류 노예주들은 정치, 군사적 전쟁터로 변하였다. 북부에서도 특히 중서부 각 주의 남부 카운티들은 전쟁 기간 중에도 강력한 친민주당, 반정부 정서를 유지하였다.

거취를 명확히 인식시켰다.

전쟁 초기 링컨이 단계적으로 취한 행동을 보면 그가 전략적 핵심 사안들을 얼마나 정확하게 통제하고 있는지 알 수 있다. 그에게는 세 가지 주요 목표가 있었다. 먼저 좁은 공화당의 영역을 벗어나 북부의 정치 기반을 광역화하고 이를 유지할 필요가 있었다. 그리고 필요하다면 모든 노력을 기울여 북부 노예주 안의 친연방 정서를 강화해야 했다. 마지막으로 남부 연맹를 둘러싼 올가미를 단단히 죄는 한편 이 전쟁이 국제 분쟁으로 비화하는 것을 방지해야 했다. 이 세 가지 목표에서 벗어난 정책이나 행정 조치는 연방의 대의명분을 무력화시키고 전쟁의 패배를 불러올 것이다.

링컨은 자신의 목표대로 3월에 태동하여 아직은 불안정한 통합의 분위기를 굳건한 포괄적 연방주의로 발전시키려면 북부 민주당의 거목 스테판 더글러스의 도움이 절대적으로 필요하다는 것을 알았다. 4월 14일 저녁 링컨은 백악관에서 자신의 오랜 숙적과 두 시간 동안 단 둘이 마주앉아 깊은 대화를 나눈다. 결국 더글러스는 비록 자신이 사력을 다해 막아보고자 했던 전쟁이라는 수단을 피할 수 없더라도 연방을 복구하기 위해서라면 모든 지원을 아끼지 않겠다고 약속한다. 바로 다음날 신문에서 더글러스는 국민적 관심이 쏠렸던 이 회담의 결과를 보고하며 전 민주당원들을 향해 애국적 의무를 다하도록 당부하였다. 두 사람은 오직 "과거는 묻어둔 채 현재와 미래에 대하여" 논의하였으며 "여전히 여러 가지 면에서 정부와 정치적 견해를 달리하지만" 그는 "대통령이 연방을 보존하고 정부를 유지하며 연방 수도를 방어하기 위해 헌법상의 모든 기능을 수행할 수 있도록 지원할 것"이라고 선언하였다.

더글러스는 약속을 지키는 의미에서 곧바로 기차를 타고 일리노이로 향하였다. 가는 길에도 그는 여러 연설을 통해 흔들리는 여론을 바로잡기 위해 노력하였다. 마침내 스프링필드에 도착하자마자 의회에서 그가 한 연설은 커다란 반향을 불러일으켰다. 그는 남부의 지도자들에게 기만당한 자신의 비통한 심정을 토로하며 민주당이 국운 앞에 몸을 낮추어야 할 이유를 역설하였다. 몇 주 후 시카고에서 그는 그의 생애 최후의 연설을 통해 당파를 초월하여 그의 앞에 구름처럼 운집한 청중을 향해서도 같은 메시지를 전달하였다. "전시에 중립이란 있을 수 없습니다. 당신이 '애국자'가 아니라면 '배신자'일 뿐입니다." 공화당은 일제히 목소리를 높여 그를 칭송하였으나 민주당의 화의파는 그에게 깊은 의심의 눈길을 보냈다. 의심의 목소리를 인식한 더글러스는 공개 서한을 발표하고 자신이 결코 링컨의 손에 놀아나는 것이 아니며 오직 "진정한 애국자만이 진정한 민주당원이 될 수 있음"을 기억해야 민주당의 이름을 드높일 수 있을 것이라고 호소하였다.

많은 국민들이 강력한 정치적 지도력에 목말라 하던 바로 그 시기에 정부의 대변인 역할을 자처함으로써 더글러스는 강력한 영향력을 발휘하였다. 링컨이 그와의 협의를 처음부터 너무 서두르자 그가 정부정책에 대한 비민주당의 영향력을 비공식적으로 인정하는 것이 아니냐는 관측이 나오기도 하였다. 메릴랜드에서 온 링컨의 한 지인은 더글러스가 "흑인을 옹호하는 공화당원들"의 발을 묶고 "연방의 통일성"을 보장해줄 것이라는 기대로 인해 메릴랜드는 탈퇴하지 않을 것이라고 확신하였다. 일리노이에서도 더글러스는 정부에 반대하거나 심하게 흔들리던 사람들, 즉 하원의원인 존 A. 로건, 윌리엄 리차드슨, 그리고 <시카고 타임즈(Chicago Times)> 편집장인 싸이러스 맥코믹과 같은 강건한 연방주의로 추스리는데 커다란 역할을 하였다. 4월과 5월 더글러스를 추종하는 북부의 민주당원들은 각종 공동 집회에서 눈부신 활약을 벌였다. 그러나 불행히도 체력을 급격히 상실한 더글러스는 6월 초 죽음을 맞이하였다. 그의 죽음은 분열과 쇠잔을 거듭하던 민주당뿐만 아니라 연방 전체에도 커다란 손실일 수밖에 없었다. 링컨의 백악관과 윌리엄 H. 싸워드의 국무부는 깊은 슬픔에 휩싸였으며 모든 관공서도 문을 닫고 그의 죽음을 애도하였다. 저명한 공화당의 편집장은 "이 환란의 시기에 그를 잃었다는 것은 전 국민의 비극이다."라고 통탄하였다.

그러나 민주당 안에 "정책에서 탈피해야" 한다고 주장하는 목소리가 오직 더글러스뿐만은 아니었다. 링컨 정부는 그를 대신하여 당시 '전시 민주당원'이라 불리던 초당적 견해를 가진 여러 유력 인사들에게 도움을 얻을 수 있었다. 뉴욕에는 존 A. 딕스, 존 코크레인, 다니엘 디킨슨이 연방주의의 전도사로 활약하였으며, 서부에는 존 A. 맥클러낸드와 데이비드 토드가, 그리고 접경 지역에는 앤드류 존슨이 있었다. 이들 중 여럿은 지난 11월 브레킨리지의 편에 섰던 사람들로서 메사추세츠의 벤자민 F. 버틀러, 뉴욕의 다니엘 E. 씨클레스, 그리고 일단의 서부 편집장들이었는데 이들은 막상 브레킨리지가 "남부로 내려가겠다."라고 결정하자 크게 애통해 하였다.

그러나 초기에 휘몰아치던 애국직 분노의 광풍 속에서도 많은 민주당원들은 더글러스의 주장에 저항하였다. 특히 옛 북서부 지역 남부의 여러 카운티와 남부 접경 지역, 그리고 뉴욕시 주변 지역에 자리잡고 있던 화의파들은 가장 강력한 반대 입장을 고수하였다. 4월 말 더글러스가 스프링필드에 도착했을 때 그는 링컨에게 "여기와 우리 주 일부 지역 주민들의 감정이 기대했던 것보다 훨씬 나쁘다."라고 보고한 바 있다. 그는 특히 남부 일리노이에 거주하는 '이집트인'들을 염두에 두었다. 당 지도부 중에서도 델라웨어의 제임스 A. 베이어드나 오하이오의 클레멘트 L. 벨란디엠 등은 처음부터 더글러스에 반대하였고 평화의 근원을 명백히 하기 위해 <콜럼버스 크라이시스(Columbus Crisis)>의 사무엘 메달리와 <뉴욕 데일리(New York Daily)>의 벤자민 우드와 같은 편집장들에게 의존하였다. 4월 15일 더글러스의 회담 결과 발표가 있은 직후 벨란디엠은 그와 정반대로 이 전쟁은 링컨의 강요로 인해 일어난 것이라고 주장하는 기사를 실었다. 그는 "모두 흥분을 가라앉히고 한 번 더 생각해 보면 3천만여 명이 서로를 학살하는 것을 잠재울 수 있을 것"이라고 주장하였다.

전쟁의 불가피성을 이해하고 침략의 책임을 물어 남부를 비난하던 민주당원들도 막상 전시 동안 당의 정책적 입장을 버리자는 주장에는 쉽사리 동의하지 않았다. 오랜 세월 동안 계속되었던 경쟁 체제로 말미암아 양쪽 당 사이에는 건널 수 없는 이념적, 그리고 감정적 골이 깊게 파여 있었다. 역사학자인 조엘 실베이가 명명한 "당파적 불가피성"이라는 측면이 링컨의 정당에 대해 민주당의 문화적으로 조성된 반감의 형태로 나타났다. 많은 당원들이 공화당원을 양키-청교도 광신도, 참견쟁이, 이념적 제국주의자라며 외면하였으며 전쟁의 궁극적 책임도 공화당에게 있다고 생각하였다. 공화당의 '폭력적이고 혁명적인' 노예 폐지론자들이 같은 당의 '보수적이고 애국적인' 목소리를 묵살하지 않으리라는 보장은 과연 어디에 있는가? 민주당이 연방 재통합의 길을 함께 걷기 위해 정부를 합심하여 지지할 경우 그 외의 이슈에서 과연 독립성을 유지할 수 있을 것인가? 제임스 베이어드는 초당적 연합에 동의함으로써 '민주당이 공화당에 흡수되는' 사태가 올 것을 두려워하였다. 더글러스의 애국적 의도와는 관계없이 그의 두려움이 전혀 근거없는 것은 아니었다. 실제로 공화당 전략가들은 이 '비당파주의'가 링컨과 행정부에 주는 이점을 잘 알고 있었다. 당파심을 애국심 안에 빠뜨린다는 전략은 결국 '국가' 또는 '행정부의 정당' 수립과 동의어로서 결코 공화당에 해로울 것이 없었다. 그러나 동시에 민주당원들을 마비시키거나 중립적 입장으로 몰아갈 위험성을 내포하고 있었다.

야당이 혼란에 빠져있는 동안 링컨은 저명한 민주당 정치인들을 군의 요직에 새로이 임명하거나 유임시킴으로써 협력을 향한 무언의 압력을 가하였다. 링컨은 취임 후 첫 몇 주 사이에 관례에 따라 뷰캐넌이 임명한 수천 명의 관리들을 해임하고 그 자리에 공로의 대가를 목 놓아 기다리던 충성스런 공화당원들을 앉혔다. 공화당이 돌아온 "정직한 에이브"라는 구호를 내걸었을 때부터 '부패한' 민주당원들을 쓸어내는 일은 이미 공약의 일부로 기정사실화되어 있었다. 또한 이것은 당원들을 통제하고 정부에 대한 충성심을 제고시킬 목적으로 관직을 통해 포상하던 당시의 관례를 따른 조치이기도 하였다. 하지만 결코 민주당원들의 호의를 얻을 수 있는 수단은 아니었다. 특히 아일랜드계 주민들은 그 정도가 너무 지나치다며 불평하였다. 더글러스 자신도 "일부 친구들이 해임되자 링컨이 자기를 무시했다."라며 불만스러워 하였다. 그러나 링컨은 초당적 협력을 이끌어 내기 위해 민주당의 아성에서 지원군을, 대개는 아일랜드계 인물들을 받아들이는데 전혀 주저함이 없었다. 특히 대통령이 임명권을 가진 장군직에는 민주당 인사들이 상당수 기용되었다. 남부가 탈퇴를 선언하기 전까지 군 안에는 민주당 계열의 고위직 장교들이 상당수 포진하고 있었으나 그 이후 전쟁 위기가 고조되면서 대부분 남부로 내려가 버렸다. 이들의 공석은 주로 웨스트포인트의 직업 군인과 민간인들로 채워졌으며 링컨은 이때(지역과 민족뿐만 아니라) 모든 정

치색을 반영할 수 있는 공정하고 일률적 인사를 하기 위해 노력하였다. 결과적으로 벤 버틀러, 존 딕스, 존('블랙잭') 로간, 존 맥클러낸드, 댄 시클스, 루 월레스와 같은 많은 민주당 인사들이 군 고위직을 차지하였다. 정부는 또한 기존의 민주당계 관리들을 승진에서 배제시키지 않겠다는 뜻을 분명히 하였다. 예를 들어 육군부의 돈 카를로스 뷰엘, 어빈 맥도웰, 몽고메리 C. 미그는 예상되는 공격에 대비하여 워싱턴 방어 체계를 구축한 공으로 승진하였다.

연방의회의 특별 회기가 시작되자 민주당 내 연방주의와 지도부의 능력에 대한 링컨의 판단이 정확한 것이었음이 밝혀졌다. 비록 전체 의석의 3분의 2를 차지한 공화당이 의회를 장악하고 있었으나, 링컨의 관심은 오직 소수 민주당의원들과 접경 주의 연방주의자들에게 쏠려있었다. 링컨은 이미 5월 초부터 의회에 전달할 메시지에 관해 골몰해왔다. 그는 설득력 있는 전쟁 사유와 정부의 기본적 입장이 보수주의에서 기인한 것이라는 점을 분명히 제시할 필요성이 있다는 것을 알고 있었다. 그는 섬터 사태로 이어지는 최근의 사건들을 간략히 요약하는 것을 시작으로 자신의 인내심에도 불구하고 반란군은 용서할 수없는 침략 행위를 저질렀다는 점을 강조하였다. 반란군은 연방을 공격함으로써−보편적 진리나 다름없는−인민 정부의 고결성과 권위와 인간의 권리에 대해 근본적인 도전을 한 것이다. 계속해서 링컨은 1863년 게티스버그에서 그중 몇몇 문장에 다듬어질 내용을 담은 문제를 제기했는데 이는 "헌정 공화국 또는 민주주의, −국민에 의한, 국민의 정부가 내부의 적에 대항하여 영토 보전을 유지할 수 있느냐 없느냐 하는 것이다."라고 지적하였다. 공화국은 모두 본질적으로나 운명적으로 결함 투성이인가? "과연 정부란 필연적으로 너무 강하여 국민의 자유를 억압하게 되거나 혹은 너무 허약하여 스스로의 존재를 지키지도 못하는 존재가 되어야만 하는 것인가?"

반란 세력은 인민의 의지로 수립된 정부를 버리고 '우리, 국민은'이라는 문구를 생략한 '원래의 훌륭한 것과 전혀 다른' 헌법을 채택하였다. 그들은 우리의 독립선언문에서 "모든 인간은 평등하게 창조되었다."라는 말도 삭제하였다. 그리하여 그들은 인간의 권리와 국민의 권한은 '보이지 않는 곳으로 밀어내버리고 삶의 경주에 뛰어든 모든 이의 어깨에서 짐을 덜어내고, 모든 이를 위한 길을 열어주기 위해 노력하며, 모든 이가 편안하게 출발하여 공정한 기회를 누릴 수 있도록 보장함으로써 삶의 질을 높인다는 목표를 추구하는 정부와 이러한 사명을 수호하는 일에 헌신할 것을 맹세한' 연방을 대신하여 '국민 간의 다툼'만을 유발하였다.

따라서 이 전쟁은 나라의 분열에 직면하여 워싱턴과 건국의 아버지들의 정치 철학과 가치를 수호하기 위한 보호적이며 보수적인 목적을 달성하기 위한 것이다. 배신자를 원한다면 남부를 보라. 연방 탈퇴는 영속적인 연방에 대항한 일부 폭도들의 불법적 반란 행위이다. 연방이 아직 건재하므로 공정한 사람이라면 결코 반란군의 토벌 후 정부가 나아갈 길에 대해 걱정하지 않을 것이다. 그리고 대통령으로서 링컨은 계속해서 헌법을 준수할 것이며 평화가 다시 돌아오면 "아마도 각 주와 국민의 권리에 관한 연방정부의 권한과 의무는 이전과 같이 그대로 유지될 것"이라는 말로 보수 진영을 안심시켰다. 여기서 "아마도"라는 말은 전쟁이라는 혼란에 직면하여 그의 조심스러움과 지성적 솔직함을 상징하는 것이었다. 그러나 이는 한편으로는 경고도 될 수 있는 것이었다. 하지만 그가 전달한 메시지의 뜻은 분명하였다. 즉, 반란에 연루된 모든 개인에게는 처벌이 내려질 것이나 남부 노예 소유 주의 재산권은 그대로 헌법에 준하여 보호하겠다고 약속한 것이다.

보수 진영의 우려에 대하여 링컨은 계속해서 자신이 섬터 요새 함락 이전과 이후 일관되게 헌법의 의무를 충실히 이행하였다는 것을 보여주었다. 그리고 그는 강한 설득의 어조로 행정 수반이자 최고 통수권자로서 전쟁을 수행하겠다는 자신의 결정은 결코 번복되지 않을 것이라고 못박는 한편 의회가 4월 15일 이후 자신이 취한 모든 행정 조치를 승인해 줄 것으로 기대한다고 말하였다. 그는 자신이 발표한 모든 공고 사항은 "엄격하게 말해 합법성 여부에 관계없이 국민적 요구와 공적 필요성"에 부응한 조치였을 뿐이라고 주장하며 의회의 승인을 요구하였다. 그리고 바로 이어서 그는 다음의 놀라운 말을 덧붙였다. "의회의 헌법적 권한을 벗어나는 일은 하나도 없었다고 믿습니다." 다른 무엇보다 더욱 민

감한 문제는 바로 링컨의 제한적 인신 보호 영장 발행 유보 조치였다. 사실 헌법에는 유보 권한의 거취에 대해 언급된 바가 전혀 없었다. 대법원장 로저 태니는 이 점을 들어 그를 공격하였으나 링컨은 태니도 알고 있다시피 대통령은 '법의 충실한 집행'을 서약하였지만 "단 한 가지를 제외한 모든 법을 무시했더라도 바로 그 한 가지 법을 지키려고 정부가 산산조각이 나야한다는 말입니까?"라는 말로 되받아쳤다.

링컨은 대통령으로서 자신은 옛 휘그당식으로 의회의 입법 권한을 해석하고 그 위에 잭슨주의적 집행력을 덧붙일 생각이라고 주장하였다. 이것은 의회를 넘어서 광범위한 초당적 지지를 얻기 위한 포석이었다. 결과적으로 의회는 영장 발행 유보건을 제외하고는 압도적으로 링컨의 모든 행정 조치를 승인하였다. 그리고 더 나아가 그가 원래 요청하였던 병력과 자금 규모를 훨씬 넘는 50만 병력 모집을 승인하고 국채 발행, 보호관세 인상 및 직접 과세 등의 수단을 통해 5억 달러의 예산을 제공한다는 내용을 결의하였다.

한편으로는 링컨이 주장한 전쟁 목적의 보수적 측면에 동의하면서 다른 한편으로는 국민적 애국심 때문에 전쟁 첫해 민주당은 선거전에서 크게 움츠러들 수밖에 없었다. 가을에 있었던 주의원 선거에서 민주당은 소극적 유세 활동을 펼치며 혼란스러운 모습을 보여주었다. 많은 '전시 민주당원들'은 환란의 시기에 후보자를 내세우는 것은 불충한 일이라고 생각하여 결과적으로 당이 공화당에 흡수되어 가는 것을 그대로 방관하였다. 그러나 전시 민주당원들은 주로 소수 엘리트들 뿐이었으므로 당의 핵심 지지층에는 그다지 큰 영향을 미치지 못하였다. 그러나 링컨에게 이들은 대의가 성공했음을 보여주는 관대한 연방주의자의 소중한 본보기였다. 민주당은 해체되지 않고 그 형태를 그대로 유지하였으나 대부분의 애국적 당원들은 국가의 우선적 과제에 공감하였다. 이들 중 많은 수가 1861년 봄과 여름에 이미 각 주의 여러 관직에 올라있던 당원들(가장 유명한 자로서는 로드 아일랜드의 주지사인 윌리엄 스프라그가 있었다.)의 권유에 따라 공직에 지원하였다. 따라서 백악관에게 벨라디엠과 민주당 내 화의파들은 단지 사소한 걱정거리이지 심각한 위협은 아니었다.

분리주의자들을 침략자로 규정하려는 링컨의 노력은 가상하였으나 섬터 요새 함락 후 4개 노예주가 추가로 떠나가는 것을 도저히 막을 수는 없었다. 그가 실제로 필요한 것보다 훨씬 적은 수의 주 방위군을 요청하였음에도 불구하고 북남부 지역의 주지사들은 링컨의 요구를 '침략'의 서곡으로 간주하였다. 버지니아 주는 4월 17일 주의회에서 탈퇴 법안을 가결한 뒤 5주 후 주민투표를 통해 이를 최종 승인하였다. 그리고 비슷한 성향의 정치인들이 지배하던 노스캐롤라이나, 테네시, 알칸사스 등이 곧 버지니아의 뒤를 따랐다. 남부 아팔래치아 지역에는 비록 소수이지만 강경한 연방주의자들이 존재하고 있었으나 6월 초 남부 연맹이 이 4개 주의 합류를 정식으로 승인함에 따라 남부로 편입되었다. 4개 주의 합류로 남부 연맹은 총 350만이 넘는 인구와 상당한 양의 농업 및 광물자원, 특히 남부 최대의 제철 시설을 새로이 확보하였다. 이후 얼마 지나지 않아 남부 연맹은 노포크에 있던 연방의 해군 기지와 하퍼스 페리의 무기고를 접수하였다.

이제 전쟁의 승패는 가장 북쪽에 위치한 노예주들의 행로에 달려있었으며 링컨도 이 사실을 잘 알고 있었다. "이 지역이 전부 우리에게 등을 돌리면 우리는 더는 전쟁을 감당할 수 없을 것이다. 만일 그렇게 된다면 즉시 연방 분리에 동의하는 편이 오히려 나을 것이다." 델라웨어, 메릴랜드, 켄터키, 그리고 미주리를 흡수한다면 남부 연방은 약 300만에 달하는 인구와 풍부한 물자를 얻게되는 것뿐만 아니라, 연방정부로서 워싱턴의 함락도 시간문제로 전락하고 오하이오강은 남부에게 자연적 방어막을 제공해 주게될 것이다. 또한 연방이 되찾아야 할 땅의 넓이는 감당할 수 없이 커지는 반면 노예주 지역은 하나로 통합하여 자유를 향한 사활을 건 투쟁에 커다란 동력을 얻을 수 있었다. 만일 링컨의 낙관적 기대대로 남부 주민들 사이에서 연방주의가 강하게 들고 일어난다고 하더라도 인구가 1,900만으로 줄어든 연방이 1,200만의 남부 연맹을 진압한다는 것은 무리한 일이 될 것이 자명하였다. 과연 이 4개 주는 어떤 선택을 할 것인가? 원래부터 노예 인구가 매우 적었던 델라웨어는 연방에 남을 것이 확실시되었으나 다른 3개 주의 움직임은 전혀 예상이 불가능하였다. 이 지역의 경제는 북부와 강하게 얽혀 있었으나 노예제도라는 사회적 장치에 대해서는 남부와 같은 이해관계를 공유하였다. 그리고 그 두 지역은 혈연으로 이어져 있었다.

　4월 15일 이후 링컨이 가장 역점을 두었던 사항은 수도 워싱턴의 안전을 확보하는 일이었다. 만일 그가 남부 연맹이 즉각 수도 공략에 나설 능력을 갖추었다고 과대평가하고 있었다면 이러한 근심은 충분히 이해할만한 것이다. 워싱턴을 방어하기 위해서는 메릴랜드와 역내의 북부로 향한 철도를 통제하는 것이 절대적으로 필요하였다. 그러나 볼티모어는 동부 해안 지역과 함께 분리주의자들의 소굴로 알려져 있었다. 4월 19일 워싱턴으로 향하는 첫 번째 부대가 볼티모어 역을 떠나 이동하던 도중 남부 연맹에 동조하는 일부 폭도들이 습격하여 병사 몇 명을 살해하고 여럿에게 총상을 입히는 사건이 발생하였다. 나머지 병력은 간신히 워싱턴에 도착하였으나 그 이후 6일 동안 북부로 향하는 철도와 전신망이 두절되면서 헤이의 말처럼 워싱턴은 "소문의 열병"에 시달려야 했다. 그러나 이 절체절명의 상황에서도 링컨은 냉철함을 잃지 않았다. 그는 내각의 보복 요구와 볼티모어를 통과하여 더 많은 병력을 불러들이기 위해 강제력을 동원해야 한다는 의견을 신중히 거부하였다. 그러나 다른 한편으로는 볼티모어의 비밀 분리주의자들의 기대대로 메릴랜드를 통과하여 더는 군병력을 이동시키지 않겠다는 약속도 하지 않았다. 그는 볼티모어를 향해 냉정하게 수도를 지키기 위한 다른 방법은 없다고 말하였다. "우리 군대가 두더지가 아닌 이상 땅밑으로 올 수도 없고 새가 아닌 이상 날아올 수도 없겠지요."

　그러나 그들에게는 뱃길이 남아있었다. 벤 버틀러가 선박을 이용하여 교묘히 볼티모어를 피해 체사피크만의 아나폴리스로 부대를 이동시켰다가 4월 25일 철길로 워싱턴에 들어오자 링컨의 "만면에는 웃음꽃이 피었다." 승리의 추는 다시 방향을 바꾸었다. 속속 후속 부대가 도착하고 수도 방위에 자신감을 갖게 된 링컨은 메릴랜드 분리주의자들과의 쫓고 쫓기는 게임에 더욱 박차를 가했다. 링컨은 버틀러와 스콧이 원하는 대로 주의회 개회 전에 분리주의자들을 즉시 체포하는 대신 잠시 대기하기로 결정하였다. 볼티모어 연방 의사당에 연방 병력이 결집하고 필라델피아와 워싱턴 사이의 병력 연결선에서 영장 발급 유보 조치가 발동됨에 따라 연방주의자들이 활기를 되찾아 가자 링컨은 '볼티모어에서 조

군대를 기다리며 긴장한 백악관의 모습
1861년 4월 민간 자원 부대가 백악관 앞 잔디밭을 행진하고 있다. 메릴랜드의 분리주의자들에 의해 전신망이 끊기자 수도 함락을 두려워하던 대통령은 충성스런 북부 병력의 도착을 기다리는 동안 거의 절망의 감정에 빠져들었다.

금만 더 조용히 유지될 수 있다면 메릴랜드는 연방의 품으로 돌아온 최초의 주가 될 수도 있을 것'이라는 생각을 갖게 되었다. 이는 현실이 되었다. 6월 연방의회 선거에서 연방주의자들은 압도적인 승리를 거두었다. 마침내 가을 존 A. 딕스 장군과 그의 병력이 통제하는 가운데 언론과 의회에 포진해 있던 일부 분리주의자들이 체포된 후 주 중서부 지역의 충성스런 민심에 힘입어 연방주의자들은 주지사 관저마저 차지하였다.

버지니아 서부 지역에 대한 대통령의 태도는 주로 워싱턴의 안전에 대한 우려와 이곳이 어디이든지 상관없이 노예주 내에서 연방주의가 힘을 얻을 수 있도록 지원하겠다는 굳은 결심 이 두 가지 요인에 의하여 결정되었다. 테네시 동부와 노스캐롤라이나 서부 지역을 아우르는 알러게이니-아팔라치아 산맥 건너편 지역과 더불어 버지니아 서부 지역은 충성심이 강한 지역으로 분류되었다. 이 지역 민심은 정계를 지배하는 부유한 노예소유주들이 몰려있는 타이드워터와

피에드몬 지역의 귀족주의에 대한 오래 묵은 반감에서 큰 영향을 받고 있었다. 버지니아가 탈퇴를 결의하자 이 지역 유지들은 링컨에게 편지를 보내 '압제'에 대항하여 서부 지역에 충성스러운 주정부를 수립하기 위해서 정부의 도움이 필요하다고 호소하였다. 일단 니콜라이를 통해서 '가능성을 열어둔' 조심스런 대응을 하도록 한 후 대통령은 곧바로 군사적 지원을 약속하였다. 이 지역을 확보한 나면 워싱턴의 안전을 더욱 공고히 하는 동시에 오하이오와 펜실베니아 인접 지역에 대한 방패막을 얻게 될 것이었다. 또한 셰넌도어 벨리에 있는 연방 병력을 지원하고 켄터키 동부 지역에 대한 보호를 약속함으로써 링컨이 열렬히 바라던 충성스런 테네시 동부 지역을 해방시키는 교두보를 마련할 수 있을 것이다.

6월에 조지 B. 맥클렐런이 필리피에서 연맹군에게 승리를 거두자 연방주의자들은 휠링에서 대회를 갖고 다음 두 가지 작업에 착수하였다. 위원들은 먼저 리치몬드에 있는 탈퇴주의자들의 정부에 대항하는 '재건' 주 정부를 수립하고, 휠링의 광석 딜러이자 법률가인 프란시스 H. 피에폰트를 주지사로 선출하였다. 신임 주지사는 곧 바로 주의회를 구성하고 두 명의 상원의원과 의회가 승인한 세 명의 대표를 워싱턴으로 파견하였다. 링컨은 휠링에 수립된 정부를 주의 일부분에서 제한된 투표에 의존한 것이긴 하지만 정식 승인하였다. 그는 의회에서 "이 충성스러운 시민들이자 이 정부를 버지니아로 인정하며 그에 상응하는 보호를 제공할 것이다."라고 의회에서 선언하였다.

그리고 뒤를 이어 그는 더욱 논쟁적인 제안을 하였다. 그는 이 충성스런 지역을 독립된 행정구역으로 분리하여 카와나주(후일 웨스트버지니아)로 명명하자고 제안하였다. 가을과 겨울 내내 여러 번의 회의와 투표를 반복하는 지루하고 복잡한 과정을 거쳐 마침내 웨스트버지니아의 주헌법은 1862년 4월 공적인 승인을 얻게되었다. 곧이어 5월 버지니아의 '재건' 주의회는 새로운 주정부 수립에 합의함으로써 주의 분리 시 반드시 주의 동의를 얻도록 명시한 헌법 조항의 기술적 문제를 해결했다. 그러나 리치몬드 정부의 영향권 아래 놓인 타 지역의 투표권을 배제한 채 소수의 투표를 바탕으로 이루어진 이 결정은 사실 헌법상으로도 모호한 초법적 조치였다. 그럼에도 불구하고 연방의회는 웨스트버지니아

주를 인정하는 법안을 통과시키며 링컨에게 가장 어려운 마지막 결정을 남겼다. 이 문제에 관해 내각은 확연히 둘로 갈라졌다. 특히 법무장관과 다른 두 명은 이것이 명백한 위헌이며 남부의 탈퇴 의결과 전혀 다를 바 없다고 주장하였다. 그러나 링컨은 이 법안이 "연방의 전국적 권위를 재건하기 위한" 조치였음을 강변하며 결국 그해의 마지막 날 법안을 최종 승인하였다.

링컨은 메릴랜드와 웨스트버지니아 문제를 단호한 자세와 분명한 비전, 그리고 예리한 판단력을 바탕으로 현명하게 헤쳐나갔다. 그러나 훨씬 서쪽에 위치한 미주리의 상황은 전혀 다른 국면으로 전개되었다. 물론 그는 이 주의 전략적 중요성을 충분히 이해하고 있었다. 노예주 지역의 최북단에 위치한 미주리는 삼면이 자유주와 인접하고 무엇보다 북서부의 하계 수로를 통제할 수 있는 군사적 요충지였다. 그러나 링컨은 이 주의 복잡하고 까다로운 정치 상황에 대해 아는 바가 전혀 없었다. 내각 안에서는 에드워드 베이츠와 몽고메리 블레어가 미주리를 대변하며 각각 서로 다른 목소리를 내고 있었다. 베이츠는 이 지역의 보수 진영에, 그리고 블레어는, 특히 동생 프랭크 블레어를 통해, 진보 진영에 각각 연결되어 있었다.

링컨의 가장 큰 고민은 미주리의 분리주의자들을 얼마가 강경하게 몰아붙일 것인가 하는 문제였다. 당시 이들은 미주리강 유역의 카운티와 세인트루이스 근방에 집결해 있었다. 4월 25일 용맹한 나다니엘 라이온은 세인트루이스의 연방 지지자들을 이끌고 시내에 있던 연방 무기고를 안전하게 일리노이 지역으로 피신시키는데 성공하였다. 바로 이어서 5월 10일 시 외곽에 위치한 캠프 잭슨에서 남부에 동조한 의용군의 항복도 받아내었다. 보수 진영은 서부 지역을 담당하는 윌리엄 하니 장군과 연대하여 유화 정책을 통해 분리주의자들을 무력화시키자고 목소리를 높였으나 블레어와 라이온이 이끄는 급진적 통합주의자들은 워싱턴의 몽고메리 블레어를 이용하여 링컨에게 보수주의자들이 반란군의 위협의 심각성을 간과하고 있다는 사실을 각인시키는데 성공한다. 베이츠나 윈필드 스코트도 하니를 지지하였으나 링컨은 마지못해 프랭크 블레어에게 위기 시에 장군을 해임할 수 있는 재량권을 허용한다. 블레어는 즉시 라이온으로 하니의 자리를 교체하고 하니가 탈퇴 세력과 맺었던 평화협정을 파기하였다. 6월 중순이 되자 블레어에게 재량권을 위임한 링컨의 결정이 잘못된 것이었음이 분명히 드러났다. 미주리는 심한 교전 상태에 빠져들고 있었다.

역사학자들은 대체로 미주리에 대한 링컨의 행동이 현명하지 못했다고 평가한다. 니콜라이와 헤이는 하니와 보수주의자들이 배신자들의 감언이설에 "눈멀고 기만당했다."라고 생각하였나. 그러나 반란군의 결집이 시작되고 알칸사스에서 침략 위협을 가해오자 링컨과 블레어는 큰 위기감을 느꼈다. 대부분의 역사학자들은 이들의 마음속에 뿌리 박힌 오랜 두려움, 게릴라 습격 사건, 전시 미주리에 난무하던 온갖 불화 사건 등이 이들을 움직였으리라고 인정하면서도 하니의 보수적 접근법대로 대다수의 충성스런 주민들이 그 모습을 드러낼 수 있도록 충분한 시간을 주었더라면 이 중요한 시기에 연방에 훨씬 더 유리한 상황에 전개되었으리란 생각을 떨쳐버리지 못하고 있다. 만일 링컨에게 좀 더 공평하고 현지 사정에 밝은 조언자가 있었더라면 그의 결정은 달라졌을지도 모른다. 그리고 또 하나 대통령 선거 당시 더글러스와 벨이 이 주에서 큰 지지를 받은 반면 남부 편향적 브레킨리지는 다른 남부 지역에 비해 눈에 띄게 적은 표를 얻었다는 사실도 그의 오판을 유도한 주요 요인이었다. 그는 미주리야말로 분리주의자들에 대해 단호한 선제공격을 취할 수 있는 최고의 적격지라고 판단하였다. 그러나 폭력과 무법이 횡행하고 정계에서 뱀의 소굴이라는 별칭까지 얻었던 미주리의 상황을 고려해 볼 때, 전쟁으로 인해 묵은 감정을 청산할 절호의 기회가 주어진 마당에 링컨이 1861년의 또다른 정책이었던 하니식으로 미주리를 다루었다고 하더라도 주의 평화를 지속시킨다는 것은 무리가 아니었을까 하는 의문은 남는다.

반대로 켄터키를 다룬 링컨의 솜씨에 대해서 역사학자들은 일률적으로 높은 점수를 주었다. 이 접경 주를 결코 놓칠 수 없었던 링컨은 미주리의 경우와 달리 끈질긴 인내심을 갖고 문제에 접근하였다. 링컨이 켄터키를 다루면서 보여주었던 끈기와 집념은 고향에 대해 가질 수 있는 특별한 감정이나 켄터키가 보유한 방대한 축산물과 농산물 및 제조 시설 등을 염두에 둔 이해타산보다는 그가 이 지역이 가진 전략적 가치를 충분히 인식하고 있었기 때문에 가능하였다. 그는 "나는 켄터키를 잃으면 전체 게임에서 진 것과 다를 바 없다고 생각한다."라고 말하고 "켄터키 없이는 미주리나, 아마 내 생각에, 메릴랜드도 지킬 수 없을 것이다."라고 주장하였다. 켄터키는 오하이오강 남부 유역의 통제권을 의미하였으며 연방에게 상업적 교역의 동맥이자 군사적 방어선, 그리고 동부와 서부의 전장을 잇는 교량을 제공해 줄 수 있었다.

그러나 링컨은 켄터키 연방 주의 여론을 움직이려는 섣부른 시도는 위험부담이 크다는 것을 알고 있었다. 그는 미주리와 달리 이 지역 민심에 훨씬 더 친숙하였다. 특히 당시 루이스빌에 거주하고 있던 그의 오랜 친구 조슈와 스피드와 스피드의 동생 제임스는 그의 가장 든든한 조언자였다. 그는 또한 연방주의 경향의 〈옵서버(Observer)〉와 분리주의를 옹호하는 〈스테이츠맨(Statesman)〉을 포함하여 렉싱턴에서 발행되는 신문을 여럿 구독하고 있었다. 군대를 파견하라는 연방의 요구를 거부하고 남부 편향적 주지사 버라이어 메거핀이 남북 양측에 모두 물러설 것을 경고했을 때 링컨은 그대로 침묵을 지켰다. 그는 켄터키의 친정부 진영 지도층 인사에게 그에게는 언제든지 주 영토를 통하여 연방군을 이동할 수 있는 '절대적 권리'가 있으나 '켄터키가 연방에 대항하여 군사력을 행사하지 않는다면 결코 침략하지 않겠다.'라고 말하였다. 그대신 그는 이 기간 동안 강 반대편에 '오하이오 저지선'을 구축하는데 전념하였다. 전쟁 발발 며칠 후 미시시피강과 만나는 지역에 위치한 전략적 요충지인 일리노이의 카이로로 군대를 이동시킬 때에도 오하이오, 인디애나, 일리노이 주지사들의 주장에 반하여 켄터키 주의 '중립' 의사를 존중할 수 있도록 주 영토 내로 진군하지 않겠다고 결정하였다. 그러나 정부군의 카이로 점령은 켄터키의 일부 중립주의자들에게는 심한 압박감으로 작용하였다. 켄터키의 한 상원의원은 이 '용납할 수 없는 침략 행위'에 대하여 거친 항의 편지를 전달하였다. 헤이는 이에 대해 대통령을 대신하여 "만일 대통령께서 카이로가 당신네 상원 관할 지역인 줄 아셨더라면 결코 부대 이동을 지시하지 않으셨을 것입니다."라는 냉소적인 답장을 보냈다.

로웰이 "작은 어린애 같은 정책"이라고 부른 켄터키에 대한 링컨의 관용적 태도는 북부의 많은 이들에게 비겁하고 굴욕적인 것으로 비춰졌다. 그러나 이 기간 동안 켄터키에 있는 옛 휘그당과 클레이-크리텐든의 계보를 잇는 연방주의자들은 전열을 정비할 시간을 벌었고 따라서 6월 주의회 선거에서 큰 성공을 거두었다. 이제 정부는 섬터의 영웅이자 켄터키 출신인 로버트 앤더슨을 강 건너 신시네티에 배치시키고, 그를 통해 켄터키의 자원군을 모집할 수 있었다. 정부는 또한 또 다른 켄터키인으로서 젊은 해군 대위 윌리엄 넬슨을 이곳에 내려보내 은밀히 주 의용군을 조직하도록 지시하였다. 8월이 되자 상황이 돌변하여 연방주의자들이 주의회를 완전히 장악하자 넬슨은 공개적으로 켄터키 내에서 4개의 연대를 모집하였다. 이에 자극받은 매거핀이 부대의 해체를 간청하자 링컨은 현지 주민들의 지지를 받으며 자발적으로 구성된 조직에 반대할 수 없다는 이유를 들어 이를 거절하였다.

"중립은 오래가지 못할 것이다." 헤이는 8월 22일자 자신의 일기에 이같이 적었다. "우리는 켄터키 땅을 통과해야 한다.-그리고 북부는 연방 세력의 무장해제를 좌시하지 않을 것이다." 이 부분에서 그에게는 선견지명이 있었던 것 같다. 켄터키는 양면성을 가진 일련이 사건을 거치면서 곧 중립을 버리고 기다리고 있던 링컨의 품으로 안겨들었다. 먼저 9월 2일 남부군이 켄터키로 침공해온 사건이 발생하였다. 남부군의 성미 급한 장군 기디온 필로우는 미주리에서 나다니엘 라이온이 링컨에게 그러했듯이 제퍼슨 데이비스의 숨겨진 약점으로 밝혀졌다. 미시피강 유역 콜롬버스에 주둔하고 있던 그는 율리시스 S. 그랜트가 미주리의 벨몬트로 진입하자 연방군이 이 지역을 콜롬버스 공략과 하천 교통 통제의 도약판으로 활용할 것이라 지레짐작하고 서둘러 켄터키로 진격해 들어갔다. 필로우는 그의 사령관인 레오디다스 폴크에게 제퍼슨 데이비스가 취했던 것처럼 선제공격을 명령하도록 설득했으나 곧바로 켄터키 정부는 항전 태세에 돌입하였고, 그랜트는 당당히 연방군을 이끌고 오하이오강 건너 파두카에 입성하였다. 양측 진영으로 지원군이 쏟아져 들어왔으나 남부군이 그린 강 인근 남부 지역을 벗어나며 휘청거리기 시작하자 북군은 쉽사리 우위를 확보할 수 있었다.

그러나 동시에 이웃 미주리주에서는 이와 반대로 켄터키를 고수하려는 링컨의 모든 노력을 수포로 돌아가게 만들 수 있는 사건이 일어났다. 8월 30일 세인트루이스에서 서부 지역 총사령관 존 C. 프레몬트는 세상을 깜짝 놀라게 할 만한 발표를 하였다. 게릴라군을 진압하고, 특히 노예 소유 주들의 본거지인 남부 여러 카운티의, 남부 지원 활동을 제한하는데 혈안이 되어 있던 그는 결국 미주리에 계엄령을 선포한다. 그는 이 포고령을 통해 군법재판의 발동과 무장한 시민의 처형, 적에 동조한 시민의 재산 압류, 그리고 반란군 노예의 해방을 선언하였다. 이것은 그가 원래의 후원자 프랭크 블레어와 사이가 멀어지면서 오웬 러브조이, 존 A. 걸리, 특히 그의 아내 제시 프레몬트의 강한 영향을 받으면서 생긴 결과였다. 프레몬트는 링컨이 지난 7월 임명 직후 그를 서부로 떠나보내면서 "나는 장군에게 백지수표를 위임하였습니다. 그러니 자신의 판단에 따라 최선을 다해 주십시오."라고 한 말을 기억하고 있었다. 따라서 안정되어 가고 있던 켄터키의 정계 구도를 송두리째 무너뜨릴 수 있는 중대한 발표를 하면서 대통령에게 일언반구 언급도 하지 않았다. 그리고 그의 선언은 1861년 링컨에게 전시 최대의 위기 상황을 안겨주었다.

링컨은 즉시 그에게 특사를 파견하고 비밀리에 서한을 전달하였다. 남부 연맹의 보복을 우려하여 그는 장군에게 계엄령에 준한 발포 명령 전에 반드시 자신에게 승인을 요청하도록 지시하였다. 그리고 그의 자산 압류와 노예 해방 조치가 "남부의 연방 동조자들을 위협하여 우리에게 등을 돌리도록 만들고 무엇보다 켄터키에 대한 우리의 기대를 무너뜨릴 수 있는 중대한 위험성"을 내포하고 있다고 경고하였다. 링컨은 프레몬트에게 계엄령의 수준을 연방의회가 지난 8월 초에 승인한 징발법 수준으로 완화하도록 지시하였다. 이 법안은 연방 정부가 적법 절차에 따라 남부 연맹에 동조한 노예를 징발 및 해방시킬 수 있도록 규정하고 있었다.

충실한 연방주의자들이 보내온 각종 상황 보고를 통해 링컨은 프레몬트의 행동으로 콜럼버스 사건에 힘입어 성공적으로 대단원의 막을 내리려던 접경 주에 대한 모든 전략이 일거에 무너질 지도 모른다는 자신의 우려가 현실화될 기미를 보이고 있음을 알게 되었다. 스피드 형제는 정파에 관계없이 모든 켄터키

주민들이 약 2만 명에 달하는 노예들의 해방 위협에 맞서 저항할 것이라고 경고하였다. 조슈아는 만일 이 포고령을 무효화하지 않으면 "주 안의 친연방 세력은 초토화될 것"이라고 예상하였다. 그리고 앤더슨은 대통령에게 "프레몬트가 실제로 노예해방을 선언하였다는 소식을 듣자마자 전체 자원군이 무기를 버리고 부대를 떠났다."라고 보고하였다.

그러나 프레몬트는 링컨의 깊은 의중을 전혀 이해하지 못하였다. 단지 링컨이 자신을 책망한다는 생각에 흥분한 나머지 그는 대통령의 지시를 무시하고 아내를 백악관으로 보내 링컨이 자신의 공식적 후퇴를 원하는지 따져 묻기로 하였다. 남편보다 한 수 위의 정치 감각을 자랑하던 제시 프레몬트는 백악관에서 강력한 맞수 링컨을 만나 결국 설득에 실패하였다. "장군은 결코 흑인을 전쟁에 끌어들이지 말았어야 했습니다." 그녀는 링컨이 했던 말을 이렇게 회상하였다. "이것은 위대한 국가적 목표를 향한 투쟁일 뿐 흑인과는 아무 상관이 없습니다." 프레몬트의 요구에 대해 대통령은 공개 서한을 통해 그의 포고령을 징발법에 준하는 수준으로 손질함으로써 '가볍게' 대답을 대신하였다. 보수 진영에서는 대통령의 조치가 '일관되고 철저하며 정당한' 간섭으로서 연방주의를 살려냈다고 찬사를 쏟아냈다. 링컨은 이 사건으로 "내 안에는 아직 휘그당원의 모습이 많이 남아있다."라는 사실을 자인한 셈이 되었다.

켄터키에서 공포가 물러가고 축하의 분위기가 그 자리를 대신하자 연방주의 여론은 또 한 번 방향을 틀어 새롭게 흐르기 시작하였다. 프레몬트의 포고령은 전국을 충격에 빠뜨렸으나 한편 전쟁의 논리를 정확히 꿰뚫었다는 점에서 진보 진영을 포함한 많은 국민들의 지지를 얻었다. 사실 전쟁 초기부터 링컨에게는 전쟁을 통해 노예제도를 없애야한다는 요청이 끊임없이 쇄도하고 있었다. 칼 슈츠도 일찍감치 헤이에게 민주당원 중에도 "이제 모든 고난의 원인을 걷어낼 때가 되었다."라고 생각하는 이가 다수 존재한다고 말한 바 있다. 그리고 반란군 노예소유주의 탈주 노예를 '전리품'으로 규정한 벤 버틀러의 군사 조치는 큰 박수를 받았다. 불런의 대패로 큰 충격을 받은 정치 지도자들 사이에서도 이 주장은 큰 힘을 얻기 시작하였다. 크리텐든과 존슨의 보수적 결의안이 워싱턴에서

존 찰스 프레몬트 육군 소장(1813~1890)
1861년 7월부터 11월까지 서부 지역 총사령관으로 재직하였으나 부적격한 인사라는 평가를 받고 물러났다. 그의 군 경력은 1862년 여름에 최종적으로 종결되었다.
일부 진보론자들은 1864년 그를 대통령 후보로 추대하였으나 실패하였다. 링컨은 그를 '극악무도한 악당이자 최고의 얼간이'라고 일컬어지는 짐 젯 일당에 비유하기도 하였다.

광범위한 지지를 누리는 동안 다른 한편에서는 반란군 노예소유주에 대한 공격의 군사적 필요성도 함께 힘을 얻어가고 있었다. 징발법은 이러한 분위기 속에서 켄터키 의원 크리텐든의 강력한 항의에도 불구하고 열띤 논쟁 끝에 통과되었다. 이것은 배신자를 처벌하고 '반란군의 병참부'를 약화시키고 싶어하는 대다수 국민의 열망에 부응한 조치였다.

한편 프레몬트의 포고령을 약화시킨 링컨의 행동은 민심의 강력한 반발에 부딪혔다. '노쇠한' 대통령은 혈기왕성한 장군의 무릎을 완전히 꺾을 수 없었다. 노예제도에 반대하는 유니테리언교의 목사 몬큐어 D. 콘웨이는 그릴리에게 이제 링컨의 이름은 국민들 사이에 환호성 대신 신음소리를 불러올 뿐이라고 말하였다. 백악관에는 항의의 편지가 홍수처럼 밀려들었다. 북서부 지역의 반발은 특히 거세었다. 병력 모집에 차질이 빚어질 것이라는 우려의 목소리도 들려왔다. 물론 주로 민주당원으로 이루어진 노예제도 반대론에 거부감을 가진 일부 국수주의자들은 대통령의 결정에 환영 의사를 표현하였다. 그러나 양당의 보수 진영은 예상과 달리 놀랍게도 한 목소리로 대통령의 단호한 조치를 요구하였다.

<네셔널 인텔리젼서(National Intelligencer)>, <세인트루이스 리퍼브리칸(St. Louis Republican)>, <시카고 타임즈(Chicago Times)>, 그리고 베넷의 <뉴욕헤럴드(New York Herald)>까지 모두 프레몬트의 결단력을 칭송하였다. 그러나 링컨은 켄터키의 오랜 정치 동반자 오라일 브라우닝이 "정부의 편에 선 모든 이들은 비공식적으로 이 포고령을 용인하였다."라는 책망 섞인 편지를 보내왔을 때 가장 큰 충격을 받았다. 브라우닝은 계속해서 "성문법의 어디에도 이 조치를 허용하는 조항이 없다는 것은 사실이나 과거의 헌법이나 법 조항을 철저히 준수하면서 전쟁을 수행한 경우도 또한 없으며 있을 수도 없다."라고 지적하였다. 헌법과 법률에 대하여 전쟁을 선포한 배신자들은 보호받을 권리가 없다고 주장하며 그는 "배신자가 자신의 목숨보다 흑인 노예를 더 소중히 여기겠습니까?"라고 질문하였다.

링컨은 자신의 친구가 평소의 법률적 소신을 버린 것이 아닌가 걱정된다고 말하며 자신의 놀라움을 고백하였다. 그는 브라우닝에게 보내는 답장에서 이 포고령이 얼마나 법과 헌법의 기본적인 기준에 미달하는지 증명하는 것을 시작으로 하여 영구 재산 압류와 노예해방은 "순전히 정치적 행위일 뿐 군법의 범주에서도 벗어난 불필요한 일"이라고 해명하였다. 이는 입법자의 범주를 벗어난 것이며, "단순한 독재"라고 표현했다. 그 다음 링컨은 자신이 택한 전략의 핵심 내용을 더할 수 없이 명확하게 설명하였다. 그도 물론 프레몬트의 포고령을 승인하면 쉽사리 민심을 돌릴 수 있다는 사실을 알고 있었다. "그의 행동이 일부 사람들에게 인기를 얻은 것은 사실이고 만일 완전한 노예 해방 선언문이었다면 더욱 큰 인기를 얻었을 것이다."라고 인정하였다. 그러나 켄터키를 잃을 위험이 있으며 더 나아가 '전체 게임에서도 패할 수' 있을 뿐 그 이상은 아니라고 보았다. '섣부른 움직임'은 통합된 기반을 해칠 지도 몰랐다. 따라서 그는 브라우닝에게 "선거 때나 다른 공문서를 승인할 때 그랬듯이 남자답게 나를 지지해 달라. 우리는 반드시 승리할 것이다."라고 호소하였다.

여러 가지 단점에도 불구하고 링컨의 광범위한 정책은 놀랍도록 효과적인 것으로 드러났다. 12월이 되자 남부 연맹에 참여하지 않은 남부 지역은 크게 안정되었다. 그는 의회 연설을 통해 '작지만 고결한 델라웨어'의 기개와 선거를 통해 보여준 메릴랜드인들의 충실한 연방주의, 아마도 결코 변하지 않을 켄터키의 연방 잔류 결정, 그리고 비교적 안정되어가는 미주리, 서부 버지니아인들의 '국가의 주인'다운 충성심에 대해 깊은 만족감을 표현하였다. 처음에는 단 한 명의 병사도 지원하지 않겠다던 메릴랜드, 켄터키, 미주리가 이제 총 4만 명 이상의 군대를 연방에 제공하였다. 그는 더 나아가 충성스런 연방의 지지자들이 기다리고 있는 테네시 동부와 노스캐롤라이나 서부를 켄터키 외 기타 지역과 철도로 연결하는 군사작전을 실시하자고 제안하였다. 여기서 보다시피 링컨은 여전히 미주리의 상황을 지나칠 정도로 낙관하고 있었으며, 애팔래치아 지역 연방주의자들을 해방시키려는 그의 노력도 계속적인 실망감을 맛봐야 했다. 그러나 종국에는 자신의 선택이 옳다고 증명될 것이라는 그의 믿음까지 틀린 것은 아니었다. 그리고 이 북남부 지역은 시간이 지남에 따라 그 전략적 가치를 잃어갔으나 1862년, 그리고 그 이후 링컨의 생각이 발전해 나가는데 있어서 계속적으로 중요한 역할을 하였다.

　북부의 비공화당원들과 접경 지역의 연방 지지자들을 하나로 통합하는데 성공한다 하더라도, 만일 유럽의 열강들 중 하나 또는 그 이상이 남부를 지원하고 나선다면 모든 수고는 수포로 돌아갈 것이다. 링컨은 국제 관계에 관한 한 완전히 문외한이었지만, 내전에 돌입한 나라가 외부 세력의 손쉬운 희생양이 될 수 있다는 것만큼은 잘 알고 있었다. "파벌로 인해 국내가 분열된 국가는 외부로부터 무시당할 수 있습니다." 그는 의회 앞에서 이렇게 말하였다. "그리고 물론 양쪽 다는 아니겠지만 이중 한쪽은 곧 외세에 의지할 가능성이 매우 큽니다." 링컨은 외교 업무에 직접 관여할 생각은 없었으므로 일단 유능한 국무부장관에게 모든 일을 위임하였다. 그러면서 한편으로는 그의 전략적 목표 달성에 방해가 되는 일이 발생한다면 언제든지 끼어들 각오를 다졌다. 정부가 바랄 수 있는 가장 이상적인 상황은 주변 열강이 남부 연맹을 불법적인 정부로 규정하고 물질적으로나 정신적으로 이들을 지원하지 않으며, 연방 정부의 남부 항구 봉쇄 조치를 적법한 내란 진압 수단으로 인정해 주는 것이겠으나 정부는 가장 현실적인 대안으로 전쟁 회피를 목표로 삼았다.

　연방이 가장 신경써야 할 나라는 당연히 전 세계 최고의 해군력을 자랑하는 영국이었다. 프랑스도 상당한 위협이 되었으나 영국과 별개의 행동을 취할 가능성은 매우 낮았다. 따라서 섬터 요새 함락 이후 수 주가 지나지 않아 파머톤경이 이끄는 영국 정부가 남부 연맹을 교전국으로 인정하고 중립 선언을 하자 링컨 정부는 바짝 긴장할 수밖에 없었다. 물론 유럽의 다른 여러 나라들도 연달아 영국과 같은 대열에 합류하였다. 시워드는 '우리 안의 호랑이'처럼 으르렁거리며 온갖 욕설을 퍼부어 댔다. 그는 영국이 공개적으로 반란군 지지 선언을 한 것으로 받아들였다. 그러나 유럽 측에서 보면 영국의 반응은 링컨의 항구 봉쇄 조치에 따라 논리적으로 택한 전시 관례에 불과할 뿐 남부의 외교적 승인과는 거리가 멀었다. 항구 봉쇄는 국제법에 따라 한 주권국이 타 주권국에 대해 취하는 행동으로 정의되어 있으며, 제삼국은 중립 선언을 통해 이 조치를 존중하는 것이 관례였다. 이 정의에 따르면 한 국가가 스스로를 봉쇄한다는 것은 불가능하였으므로 링컨의 항구 봉쇄 조치는 스스로 내걸었던 내란 진압이라는 대의명분에 상충하는 것이었다. 링컨은 곧 상원 외교위원회의 찰스 섬너를 급히 불러들여 이 문제를 상의하고 시워드가 항전의 의지를 불사르며 주던던 미국영사인 찰스 프랜시스 아담스에게 보내려고 작성한 군사 전문을 수정하기로 결정하였다. 우리는 대통령이 직접 수정한 이 문서를 통해 그의 날카로운 외교 감각을 확인할 수 있다. 또한 아담스의 유한 성격을 걱정한 링컨은 그에게 문서의 내용을 숙지한 상태에서 영국의 외상 존 러셀경과 대면할 것이며 절대로 그에서 직접 이 글을 읽거나 보여주어서는 안 된다는 특별 지시를 내렸다.

　이후 두 나라의 사이에 상존하던 이글거리는 적개심은 결국 그 유명한 트랜트호 사건을 계기로 폭발하고 만다. 연방 정부의 해군이 남부 연맹에서 유럽으로 파견한 두 명의 사절과 이들이 가지고 있던 영국행 우편물을 압류 조치한 사건은 국내에서는 요란한 박수 갈채를, 영국에서는 들끓는 분노를 자아냈다. 평소에는 바다의 깡패로 불리우며 중립권을 무시해 왔던 영국은 막상 피해자의 입장에 서게 되자 당혹감을 감추지 못한다. 찰스 윌크스 제독이 제임스 M. 메이슨과 존 슬라이델을 트렌트호에서 끌어낸 전 과정이 불투명함에 따라 법적으로 영국은 우위를 점할 수 있었다. 윌크스가 이 두 사람에 대한 수색과 압류를 실시하면서 트렌치호를 인근 포획물 재판소로 인도하는 대신 이들을 배에서 끌어낸 것은 명백한 국제법 위반 행위였다. 그러나 파머톤과 러셀을 움직인 것은 이같은 법적 해석보다는 바로 이로 인해 크게 상처입은 영국의 자존심이었다.

영국이 캐나다와 대서양 서해안을 중심으로 해군과 군사력을 증강하는 모습을 바라보며 링컨은 뒤늦게 사태의 심각성을 깨달았다. 그는 다시 한 번 섬너와 이 문제를 의논하기로 결정하였다. 섬너는 평소 친분이 두텁던 영국의 자유 개혁가 존 브라이트, 리처드 코덴을 통해 영국의 들끓는 여론에 대해 충분히 전해 듣고 있었다. 그는 '영국이 모든 것을 지배한다'고 믿는 자존심 강한 정치가들의 신경질적 반응이 파머톤으로 하여금 영국의 명예를 지키기 위한 행동에 돌입하도록 압박할 위험성이 크다고 판단하였다. 시워드의 수족이자 정부 대표로 파견되어 있던 털로 위드도 마찬가지로 영국 정계의 심상찮은 움직임을 감지하고 링컨에게 자제할 것을 요청하였다. 고민 끝에 대통령은 제삼국을 중재자로 세워 양국의 열기를 식힌 후 미국 여론의 추이를 보아가면 죄수를 석방하자는 안을 내놓았다. 그는 이 방법을 통해 바로 눈앞에 닥친 문제를 해결함과 동시에 이 사건에서 내려진 중재자의 결정을 '미래에 일어날 유사한 사건에도 적용할 수 있는 법적 근거'로 삼아 앞으로 다가올 수년 동안 미국의 중립권을 인정받을 수 있기를 원하였다. 그는 이 생각에 집착한 나머지 외교 문서까지 작성하여 12월 21일 오바일 브라우닝을 은밀히 불러 자신의 글을 읽어주고 견해를 요청하였다. 그리고 두 사람은 똑같이 "영국이 조금이라도 우리를 정의롭게 대할 마음이 있다면 문제는 평화적으로 해결될 것이다."라는 결론에 도달하였다.

그러나 이러한 링컨의 접근법은 영국 정부가 워싱턴 주재 영국 공사 라이온 경을 통해 공식적으로 미국의 사과와 일주일 내 죄수 방면을 요청해 옴으로써 이틀 만에 의문에 부쳐졌다. 어떤 경우에도 프랑스는 영국의 편에 설 것이라는 사실을 상기하며 링컨은 성탄절임에도 불구하고 내각을 소집하였다. 시워드는 국제법의 대변인을 자처하며 윌크스의 기술적 과실을 들어 죄수의 석방을 강력히 주장하였다. 링컨의 요청으로 이 자리에 배석하였던 섬너는 코덴과 브라이트로부터 온 편지를 큰 소리로 읽어줌으로써 그의 주장을 뒷받침해 주었다. 체이스도 또한 말할 수 없이 쓰라린 심정에도 불구하고 마지못해 시워드의 말에 동의하였다. 한편 베이츠는 모든 법적 근거를 무시한 채 전시에 일어날 수 있는 불가피한 행동이었다는 주장을 폈으나 결국 "우리는 프랑스의 동의와 원조를 모두 등에 업은 영국과 전쟁하면 결코 승리할 수 없다."라는 사실을 인정하였다.

그러나 최종 합의에 이르는 길은 힘난하였다. 네 시간 동안이나 공전을 거듭하던 회의는 결국 정회되었다. 법무장관에 따르면 링컨은 다른 일부 요인들과 같이 "지금 영국과 전쟁에 돌입하면 반란군을 진압할 모든 희망을 버리는 것과 같다."라는 사실을 인정하기 "몹시 힘들어했다."라고 한다. 실제로 링컨은 회의를 끝내면서 시워드에게 죄수들을 석방하지 않고 사과만 하는 방향으로 해결 방안을 모색하자고 말하였다. 그러나 그의 이러한 언행이 링컨에게 전쟁의 위험을 감당할 준비가 되어 있었다거나 그가 영국과의 갈등이 불러올 재앙을 전혀 인식하지 못하고 있었음을 보여주는 것은 아니다. 그보다는 여느 때와 같이 논쟁을 통해 자신의 입지를 시험해 보려고 시도했었다고 보는 것이 타당하다. 그 증거로 결국 그는 시워드의 주장에 반대하지 않았다. 그날 저녁 그는 브라우닝에게 이틀 전 섬너에게 했던 말을 다시 반복하였다. "영국이 원하지 않는 한 전쟁은 없을 것이네." 그의 중재 제안에서 보듯이 그의 주된 관심은 어떻게 하면 미국의 체면을 손상하지 않고 죄수들을 풀어줄 것인가 하는 문제에 쏠려 있었다. 이미 시워드를 통해 미국이 뒤로 물러서야할 법적 근거는 내각에서 충분히 공감을 얻고 있었다. 12월 26일 속개된 회의에서 내각은 쓰라린 마음으로 죄수 석방을 결의하였다. 다음날 시워드는 라이온에게 미국은 영국이 이제 공해의 자유와 중립권을 향유할 수 있게 되었음을 기쁜 마음으로 알리며 죄수를 석방하고 윌크스의 위법 행위에 대해 보상할 것이라는 뜻을 전하였다. 그러나 정부의 승인없이 일어난 일에 대해서 사과할 수는 없다고 밝혔다. 따라서 비록 일부분에 불과할지라도 미국의 명예를 지켰다.

만일 이 사건의 뒷면을 자세히 살펴본다면 트렌트 사건을 둘러싼 온갖 잡음과 소문 뒤에는 양국의 날카로운 이해타산이 숨어있음을 알 수 있을 것이다. 양국 모두에게 전쟁은 전략적 실패를 의미하였다. 합리적 행동은 오직 합리적 사고에서 나온다는 점에서 양국 정상은 모두 높은 평가를 받을 만하지만, 특히 링컨의 신중한 결단이 평화 유지에 가장 큰 역할을 하였음은 두말할 나위 없다. 위기가 고조되어 가는 상황 속에서도 링컨은 뜨겁게 타오르던 애국심의 불길을 북돋우기보다는 가라앉히며 강한 자제력을 발휘하였다. 의회 앞에 섰을 때에도 이 위기 상황을 자극할 수 있는 모든 요소를 차단하는 지혜로움을 보여주었다. 그는 물러설 때와 나아갈 때를 잘 알고 있는 다른 외교 전문가들, 특히 섬너와 시워드의 의견을 존중하고 이들에게 기꺼이 귀를 기울였다. 특히 시워드는 라이온 경과의 평소 친분을 바탕으로 그에게 많은 도움을 주었다. 또한 사태가 호전되어 감에 따라 링컨은 자신이 내놓았던 중재 제안을 거둬들이는 결단력을 보여주었다. 링컨의 이러한 자세는 이제 조금 잠잠해졌으나 그 앞에 수많은 거대한 파도가 기다리고 있는 폭풍의 바다를 헤쳐 나가는데 그에게 든든한 힘이 되어주었다. 아직도 연방의 앞에는 해상 봉쇄를 둘러싼 잡음, 남부 연맹의 전투선 건조와 관련된 유럽의 조선소와의 갈등, 이에 따른 영국와 프랑스의 중재 노력 등 해결해 나가야 할 외교 문제가 산적해 있었다. 그러나 이제 막 가장 중대한 고비를 넘긴 링컨은 "동시에 두 개의 전쟁을 치르지 않겠다."라는 결심을 끝까지 관철하였다.

"어찌할 것인가? 국민이 기다려주지 않는다면……."

당선 직후부터 1861년 말까지 이어지던 혼돈의 시기 한 가운데에서도 링컨은 여론의 향방에 항상 깊은 주의를 기울였다. 그의 여론을 향한 뛰어난 감수성은 평화 시 정치 활동 속에서 습관처럼 몸에 밴 것으로 전시가 되자 더욱 뛰어난 위력을 발휘한다. 결코 여론의 노예는 아니었으나 중요한 결정의 순간에 그의 한쪽 눈은 항상 여론에 고정되어 있었다. 당선 직후 그가 공식적으로 침묵을 지킨 것도 남부의 여론과 대다수 공화당원들의 요구를 파악하기 위한 계산된 행동이었다. 3월과 4월에는 연방주의가 광범위한 지지 기반 위에 굳건히 자리매김하였음을 확인한 후 섬터 요새를 둘러싼 위기 상황에서 결코 물러서지 않는 단호한 입장을 취하였다. 비록 프레몬트의 포고령을 둘러싸고 광범위한 여론에 역행하는 조치를 취한 적도 있으나 이것은 단지 접경 요지의 현지 언론에 그의 전략적 이해관계가 달려있었기 때문이다. 트렌트호 사건 당시에도 링컨은 베이츠의 표현에 따르자면 "우리가 영국의 막강한 힘에 비굴하게 끌려갔다고 책망받지 않도록 국민의 노여움"을 최소화하는 방향으로 사건 해결을 도모하였다.

결과적으로 트렌치호 사건은 민심에 제한적인 상처만을 남기고 해결되었으나 더 큰 관점에서 본다면 링컨의 우려는 정당한 것이었다. 1861년 말경 연합주의 민중들은 축하할 것이 거의 없었다. 하테라스 인렛과 포트 로얄사운드 등 남부의 외곽 지역에서 약간의 성공을 거둔 것 외에 연방의 군대는 아직 해상에서도 육상에서도 이렇다 할 성과를 거두지 못하고 있었다. 그릴리는 7월 불런에서 참혹한 패배를 경험한 후 링컨이 "음산한 표정으로 노려보거나 절망감에 빠져 있을 때가 많았다."라고 전하였다. 링컨은 이제 이 전쟁이 결코 쉽게 일찍 끝나지 않으리라는 사실을 인정하였다. 이것은 곧 군 지휘부 교체와 새로운 사병 모집, 그리고 반전 단체의 출현 등을 의미하였다. 그가 포토맥 부대의 새 사령관으로 조지 B. 맥클렐런을 임명했을 때만 해도 그의 넘치는 에너지와 지휘력은 3년 복무를 약속하고 들어온 자원병들을 기강 잡힌 강력한 군대로 변화시킬 것이란 기대가 있었다. 그러나 6개월이 지난 지금 그나마 대중이 기억하는 군사작전이란 그랜트의 승패가 불분명한 베몬트 교전이나 볼스 블러프의 패주와 같은 실망스런 순간들 뿐이었다.

연방의 충성스런 시민들은 지루하게 계속되는 전장의 고요함에 점차 지쳐가고 있었다. 전쟁 준비는 계속되는데 정계나 군의 지휘부는 과단성 있는 행동을 취할 생각도 능력도 없어보였다. 사이먼 캐머론의 지휘 아래 육군부는 오직 이권 챙기기에만 열중하는 듯했다. 1861년 초만해도 그 규모가 단출하였던 이 부서는 50만에 달하는 군대를 조직하고 각종 하청 계약을 추진하는 등 급작스런 변화를 맞아 이권에 개입하는 경우가 눈에 띄게 늘어나고 있었다. 캐머론이 직접 부패에 연루되었는지 여부는 불분명하였으나, 적어도 여론의 눈에는 충분히 유죄로 비춰졌다. 대통령도 곧 그가 무지하고 게으르며 무능하기까지 하다는 사실을 깨달았다. 머지않아 링컨에게는 그를 해임하고 성실한 민주당원 조세프 홀트를 대신 기용하라는 요청이 사방에서 쏟아져 들어왔다. 물론 구조적 측면에서 볼 때 캐머론의 임무는 엄청난 부담일 수밖에 없었다. 군대조성과 장교 임명권은 자존심 강한 각 주가 관리하고 중앙 정부에는 제대로 된 시스템이나 정보력이 절대적으로 부족한 상태에서 질서 정연하게 전체 업무를 조직하는 것은 결코 쉬운 일이 아니었다. 그러나 그가 만일 해군부를 맡은 웰레스와 같은 비전과 체계를 가지고 꼼꼼히 주의를 기울였더라면 국민의 신뢰를 받을 수 있었을 것이다. 링컨은 불편한 마음으로 캐머론의 무능을 한동안 더 지켜보다가 마침내 1862년 1월 중순 홀트와 더불어 강골로 일컬어지는 민주당원 에드윈 M. 스탠튼으로 장관을 교체하였다.

불투명한 계약 관행, 사기, 미숙함 등의 표현은 서부 지역 군대에도 그대로 적용되었다. 그러나 이 지역의 총사령관 프레몬트는 정부가 동부에만 지나친 관심을 기울이며 자신에게 충분한 장비와 자금을 공급해 주지 않아 미주리를 평정하고 미시시피까지 진격해 들어갈 수 없었다고 불평하였다. 그러나 그러는 그 자신도 서부 지역의 복잡한 정세를 운영할 수 있는 행정적 기술이나 정치적 판단력이 부족했다는 점에서 비판으로부터 자유로울 수 없었다. 많은 장교들이 그를 신뢰하지 않았으며, 특히 그의 후원자였던 블레어 형제조차 점차 그를 멀리하다가 급기야 링컨에게 그의 해임을 강력히 요청하는 지경에 이르렀다. 10월 중순까지 대통령에게는 서부 지역 사령관을 비난하는 보고서가 육군부장관과 여러 장군들로부터 거의 한 뭉치를 달할 만큼 쏟아져 들어왔다. 이중 사무엘 R. 커티스는 링컨에게 민심이란 "전시에 결코 무시할 수 없는 중요한 요소"이므로 이 민심의 반응에 특별히 주의하여 시간과 방법을 정하는 일만 남았을 뿐 프레몬트는 반드시 교체되어야 한다고 조언하였다.

물론 링컨은 이들의 의견에 반대하여 프레몬트를 유임시킬 수 있었다. 장군이 해임될 수도 있다는 소문이 퍼지자 그의 취임 첫해 백악관에는 편지가 홍수처럼 밀려들었다. 편지마다 흑인 혐오자나 '과격한 민주당원'을 제외한 모든 서부 사람들이 프레몬트를 '미시시피 계곡에서부터 반란군을 휩쓸어 줄' 유일한 인물로 생각한다고 주장하였다. 그의 해임은 '비극', '실수', '자기파괴적 정책'이 될 것이다. 링컨은 그를 해임시키면 군대가 마비되고 군인의 상당수를 차지한 독일계와 아일랜드계 주민들이 정부에 등을 돌릴 것이며, 자발적 군입대도 멈추고 심한 경우 군병력의 탈주나 모반을 자극할 수 있다고 판단하였다. 물론 정치적 쿠데타와 같은 극단적 상황은 오지 않겠지만 그의 해임이 국민의 사기와 정부의 입지에 미칠 악영향은 결코 간과할 수 없었다. 존 헤이가 지적하였듯이 동부나 서부를 막론하고 프레몬트에 대한 반대 여론은 대부분 그의 노예 해방 선언에서 기인한 것이므로 결국 정의에 대한 박해와 동의어라고 받아들여 졌다. 이러한 상황에서 적극적 행동을 취하기란 매우 어려운 일이었다. 프레몬트 자신도 포고령을 재발표하고 서부의 언론을 성공적으로 조정하면 프랭크 블레어가 했던 우려의 말대로 "여론을 통해 대통령과 정부를 위압"할 수 있을 것이라고 기대하였다.

결국 링컨은 블레어와 커티스, 그리고 그 밖의 사람들의 의 조언을 따르기로 결정하였다. 프레몬트의 유임은 군사적 재앙과 미주리의 탈퇴를 불러올 수 있다고 주장하던 사람들도 당분간 그를 지금의 자리에 그대로 두는 것이 좋겠다는 이들의 의견에 동의하였다. "안전하게 행동할 수 있는 순간은 반드시 찾아올 것이다."라고 10월 초에 언급하였고, 약 3주 후 11월 2일 링컨은 드디어 기회를 잡고 골치 아픈 서부 사령관을 해임시켰다. 세인트루이스와 뉴잉글랜드 지역을 중심으로 여론은 비통함에 울부짖었다. 〈신시내티 가제트(Cincinnati Gaz-ette)〉지는 "정파를 막론하고 모든 애국자들은 벽에서 대통령의 초상을 떼내어 발로 마구 짓밟았다."라고 전하였다.

부분적으로 이러한 국민적 분노는 총사령관에 대한 적개심에서 기인한 것

조지 B. 맥클렐런 (1826~1885)
1861년 11월 스코트의 뒤를 이어 연방군 총사령관에 취임. 점차 맥클렐런의 소심한 태도에 지쳐 그의 전략에 의문을 품게 되었다. 비록 페닌슐라 작전의 실패로 총사령관직에서 물러났지만 시의적절한 때에 안티에텀 전투의 승리를 일궈내었다. 링컨은 1862년 가을 선거가 끝나자 바로 그를 해임하였다.

이기도 하였다. 여름 동안 맥클렐런은 동부에 머물며 군대를 훈련시키고 수도 경비를 강화하면서 비교적 조용히 보냈다. 그러나 가을이 다가오자 침묵하는 군대에 민중의 인내심은 한계를 보이기 시작했다. 게다가 11월 1일 병약한 스코트를 대신해서 총사령관에 임명되었다는 사실로 인해 그는 개인적으로 더 큰 비판에 시달렸다. 그리고 늦가을의 화창한 날씨 속에서도 20만 명이 넘는 군대가 활동의 기미를 전혀 보이지 않자 각 신문과 의회는 더 할 말을 잃고 만다. 헤이가 "자코빈 클럽"이라고 부르던 일부 급진파들의 부추김을 받은 시끄러운 비난 여론에 떠밀려 의회는 군사작전을 독려하기 위해 새 회기를 시작하면서 곧바로 전쟁 수행 공동위원회를 구성하였다. 실제로 아우성치는 여론을 고의적으로 무시하고 소극적 태도로 일관한 당사자는 맥클렐런 자신이었는데 반해 그의 발목을 붙잡고 있다는 명목으로 링컨과 내각의 보수파에게 비난의 화살이 향하였다는 것은 이상한 일이다.

만일 대중이 맥클렐런의 속마음을 알았더라면 그들의 걱정은 한층 더 깊어졌을 것이다. 맥클렐런은 진즉부터 링컨을 '멍청이'라고 생각하고 있었다. 사람에게 비유를 삼가야 하는 '개코원숭이' 또는 '오리지널 고릴라' 등의 가혹한 말로 대통령을 비난했다. 골수 민주당원이었던 그는 전략과 전술을 배워보려는 대통령의 노력을 우습게 깔보고 내각의 나머지 '얼간이'들도 무시하였다. 그나마 장군의 흑인 혐오증과 보수적 전쟁관을 이해해 주었던 유일한 인물인 블레어와는 의견을 교환하곤 하였다. 자신이야말로 이 나라의 구원자라는 생각으로 자만심과 칼뱅주의적 확신에 차있던 그는 대통령에게 무례한 언행을 일삼았다. 그러다 한 번은 그 정도가 너무 지나쳐 존 헤이는 이것이 '악마가 나타날 전조'라고 생각하였다.

언제나 그러하듯이 링컨은 자신의 입장을 변호하고 싶은 유혹을 이겨내며 맥클렐런을 대신하여 성급한 비판을 막아내는 방패막 역할을 자처하였다. "장군은 계속 자신의 생각대로 일을 진행하시오." 그는 10월 중순 맥클렐런에게 이렇게 말하였다. 불런의 패주로 인해 언론과 민심이 모두 "리치몬드로 진격하자."라고 들고 일어났을 때도 그는 모든 비난을 자신의 두 어깨로 받아내었다. 그러면서도 한편으로 링컨은 국민의 사기를 잃는 것은 어리석은 일이라는 사실을 인식하고 있었다. 한 번은 전쟁 수행 공동위원회의 첫 번째 의장 예정자 벤자민 F. 웨이드가 "패배는 가만히 앉아 기다리는 것보다 더 나쁠 것도 없고 병력이 충원되면 쉽게 해결될 수 있는 문제"라고 말한 적이 있었다. 물론 맥클렐런은 심하게 항의하였다. 그러나 링컨은 이에 대해 모호한 반응을 보였다. 그는 "새롭게 출현한 성급한 여론은 거부하였지만……, 이것은 엄연한 현실이고 따라서 고려해 보지 않을 수 없겠지요. 일단 장군은 뜻대로 준비가 될 때까지 기다리십시오."라고 대답하였다. 하지만 1862년이 되자 링컨은 드디어 모든 힘을 동원하여 맥클렐런이 전쟁에 나서도록 재촉하기 시작하였다.

군사작전상의 결함은 사람들 사이에 링컨의 지도력에 대한 의심을 불러일으켰다. 중도파나 급진파를 막론하고 전 연방주의자들은 한 목소리로 대통령과 행정부의 결단력에 의문을 제기하였다. 애국적 언론들은 정부의 우유부단함, 무능력, 무지를 꼬집었다. 웨이드는 "전기 충격을 가한다 하더라도 노쇠한 에이브나 시워드, 체이스, 그리고 베이츠에게 용기, 결단력, 기개를 불어넣을 수 없을 것이다."라고 불평하였다. 12월 3일 링컨의 첫 의회 연설도 국민의 사기를 북돋울 수 있는 정부의 강력한 의지 표명을 바랐던 이들을 만족시켜주지 못했다. 연설은 단지 차분한 목소리로 '일상의 유지'를 통한 연방의 건재를 과시하면서 자유 노동을 찬미하고 정부는 국민의 사기를 북돋우기 위해 최선의 노력을 다할 것이라는 진부한 주장만을 반복했을 뿐이다. 링컨이 캐머론에게 노예들을 무장시키자는 널리 알려진 그의 주장을 철회하도록 요구했을 때도 대중은 이것을 대통령의 '노쇠함'에 대한 또 다른 증거로 받아들였다. 내각 내부에서도 점차 의심이 고개를 들기 시작하였다. <시카고 트리뷴(Chicago Tribune)>지는 "노쇠한 에이브는 이제 가면을 벗었다. 우리는 모두 팔려 나갔다."라고 한탄했다. 체이스는 대통령에 대한 믿음을 잃었고 베이츠는 그해를 마감하면서 링컨이 '뛰어난 인물'임은 분명하지만 '의지와 목표 의식… 무엇보다 통솔력'이 부족하다고 한탄하였다.

　1862년이 밝아 왔지만 링컨은 더욱더 커다란 절망감을 느낄 따름이었다. 소심한 맥클렐런의 지휘 아래 군대는 꿈쩍도 하지 않았다. 아무도, 심지어 대통령 자신조차도 그의 생각을 알 수 없었다. 헨리 W. 헬릭과 돈 C. 뷰엘의 서부 병력은 마비된 상태였다. 70만 연방군을 모집하고 유지하는데 드는 비용으로 말미암아 국고는 거의 바닥을 드러낼 지경이었다. 은행도 정화 지불을 중단하였다. 대통령은 맥클렐런의 군대를 빌려오거나 자신이 직접 이끌고 나가 전장을 지휘하고 싶다는 말로 자신의 답답한 심경을 토로하였다. 1월 10일은 그가 네 번으로 예정되었던 임시 전쟁 위원회의 첫 번째 회의를 주재하는 날이었다. 바로 이 날 그는 몽고메리 C. 미그에게 자신을 둘러싼 온갖 난관을 간단히 열거한 뒤 "장군, 내가 어찌해야 할까요? 국민의 인내심도 체이스의 금고도 모두 바닥이 났습니다. 그리고 더는 그러모을 돈도 없다고 하더군요. 게다가 군의 총사령관은 장티푸스를 앓고 있고요. 정말 밑 빠진 독에 물 붓기라고나 할까요."

국민들은 정말로 참을성을 잃어가고 있었다. 그러나 결코 패배주의자들은 아니었다. 실망감에 시달리고 있을지언정 연방의 애국자들은 치료 불능의 패배감에 젖어들지 않았다. 국민들은 여전히 대통령과 그의 정부에 대해 강한 애국적 의무감과 호의를 가지고 있었다. <뉴욕인디펜던트(New York Independent)> 는 링컨이 약속을 저버렸다는 비판에 대항하여 그를 변호해 주었다. "그는 행동보다 말이 앞선다는 사실을 알게 되었다. 실제로 나라를 다스리는 것보다 이를 비판하는 것은 훨씬 쉬운 일이다." 북서부의 유력한 정치인 토마스 M. 에디는 반란군의 노예에 대한 정부의 정책혼선을 우려하는 목소리를 정부에 대한 24캐럿짜리 충성심에 비유하면서 "우리는 마지막 달러 한 장까지, 마지막 극한의 순간까지 정부를 지지할 것이다. 우리는 이 정부의 순수한 의도를 결코 의심하지 않을 것이다."라고 선언하였다.

    여기 윤리적 바탕에서 우러난 깊은 애국심이야말로 장기전이 되어가던 전쟁에서 연방을 지탱해준 가장 강력한 원동력이었다. 만일 링컨이 국가의 영원한 분단을 막으려면-그는 이 힘겨운 기간 동안 이미 고민을 시작했던 것 같다.-그는 반드시 이 뜨거운 애국심을 잘 키우고 이용해야 할 필요가 있었다. 1861년까지 그의 임무는 문제의 접경 지역을 포함하여 연방의 지지 기반을 극대화하는 것이었다. 접경 지역의 상당한 중요성에 대한 링컨의 날카로운 인식이 4월 이후의 그의 정책을 결정하였다. 그러나 접경 지역의 남녀에게 적합한 보수주의는 장기적 관점에서 전 연방적 차원의 이념적 가치로서 부적절하였다. 따라서 링컨은 갈등의 과정을 이겨내고 자신이 선언하였던 전쟁의 목적을 수정하여 대중에 전달함으로써 고통과 손실 속에서도 연방에 헌신해온 충실한 애국자들의 희망에 부응해야 마땅하였다. 그리고 그는 궁극적으로 그의 힘이 남북부의 실용적 보수층이 아닌 '양키'의 종교적 사명감에 충만한 충성스런 시민들의 자발적 에너지를 이끌어 내는데 달려있음을 점차 깨달아 간다.

Chapter 05
힘의 목적
'목표를 수정하며 : 1861~1865'

　전쟁이 시작된 지 5개월이 지났을 무렵 대통령은 제시 브렌튼 프레몬트에게 흑인은 이 전쟁과 아무 관련이 없으므로 전쟁에 끌어들여서는 안 된다고 말한 바 있다. 그러나 이제 같은 대통령이 위대한 해방자로서 신성한 신전에 발을 들여놓으려 하고 있었다. 서부 사령관의 노예해방 선언을 거부한 지 막 1년이 지난 시점에 대통령은 직접 반란군 노예 소유 주들을 향한 최후 통첩을 발표하였다. 그의 역사적인 노예해방 선언문은 연방에 속한 전 남부 지역에서 노예제도를 반대하는 각종 정치 운동을 불러일으켰다. 그리고 연방의회는 대통령의 거듭되는 요구에 굴복하여 연방 헌법을 개정하고 노예제도 반대 조항을 추가하였다. 연방을 구할 목적으로 시작한 전쟁은 링컨의 지도력하에 시나브로 노예해방을 위한 대리전으로 발전해 나갔다.

　제시 프레몬트를 냉정하게 뿌리친 지 30개월이 지났을 때 링컨은 켄터키의 신문편집장 알버트 G. 호지스에게 보낸 편지에서 노예해방에 관한 그의 정책은 "예상밖의 계획에 없던" 여러 가지 사건으로 인한 불가피한 선택이었으며 이미 자신의 의지를 벗어났다고 고백하였다. 그렇다면 '위대한 해방자'는 전시의 예측 불가능한 상황 전개로 인해 발생한 우연의 산물이었다는 말인가? 현대의 역사학자들 사이에도 사실 링컨이 자신의 보수적, 백인 우월적 관념에도 불구하고 명예의 전당에 강제로 끌려들어간 해방자였다는 극단적 의견이 존재한다. 이중에서도 링컨 신화를 가장 그럴듯하게 교묘히 공격한 이론은 아마 해방은 노예들 스스로 쟁취한 것이라는 주장일 것이다. 남부 전역으로부터 연방 군대로 쏟아져 들어온 수만 명의 흑인들은 연방 정부가 노예 문제를 더는 외면할 수 없도록 만들었다. 링컨이 행동을 취하기 오래전부터 이미 군 지휘부와 연방 의원들은 암암리에 이 탈주 노예들을 북군이 사용하거나 보호해야 할 압수 자산 내지는 전리품으로 간주하고 있었다. 이와 동시에 전장에서 멀리 떨어진 남부의 농장에도 실질적인 변화가 진행되었다. 건장한 남성들은 모두 군에 입대하여 떠나버리고 농장에는 연약한 여성과 힘없는 노인들만 남아 과거 어느 때보다 자신감이 높아진 흑인 노예들을 상대해야 했다. 노예제도의 붕괴는 이미 내부에서부터 시작되고 있었다.

혹자의 주장처럼 노예가 스스로 자유를 쟁취했다고 가정한다면 링컨의 역할도 마지못해 상황에 적응한 수동적인 상태로 축소해서 보아야 할 것이다. 그러나 이러한 가정은 복잡한 역사적 과정을 지나치게 단순화하는 우를 범하고 있다. 돌이킬 수 없는 자유의 물결은 결국 남부 연맹을 무릎 꿇리고 새로운 헌정 질서를 수립하였다. 분명히 노예들은 남부 연맹을 내부에서 약화시킴으로써 큰 역할을 하였다. 군인으로, 선원으로, 종으로, 마부로, 그리고 일꾼으로 연방에 종사하던 20만 명의 흑인들이 없었다면 연방은 결코 전쟁에서 우위를 점하지 못했을 수도 있다. 그러나 북부의 승리에는 그 이상의 힘이 작용하고 있었다. 연방의 복구 없는 자유는 불확실한 것에 불과하고 만일 성급하게 전쟁의 목적을 노예해방으로 전환한다면 연방 복구에 필수적인 국민의 지지 기반이 일시에 무너질 수 있었다. 대통령이자 통수권자로서 링컨은 이 점을 가장 잘 이해하고 있었다.

사실 링컨은 결코 통제할 수 없는 힘에 좌우될 만큼 수동적인 인물이 아니었다. 그의 집권 기록을 들여다보면 우리는 전략적 핵심 사안에 집중하고 어떤 상황에서도 회피하지 않으며, 때로는 기습공격을 감행할 줄도 알며 드디어 때가 무르익자 '인종 문제를 강하게 밀어붙이는' 과단성을 갖춘 유능한 대통령을 발견하게 된다. 유능한 재상들이 버티고 있던 외무와 재정 문제를 제외하고 그는 노예제도, 노예해방, 그리고 인종과 관련된 모든 결정에 직접 관여하였다. 그는

내각을 완전히 장악하였으며 몇몇 경우를 제외하고는 주요 사안에 대해 이들에게 자신의 결정을 통보하였을 뿐이다. 그는 모든 행정 집행에 합법성을 부여하고자 입법부의 권리를 침해하며 주도권을 확보하는 대신 각 회기 사이의 긴 휴지 기간을 이용하는 노련함을 발휘하였다. 존 W. 포니는 링컨이 대통령직을 수행하면서 점차 "위대하고 놀랍도록 신비하며 불가해한 사람으로 성장해 가는 과정을 경이롭게 지켜보았다. 그는 자신의 손에 공화국의 고삐를 쥐고 있었으며 매우 신중함을 유지해 갔다. 그는 줏대 없는 재상들이 시대의 흐름과 반대 방향으로 그를 돌려놓으려고 해도 결코 굴복하지 않고 자신의 목적을 뜻대로 관철하였다."

링컨의 대통령 재직 시절은 그가 모든 이의 자유와 평등을 실현할 수 있도록 연방의 존재 목적을 새로이 정립하기 위해 자신에게 주어진 힘을 어떻게 활용하였는가 하는 과정으로 집중된다. 그러나 링컨 자신도 설명하였듯이 이 힘은 여러 가지 제약과 함께 주어졌다. 헌법 준수의 의무, 점입가경으로 빠져드는 전쟁 상황, 들끓는 국내 여론 등은 그의 행동의 자유를 심각하게 위축시켰다. 그러나 이러한 여러 가지 제약은 동시에 링컨이 한 자리에 머무르지 않고 끊임없이 전진하도록 만드는 자극제 구실을 하였다. 헌법 준수의 의무는 일견 노예제도 보호를 규정한 듯 보이나 나라의 존립을 위협할 수는 없었으므로 오히려 독립선언문의 정신에 비추어 개헌의 필요성이 부각되었다. 마찬가지로 전장의 실패와 흔들리는 여론은 노예제도 폐지에 반대하던 사람들까지 군사 전략의 하나로서 노예해방과 흑인의 무장을 용인하도록 만드는 유인책이 되었다. 시대적 상황은 링컨이 아니었더라도 대통령에게 국민과 함께 새로운 세계로 떠나갈 적절한 시기를 판단할 때가 되었음을 말하고 있었다. 링컨의 위대한-아마도 가장 위대한-업적은 연방의 민심에 청진기를 들이대고 이를 정확히 파악하여 더할 나위 없이 완벽한 시기에 국가적 목표의 정의를 재해석 해내는데 성공하였다는 점일 것이다. 한 치의 착오도 없는 시기에 대한 그의 판단력은 정치인들이 대통령의 위대함을 칭송해 마지않는 열쇠가 되었다. "링컨은 진정으로 시대를 앞서가는 인물이었다." 그리고 포니는 "그는 항상 최적의 상황이 도래할 때까지 기다리다 그 순간이 도래하면 곧바로 전진하였다. 그러면서도 결코 외부 사건에 끌려갈 때까지 기다리거나 성급한 투쟁으로 힘을 낭비하는 법이 없었다."

연방의 전쟁 목적이 발전해 간 과정은 또한 링컨의 개인적인 성숙 과정의 이야기이기도 하다. 전쟁의 고통 속에 흔들리지 않을 사람은 없을 것이다. 마찬가지로 링컨도 가혹한 지도자의 의무, 전쟁의 비극, 그리고 개인적 고뇌에 시달리면서 자신의 도덕적 의무와 갈등의 의미를 고찰하고 점차 성숙해 갔다. 아마도 한 인간으로서 링컨을 이해하는 길은 요원하겠지만, 모든 증거를 종합해 볼 때 신성한 신의 섭리에 대한 그의 깊은 믿음이 노예해방이라는 가장 의미 있는 결정에 도달하는 길을 제시하였으며, 또한 이 결정을 실행할 수 있는 버팀목이 되어주었으리라는 것은 확실하다.

민심을 읽으며

링컨 자신도 전쟁의 목적을 재해석하는 각 과정이 자신의 여론에 대한 이해와 궤를 같이한다고 공개적으로 밝힌 바 있다. 그가 가장 두려워하였던 것은 너무 이른 노예해방 선언으로 연방의 통합된 민심이 산산이 무너질 수도 있다는 가능성이었다. 앞으로 나아갈 준비가 될 때까지 주류 정서를 재촉하지 않는다는 것은 다른 말로 급진파의 끈질긴 요구에는 귀를 막는 동시에 접경 주의 보수주의자들을 더 큰 현실 인식의 장으로 이끌어내야 한다는 것을 의미하였다. 그렇다면 그는 어떻게 해서 주류 여론의 추이를 정확히 파악할 수 있었던 것일까? 주의회 의원으로서, 순회재판소의 변호사로서, 그리고 큰 야망을 품은 정치가로서 그는 유권자들과 상당히 친밀한 관계를 유지해 왔다. 그러나 이제 한 국가의 대통령으로서 그에게는 집무실을 벗어날 기회도 주어지지 않았다. 끝없는 업무 부담과 서로 모순되는 각종 조언에 시달리고 워싱턴을 벗어날 기회도 거의 없이

의회에 가로막혀 민중 연설을 통해 여론을 체감할 수도 없는 상황에서 어떻게 그는 미국 서민들의 역동적인 사고의 흐름을 따라가고 이해할 수 있었을까? 어떻게 인디아나에 있는 그의 친구가 우려한 대로 '민중'의 신뢰를 잃어버릴 가능성을 피할 수 있었던 것일까?

각종 선거 결과는 정치 의견의 변화를 한눈에 보여주는 슬라이드 쇼와 같다. 4년의 전쟁 기간 동안 북부에서는 평균 두 달에 한 번씩 중요한 연방 및 주의회 선거가 치러졌다. 선거 지형 파악과 전술적 계산에 있어서 둘째가라면 서러워할 만큼 뛰어난 전문가였던 링컨은 하루에도 몇 시간씩 육군부의 통신 사무실에 머물며 선거 결과를 받아 보고 분석하는데 열중하였다. 넓은 시각에서 본다면 선거 결과는 전시 내내 정부가 국민들 사이에서 자신의 입지를 확인하는 유용한 지표를 제공해 주었다. 1861년 봄 공화당이 뉴잉글랜드 지역 선거에서 대승을 거두자 정부는 남부 압박 정책이 민심에 부합한 것이라고 확신하였다. 그해 말 전시 민주당원들의 지원을 받으며 뉴잉글랜드 외 여러 지역의 주의회 선거에서 승리한 것은 대중이 접경 주의 보수주의자들에 대한 유화 정책을 승인한 것으로 해석되었다. 1863년 가을 선거의 만족할 만한 결과는 정부 정책에 대한 광범위한 지지를 뜻하는 것으로서 자원병 모집 확대를 수용하겠다는 의사 표현으로 받아들여졌다. 반면 1862년 가을에 있었던 연방 및 주의회 선거 결과는 정부에게 민심 동요의 위험한 신호를 보내왔다. 사태를 더욱 심각하게 만든 것은 정부가 정확한 민심 이반의 원인을 파악할 수 없었다는 점이다. 결국 투표 유형을 통해 국가 정책에 대한 여론의 흐름을 읽는다는 것은 장갑낀 손의 손금을 읽는 것과 별반 다를 바 없이 불확실한 것으로 판명되었다.

링컨은 민심의 동향을 좀 더 분석적으로 파악하기 위해 전국의 또는 각 주의 정치 지도자들과 자주 대화를 가졌다. 의도적으로 다양하게 구성된 그의 내각은 자주 부딪히며 삐걱거리기는 하였지만, 연방 전체에 흐르는 다양한 견해를 전달하는 긍정적인 매개체 역할을 하였다. 이들이 내는 불협화음은 단점이라기보다 오히려 링컨의 강점으로 작용하였다. 민심을 반영하는 가장 민감한 소리는 각종 선출직 공무원들, 특히 주지사와 하원의원들로부터 비롯되었는데 링컨은 이들을 각 유권자 층의 움직임을 파악하기 위한 자신의 눈과 귀로서 활용하였다. 그러나 링컨은 비록 이들이 자신보다 풀뿌리 민심에 근접해 있다고 하더라도 이들의 판단이 무조건 신뢰할 만한 것은 아니라는 사실을 뼈아픈 경험을 통해 깨닫게 되었다. 오하이오의 주지사 윌리엄 데니슨의 조언에 따라 1861년 봄 90일의 주 방위군 복무 기간을 3년으로 연장한 자원병 형식으로 전환한 법안은 성난 민심과 폭동의 위협을 불러일으켰다. 그는 결국 여론에 굴복하여 법안 승인을 철회할 수밖에 없었다. 당연히 주지사나 의회의원들에게는 각자 추구해야 할 목적이 따로 있었으며, 링컨은 객관적 증언을 가장한 이기적인 충고의 함정에 빠지지 않도록 항상 조심해야 했다. 일례로 미주리와 관련된 그의 오판도 정보의 부재와 불확실성에 기인한 바가 컸다. 결과적으로 그는 자신을 대신해 지역 민심을 돌아볼 수 있도록 1861년 초 사우스캐롤라이나의 의견을 청취하기 위해 레이몬과 헐을 보낸 것처럼 백악관의 비서 존 니콜라이와 존 헤이를 다양한 구실을 붙여 현장으로 자주 파견할 수밖에 없었다.

  신문은 미국 정치 시스템의 혈액과 같다. 링컨도 여론의 맥박을 측정할 수단으로 신문을 적극 활용하였다. 일리노이에서 야심찬 정치 활동을 전개하던 시절에도 그는 당내 정치 소식지의 열렬한 구독자였다. 그러나 대통령이 되어 과다한 업무로 인해 항상 시간에 쫓기고 있던 링컨에게 신문 읽기는 상당한 부담이 되었다. 그럼에도 불구하고 초상화가로서 그의 일상을 6개월 넘게 관찰할 기회가 있었던 프랑시스 카펜터는 이 기간 중 대통령이 신문을 건성으로 읽는 모습을 본 것은 단 한 번뿐이었다고 증언하였다. 실제로 백악관 안은 온갖 신문들로 넘쳐나고 있었다. 대통령의 집무실로 직접 배달되던 워싱턴의 세 주요 일간지 <모닝 크로니클(the Morning Chronicle)>, <내셔널 리퍼블리칸(National Republican)>, <스타(the Star)>를 비롯하여 백악관에는 연방 전역의 각종 주요 신문들이 배달되었으며 이를 살펴보고 흥미로운 사설이나 기사들을 취사선택하여 대통령에게 전달하는 것은 비서들의 중요한 임무 중 하나였다. 링컨은 언론의 비난 기사를 무난히 소화해 낼 수 있는 건전한 비판적 자세를 가지고 있었으며 따라서 그가 기사를 읽고 화를 내는 일은 매우 드물었다. 그는 보통 이러한 기사들을 무지와 자만심에서 비롯된 '소음' 또는 '잡담'쯤으로 취급하곤 하였다. 가장 중요한 문제인 노예해방이 큰 이슈가 되었을 때에도 "그는 이를 너무 오랫동안 연구해온 나머지 대부분의 신문 편집장들보다 훨씬 더 많은 것을 알고 있었다."

그렇다고 링컨이 이들을 전부 무시한 것은 아니었다. 실제로 그는 몇몇 언론인들과 가까운 친구가 되었고, 이들은 무엇과도 바꿀 수 없이 소중한 정보 채널을 제공해 주었다. 예를 들어 일리노이 시절부터 알고 지내던 노아 브룩스는 워싱턴의 <새크라멘토 데일리 유니온(Sacramento Daily Union)>으로 근무처를 옮긴 후 거의 매일 백악관을 드나들었으며 정치 가십을 전달해주는 든든한 매개체이자 정보원으로서의 역할을 충실히 수행하였다. 이는 링컨이 가장 애용하던 신문인 <워싱턴 내셔널 리퍼블리칸(Washington National Republican)>의 편집장인 사이몬 P. 햄컴이 하던 역할과 유사하다. 그 외 <뉴욕 타임즈>의 헨리 레이몬드처럼(링컨의 재직 첫 한 달간 레이몬드는 링컨의 파면을 요구했음에도 불구하고) 개인적 친분은 없어도 대통령은 그를 존중한 경우도 있었다. 1864년 여름 암담하던 시절 레이몬드는 대통령에게 반정부 정서가 강해지고 있다는 보고를 하여 링컨으로 하여금 노예제도에 반대하는 연방주의 정책을 거의 내팽개칠 뻔하게 만든 적도 있었다.

애국심에 불타던 언론인들은 또한 대통령에게 수백 통이 넘는 편지를 보내 쓸데없는 조언을 폭탄처럼 쏟아놓았다. 그러나 이것은 사방에서 백악관으로 날아든 어마어마한 편지의 양에 비하면 극히 소량에 지나지 않았다. 링컨의 취임 전까지는 니콜라이가 링컨에게 오는 방대한 편지들을 처리하였으나, 이제 이 임무는 젊은 헤이의 어깨 위에 얹혀져 있었다. 편지의 양은 점차 늘어나 링컨의 재선이 있던 해 중반에는 매일 우편배낭 두 개 분량에 달하여 추가로 비서 한 명이 더 필요한 지경에까지 이르렀다. 편지 중에는 민간 또는 군부대 채용에 관한 청탁 편지가 가장 많았다. 또한 정부를 매도하거나 비방하는 내용도 있었으나 대통령에게 보고되지는 않았다. 나머지 상당 부분은 '선량하고 진실된', 대체로 무지하고 가난한, 이들이 '가슴속 깊은 곳의 슬픔'을 털어놓으며 나름대로 조언을 제시하는 편지들로 이루어져 있었다. 물론 항상 시간에 쫓기던 링컨은 하루에 잘해야 12개 가량의 편지를 직접 읽어볼 수 있을 따름이었다. 그러나 그는 자신에게 직접 전달된 편지와 비서들이 제공하는 요약 보고서와 설명을 통해 글자 그대로 민심을 읽어 나갔다. 전투가 새로운 국면으로 들어설 때마다 그는 바로 여기에서 승리를 위한 최선의 정책과 전략에 대한 진실된 조언을 찾아볼 수 있었다.

링컨에게 도착하는 우편배낭 속에는 주의회나 시의회와 같은 일부 입법 기관을 포함하여 자생적 민간 조직, 다양한 특수 단체로부터 도착하는 공문이나 정식 의견서들도 상당수 들어 있었다. 특히 이중에서 주류 복음주의 교회 신도들이 장악하고 있던 종교적 인도주의 단체들은 사건이 터질 때마다 백악관에 온갖 편지를 홍수처럼 쏟아 붓곤 하였다. 링컨이 자신의 책상으로 전달되는 모든 결의문들(이것도 전체 배달된 것 중 몇몇 샘플에 지나지 않지만)을 일일이 읽어보고 머리속에 새겨두었을 리는 만무하다. 그러나 그는 분명히 이를 통해 여론의 맥박과 흐름을 놓치지 않고 따라갈 수 있었다.

만일 거리와 시간, 비용이 허락했다면 그에게 편지를 썼던 많은 사람들도 분명히 백악관을 방문했을 것이다. 그의 재직 기간 동안 백악관은 항상 그를 만나러 온 수많은 보통 시민들로 북적거렸다. 링컨은 '통치자가 아닌 민중의 공복'으로서 언제나 민중 가까이 머물겠다는 그의 신념을 한 번도 저버린 적이 없었다. 윌리엄 시워드는 "다른 어느 누구도 그 만큼 온갖 종류의 사람들과 가까이 지낸 경우는 없었다."라고 놀라워하였다. 그리고 그는 결코 자기 자신의 평범한 출생, 그리고 서민들에 대한 동류의식을 잊지 않았다. 그는 공화주의자 다운 소박함을 즐겼으며 고상한 체하는 것을 싫어하였다. 따라서 헨리 홀랙이 대검과 박차(拍車)로 장식한 기병대로 하여금 대통령의 마차를 호위하겠다고 제안했을 때 그는 일언지하에 이를 거절하였다.

헨리 레이몬드의 표현대로 링컨은 "자신의 신분에 대해 철저히 무관심"하였으므로 결과적으로 일반 서민들은 그를 먼 곳에 있는 국가 원수라기보다 생각나면 방문할 수 있는 가까운 이웃처럼 생각하게 되었다. "링컨 대통령은 항상 접근이 가능했으며, 이것은 그의 큰 즐거움이었다."라고 <뉴욕 인디펜던트 (New York Independent)>의 워싱턴 특파원은 설명했다. 또한 "사람들은 쉽게 그에게 다가갔고 자신의 견해를 토로했다." 물론 그를 찾아오는 사람들 중에는 '건달이나 이권 사냥꾼, 하찮은 심부름에 나선 귀찮은 부모들, 아첨꾼이나 분별 없이 지껄이는 공론가들도 있었지만' 링컨은 접근을 제한하자는 주변의 제안에는 강하게 반발하였다. "내 시간에 부과되는 세금이 상당히 무겁다는 것은 알지만, 내 시간이 나를 직접 찾아와 일반적인 국민의 분위기를 전해주는 이들보다 더 중요하다고는 생각하지 않는다." 그는 각각의 만남이 "내가 비롯된 위대한 국민의 이미지를 내 안에서 더욱 분명하고 생생하게 일깨워 준다. …… 나는 이 만남의 시간을 '여론에 몸을 담그는 시간'이라고 부른다. 왜냐하면 내게는 이제 여론을 수집하기 위해 신문을 읽을 시간조차 없기 때문이다."라고 주장하였다. 때때로 두들겨 맞거나 실컷 시달린 듯한 기분이 들 때에도 이 평범한 시민들과의 만남은 '자신의 책임과 의무'를 새로이 자각하는 계기가 되었으며 지루한 공식 '접견'이나 백악관 리셉션보다 훨씬 생생한 즐거움을 안겨주었다. 아마 이들을 만나는 시간은 그에게 전시 워싱턴의 답답한 정계 분위기에는 부족한 신선함을 가져다 준 동시에 보통 사람들의 지혜에 대한 링컨의 믿음을 한층 더 강화시켰던 것 같다. 존 헤이는 대통령에게 '보통 사람들의 정서와 희망을 감지하는 천부적인 직관력'이 있음을 관찰하였다. 그러나 그의 뛰어난 직감은 사실 단순한 영감보다는 민심이 보내오는 혼란스러운 신호를 파악하려고 수고를 마다치 않고 부단히 노력한 결과로 얻어진 것이었다.

'불가피한 모든 수단을 사용하여' : 노예해방 선언을 하기까지

링컨은 여러 번에 걸쳐 각기 다른 청중 앞에서 취임 선서를 한 순간 자신에게는 연방을 수호하기 위해 '불가피한 모든 수단'을 사용할 의무가 부여되었다고 밝힌 바 있다. 일반적인 조건에서 불필요하거나 초법적인 것을 간주되는 수단도 극단적 상황하에서는 합법적인 목표 달성을 위한 '간과할 수 없는 필요성'을 가질 수 있다. 그는 심지어 보수층을 안심시키기 위해 노력 중일 때에도 이 표현을 사용하였으며 연방정부와 반란군 사이의 역학관계 변화 가능성을 열어두었던 1861년 7월 이 용어를 처음 사용하였다. 그리고 1862년 전반기 연달아 발생한 각종 사건으로 말미암아 결국 링컨은 평화 시에 비준한 노예제도 보장 원칙을 번복하고 전략적 차원에서 남부의 노예해방이 불가피하다는 결론을 내렸다.

1861년이 끝나기 훨씬 전부터 수백만의 연방 국민들은 이미 전쟁의 승리를 위해 노예제도 철폐는 '불가피하다'는 결론에 도달해 있었다. 링컨은 아직 이 대열에 합류하지 않은 상태였으나 높아져 가는 이들의 목소리를 들으며 이제 노예해방론은 더는 일부 급진주의자들의 전유물이 아니라는 것을 깨달았다. 민주당과 공화당을 막론하고 많은 반남부 실용주의자들이 프레먼트의 노예해방 포고령, 심지어 캐머론의 흑인 무장 계획까지 지지하며 진보 진영에 합세하였다.

보수적인 남북부와 남부 접경 지역을 포함한 연방 전역에서, '노예해방론'을 외면하던 사람들까지 나서서 링컨에게 노예제도라는 '괴물', '전쟁의 진정한 목적', '반란의 근원', '남부 연맹의 약점'을 처단할 대담하고 단호한 행동에 나설 때라고 큰소리로 요구하였다. 델라웨어의 한 주민은 '한 손으로는 노예제도와 싸우고 다른 손으로는 이를 지탱하는' 정부의 모순에 대해 불평하였다. 같은 취지로 버지니아 출신의 한 연방주의자는 링컨에게 "나는 일부 지역에 국한되어 있는 노예제도에 대해 아무런 적대감이 없는 사람입니다. 그러나 정부와 노예제도 중 하나를 선택해야 한다면 누가 망설이겠습니까?"라고 말하였다. 노예제도의 붕괴는 이제 시간문제였다. "대통령께서는 머지않아 만인의 자유를 선포할 수밖에 없을 것입니다.─국민들은 이미 충분히 준비가 되었고 정치인들도 점차 변해가고 있습니다."

링컨은 프레먼트의 대담한 결정이 "모든 공화당원과 민주당원의 10분의 9,

즉 100명 중 99명의 지지"를 받았다는 말을 전해 들었을 때 이를 쉽게 수긍하지 않았다. 그러나 위스콘신에 있는 그의 지인이 "전쟁의 와중에…… 생각을 바꾼 사람이 수천 명에 달하고 나도 그중의 한 사람입니다."라고 한 말은 결코 의심하지 않았다. 링컨은 때가 무르익었음을 알았다. 전쟁 전만 해도 중도주의자들은 노예제도와 자유가 양립할 수 없다는 현실을 거부한 채 이것이 '피할 수 없는 갈등'이라는 그의 생각을 조롱하였다. 그리고 이 나라가 '반은 노예제도를 가지고 나머지 반은 자유인 채로' 유지될 수 없다는 그의 선언을 극단적인 급진주의로 몰아붙였다. 이제 서로의 입장은 정반대가 되었다. 노예제도를 뿌리 뽑는 일에 대해 민주당원 조지 반크로프트는 링컨에게 이렇게 말하였다. "당파를 막론하고 우리 모두의 소망이며 만인의 희망입니다." 존 헤이는 이 순간 놀라는 표정을 감출 수 없었다고 한다. "일리노이의 노예해방론자가 몇 년 전만 해도 그의 진보주의를 그토록 심하게 비난하였던 사람들의 끈덕진 노예해방 요구에 맞서 진지한 보수주의자로 변신하는 모습을 지켜보는 것은 더할 수 없이 흥미로웠다."

보수주의 정서를 결코 간과할 수 없었던 링컨은 1861년 12월 연례 의회 담화문에서 간략하게 해방 노예의 국외 송환과 이를 위한 '어느 한 지역에 그들에게 적합한 기후를 제공하는' 식민지 개발을 논의하는 것으로 조심스런 첫 발걸음을 내딛었다. 그러나 한편으로 노예해방론에 대해 충분히 배려하는 것도 잊지 않았다. 그는 1861년 8월 제정된 징발법을 언급하며, 이로 인해 이미 상당수의 노예가 해방되었다는 사실을 환기시켰다. 또한 각 주가 임의로 이 원칙을 차용할 권한이 있음을 암시하며 동시에 연방의회 앞에 추가적인 노예해방법을 제출하도록 고려해 보겠다고 약속하였다. 그 다음 그는 연방 수호를 위해 "불가피한 모든 수단을 동원해야 한다."라고 선언하였다. 그리고 이 선언에 덧붙여 이 전쟁이 "폭력적이고 잔인한 독립전쟁"으로 타락하는 것을 막기 위해 모든 노력을 기울일 것임을 확인하고 명예와 불명예를 떠나 과격하고 극단적일 지라도 불가피한 모든 수단을 동원하는데 결코 망설임이 없어야 할 것이라고 주장하였다. 즉, 그는 연방의 존립이 마지막 수단인 노예해방에 달려있다면 자신이 결코 선택을 피하지 않을 것이라는 점을 분명히 시사한 것이다. 그리고 의미심장하게도 군사 작전상 핵심적인 모든 문제는 직접 통제할 것이란 말을 덧붙임으로써 운신의 폭을 확보하였다. 그가 실제로 대통령의 전시 권한에 대한 조사를 시작한 것은 그 후로도 몇 달이나 지난 후의 일이지만, 링컨은 이 연설에서 이미 최고 통수권자로서 전략적 필요성이 발생하면 합법적인 노예해방 절차를 추진할 수도 있음을 충분히 암시하였다.

그러나 연설의 전체적인 내용은 링컨 안에 아직 휘그당원의 모습이 생생히 살아있음을 보여주었다. 민주당원과 보수적 공화당원들은 맥클렐런의 말대로 "대통령은 흑인 문제에 대해 매우 솔직하고 분명하다."라는 믿음을 다시 한 번 확인할 수 있었다. 그러나 의회 안의 진보적 공화당원들은 똑같은 이유로 인해 사뭇 실망할 수밖에 없었다. 헤이가 '자코뱅슨'이라고 부르던 강경파, 웨이드, 트럼블, 재커리 챈들러의 주변으로 서서히 모여들고 있던 당시 공화당의 진보 세력은 링컨의 신중한 실리주의적 접근법을 줏대없이 흔들리는 갈대와 같다고 깎아 내리고 링컨이 국가적 위기 상황을 관리할 만한 그릇이 못 된다는데 의견을 같이 하였다. 그리고 그가 문제의 핵심인 반란군의 급소를 공격하지 않기로 결정하자 크게 실망하였다. 1861년 12월 31일 링컨이 전쟁 수행 공동위원회를 주재하는 자리에서 웨이드는 그에게 이렇게 말하였다. "대통령의 소극적인 군사 작전과 노예제도에 대한 정책 부재 때문에 이 나라는 조금씩 조금씩 죽음을 향해 나아가고 있습니다."

웨이드의 판단을 뒷받침하듯 링컨 자신도 무정책이 바로 자신의 정책이라고 종종 언급하곤 하였으나 이것은 농담에 지나지 않았다. 1861년에서 1862년으로 넘어가는 겨울 내내 그는 자신의 '남부 정책'을 꾸준히 추진하였다. 우선 노예제도의 합법적인 보호권을 인정함으로써 접경 주의 연방주의자들을 안심시키고 남부의 분리 상태를 고착화시키는데 성공하였다. 한편 비극적 결말을 불러올 것이 뻔한 진보 진영의 성급하고 끈질긴 요구에 대해서는 때때로 그 답지 않게 분통을 터뜨리곤 하였으나 그의 담화문이 암시하듯이 가능성을 향한 문은 항상 열려있었다. 그는 이들의 요구가 다만 시기상조라고 생각하였다. 1862년 초 조지 템플톤 스트롱이 그 앞에서 이 문제를 거론하자 그는 이 보수적인 변호사에게 일리노이 개척지를 떠돌아다니던 감리교 선교사들에 관한 일화를 들려주었다. 이들은 여행하다가 '사나운' 강을 만나면 어떻게 건너야 할 것인가를 놓고 논쟁을 벌였다. 링컨은 이중 '나이 많은 형제'가 한 말을 가장 마음에 들어 하였다. "형제들이여 여기서 아무리 얘기해 본들 무슨 소용이 있겠는가. 강에 가야 강을 건너든지 밀든지 할 것 아닌가."

이 일화처럼 옛 연방이 새로운 땅으로 넘어가려면 군사적 총공세를 통해 반란군의 진압을 하는 일이 선행되어야 할 것이다. 이해 1월 초가 되자 다행스럽게도 전장이 점차 활기를 띠기 시작했으며 이에 따라 링컨의 실망과 당혹감도 얼마간 해소되었다. 맥클렐런은 새로이 원기를 되찾고 스탠튼은 육군부에 활력을 불어넣었다. 그동안 갖가지 군사 서적을 섭렵하며 연구에 몰두해 왔던 대통령은 마침내 2월 22일 전 병력에게 총진군을 명하였다. 바로 이 무렵 조지 H. 토마스(밀스프링스전 승리)와 그랜트(하니 및 도넬슨 요새 탈환)는 서부 군대를 이끌고 켄터키와 테네시 대부분 지역에서 남부군을 몰아내는데 성공하였다. 이제는 링컨의 희망대로 포토맥 부대를 내세워 마나사스의 반란군에게 총공세를 펼치든지 아니면 맥클렐런의 계획대로 동부에서 리치몬드로 진격해 들어가든지 남부 연맹을 완전히 무릎 꿇리고 연방이 원래의 모습을 되찾을 날이 머지 않은 듯 보였다.

한편 링컨은 옛 연방의 헌정적 틀 안에서 '남부 정책'과 노예제도의 후퇴를 추진할 방법을 모색하고 있었다. 그는 더욱 강력하게 노예해방 보상 제도의 장점을 홍보하고 각 주에 연방 정부의 재정적 지원을 약속하며 제도의 자발적 채택을 독려하였다. 1861년 말 그는 이미 델라웨어에 이 제도를 처음 제안하였다. 그의 계획은 국고에서 차출된 연간 23,200달러의 기금을 바탕으로 31년 동안 점진적인 노예해방을 추진하자는 내용을 골자로 하고 있었다. 델라웨어는 노예주 중에서도 노예 인구의 비율이 가장 낮은 지역이었으므로 이 계획을 시작하기에 가장 알맞은 조건을 갖추고 있었다. 그러나 실망스럽게도 주의회 안의 친링컨 세력은 의심 많은 대다수 의원들을 설득하는데 실패하였다. 그럼에도 불구하고 접경 지역에서 친노예제도론과 분리주의가 약화되고 있다는 소식에 고무된 링컨은 전에 없이 더욱 대담한 행동에 돌입했다.

1862년 3월 6일 그는 의회에 특별 담화문을 전달하였다. 그는 하원과 상원에게 "점진적 노예해방 제도를 실시하는 모든 주에 재정 지원을 약속하는" 공동 결의문을 채택하자고 제안하면서 이 제도는 노예들에 대한 인도주의적 조치는 아니지만 전쟁 기간을 단축시킬 수 있는 수단이 될 것으로 보았다. 그는 만일 연방 내 노예주에서 이 제도를 시작한다면 북남부의 연방 탈퇴를 원하던 남부연맹의 기대를 초토화시켜 결국 "반란군의 종말"을 불러올 것이라고 주장하였다. 또한 재정적인 측면에서 보아도 가파르게 상승하고 있는 전쟁 비용을 부담하는 것보다 이 제도를 실시하는 것이 훨씬 저렴하다고 강조하였다. 여기에는 비록 연방의회가 실질적 제도 집행의 헌법적 권한은 없지만 의회의 지지 의사만으로도 관련 각 주의 의회에 정부의 진의를 설득하는 작업이 더 큰 탄력을 받을 수 있을 것이라는 계산이 깔려있었다.

링컨은 사전에 해방안 제안서에 그의 이름을 명기하지는 않았다. 3월 10일 링컨은 델라웨어, 메릴랜드, 웨스트버지니아, 켄터키, 그리고 미주리의 의원들을 백악관으로 초청하였다. 이들은 이미 특별 담화문을 읽어보았으므로 '선택은 완전히 자유'라는 말을 들었지만 동시에 그 말 속에 은근한 위협이 숨겨져 있음도 간파하였다. 링컨은 이전부터 여러 차례 연합국을 보호하기 위해서는 '모든 불가피한 수단'을 동원해야할 필요성에 대해 언급해왔다. 전쟁 자체가 일단 이러한 수단 중 하나이며 "전쟁으로 인해 발생할 모든 파괴적 결과를 예측하는 것은 불가능하다. 전쟁을 끝내기 위해 불가피한 것으로 판단되거나 확실한 효과를 약속해 주는 수단은 결국 도래할 것이며 반드시 그래야만 한다." 이제 근심어린 표정으로 신랄한 질문을 던지는 의원들을 맞이하여 링컨은 "나는 이 문제에 관하여 각 주의 선택을 존중할 것이다. 비록 각 주가 거부한다면 실망하겠지만……, 나는 각 주가 거부한다고 하더라도 이 결정을 존중할 것이다."라고 말한다. 그러나 은연중에 현 상태는 그리 오래가지 못할 것임도 시사하였다. 연방군의 존재 자체로도 노예제도는 조금씩 붕괴되어 가고 있었다. 부대로 탈주해 오

는 노예들이 늘어나면서 민간인과 군대 사이에는 끊임없이 갈등이 발생하고 있다. 현재의 상태로 볼 때 적어도 경제적인 측면에서는 노예를 유지하는 것보다 보상금을 받는 것이 더 유리할 것이다.

연방의회는 과반수의 찬성으로 공동 결의문을 채택했고, 4월 링컨은 기쁜 마음으로 이를 승인하였다. 그리고 6일 후 링컨은 콜롬비아 특별구 내에 있는 3천 명의 노예에 대해 즉각적 보상을 약속하는 법안에 서명하였다. 비록 자신 직접 작성하지는 않았어도 이 법안은 노예소유주에 대한 보상과 자발적인 식민지 개발에 대한 재정적 지원이라는 두 가지 원칙을 충실히 따르고 있었다. 그러나 링컨은 첫 번째 노예해방의 실질적 첫 걸음이 개별 노예주에서 실시된 것이 아니라 연방정부에 의해 이루어진 것이라는 사실에 적이 실망하였다. 이해 봄 내내 링컨은 접경 지역의 각 주를 향해 때로는 연대감에 호소하고, 때로는 도덕적 의무를 환기시키고, 또 때로는 논리적으로 따지고 드는 등 가능한 모든 수사를 동원하여 이 제도의 채택을 종용하였다. 그러나 그의 가상한 노력에도 불구하고 그들은 묵묵부답하였다. 역내 백인 빈곤 계층의 흑인에 대한 적대감, 그리고 노예 소유 주들이 가지고 있는 뿌리 깊은 보수적 정서가 좀 더 현실적인 대농장주나 중도적 성향이 강한 자작농, 그리고 골수 노예 폐지론자들의 경제 논리를 압도한 것이다.

접경 지역의 대부분 주민들이 링컨의 적극적 제안을 두려워하거나 무시한 반면 북부의 주류 여론은 이를 승인하였음은 물론 환호성과 박수를 보내왔다. 스티븐스나 소수의 노예 폐지론자들처럼 링컨을 비난하는 목소리도 있었으나 섬너, 체이스 및 기타 진보주의자들, 그리고 진보적 종교 집단들은 모두 이 조치가 역사적 전환점이 될 것이라며 소리 높여 찬미하였다. 더욱 의미를 두어야 할 점은 보수적 공화당원들과 중도적 민주당원도 그의 행동을 칭찬하였다는 것이었다. 레이몬드의 <뉴욕 타임즈(New York Times)>는 기사 초반 재정적 부담에 대해 간략한 의문을 제기한 후 곧바로 링컨이 "만족스러운 방법"을 취하였다며 만족스러워 하였다. 그리고 콜롬비아 특별구 내 노예해방 조치에 대한 뜨거운 반응에 한껏 고무된 링컨은 더욱 대담한 여론 조성 작업에 착수하게 되었다.

그러나 중도적 연방주의자들의 수용 한계는 데이비드 헌터 장군의 남부 점령지에 대한 조치가 논란거리로 등장하자 금새 그 모습을 드러냈다. 헌터 장군은 사우스캐롤라이나, 조지아, 플로리다 해안을 둘러싼 남부지역의 총사령관이었다. 수천 명의 유기된 노예들을 보면서 그는 그들을 군대화할 수 있을 것이라고 보았다. 그는 5월 9일 군법과 노예제도는 양립할 수 없다는 논리를 바탕으로 문제가 된 두 개의 명령을 연속으로 발동하며 점령지의 노예해방을 전격적으로 추진하였다. 그는 노예해방 선언에 그치지 않고 흑인 연대를 구성함으로써 프레먼트가 미주리에서 단행한 것보다도 훨씬 과격한 조치를 단행하였다. <뉴욕 타임즈>를 비롯한 보수와 중도 진영은 그에 대한 비난 여론으로 부글부글 끓어올랐다. 메릴랜드의 레버디 존슨은 법적 관점에서 볼 때 이 조치는 대단히 취약할 뿐 아니라 노예 폭동을 자극할 요소가 충분하며 접경 지역 연방주의에 찬물을 끼얹을 것이라고 걱정을 늘어놓았다. "이 조치는 우리에게 두 번의 전투에서 패배하는 것 보다 더 많은 피해를 입혔습니다." 한 뉴욕인은 링컨에게 이렇게 말하였다. "그리고 이 조치 때문에 켄터키와 메릴랜드는 전부는 아니더라도 거의 등을 돌릴 지경입니다." 그러나 진보파들은 훨씬 낙관적인 반응을 보였다. 체이스는 대통령에게 이 명령의 승인을 요청하였으며, 슐츠는 비록 성급하고, "외양적으로는 찬양하는" 듯이 보이지만 여론이 급변할 상황에 대비하여 반응을 자제해야 할 것이라고 조언하였다.

링컨은 헌터의 조치에 내심 공감하고 있었음에도 불구하고 결국 '모두 무효'를 선언하였다. 그러나 그 이전에 내각과 주요 의원들에게 자신의 의도를 정확히 전달한 것은 물론이었다. 급진파에서는 그를 주저함과 소심함을 비난하였으나 다행히 전체 여론은 지난해 프레먼트 사건 때와 같이 심각한 정도까지 발전하지 않았다. 여기에는 여러 가지 이유가 있겠지만 슐츠의 설명처럼 무엇보다 선언문 속에 담긴 한층 성숙한 대통령의 법적 권한에 대한 비전과 진보적 행보에 대한 열린 가능성 등이 여론에 어필하였기 때문이다. 링컨은 우선 정부가 각 군의 지휘관에게 노예를 해방할 권한을 부여한 적이 없다고 선언하였다. 그러나 바로 뒤에 "나에게는 최고 통수권자로서⋯⋯ 각 주 또는 연방 전체의 노예해방을 선언할 권한이 있는지, 또는 어느 때나 어떤 상황에서라도 정부의 존립을 위해 이 권한을 행사하는 것이 불가피해 졌는지 등의 문제를 좀 더 깊이 고찰해볼 의무가 있다."라고 의미심장하게 덧붙였다. 비록 단정적으로 이 질문에 대한 대답을 제시하지는 않았으나 다시 한 번 불가피한 필요성을 언급하며 자신의 생각이 어느 방향으로 움직이고 있는지 분명히 명시하였다.

정확히 언제 링컨이 대통령령을 통한 노예해방 선언의 정당성과 필요성을 인정하였는지는 알려진 바 없다. 그저 5월 말부터 고민을 시작하여 6월 말 최종 결론을 내렸으리라는 것이 가장 근접한 추측이다. 그때까지 그의 노예해방 보상 제도는 답보 상태를 면치 못하고 있었으며, 즉 충성스러운 접경 지역에 노예 소유자들의 자기희생으로 인하여 남부 연맹에 예상했던 것만큼 큰 타격을 가할 수 없었다. 그러나 전쟁의 흐름을 바꾸기 위해서는 더욱 결정적인 무기가 필요했다. 1862년 초의 잇따른 승전보 이후 전선은 다시 교착 상태에 빠져들고 있었다. 실로의 학살에 버금가는 대규모 혈전 끝에 그랜트가 서부에서 이룬 값비싼 성공(그것은 연방정부의 위치를 공고하게 하였고, 남부 연맹을 미시시피 방어선까지 분열시키고자 하는 가능성을 열어주었다.)과 데이비드 G. 파라곳의 뉴올리언즈 탈환을 제외하고는 이렇다 할 성과를 찾아 볼 수 없었다. 오히려 동부로부터 리치몬드를 공략하기로 되어있던 맥클렐런의 소위 페닌슐라 작전이 5월과 6월에 걸쳐 느릿느릿 전개되면서 그의 소심함이 다시 도마에 오르자 링컨은 긴장하기 시작하였다. 그나마 7월 초 그는 7일 전투에서 고전을 거듭한 끝에 부대를 이끌고 반도를 거슬러 내려와 제임스 강의 헤리슨스 랜딩까지 후퇴하였다. 당연히 많은 사람들이 장군의 진의에 대해 의문을 제기하였으나 링컨은 오직 그의 정력과 전선의 변덕스런 상황을 탓했을 뿐이다. 경우야 어찌 되었든 결과적으로 링컨의 고민은 깊어질 수밖에 없었다.

그 실패는 슬픔을 가져다주었지만 번민과 책임감으로 인해 육체적으로도 괴로워하던 링컨에게는 놀라운 일이 아니었다. 그는 페닌슐라 전략에 대해서는 진정한 확신이 없었다. 그래서 치욕스러운 실망을 얻기 전에 전쟁 수행을 위해 새로운 방법이 필요하다는 것을 알고 있었다. 육군부의 전쟁 물자 조달 책임자 윌리엄 휘팅이 최근 개발한 이론을 포함하여 존 퀸시 아담스의 제안대로 연방정부의 비상 대권에 대해 실시한 광범한 조사를 바탕으로 그는 최고 통수권자로서 그에게 전략적 차원에서 적군의 노예를 해방할 권한이 있다는 결론에 도달하였다. 동시에 자신이 지속적으로 언급해 왔다시피 국가 수호를 위해 노예해방을 실시할 '불가피한 필요성'이 도래하였으며 지금이 바로 그 시기라고 결정하였다. 그가 해리슨스 랜딩에 머물던 맥클렐런을 방문하였을 때 맥클렐런은 링컨에게 은밀히 전쟁에 대한 자신의 견해를 밝힌 글을 전달하였다. 그는 이 글에서 연방은 민간인을 제외한 군대와 정치 조직을 대상으로 전쟁을 수행하고 있으며 따라서 사유 재산을 압수하거나 '강제로 노예를 해방하는' 등의 조치를 취해서는 안 된다고 주장하였다. 그러나 힘겨웠던 지난 14개월의 시간은 오직 이 원칙이 승리를 보장해 줄 수 없다는 사실을 확인해 주었을 뿐이다. 이제 승리의 길은 어느 때보다 더욱 요원해 보였다. 링컨은 반응을 자제하고 잠시 침묵을 지키다가 자신의 생각을 조심스럽게 피력하였다.

페닌술라 작전의 실패는 전 북부 지역을 강타하였다. 이른 봄부터 침체된 전선 소식을 통해 충분히 예견되고 있었지만 이 전쟁이 결코 쉽게 끝나지 않으리라는 것은 이제 기정사실이 되었다. 국가는 더욱 엄청난 재정적 희생을 감수해야 하고, 면화가 필요한 유럽은 간섭 의도를 더욱 노골화할 것이며, 더 많은 병력 소집과 함께 심할 경우 징발 조치가 단행될 것이었다. 그러나 역설적으로 링컨은 각 신문의 편집장과 정치 지도자들의 전언을 통해 실패를 거듭하고 있는 군사 작전으로 인해 진보 진영의 아우성만으로는 성취할 수 없었던 바로 그 목표가 드디어 달성되었다는 사실을 알게 되었다. 전술적 차원의 노예제도 해방 정책을 둘러싸고 정치계가 보기 드문 단결의 모습을 보이기 시작한 것이다. 노예제도는 이제 '반란군의 지렛대'로 간주되었다. 드디어 둔한 가죽장갑을 벗어 버리고 남부군의 병참고를 지원하는 후방을 정확히 공략할 때가 되었다. 접경 지역의 주민들조차 뉴잉글랜드의 진보 세력 및 신교 개혁론자들과 합세하여 해방선언이 연방의 대의명분에 "새로운 생명과 활기"를 불어넣을 것이라고 주장하였다. "이 조치로 접경 주에서 반란이 일어날 것이라고 말하는 반쪽짜리 애국자의 말에는 절대 귀 기울이지 마십시오." 웨스트버지니아의 한 관리는 이렇게 말하였다. "이와 반대로 모든 사람들이 이 정책을 간절히 원하고 있습니다.……유능하고 근면하고 기개가 있는 사람들은 모두 당신과 함께 할 것입니다. 오직 이들에게 충실하십시오."

연방의 여론이 새로운 단계로 접어들었으며 군사적 노예해방 전략에 대한 접경 주의 적개심도 어느 정도 억제될 것이라는 확신이 들자 링컨은 드디어 행동에 나설 준비를 시작하였다. 그러나 여론의 변화를 인식한 의회가 이미 자신감을 가지고 징발법에 대한 논의를 시작하였으므로 링컨은 일단 뒤로 물러서서 지켜볼 필요가 있었다. 이것은 지난 봄과 초여름 의회가 잇달아 발표한 각종 반노예 입법 조치의 최종편이라고 할 수 있었다. 군대가 탈주 노예를 주인에게 돌려보내는 것을 금지한 전쟁 조항, 영토 내 노예제도 금지 법안, 노예 무역 금지 수단을 강화하기 위하여 영국과 맺은 조약의 비준, 이 모든 조치는 뉴잉글랜드의 급진파가 주도하는 여러 위원회를 중심으로 중도파와 보수적 공화당원이 협력하고 있다는 사실을 보여주는 생생한 증거였다. 이제 거의 모든 공화당원들이 새로운 제2 징발법을 지지하였다. 이 법은 반란군에 직접 가담한 자뿐만 아니라 반란 지역에 거주하는 모든 노예 소유 주의 노예를 해방시키고 대통령에게 이들을 군대에 받아들일 수 있는 법적 권한을 부여하는 내용을 담고 있었다. 링컨은 법안에 대한 토론을 관심있게 지켜보며 복수심으로 법적 절차를 거스르는 일이 없도록 주의를 기울였다. 거부권 행사를 시사하거나 그 외 여러 번 직접 간섭을 단행하면서 비록 일부 급진파의 원망을 사기도 하였으나 그는 결국 중요한 변화를 이끌어낼 수 있었다. 7월 17일 그는 일부 보수주의자와 접경 지역 의원들의 반대를 무시하고 드디어 법안에 서명하였다. 사실 링컨은 배신자들의 노예는 "영원히 자유다."라고 정한 조항이 마음에 걸려 마지막 순간 승인을 망설이기도 하였다. '죄를 지은 당사자를 넘어서' 징발법을 확장 적용하는 것이 위헌은 아닐까? 그러나 그는 의회가 그를 대신하여 이 문제를 해결해 줄 것이라고 믿고 결국 거부권을 접기로 결정하였다.

링컨은 7월 12일 백악관에서 접경 주의 대표들과 다시 한 번 회동하였다.

그는 여기서 지난 3월 자신이 했던 주장을 반복하며 점진적인 노예해방 보상 제도에 대해 다시 고려해볼 것을 권하였다. '유래 없이 확실한 사실들'로 인해 충성스러운 노예소유주들의 입지가 더욱 위태로워졌다. 지난 봄에는 전장의 희소식으로 인해 연방의 빠른 복구와 노예제도의 유지가 가능할 것 같이 보였지만 이제 사태는 더욱 악화되었다. 그는 두 가지 현실적 요인을 특히 강조하였다. 첫 번째는 연방군으로 밀려들어오는 수만 명의 탈주 노예에 관한 문제였다. 문제는 연방 접경 지역에서도 탈주 노예가 크게 늘고 있다는 사실이었다. 3월 13일 발효된 법조항에 따라 그 주인이 연방 국민일지라도 탈주 노예를 돌려보내는 병사들은 곧바로 군법재판에 회부되었다. 링컨은 자신에게 도착하는 항의 편지들을 통해 연방의 노예주들이 엄격한 군법하에서 상당한 손실을 입고 있음을 이미 알고 있었다. 따라서 그는 "만일 전쟁이 더 길어진다면, 그리고 만일 목표 달성이 더 늦어진다면 여러분 주의 이 제도는 작은 갈등이나 마찰만으로도—전쟁의 작은 불똥만으로도 무너지고 말 것입니다. 결국 노예제도는 사라질 테고 그 대가로 여러분에게 남는 것은 아무것도 없겠지요. 그중 상당 부분은 벌써 사라졌고요."라고 경고하였다.

두 번째로 링컨은 여론이 혁명적 변화를 겪는 시기에 연합하더라도 '전혀 강하지 않은' 충성자들 사이에서 광범위한 연합을 유지해야 할 그의 의무에 대해 언급하였다. 그는 자신이 헌터의 선언을 무효화하면서 옳은 일을 한다고 생각하였으나 이 와중에 "국가의 수호에 헌신하는 많은 사람들을 모욕까지는 아니더라도 상당히 언짢게 만들고 말았다."라는 점을 강조하였다. 동시에 노예제도 반대 여론이 더욱 거세져 자신은 이를 더는 거부할 수 없다고 주장하였다. 링컨은 노예해방론의 윤리적 측면과 실리적 측면에 모두 호소하는 새로운 여론을 받들어 자신이 전쟁 첫해에 선택했던 정책을 수정할 수밖에 없다는 점을 명백히 설명하였다.

그러나 접경 주 주민들의 선택에 관계없이 강력한 조치를 원하는 대다수 국민들의 요구는 그로 하여금 계속해서 새로운 방향으로 나아갈 것을 종용하고 있었다. 접경 주 의원들의 답변을 기다리는 동안 링컨은 내각의 두 사람, 시워드와 웰레스에게 자신의 생각을 털어놓고 의견을 요청하였다. 웰레스는 일요일이었던 7월 13일 링컨과 함께 마차를 타고 가면서 그가 얼마나 '허심탄회하게' 이 문제를 털어놓았는지 기억하고 있었다. 그는 "연방을 구원하기 위한 군사 전략의 하나로써 이것이 반드시 필요하다는 결론에 도달하였다. 노예를 해방시키든지 아니면 스스로 패배를 인정하든지 우리는 선택의 기로에 서 있다."라고 말하였다. 후방의 농장일꾼으로 그리고 전장의 노역자로 흑인은 남부군의 강력한 버팀대가 되고 있었다. '극단적 수단', 즉 노예해방 선언은 이제 '국가적 존립을 결정짓는 불가피한 수단'이 되었다.

링컨은 9일 후인 7월 22일, 전 내각이 모인 자리에서 자신의 의중을 공개하였다. 그리고 이들 앞에서 자신이 작성해 두었던 선언문의 초안을 낭독하였다. 대부분의 내용은 그다지 놀라울 것이 없었다. 선언문은 먼저 반란군을 대상으로 제2 징발법에 준한 재산 압류 조치에 대해 정식으로 경고 한 다음 점진적 노예해방 보상제를 자발적으로 채택하는 모든 주에 정부가 기금을 지원하겠다는 약속을 다시 한 번 확인하였다. 그리고 폭탄 같은 마지막 문장이 이어졌다. 최고 통수권자의 자격으로 링컨은 연방의 복구를 위한 "적합하고도 필요 불가결한 군사적 수단으로써" 1863년 1월 1일부로 "당시 미국연방의 법적 권한이 실제적으로 인정되지 않는 각 주 내 노예로 속박되어 있는 모든 개인은 당시, 그 이후, 그리고 앞으로도 영원히 자유인일 것을 선포한다."라고 선언하였다.

내각은 마치 벌집을 쑤셔놓은 듯 뒤집혔다. 내각 내의 근본적인 알력 관계를 증명하듯 이들의 반응은 중구난방으로 갈라졌다. 베이츠는 당연히 링컨의 선언에 동의하였다. 그러나 체이스는 노예해방은 현지 지휘관들에게 "노예의 조직과 무장 임무"를 이양하고 되도록 조용히 진행해야 한다는 의견을 내 놓았다. 스탠튼은 물론 선언문에 뜨거운 박수를 보냈으며 블레어는 선거에 대한 악영향을 우려하여 반대하였다. 담담하게 드디어 올 것이 왔다고 생각한 시워드는 전장의 승리가 뒷받침될 때까지 이 선언을 연기하자고 제안하였다. 그는 "후퇴가 반복되는 상황에서" 가시적인 행동에 들어간다면 "에티오피아"를 향한 위대한 인도주의적 조치가 아니라 "패배에 직면하여 기진맥진한 정부의 마지막 수단……, 마지막 단말마로 비춰질 수 있다."라고 강조하였다.

링컨은 최종 결정을 망설이다 끝내 회의를 정회하였다. 그는 연방이 노예해방 선언을 받아들일 준비가 되어있다고 확신하였으나 이 조치가 국민의 사기를 저하시킬 수도 있다는 점은 부인할 수 없었다. 생각 끝에 그는 일단 발표를 잠시 미루기로 결정하였다. 그러나 그해 여름 내내 전장에서 들려온 것은 모욕적인 후퇴의 소식들 뿐이었고, 그의 조바심은 나날이 깊어갔다. 링컨은 페닌슐라 작전이 실패한 후 맥클렐런의 거센 반발에도 불구하고 홀렉에게 군의 총지휘권을 넘겨주고 버지니아 북부의 연방 병력을 존 포프의 휘하로 배치했었다. 공화당원이자 강경한 노예 반대론자로서 지나치게 자신만만하던 포프는 적극적 공세를 기획하고 곧바로 리치먼드로 진격해 들어갔다. 그러나 8월의 마지막 날 남부군을 맞아 불런에서 두 번째 격전을 치른 뒤 이 자신감은 곧 비통함으로 바뀌었다. 연방군의 실패는 포프의 오판과 시기심에 찬 맥클렐런의 늑장 원조, 그 위에 포토맥 부대 일부 장교들의 배반 혐의가 겹쳐지면서 발생한 당연한 결과였다. 링컨은 맥클렐런의 배신 행위에 깊은 충격을 받았다. 그러나 그의 목을 요구하는 성난 여론에도 불구하고 그는 맥클렐런 대신 포프를 해임하고 버지니아 병력을 다시 그의 휘하로 재배치하여 내각을 어리둥절하게 만들었다. 존 헤이가 그에게 맥클렐런에 대한 원성을 전하자 그는 "이번에는 그 사람이 분명히 잘못했지. 하지만 우리는 우리한테 있는 도구를 최대한 활용할 수밖에 없지 않겠나."라고 대답하였다. 그리고 9월 초 리가 메릴랜드를 침공하자 그는 홀렉의 조언에 마지못해 그에게 총지휘권을 돌려주었다.

7월 22일 내각과 노예해방 문제를 논의한 후 2달 동안 상황은 전혀 진척된 것이 없었다. 역사학자들 사이에서 이 시기 내각이 내심 링컨의 강경한 제도 척결 의지를 꺾어볼 요량으로 그에게 노예해방 정책을 재고해보도록 간청한 흔적이 있다는 주장이 제기된 적이 있으나, 이를 뒷받침할 증거는 불분명하다. 그가 당시 공평한 입장에서 방문자나 친구들과 노예해방 선언에 대한 찬반 논쟁을 벌이기도 하였던 것은 분명하다. 그러나 업무상 그를 가장 잘 이해하고 있었던 니콜라이와 헤이는 선택이 끝나고 결코 되돌릴 생각이 없는 결정을 솔직하게 털어놓을 수 없는 처지에 몰리자 링컨이 '극도로 신경질적'인 상태로 빠져들었다고 보고하였다.

프랜시스 B. 카펜터의 작품, 최초의 노예선언문 낭독
이 그림은 1864년 여름 완성된 것으로 전쟁 후 알렉산터 리치의 인쇄본으로 만들어져 널리 배포되었다. 링컨의 가장 열렬한 지지자 체이스와 스탠튼은 그의 오른쪽에, 가장 마음이 안 맞았던 베이츠와 블레어는 그의 왼쪽 끝에 앉아있다.

정부에 늘 불만이 많던 호레이스 그릴리에게 보낸 링컨의 유명한 편지는 그의 특기인 다중적 표현의 진수를 다시 한 번 과시한다. 8월 19일 뉴욕 편집장인 그릴리는 <트리뷴(Tribune)>의 칼럼을 통해 링컨이 자유를 사랑하는 2천만 연방 국민을 무시하고 접경 주를 편애한다고 비난하였다. 사실 그릴리는 대통령의 의중을 미리 짐작하고 그를 몰아대어 본모습을 드러내도록 만들 작심을 하고 있었다. 그렇지만 링컨은 매우 교묘한 답변으로 그의 함정을 능숙하게 피하였다. 의도적으로 포니의 충성스러운 <워싱턴 크로니클(Washington Chronicle)>을 통해 공개한 이 편지에서 대통령은 "이 전쟁에서 나의 최우선 목표는 연방을 구하는 것이지 노예제도를 구하는 것도 파괴하는 것도 아니다."라고 선언하였다. 그렇다면 그가 노예해방을 전쟁 목표로 인정하지 않는다는 의미일까? 그러나 바로 뒤 문장에서는 자신이 이 제도를 파괴할 힘을 가지고 있으며, 필요하다면 결코 망설이지 않고 행동할 것이라고 명시하였다. 해방론자들로 하여금 안도의 한숨을 내쉬게 하는 부분이다. "만일 노예를 해방시키지 않고 연방을 구할 수 있다면 나는 그렇게 할 것이다. 그러나 만일 모든 노예를 해방함으로써 연방을 구할 수 있다면 나는 또한 그렇게 할 것이다." 그리고 마지막으로 "여기서 나는 나에게 주어진 공적 의무에 입각하여 목표를 설명하였다. 그러나 내가 자주 언급하던 개인적 희망, 즉 자신이 어디에 있던 모든 인간은 자유여야 한다는 생각은 결코 변하지 않을 것이다."라고 덧붙임으로써 자신의 속마음을 은연중에 드러내었다.

링컨의 편지는 진보 진영을 향해 극적인 변화가 다가올 것이라는 메시지를 보내는 동시에 보수 진영에는게 그러한 의도가 전혀 없다는 뜻을 전달하였다. 따라서 <트리뷴(Tribune)>의 시드니 H. 게이는 "이는 우리의 구원에 대한 대가가 노예제도 철폐임을 선언하는 것이다."라고 분석한 반면 털로우 위드는 '극단주의자'들이 타격을 입었을 것이라고 확신하였다. 그는 "그들은 행정부를 잘못된 지점으로 이끌었다. 그러나 지금 이것은 올바른 것이다."라고 말했다. 그리고 다시 옛날의 보수적 입장으로 돌아선 오바일은 링컨에게 그가 "국민을 다시 한 번 안심시켰다."라고 축하하였다.

링컨은 9월 13일 시카고의 종교계에서 파견한 공동 사절단을 만난 자리에서 이들이 노예해방 문제를 거론하자 다시 한 번 이와 유사한 주장을 펼쳤다. 당시 신경이 예민해져 있던 그는 연달아 신랄한 질문을 퍼부었다고 한다. "내가 노예해방 선언을 한들 무슨 소용이 있을까요? 교황의 칙서가 혜성을 막을 수 없는 것처럼 현실적으로 전혀 실현 불가능한 선언을 해야 되겠습니까? 반란 지역에서 헌법 집행이 불가능한 상황에서 내 말만으로 노예가 해방되겠습니까?" 그러나 이어서 이들이 안심할 수 있도록 "최고 통수권자로서…… 전시에…… 내게는 적을 제압하기 위해 필요한 모든 수단을 단행할 권리가 있다고 생각하므로" 이를 근본적으로 반대하지는 않는다는 말을 덧붙이는 것을 잊지 않았다. 한 시간 동안의 대화를 끝내며 그는 "아직 확실히 결정된 것은 없으며 노예해방 선언에 관한 문제는 충분히 고려해 보겠다."라고 약속하고 이것은 "밤낮을 막론하고 내가 가장 심각하게 고민하는 문제이다. 하나님의 뜻이 무엇이든 간에 나는 그의 뜻을 따를 것이다."라고 말을 맺었다.

그릴리와 시카고의 성직자를 비롯하여 한여름부터 초가을까지 백악관에는 수많은 편지와 청원서가 쇄도하였다. 이 대부분은 징발법의 즉각적인 시행과 전국적인 노예해방 선언을 재촉하거나 군대 안에 흑인 병사 모집반을 설치하도록 제안하거나, 적극적이고 효율적인 전쟁 수행을 요구하는 내용이었다. 한 연방의원은 켄터키에서 급히 돌아와 "반란군에 대한 여론이 급변하고 있으므로" 정부가 "반란군에 속한 모든 건장한 흑인 남성을 이용해야 할 것이다."라는 말을 전하였다. 교회들은 노예해방을 요구하는 결의문을 마구 쏟아내었고 로버트 데일 오웬은 "인간의 사유화는 결코 도덕적으로 정당화될 수 없는 일로서 결국 우리나라를 위기에 빠뜨렸다."라고 경고하였다.

링컨이 7월 22일 발표한 원칙에서 정말로 후퇴할 생각이 있었는지는 불분명하다. 오히려 그 후 몇 주 동안 벌어진 상황은 그의 논리에 더 큰 정당성을 부여해 주었다. 반란군 진압의 날은 점점 더 멀어져 가는 듯 보이는 반면 추가 병력 모집은 여의치 않았으며, 남부의 독립을 인정하려는 외국의 움직임도 점차 가시화되어 가고 있었다. 이제는 접경 주에서조차 노예해방 선언을 지지하는 목소리가 높아지고 있었다. 링컨은 시카고의 종교 사절단을 만났을 때 최종 결정은 신의 손에 맡기겠다고 말한 적이 있다. 그러나 그는 기도에 매달리기보다 매일 들려오는 전장의 소식 속에서 신의 계시를 찾고 있었다. 나중에 대통령은 측근에게 맥클렐런이 버지니아 북군 군사령관인 로버트 E. 리의 부대를 추적하고 있을 때 자신이 "하나님이 다음 전투의 승리를 허락하시면 이것을 노예해방의 사명을 향해 전진하라는 신의 계시로 받아들이겠다고 맹세했었다."라고 고백하였다.

9월 17일 안티탐의 승리는 그리 대단한 것이 아니었다. 그러나 메릴랜드에서 리를 몰아냄으로써 링컨에게 행동할 계기를 마련해 주기에는 충분하였다. 9월 22일 월요일 그는 내각 특별 회의를 소집하고 드물게 보는 밝은 표정으로 자신이 "마음을 정하고 최종 결정을 내렸다."라고 선언하였다. "이미 결심이 섰으니" 그에게 "이 문제에 대해 더 조언은 필요치 않았다." 그리고 그는 "나와"-체이스는 이때 그가 망설이는 것을 눈치챘다.-"나를 만드신 창조자에게 한 약속을 지킬 것이다."라고 말하였다. 이미 수정 작업을 마쳐 둔 원고를 낭독한 뒤 그는 내각에 문장 손질과 같은 사소한 문제에 대한 의견만을 물었다. 월레스에 따르면 내각은 논의 끝에 이것이 "약간 길지만 진실하며 관련 원칙과 잘 조화를 이루고 있다."라는 결론을 내렸다고 한다. 단지 블레어만이 접경 지역의 민심과 군대의 사기에 미칠 악영향, 그리고 민주당의 재결집 가능성 등을 우려하며 보류를 제안하였다. 그러나 링컨은 여론의 반응이 걱정되는 바는 아니지만 우유부단함을 보이는 것이 더욱 위험하다고 말함으로써 자신의 최종 입장을 명시하였다.

원래 링컨은 선동적인 연설에도 일가견이 있었다. 하지만 그 다음날 9월 23일 아침 신문에 발표된 노예해방 선언문에서 그는 자신이 7월 원고에서 사용했던 건조하고 형식적인 문장을 그대로 빌어와 법적 논리에 근거하여 차분히 주장을 펼쳐나갔다. 그는 1863년 1월 1일을 기준으로 반란 지역 내 노예 신분에 처한 모든 사람은 "이날부터 그 이후, 그리고 영원히 자유인"임을 선언하였다. 하지만 그는 은총의 지속 시간이 정확히 100일이었다는 우연의 일치에 대해서 어떠한 표면적인 이점도 취하지 않았다. 이것은 분명히 보편적 해방 선언이 아니었으며-그 자신이 이를 선언할 만한 권리가 없다고 생각하고 있었기 때문에-천부 권리에 대한 언급도 없었다. 그 대신 그는 의회를 향해 새해 첫날을 기준으로 연방에 소속되어 있으며 해방을 추진하는 모든 노예주에 재정적 지원을 제공하자고 요청하였다. 그리고 7월과 달리 자신이 흑인의 자발적 해외 식민지 송출 계획을 계속 지원할 것이라는 내용을 초안에 덧붙였다.

선언문 발표 바로 12일 전에 링컨은 이미 연방정부와 치리키 개발회사 간의 계약을 승인하였다. 일단의 투기꾼들로 이루어진 이 회사는 파나마 지역의 석탄광 개발 사업을 통해 흑인 식민지를 유지할 수 있을 것이라고 링컨을 설득하였다. 몇 주 후에는 사기성이 농후한 계발업자 버나드 콕을 만나 아이티섬에 5천 명의 흑인을 수용하기 위한 정착지 건설 계획을 경청하였다. 링컨은 흑인들을 설득하기 위한 노력도 병행하였다. 8월 그는 해방 노예들로 이루어진 흑인 대표단을 백악관으로 불러들여 자발적인 중앙아메리카 이주 계획을 설명하며 새로운 땅에서라면 흑인들이 적대적 백인들로부터 벗어나 미국에서 거부당한 평등권을 누릴 수 있을 것이라고 설득하였다. 그러나 흑인들은 대체로 적대감을 드러내며 이를 받아들이지 않았다. 설상가상으로 그가 관심을 가졌던 계획들은 모두 허점 투성이로 밝혀져 결국 폐기되고 말았다. 겉으로 드러나는 것만큼이나 링컨은 상당히 진지하게 식민지 개발을 고려하고 있었던 것 같기는 하다. 하지만 이것은 주로 무대 관리 차원의 제스처라고도 볼 수 있었다. 주로 백인 여론을 겨냥한 식민지 개발 계획은 쓴 약 위에 삼키기 좋도록 덧씌운 당의정과 같은 것이었다.

선언문 발표에 대한 즉각적인 여론의 반응은 시기에 대한 그의 판단이 정확하였음을 확인해 주었다. 테오도르 틸튼, 제임스 밀러 맥김, 게릿 스미스 외 칭찬에 인색하던 다수의 해방론자들이 기쁨에 겨워 칭찬을 쏟아놓을 때 아마 그는 내심 회심의 미소를 지었을 것이다. 청교도파 교회는 그의 정의로운 행동을 경축하였다. 중도 진영의 반응도 상당히 고무적이었다. 공화당의 각종 집회나 주의회, 무엇보다 펜실베니아 알투아에서 회동한 17명의 주지사들은 모두 한 목소리로 '연방의 구원에 필수적인 위대하고도 단호한 전쟁 수단'으로서 그의 선언을 기꺼이 지지하였다. 보수적인 공화당 상원의원 아이라 해리스는 "처음 내가 이 선언문을 접했을 때에는 당황스럽기 그지없었으나 수긍하기까지 오래 걸리지는 않았다. 그리고 지금은 나보다 훨씬 보수적인 사람들도 선언문의 원칙에 동의하고 있음을 매일 발견한다. …… 이 원칙 위에서 우리는 함께 일어서 함께 싸우고 결국 연방을 구해 낼 것이다."

그러나 부정적인 반응도 만만치 않았다. 우선 뉴저지와 4개 노예주의 주지사들이 지지 의사 표명을 보류하였다. 남부 접경 지역의 연방주의자들에게 이것은 배신이나 다름없었다. 브라우닝 외 여러 중견 보수파 공화당원들은 여전히 반대의 입장을 버리지 않았다. 그리고 노예 반대론자들이 초기에 보여주었던 열렬한 반응은 연방 탈환 지역 내 노예제도 유지 가능성 등 선언문에 내포된 도덕적 결함이 부각되면서 점차 삭아 들었다. 특히 많은 민주당계 신문에서 정부의 불성실한 조치, 즉 독단적으로 전쟁 목표의 재정립을 선포한 전제적 횡포, 그리고 이에 따른 흑인 폭동 가능성 등을 지적하며 일제히 공격의 포문을 열자 상황은 갑자기 심각한 국면으로 치닫기 시작하였다. 그러자 링컨은 온건적인 모습의 겉치레를 벗어 던지고, 청교도 성향을 지닌 열성적 참견인으로서 자신의 진실한 모습을 드러냈다.

링컨은 후일 스스로도 노예해방 선언으로 인해 처음부터 급격한 변화가 일어나리라고 기대하지 않았다고 밝힌 적이 있다. 그러나 그 이후 3개월여 만에 정치 상황이 급격히 변하여 정부의 존립조차 위협받는 지경에 다다르리라고는 결코 예상하지 못했던 것 같다. 심각한 당선율 감소와 내각의 해체 위기 등을 포함한 여러 가지 위기 상황은 선언문을 채택한 링컨의 행동 자체보다는 주로 그와 관련된 링컨의 의도와 깊은 관련이 있었다. 그리고 이런 정치 상황을 반영하듯 대통령이 노예해방에 대한 약속을 저버리고 선언문을 철회할 것이며 전시 작전도 더욱 제한적인 형태로 변화하리라는 우려(또는 희망)가 고개를 들기 시작하였다. 그렇다면 그는 얼마나 심각하게 정책 철회를 고려하고 있었던 것일까?

야당은 가을 선거에 큰 기대를 걸고 있었다. 맥클렐런은 선언문이 발표되자 공개적인 반대 의사 또는 사의를 표명하고 싶은 불같은 욕구를 억누르고 포토맥 부대 앞에서 간단히 연설하는 것으로 자신의 마음을 달랬다. 그는 새로운 정책을 정면으로 비난하는 대신 "정치적인 실수는 선거를 통하여 국민이 행동을 보여줄 때 치료될 수 있다."라는 우회적인 표현을 사용하였다. 민주당은 여름부터 진즉에 정부의 '무능'을 선거 주제로 활용할 준비를 시작하였다. 7월 연방의원 윌리엄 D. 켈리는 링컨에게 필라델피아의 민주당 세력이 "유례없이 완전히 단결하였다."라고 보고하였다. 특히 이들 중에는 군에 입대한 사람이 하나도 없었다. "우리 측 인원 3만 명 이상이 전장에 나가있는 동안 이들이 계속 이 기세를 유지한다면 정치적으로 심각한 결과를 초래할 것입니다." 맥클렐런의 암시대로 민주당은 또 하나의 무기를 확보한 셈이었다. 민주당은 인종 문제와 북부의 '아프리카화'에 대한 백인의 두려움을 자극하는 일에 익숙하였다. 일리노이에서 스탠튼이 '탈주 노예'의 중앙 농장 지대 정착을 명령하자 데이비드 데이비스는 이것이 선거에 심각한 악영향을 줄 것이라고 주장하였다. 그리고 9월 24일 링컨은 전국을 대상으로 영장 발행 유보 조치를 발동하고 "타인의 자발적 입대를 방해한 자, 징병을 거부한 자, 반란군에 원조 또는 동조하는 불충죄를 저지른 자"는 모두 군법재판에 회부될 것이라고 선포하였다. 그러나 동시에 스탠튼이 근래 제정된 민병법을 강력히 집행함에 따라 임의 체포 사례가 수백 건에 달하게 되자 링컨에게는 '독재자'라는 오명이 씌워졌다. 존 포니는 그의 기사를 통해 "이제는 앞에도 옆에도 뒤에도 온통 적뿐이다."라고 한탄하였다.

결국 민주당은 선거에서 상당한 성과를 올렸다. 일리노이, 인디아나, 오하이오, 펜실베니아에서 뉴저지와 뉴욕까지 남북부의 주의회는 민주당의 손에 넘어갔다. 특히 뉴욕에서는 호레이쇼 세이무어가 심각하게 분열된 공화당을 밟고 주지사 선거에서 극적인 승리를 거두었다. 공화당의 텃밭으로 일컬어지는 북서부 오대호 주변 지역에서도 민주당은 약진하였다. 민주당은 공화당으로부터 연방의회 총 35석을 넘겨받으며 1864년 대통령 선거를 바라볼 수 있는 교두보를 장만하였다. 연방의회는 여전히 공화당의 강력한 영향력 아래 놓여 있었으나 당의 선거 참패가 국민적 사기에 미칠 영향은 심히 우려되지 않을 수 없다. 제시 두보아는 일리노이에서 링컨에게 편지를 보내 자신은 "국가의 앞날을 어둡게 하는 전조"로서 이 선거 결과에 큰 두려움을 느끼며 "테네시의 반란군은 <시카고 타임즈(Chicago Times)>와 마찬가지로 이 결과를 자축하며 이 겨울만 잘 버티면 북부인들이 정부에게 전쟁 포기를 강요할 것이라고 공개적으로 떠들고 있다."라고 경고하였다.

대통령은 깊은 절망의 늪에 빠져들어 갔다. 보수파는 노예해방 선언문을 빌미로 정부를 탓하였다. 서부의 한 공화당원은 노예제도의 운명은 전황에 달려있는데도 불필요한 해방 선언으로 민주당만 '부활'할 구실을 찾았다고 불평하였다. 임의 체포를 용인함으로써 믿을 수 없는 비열한 형사 무리에 의해 충직한 사람들이 괴롭힘을 당할 수 있다면서 링컨의 노예해방 선언을 한탄했다. 반대로 진보 진영은 자존심만 세고 둔해 빠진 주제에 적대감에만 불타는 군 지휘부와 임명직 공무원들을 그대로 둔 링컨의 우유부단한 정부 운영을 문제 삼았다. 섬너는 "군대와 노예해방 선언은 함께 전진해야 한다."라고 주장하였다. "국민들에게 결코 후퇴는 없다는 인식을 심어주어야 한다." 슐츠는 맥클렐런, 뷰엘, 그리고 홀렉이 정부의 목표에 전혀 동감하지 않는다고 단언하고 정부의 발목을 잡는 민주당원들의 행태에 불평을 늘어놓았다. 링컨은 슐츠에게 오직 광범위한 초당적인 노력을 통해서만 반란군을 제압할 수 있다고 상기시키며, 공화당의 패배는 주로 지지층의 높은 입대율에 가장 큰 영향을 받았을 것이라고 주장하였다. 하지만 그 자신도 '부진한 전세'가 패배의 한 원인임을 부정하지 않고 좀 더 적극적인 공세를 펼칠 예정임을 암시하였다.

링컨의 분석은 다소 자기 기만적인 면이 없지 않았다. 실제로 노예해방 선언은 그의 예상보다 훨씬 더 큰 영향을 미쳤다. 그러나 연방군의 부진이 패배의 주요 요인이라는 그의 판단은 정확하였다. 10월 24일 그는 우선 정치적 영향력이 전무한 뷰엘을 오하이오 부대의 지휘관 자리에서 끌어내리고, 그 다음 선거가 끝날 때까지 기다렸다가 맥클렐런도 마저 해임하였다. 마침내 링컨이 보여준 '결단력'에 공화당 내 저명인사들과 전시 민주당원들은 뜨거운 박수를 보냈다. 당시 다니엘 디킨슨은 링컨에게 "나는 맥클렐런이 승리를 향해 끊임없이 움직여야 하는 살아있는 군대의 지휘관보다는 죽은 자들을 위해 땅이나 파는 공동묘지 관리자로 더 적합하다고 생각하게 되었답니다."라고 말하였다. 물론 군 안에서 상당한 인기를 누리고 있던 지휘관을 해임하는 것은 모험이었으나 링컨은 맥클렐런과 가까운 사이로 알려져 있던 엠브로스 E. 번사이드로 그 자리를 대체함으로써 이러한 위험성을 무마하였다.

선거 패배에 대한 링컨의 대응은 그에게 노예해방 선언에 대한 의구심을 키우기보다 군 지휘부를 교체하도록 만들었으며, 이로 인해 보수 진영은 그가 진보적 방향으로 움직이고 있음을 확신하게 되었다. 그러나 정작 진보 진영은 아직도 정부의 변화를 의심하고 있었으며, 1862년의 마지막 몇 주간 발생한 사건을 근거로 정부의 무능과 전략적 우유부단을 확신하고 이것을 정부 정책의 후퇴 신호로 받아들인다. 이들은 불안한 마음으로 12월 1일 대통령의 연례 담화문을 기대해 보지만 아쉽게도 아무런 위안을 얻지 못하였다.

링컨은 대단히 공을 들여 원고를 작성하였다. 전체 연설문의 가장 사실적이고, 진실하고, 설득력 있는 문장들의 반 이상을 노예제도와 그 미래에 대해 논하는데 할애하면서도 노예해방 선언에 대해서는 언급을 회피하였다. 그 대신 취임 연설에서도 사용하였던 "국민들 사이에서 불화를 일으키는 유일한 원인은" 노예제도의 정당성 또는 부당성에 대한 인식에 기반한 일시적 차이점뿐이라는 문구를 상기시키며 "한 세대 이후에는 이 문제를 영원히 함구할 수 있는" 방안을 제시했다. 그는 1900년까지 점전적인 노예해방 사업을 추진하는 각 주에 연방채권으로 보상금을 지급할 수 있도록 하고 "전쟁의 와중에 실질적으로 해방된 지위를 누리던" 모든 노예는 "영원한 자유인"으로 인정하며, 연방의 노예소유 주들에게 보상금을 지불하도록 하는 3단계 헌법 수정안을 제안했다. 그리고 "자유 흑인들의 동의하에 미국 외의 지역 또는 여러 다른 지역에 이들을 위한 식민지를 개발할 수 있도록" 연방기금 지원을 승인해 달라고 요청하였다. 그의 계획은 3월과 6월 연방의회와 접경 주 대표들에게 이미 밝혔던 자신의 의견을 집대성한 것이었다.

진보 진영은 그의 제안이 역행적인 것에 지나지 않는다며 냉정히 외면하였다. 과연 민주당의 주장대로 링컨은 노예해방 선언의 위헌성을 인정한 것일까? 실제로 그의 제안은 비현실적인 요소가 다분하였다. 이 계획이 의회를 통과하려면 적어도 몇몇 반란 지역 노예주의 지지가 필수적이었기 때문이다. 보수적 공화당원들조차 하원의원 헨리 워터스 데이비스의 말처럼 그의 계획을 "충성스런 연방 주를 현혹시키는 반면 비충성스런 노예주에게는 터무니없는 것"이라고 빈정거렸다. 그리고 체이스는 링컨에게 "이 계획은 정부의 입지를 강화시키기는커녕 반대로 약화시킬 것입니다."라고 말하였다.

링컨을 비판하는 사람들은 그것이 보수적인 교서라고 주장하였지만, 거기에는 링컨의 천성적인 온화함과 합법적인 비준을 존중하는 자세가 그대로 반영되어 있었다.(비록 다들 알아주지 않더라도 링컨은 항상 자기가 대통령의 의무를 다하고 있다는 것이 보여지기를 바랐다.) 혁명의 흐름 한가운데 있는 나라는 비록 전쟁으로 '고장난 상태'와 같았지만 링컨은 평화롭고, 단계적이며, 상쇄적이며, 노예해방에 대한 우파의 계획을 이루는 날까지 책임을 지고 노력하였다. 즉, 부랑인들의 빈곤을 해소하고, 갑작스런 혼란을 예방하고, 모든 지역의 정의를 위해 노력해야 하며, 자발적으로 귀향(본국으로 돌아가려는)하려는 흑인들을 위해 노력해야 한다고 주장하였다.

링컨의 제안은 두 가지 정치적 목적이 있었다. 첫 번째로 반란 지역의 연방주의자들에게 너무 늦기 전에 노예해방 선언에 대해 전향적인 태도를 취할 것을 촉구하려는 의도가 숨어있었다. 특히 링컨은 연방군의 진격에 따라 회복한 점령 지역에서 친연방 정부 수립 활동이 가속화되기를 희망하였다. 이미 알칸사스, 테니시, 버지니아, 그리고 특히 루이지에나 지역을 점령한 지휘관들에게는 가을 선거를 지원하라는 지시가 내려져 있었다. 연례 담화문에서 링컨은 반란군의 연방 회귀와 재건 사업 동참 여부에 관계없이 9월의 선언문은 그대로 효력을 유지할 것이며, 보수적 개혁 수단은 더는 존재하지 않는다는 점을 확인함으로써 이들을 다시 한 번 압박하였다. 데이비드 도날드의 말처럼 링컨은 무력행사와 개혁론을 각각 채찍과 당근으로 함께 사용하면 연쇄작용을 일으켜 반란군을 거의 붕괴 직전까지 몰아갈 수 있을 것이라고 믿고 있었을 지도 모른다. 그러나 그의 숨은 의도나 선언문의 입지와 관계없이 그가 노예해방을 불가피한 선택이라고 믿었던 것은 확실하다.

그의 점진적 해방 계획은 또 하나의 목표를 겨냥하고 있었다. 가을 선거에서 공화당의 지지율이 현저히 떨어진 것은 분명히 간과할 수 없는 위험 신호였다. 그럼에도 불구하고 링컨은 선언문 철회 압력에 굴복하거나 자신의 판단에 반하여 맥클렐런을 유임시키지 않았다. 그러나 어떤 식으로든 자신의 행동으로 인해 흩어진 중도 진영을 반드시 재정비할 필요가 있었다. 그의 연례 담화문은 바로 혼란에 빠진 중도 진영을 추스르기 위한 수단이었다.

그러나 결론적으로 그의 담화문은 보수적 색채를 거의 띠고 있지 않았다. 링컨은 과거와 미래를 동시에 통찰하며 "우리는 전혀 새로운 상황에 처하여 생각도 행동도 새롭게 정립해야만 한다.…… 평화로운 과거의 원칙은 소용돌이치는 현재의 상황에 적용될 수 없다."라고 선언하였다. 이로써 그는 가장 혁신적인

전쟁 수단으로서 9월의 선언의 입지를 확인하고 또한 자신이 헌법을 통하여 이 선언문이 불러올 변화의 영속성 확립을 추진할 방법에 대해 고민하기 시작하였음을 시사하였다. 동시에 그는 자신의 제안을 통해 접경 주의 노예해방 세력에게 힘을 실어주는 한편 선언문의 실질적 권한이 미치지 않는 지역에서도 노예제도의 붕괴를 촉진시킬 수 있는 방편을 제공하고자 노력하였다. 그리고 흑인 인구의 자발적 송출을 지지하면서도 경제적 논리에 근거한 인종주의를 배격하고 백인 사회의 자유 흑인 인구에 대한 수용적 태도를 촉구하는 최초의 메시지를 띄웠다. 링컨은 전에 없이 강경한 어조로 노예가 해방되면 백인 노동력의 가치가 떨어질 뿐만 아니라 해방된 노예가 "벌떼처럼 밀려와 전 국토를 뒤덮을 것"이라는 일부의 주장은 "만일 악의적인 것이 아니라면 대단히 허무맹랑한" 것일 뿐이라고 매도하였다.

이 담화문에서 가장 주목해야 할 부분은 링컨이 노예해방을 "전 연방 영토에 대한 국가적 권위 복구 및 유지"를 위한 반드시 필요한 수단으로서뿐만 아니라 간접적으로나마 전쟁의 궁극적 '목적' 중 하나로서 제시하였다는 점이다. 담화문의 절정에서 게티스버그에서의 그의 주제를 암시하면서 링컨은 연방을 구원할 다른 방법이 있을 수도 있으나 자신의 계획이야말로 최선의 선택이었다고 강변하였다. '노예'에게 자유를 '허락함'으로써 우리는—우리가 허락하고 우리가 보존한 자유 속에서 남들과 똑같이 고결한 삶을 영위하는—자유민을 위한 자유를 다시 한 번 '보장'하였다." 최초에는 연방 구원의 무기로서 시작된 노예해방정책이 숭고한 행동과 이를 통해 속박 받는 자들을 대신하여 자유를 쟁취한 과정을 통해 이제 전 미국인의 자유의 핵심 요소로서 거듭난 것이다. "우리는 지구상의 마지막 최고의 희망을 경건히 수호할 수도 있고 반대로 비열하게 저버릴 수도 있다."

급진파가 링컨의 감동적인 열변에 대해 어떤 평가를 내렸든지 그것은 12월 13일 프레데릭스버그에서 연방군이 대패함에 따라 소리없이 자취를 감추고 만다. 번사이드의 전략적 오판은 결코 링컨의 탓이 아니었음에도 불구하고 1만 2천 명 이상의 병사를 잃은 비극적 전투 결과는 북부 여론을 깊은 절망의 수렁으로 빠뜨렸고, 이에 따라 패배주의의 기미마저 꿈틀대기 시작하였다. 이 사건은 또한 링컨 정부를 전쟁 중 가장 심각한 위기 상황에 빠뜨렸다. 홀렉과 스탠튼, 그리고 심지어 대통령까지 크게 비난하는 목소리가 높아지자 성난 민심을 인식한 32명의 공화당 상원의원들은 특별 회의를 소집하였다. 이 자리에서 이들은 정부의 유약함, 만성적인 내각의 불협화음, 그리고 링컨의 체계성의 결여 등을 성토하고 드디어 시워드를 상대로 집중적인 공격의 포문을 열었다. 체이스의 영향력 아래 놓여있던 이들은 시워드야말로 대통령에게 보수주의와 냉담한 태도를 불어넣어 적극적인 군사 작전을 방해하는 '막후 세력'의 원흉이라고 판단하였다. 이들은 새로운 조각의 필요성을 결의하고 백악관으로 대표단을 파견하기로 결정하였다. 그러나 이미 사태를 예견하고 있던 시워드는 대통령에게 먼저 사직서를 제출함으로써 선수를 쳤다.

충격 속에서도 행정부의 통제력을 잃지 않겠다고 결심을 다진 링컨은 심적 동요를 감추고 세를 규합하여 침착하고 세련되게 사태의 해결에 나선다. 만일 시워드를 포기한다면 대내외에 정부가 진보 진영의 손아귀에 놀아나고 있음을 시인하는 꼴이 될 것이다. 그러면 정부는 광역 기반을 잃고 연방당으로서 하나가 되었던 여론은 산산히 흩어져 부활한 민주당과 강경한 공화당으로 갈라져 대립하게 될 것이 뻔하였다. 상원의원단이 파견한 사절단은 링컨과 가진 두 번째 모임에서 그가 시워드를 제외한 모든 내각을 배석시키고 당황한 체이스로 하여금 내각 내 불협화음이 없음을 인정하도록 지시하자 당혹감을 감추지 못하였다. 이중 거래의 혐의를 피할 수 없게 되었음을 깨달은 체이스는 잠을 못자고 고민한 끝에 다음날 사직서를 제출하였다. 링컨에게 기회가 돌아온 것이다. 이것이 이 위기 상황을 잠재울 강력한 무기라는 것을 깨달은 링컨은 두 장관에게 모두 사직서를 철회하도록 설득함으로써 내각의 균형을 유지하는데 성공한다. 그때서야 '생지옥'과 같은 이틀을 보내고 링컨은 겨우 웃음을 되찾을 수 있었다.

정부를 장악하려던 급진파의 시도는 실패로 돌아갔다. 링컨의 승리가 가진 의미는 제퍼슨 데이비스가 이 위기 상황에 대해 "링컨은 곧 노예해방 정책을 지지하는 인물로 내각을 교체해야 할 것이다. 그러면 켄터기가 돌아설 것이고 최근 민주당의 선거 승리와 맞물려 최종 승리는 남부군에게 돌아갈 것이다."라고 논평한 말을 통해 간접적으로 찾아볼 수 있다. 그러나 급진파의 요구를 묵살하였다고 민주당과 접경 주의 완고한 연방주의자들이 열렬히 희망한 대로 링컨이 9월의 약속을 저버릴 것이라고 생각하였다면 그것은 전혀 당치않은 것이었다. 그리고 1860년 대통령 선거단으로 활약했던 일단의 공화당원들을 시작으로 연말 즈음하여 그에게 쏟아져 들어온 각종 청원서를 통해 미루어 볼 때 노예제도 폐지론자들 중에서도 링컨의 마지막 실수를 고대하고 있던 세력이 있었던 것으로 보인다. 그러나 그 모든 기대에도 불구하고 1863년 새해 첫날 링컨은 드디어 최종적인 노예해방 선언문에 서명하였다.

이제부터 그는 9월의 노예해방 명령을 철회하기는커녕 진보의 영역으로 한 발 더 다가선다. 반란 지역을 포함하여 미국 전역에 대한 노예해방을 선언한데 이어서 그는 흑인의 군 입대를 허용하고 이들이 아군 주둔 요새와 기타 요지, 그리고 선박 등에서 전투 보조 업무를 수행할 수 있도록 조치하였다. 사실 전쟁 발발 전부터 해방 노예들은 연방을 위해 목숨을 바칠 각오가 되어있다는 의사를 분명히 표현해왔다. 급진파에 속하는 슐츠. 틸튼, 그리고 비처는 벌써부터 이들의 의사를 존중하여 해방 노예와 탈주 노예의 부대 입대를 주장하였다. 1862년 7월 링컨은 특정 지역에 국한하여 지휘관이 재량껏 해방 노예의 무장을 허용할 수 있도록 조치하고 징발법에 서명함으로써 대통령의 흑인 군 입대 허용 권한을 확보하였다. 몇몇 부대장들은 남부 연맹 지역에 선제공격을 감행하였다. 버틀러 장군은 뉴올리언스를 점령한 뒤 노예들을 해방시키고, 해방된 흑인 노예들을 연방군에 편입시켜 과격한 조치가 뒤따르기도 하였으나, 여론의 반응을 우려하여 링컨은 아직 전체 흑인 인구에 대해 조치를 확대하기 주저하였다. 그리고 8월 일리노이에서 대통령의 눈과 귀가 되어 주고 있던 브라우닝을 통해 링컨은 자신의 판단이 옳았음을 확인하였다. 그는 "결국 흑인의 군 입대가 불가피한 시기가 오겠지만 아직은 아니다."라는 말과 함께 "링컨이 흑인 연대를 하나라도 받아들이면 이로 인해 백인 연대 12개를 잃게 될 것이다."라는 의견이 대세임을 알려왔다. 링컨은 같은 달 인디아나로부터 받은 두 개의 흑인 연대 결성 제안, 그리고 9월 로드아일랜드의 주지사 스프레이그의 6개 흑인 연대결성 제안을 모두 거절하였다. 노예해방 선언을 소화하기에도 벅찬 보수파에게 격전이 예상되는 1862년 가을 선거를 앞두고 링컨은 감히 흑인 입대라는 쓰디쓴 악마저 삼키라고 강요할 수는 없었다.

그러나 그의 선언문이 전쟁 수단으로서 정당성을 인정받은 이상 논리적으로 흑인의 군 입대는 불가피한 수순이었다. 7월부터 기울기 시작한 민심의 저울은 해가 저물며 기회주의와 이상주의가 결합하면서 완전히 균형을 상실하였다. 연방군은 더 많은 병력이 필요했다. 거듭되는 입대와 징병으로 북부는 심각한 노동력 부족에 시달리고 있었다. 군에서 해방 노예를 받아들인다면 이들을 노동 시장에서 격리시킬 수 있을 것이다. 또는 이를 통해 해방 노예는 자유를 책임질 준비를 하는 동안 '흑인에 대한 백인 사회의 근거없는 비기독교적 편견'을 제거하는 일거양득의 효과를 기대할 수 있었다. 그러나 우선 링컨은 흑인의 무장으로 노예 폭동이 일어날 수 있다는 일부의 두려움을 고려하여 선언문에 이로 인해 자유인이 된 모든 노예에 대해 '자기 방어의 경우를 제외하고 폭력적 행동을 절대 금지하는' 문구를 포함시켰다.

절제의 흔적이 역력한 링컨의 선언문은 흑인 입대 문제에 관한 정부 정책의 급격한 변화를 예고하고 있지는 않았으나 중대한 전환점이 도래하였음은 충분히 시사하고 있었다. 에드워드 베이츠와 같은 보수주의자는 불편한 심경으로, 접경 주의 연방주의자들은 경악을 금치 못하며, 그리고 흑인 지도자와 진보적 공화당원들은 기쁨에 겨워 사태의 진전을 지켜보았다. 한 가지 주목할 것은 이 선언문에 식민지 개발에 대한 언급이 빠졌다는 사실이다. 사실 링컨은 자발적 송출 문제에 완전히 흥미를 잃은 것은 아니었다. 그러나 이민청장 제임스 미첼이 "수천 명의 흑인을 전쟁터에 보낸다고 하더라도 이후 흑인 인구를 송출하는 데 별 문제가 없을 것"이라고 철석같이 믿고 있었던 반면, 선언문에 나타난 그의 침묵은 그가 생명을 담보로 연방 수호의 대열에 이들의 동참을 허용한 마당에 자신이 피 흘려 지킨 이 땅을 떠나라고 강요한다는 것은 모순이라는 사실을 깨닫기 시작하였음을 보여준다.

시워드와 니콜라이가 연서한 노예해방 선언문 최종판. 이것은 1864년 6월 필라델피아 병원박람회 당시 병원 재정과 병사들의 안위를 위한 기금 마련을 위해 제작된 것이다.

지난 16개월 동안 링컨은 서서히 전진하였다. 전쟁 무기로서 노예해방을 단호히 거부하던 그가 이제는 연방에게 수만 명의 속박받는 이들의 해방자로 나설 것을 호소하고 있었다. 탈주 노예를 반란군 주인에게 돌려보내는 일조차 용납하던 그가 이제는 해방 노예에게 속박자에 대항하여 무기를 들고 함께 일어서자고 손을 내밀었다. 연방의 재건을 전쟁의 유일한 목표라고 생각하고 노예제도의 점진적 소멸만을 보장하던 그가 이제는 노예제도의 즉각적인 영구 철폐에 직면하여 국민의 사기를 북돋우려 하고 있었다. 그가 후일 알버트 호지스에게 무슨 말을 했든 링컨은 수동적으로 외부 상황 변화에 떠밀려간 것이 결코 아니었다. 오히려 강력한 정치적 의지력을 가지고 여론을 확인하며 정확히 시기를 판단하여 적극적으로 주도권을 행사했기 때문에 전쟁 목표를 근본적으로 수정할 수 있었다. 찰스 섬너는 헤리엇 비처 스토우에게 링컨은 새로운 결정을 내릴 때까지 오랜 시간 고민하지만 "일단 마음을 정하면 그를 설득하기란 쉽지 않다."라고 말한 적이 있다. 이 말을 되새겨 보면 7월 22일 그가 내각 앞에서 노예해방을 선언하였을 때 이미 이 결정은 결코 번복되지 않을 운명이었음을 알 수 있다. 최초 선언문 발표 2개월 후 11월 사적인 자리를 빌어 그가 "자신의 말을 번복하느니 죽음을 택하겠다."라고 말한 것도 아마 이런 이유에서였을 것이다. 이것은 그의 강건한 기질과 높은 지성을 반영하는 한편 신의 섭리 속에 자신이 자리할 위치에 대해 깊이 고민하고 얻은 그의 신념과도 깊은 연관이 있었다.

신앙과 목적

링컨은 내각과 시카고의 종교 사절단 앞에서 전술적 노예해방에 대해 설명하면서 자신이 하나님의 뜻에 항상 귀 기울이고 있다는 표현을 쓴 적이 있다. 우리가 링컨의 개인적 종교관을 온전히 파악하는 것은 불가능하겠지만, 당선 직

데이비드 길모어 블라이스의 그림. 이 그림에서 대통령은 다른 무엇보다 성서에서 영감을 받아 "노예해방 선언문"을 작성하고 있다. 헌법 전서, 정의의 저울, 퀘이커교도의 청원서, 말뚝 박는 망치가 흩어져 있으며 강력한 연방주의자였던 앤드류 잭슨의 흉상이 벽난로 선반 위에 올려져 있다(왼쪽). 그리고 남부 연맹의 설립에 대해 무력하게 대응한 뷰캐넌 대통령의 흉상은 줄에 매달려 있다(오른쪽).

후부터 종교를 대하는 그의 태도는 점차 진지해지기 시작했고, 우주에서의 하나님의 역할에 대한 그의 생각은 큰 변화를 보였다. 그리고 이러한 것들은 그가 그의 행정부의 목적에 대해 어떻게 생각하고 있었는가를 알려준다.

대통령이 되면서 링컨의 삶은 완전히 달라졌다. 그리고 급격한 변화를 겪으면서 그가 신앙에 대해 좀 더 깊이 생각하게 되었다고 해도 전혀 놀랄 일은 아닐 것이다. 그에게 정치 권력을 지향하며 걸어온 지난 몇십 년은 즐거운 여정이었다. 그는 최고 권력을 향한 달콤한 꿈을 꾸었고 아마 여느 때였다면 그의 꿈은 당연히 현실화되었을 것이다. 그러나 마침내 대통령이 된 그에게 들이닥친 현실은 초인적인 육체와 정신력, 그리고 강한 자신감을 지닌 사람조차 무너뜨릴 만큼 잔인한 것이었다. 미처 예상하지 못했던 전쟁의 야만성에 국민을 노출시킨 대통령으로서의 책임감과 죄의식은 그에게 감당하기 힘든 짐이 되었다. 게다가 링컨은 개인적으로도 깊은 상실감을 맛봐야 했다. 친구와 가까운 동료들—엘머

엘스워스, 에드워드 베이커 등—도 이 전쟁에 희생되었다. 그리고 그의 사랑하는 둘째 아들, 당시 11세에 불과하였던 윌리도 1862년 2월 장티푸스에 목숨을 잃었다. 이로 인해 그와 그의 아내는 깊이를 알 수 없는 비탄에 잠겼다. 거의 정신을 잃을 정도로 슬픔에 빠져있던 메리는 그에게 위안을 줄 수 없었다. 후대의 역사학자들이 이들의 불행한 결혼생활을 지나치게 강조한 면도 없지 않으나, 과장되고 불안정하며 사교성이 부족한 메리가 가정에서 링컨에게 위안을 주기보다 오히려 짐이 되었으리라는 것은 분명히 짐작할 수 있다. 때로는 백악관 비서들이 위로 역을 자처하기도 하였다. 링컨은 심경이 복잡할 때면 그가 마치 양아들처럼 생각하던 존 헤이를 앉혀 놓고 성경 구절이나 시를 읽어주곤 하였다. 극장 나들이나 워싱턴을 벗어나 군부대를 방문하는 일도 링컨에게는 일종의 탈출구가 되어 주었다. 그러나 대통령 자리에 따르는 육체적 고통과 감정적 소모에서 근본적으로 벗어날 길은 어디에도 존재하지 않았다. 전쟁에 돌입한지 2년이 채 지나지 않아서 노아 브룩스는 1856년 프레먼트를 위해 연단에 오르던 '행복한 얼굴의 변호사'가 '죽은 사람처럼 푹 꺼진 커다랗고 퀭한 눈을 한 반백의' 노인이 다 되었음을 발견하였다. 이 4년 동안 '말로 다할 수 없이' 피로에 찌들어 버린 링컨은 자신의 나이보다 훨씬 더 늙어버린 몸으로 1865년 두 번째 임기를 맞이하였다.

극도의 피로감과 책임감, 그리고 죄책감이 한꺼번에 밀려온다고 해서 반드시 종교에 관심을 갖게 되는 것은 아니다. 그러나 당시 대통령의 예배 참석이 당연시되기도 하였지만, 워싱턴에서 링컨이 과거 어느 때보다 더 열심히 교회를 다니게 된 한 원인은 될 수 있을 것이다. 링컨은 뉴욕 가에서 자신에게 꼭 맞는 구파 장로교회를 찾았다. 게다가 다행스럽게도 이 교회는 분리주의자나 남부 민주당의 영향력에서 멀리 떨어져 있었다. 정부 인쇄국의 존 드프리에 의하면 대통령은 "아들 윌리가 사망했을 무렵" 이 교회의 목사 피니스 D. 걸리와 "종교문제에 관해" 여러 번 상담했다고 한다. 링컨은 성경에서도 커다란 위안을 찾았다. 친구들도 당연히 눈치 챌 만큼 그는 눈에 띄게 변화하였다. 조슈아 스피드는 "그가 성경을 종교 안내서이자 대통령으로서 자신의 행동에 대한 지침서로 삼으려 한다."라고 생각하였다. 메리 링컨도 전쟁이 계속되면서 그가 성서 연구에 더욱 깊이 몰두하였다고 증언하였다. 그의 이 유별난 습관은 곧 사람들의 관심을 끌었다. 많은 사람들이 노포크로 가는 증기선 안에서 "그가 인적이 한적한 구석에 처박혀 한쪽 귀가 접힌 휴대용 신약을 열심히 읽고 있는 모습을 보았다."라고 증언하였다. 그러나 그의 이러한 행동은 결코 전시용이 아니었다.

종교에 관심이 있다는 것과 성직에 귀의한다는 것은 전혀 별개의 문제이다. 그러나 스피드처럼 전쟁 전까지 링컨이 종교에 상당히 회의적이었던 사실을 잘 알고 있는 이들을 제외하고 전쟁 기간 동안 종교에 깊이 헌신하는 그의 모습을 목격한 사람들은 그가 성직의 부름을 받은 것이 아닌가 생각하기도 하였다. 노아 브룩스는 링컨이 자신에게 당선 직후 전쟁 위기를 맞아 그의 마음속에 일어난 '정화 과정'에 대해 이야기하면서 자신이 끊임없이 기도를 드린다고 말했다고 진술하였다. 그러나 링컨과 가깝게 지냈던 사람들은 한결같이 그가 전쟁을 거치면서도 급격한 심적 변화를 겪지 않았으며, 결코 복음주의로 개종한 적이 없다고 주장하였다. 다만 이 어려운 시기를 통해 그의 내부에 잠자고 있던 신앙에 대한 관심이 촉발된 측면은 있을 것이라고 말하였다. 브라우닝은 링컨이 "천성적으로 신앙심을 타고난 사람"이었다고 회상하였다. 메리 링컨은 헌든에게 "내 생각에 그이는 항상 종교적인 사람이었던 것 같아요."라고 하면서 윌리가 사망하자 이 문제를 더욱 심각하게 생각하기 시작해서 "게티스버그로 떠날 무렵에는 전에 없이 깊은 신앙심을 보였다."라고 말하였다. 그러나 "그는 결코 정통 기독교인은 아니었다." 실제로 링컨 스스로 그리스도를 언급한 적은 거의 없었다. 그러나 링컨이 걸리와 그를 방문한 장로교 일행을 맞아 "과거에도 내가 지금처럼 경건한 마음이었다면 얼마나 좋았을까하고 자주 생각한답니다."라고 한 말은 결코 겸손을 가장한 발언이 아니었다.

또한 그를 인도하려는 기독교 사회의 끈질긴 노력도 자신의 헌신이 부족하다는 그의 생각을 더욱더 부채질하였다. 이전까지 그는 북부의 청교도를 움직이는 종교적 의무감을 이토록 강하게, 그리고 피부에 와 닿도록 느낀 적이 없었다. 주류 신교파는 강력한 유권자층을 형성하고 있었으며 이들의 통합된 여론은, 특히 이들과 공감하는 대통령의 정계 동료들을 통해서 들려올 때면 결코 쉽게 무시할 수 없는 강력한 여운을 불러일으켰다.

종합적으로 볼 때 우리는 세 가지 결론을 유추할 수 있다. 첫째 국가의 명운이 달린 이 전쟁은 이제 세속적 범주에 머물러 있지 않았다. 북부는 자유와 연방주의에 대한 시도와 그 이상의 고귀한 목표를 추구하게 된 반면 남부는 단순한 반란을 넘어서 신성 모독을 저지른 죄인으로 낙인찍혔다. 일리노이의 조합교회파 신도들은 링컨에게 반란군이 이 세상에서 문명과 종교의 진보를 성취하려는 신의 계획을 거역함으로써 "신성한 신의 섭리에 대해 불충하게 반항하였다."라고 말하였다. 그의 정치 동료들도 그에게 같은 취지의 말을 반복해서 들려주었다. "하나의 신! 하나의 연방! 하나의 국민!…… 지옥의 모든 권력이 지금 우리에 대항하고 있노라!" 오바일 브라우닝은 남부에 대해 "신이 심판을 내리실 것"이라고 주장하며 링컨에게 연방의 대의명분은 "인간의 마음을 차지한 모든 감정 중 가장 신성하다."라는 점을 계속해서 상기시켰다. 미연방 상원 제임스 R. 두리틀은 "전지전능하신 하나님이 반드시 우리와 함께 하신다."라고 하였다. 에드윈 스텐튼은 1862년 말 절망감이 고조되는 가운데에서도 "이 나라의 운명은 이스라엘의 어린이들처럼 가장 높은 곳에 계신 그 분의 손에 달려있다."라는 신념 속에서 희망을 찾았다.

둘째 링컨은 빛과 어둠 사이의 신성한 투쟁을 위해 신께서 자신을 도구로 선택했다고 깨달았다. "우리를 구하는 것이 신께서 당신에게 주신 고귀한 사명입니다." 전쟁이 막 시작될 무렵 뉴헴프셔의 조합교회파 목사 엘리어스 네이슨은 링컨에게 말하였다. 그리고 그 후에도 링컨은 "신께서 이러한 환란의 시기에 '당신을' 불러 일으키셨다."라는 취지의 말을 반복해서 들을 수 있었다. 신성한 신의 섭리를 구현할 대리인으로서 그는 모든 신실한 신자들의 기도를 받을 충분한 자격이 주어졌다. 그의 취임 기간 중 매 분기마다 링컨은 지인들의 입을 통해 "위기를 맞아 수백만이 매일 기도하고 있으니 하늘이 당신과 당신의 조력자들에게 지혜를 주실 것입니다."라는 격려의 말을 들을 수 있었다.

그러나 신은 오직 링컨이 그의 가르침을 따를 때에만 그의 기도를 들어주실 것이다. 백악관에 갖가지 청원서를 보내던 수많은 신교들, 대개 복음주의자이거

메리 링컨. 백악관으로 떠나기 직전, 1860년 선거가 끝나고 스프링필드에서 어린 윌리와 태드를 데리고 목가적인 배경 앞에서 찍은 사진. 1년 후 매튜 브레이디가 찍은 사진 속에서 메리는 자신이 소장하고 있던 여러 벌의 꽃무늬 드레스 중 한 벌을 선보이고 있다.

나 뉴잉글랜드인 또는 신파 칼뱅주의에 경도되어 있었던 이들은 이 사실을 잘 알고 있었다. 시카고의 조합교회파 신도 윌리엄 W. 페이튼은 전쟁은 "신이 내린 천벌"이라고 선언하였다. 신은 "독립 이후 우리의 선조들이 노예제도를 용인하고 지금까지 수많은 양보를 거듭해온 죄에 대해 벌을 내리신 것"이다. 벌써 시작된 무력 투쟁은 오직 전 국민이 "비기독교적이고 야만적인" 제도와 관계를 끊을 때 막을 수 있다. 오직 노예를 해방함으로써 하나님과의 약속을 어기고 독립선언서의 자유에 대한 맹세를 거부한 죄로부터 연방을 구할 수 있을 것이다.

링컨은 자신의 주변에서 소용돌이치고 있던 복음주의의 물결에 온몸을 맡기지는 않았다. 그러나 전쟁의 압박감 속에서 괴로워하던 그가 이 물결을 타고 종교에 대한 새로운 성찰에 도달한 것만은 분명하였다. 특히 그는 북부 프로테스탄티즘의 심층에 흐르고 있던 전통적 칼뱅주의에 가장 가까이 다가섰던 것 같다. 링컨이 즐겨 사용하던 복음주의적 문구들 속에는 신, 인류, 그리고 신의 섭리 등에 관한 그의 생각이 녹아들어 있다. 여러 역사학자들이 지적한 바와 같이 신의 섭리에 대한 믿음은 평생 링컨의 사고 한 가운데에서 중요한 역할을 하였다. 전쟁 전의 링컨은 신의 섭리를 멀리서 기계적으로 세상을 지배하는 힘, 만물의 법칙을 변덕스럽게 정지시키지 않고 그 안에서 예상 가능한 절차를 따라 움직이는 힘이라고 생각하였다. 그러나 전쟁을 거치며 그는 그가 평생 알고 지냈던 칼뱅주의에서 새로운 의미를 발견하였다. 이제 링컨의 '섭리'는 훨씬 역동적이며 친밀한 모습을 띠기 시작하였다. 그는 신이 간섭과 비판을 주저하지 않으며 이전보다 훨씬 신비롭고 예측 불가능한 힘을 발휘하신다고 생각하게 되었다.

링컨의 '신의 뜻에 대한 고찰'
1862년 9월 초에 작성한 것으로 추측되며 대통령의 개인적 신앙심이 깊어졌음을 보여준다.

정확하게 언제 이러한 변화가 발생하였는지는 잘 알려져 있지 않다. 하지만 대부분의 학자들은 그가 대통령이 된 첫해부터 신의 섭리에 의지하고 공개적으로 신의 도움을 요청하는 발언을 훨씬 자주하였던 것으로 볼 때 아마 이 이전, 즉 전쟁 전부터 이러한 변화가 시작되었을 것이라고 추측하고 있다. 변화의 징후는 링컨이 첫 번째 불런 전투에서 패배한 후 전국적인 단식과 기도의 날을 선언하였을 때 가장 분명히 그 모습을 드러내었다. 그는 이날 자신의 죄와 나라의 죄를 모두 고백하고, 하나님께서 공평하게 죄를 물으셨음을 인정한 후 이제는 내려오셔서 연방군을 도와달라고 기도하였다. 이때 그가 쏟아 놓은 말들은 칼뱅주의자의 상투적인 약속일 뿐이라고 볼 수도 있겠지만, 이 무렵 그가 브라우닝에게 한 말은 분명히 그의 진심을 반영하고 있었다. 브라우닝이 노예제도를 공격하는 것만이 신의 도움을 기대할 수 있는 유일한 길이라고 말하며 링컨을 몰아붙이자 링컨은 이렇게 대답하였다. "브라우닝, 만일 하나님께서 이 나라의 노예 문제와 이를 다루는 방법에 있어서 우리와 관점을 달리하신다면 어쩔텐가?" 나중에 브라우닝은 그의 이 말에 깊은 인상을 받았다고 털어놓았다. "처음으로 나는 그가 당시 일어나고 있던 거대한 사건을 통해 인간보다 더 큰 힘이 무엇을 이루려고 하는가에 대해 깊이 생각하고 있음을 알 수 있었다."

인간이 그 뜻을 도저히 헤아릴 수 없는 절대자가 적극적으로, 그러나 신비롭게 인간사를 조정한다는 그의 생각은 1862년 여름 동안 행해진 그의 여러 발언들 속에도 잘 나타나있다. 퀘이커교의 대표단이 그를 찾아와 노예해방 선언을 청원하였을 때 그는 이렇게 대답하였다. "아마 신께서는 청원서를 보내오시는 여러분들과 같은 결말을 원하시더라도 사뭇 다른 방법을 사용하실 수도 있을 것입니다." 두 번째 불런 전투의 실패 이후 9월경에 작성한 것으로 보이는 개인 메모 안에서도 그가 같은 취지의 글을 쓴 것으로 볼 때 이 말은 그의 가장 깊숙한 내면을 그대로 반영한 것이 분명하다. "큰 전쟁에서는 양자가 모두 신의 뜻을 받든다고 주장하기 마련이다." 링컨은 계속해서 "이때 둘 다 틀린 것이 아니라면 적어도 한쪽은 분명히 잘못하고 있을 것이다. 하나님은 한 가지 일에 동시에 찬성하거나 반대할 수는 없기 때문이다."라고 적었다. 그러나 그 다음 그는 다른 연방주의자들의 확신에 찬 주장과는 전혀 다른 놀라운 가설을 소개하였다. "이 내전에서 신이 이루고자 하는 목적은 우리들과 전혀 다를 수도 있다. …… 나는 신께서 이 전쟁을 원하셨고 아직 끝나기를 원치 않으신다고 거의 확신할 수 있다." 신은 이 전쟁이 시작되도록 선택하셨다. "그리고 전쟁이 시작되었으니 머지않아 어느 한 쪽에게 승리를 허락하실 것이다. 그러나 전쟁은 아직 계속되어야 한다."

이 글을 보면 혹자는 그가 복음주의에 한 발 더 다가섰다는 결론을 내리게 될 것이다. 그러나 연방의 사명을 신의 뜻이나 그리스도의 신성함과 동일시하기 꺼려하는 그의 모습은 반대로 그가 주류 복음주의에서 벗어나 있음을 보여준다. 이것은 그가 가진 기독교 교리의 양면성을 반영하는 한 가지 측면에 지나지 않는다. 링컨도 대부분의 청교도인들처럼 자신의 운명은 더 큰 힘에 달려있으며 자신은 이것을 따를 책임이 있다고 생각하였다. 그는 스프링필드의 오랜 이웃인 침례교회 목사 노예스 마이너에게 1862년 봄 "전지전능하신 하나님은 나를 현재의 위치에 놓으시고 만족하셨다."라는 말을 한 적이 있다. 계속해서 그는 자신이 신의 가르침을 찾아 최선을 다해 자신의 운명을 달성할 것이라고 다짐하였다. 큰 감명을 받은 마이너는 "링컨이 교인인지는 잘 모르겠지만 꼭 그런 것만 같았다."라고 소감을 밝혔다. 더욱 주목할 것은 그가 "나의 하나님을 향한 책임감"이나 "나의 창조자에 대한 약속" 등과 같이 소유격을 사용하기 시작하였다는 것이다. 그러나 동시에 '시대의 징후' 속에서 신의 뜻을 알아내려는 그의 모습은 대개의 청교도 목사들과 달리 훨씬 겸손하였다. 자신들이야 말로 신의 대리인이라고 자신하고 있던 시카고의 종교 사절단에게 그는 퉁명스럽게 "이렇게 말해도 실례가 안 된다면 내 의무가 다른 어느 때보다 그의 뜻과 가깝게 맞닿아 있는 이 시기에 하나님이 사람들에게 자신의 뜻을 밝히려 하셨다면 나에게 직접 밝히실 수도 있을 겁니다. 저도 정말 그의 뜻을 알고 싶습니다. 그리고 그게 무엇인지 알 수만 있다면 나는 반드시 그 뜻을 이룰 것입니다!"라고 선언하여 이 신앙심 깊은 종교인들을 몹시 당황하게 만들었다. 그러나 기적이나 직접적인 계시를 바랄 수 없는 상황에서 그가 할 수 있는 일이란 오직 주변을 잘 살펴보고 합리적으로 분석하는 것뿐이었다. "무엇이 가능하고 현명한 것인지, 올바른 일은 무엇인지 알아내기 위해 나는 각 사건의 구체적 사실을 철저히 조사해야 할 것이다."

신의 뜻을 탐구하는 과정에서 나타난 링컨의 새로운 종교관은 1862년 봄과 여름 그가 노예해방 정책을 개발하는 과정에 깊은 영향을 주었다. 그리고 9월 22일 역사적인 내각회의를 주재하며 그가 한 발언을 통해 분명히 그 모습을 드러냈다. 웰레스는 이때 링컨이 안티텀 전투를 앞두고, 이 전투의 승리를 "노예해방의 사명에 충실하라는 신의 계시"로 받아들이겠다고 자신이 맹세했었음을 밝혔다고 했다. 그러나 링컨의 새로운 종교관이 노예 정책 변화의 유일한 원인이었던 것은 결코 아니다. 이것은 종교 외에도 군사적 필요성, 정치적 압력, 그리고 자유를 향한 노예들의 노력 등 여러 요인이 어우러져 발생한 결과였다. 따라서 링컨의 종교적 변신은 과거의 가치가 무너진 시점에 그가 새로운 철학적 지지를 수립해야 할 필요성을 간절히 느끼고 있었음을 상징한다고 보는 것이 타당할 것이다. 대다수 복음주의 청교도들이 기성 천년주의 교리 속에서 노예해방의 정당성을 찾는 동안 링컨은 이미 익숙한 칼뱅주의에 덧붙여 자신만의 새로운 신앙 체계를 수립하기 위해 노력하였다. 따라서 과거와 달리 1863년 새해 첫날 대통령은 비록 다른 지성적 경로를 거치기는 하였어도 대통령이자 신실한 청교도 주의자였던 그는 실용적인 정책이라는 기반으로 결국 수렴하게 되었다.

성실한 목표 추구 : 노예해방, 연방 재건, 그리고 흑인 시민권

"오직 하나님 안에 있을 때에 내가 실수를 저지르지 않는다고 믿을 수 있습니다." 노예해방 선언문을 발표한 후 축하하려고 모여든 주변 사람들을 향해 그는 이렇게 말하였다. 이 말처럼 대통령은 계속해서 종교적 해석과 건실한 실용주의의 토대 위에서 나머지 전쟁을 수행해 나갔다. 상호 보완적 관계에 있는 이 두 가지 요소는 그가 합법적 정부의 복원이라는 근본적인 정책을 추진할 때와 마찬가지로 노예해방이라는 새로운 정책을 굳건히 유지할 수 있도록 도와주었다. 따라서 페닌슐라 작전이 실패로 돌아간 후 격한 감정에 사로잡힌 대통령은 "나는 승리할 때까지, 아니 내가 죽을 때까지, 아니면 결국 패배할 때까지, 또는 의회의 임기가 다할 때까지, 아니면 내 나라가 나를 버릴 때까지 이 전쟁을 포기하지 않을 것이다."라고 선언할 수 있었다.

링컨은 최종 선언문을 발표한 후에도 급격한 변화를 기대하지 않았다. 오히려 그 이후 전개된 정황은 이 선언이 칼리스토 3세의 칙서처럼 무용지물이 될 수도 있다는 그의 판단이 옳았음을 증명해 주었다. 노예해방 선언문은 이 전쟁이 이제 노예해방을 위한 성전이 되었다는 신호탄이었으며 따라서 군부와 정계, 특히 적대적 민주당원과 연방 세력 중 가장 보수적인 일부 인사들 사이에 큰 거부감을 불러 일으켰다. 이에 따라 중서부 지역에 주로 집중되어 있던 친 남부 세력은 자신감을 회복하였고 접경 지역의 소란은 가라앉지 않았다. 그러나 많은 이들이 희망을 걸고 있던 4월의 대공세는 시작되자마자 곧 실패임이 밝혀졌다. 찰스톤을 상대로 한 사뮤엘 듀 몬트의 야심찬 해상 작전은 완전한 착각이었음이 드러났다. 미시시피에서는 그랜트의 호전에도 불구하고 남부 연맹의 서부와 동부를 잇는 마지막 연결고리 빅스버그의 포병부대를 격파할 수 없었다. 테네시 동부의 윌리엄 R. 로스크랜은 자신의 좁은 전략적 시각에 갇혀 여전히 꼼짝하지 않고 있었다. 그리고 5월초 동부 전장에서 이제는 조 후커가 이끌고 있던 포토맥 부대마저 챈슬로스빌 전투에 대패하면서 실망감은 끝을 알 수 없는 절망감으로 바뀌어 갔다. 1863년 6개월 동안 정부의 우유부단함과 무능을 질책하는 목소리가 폭주하면서 링컨은 노예해방 정책을 더 추진할 동력을 상실하였다.

그러나 7월 초 동부와 서부의 전황이 극적으로 호전되면서 여론은 급격히 반전되었다. 독립기념일, 이제 피로와 긴장감에 황량함마저 감도는 링컨의 얼굴은 드물게 밝게 빛나고 있었다. 조지 미드 장군이 필라델피아 게티스버그에서 3일간의 혈전을 벌인 끝에 남부 리 장군의 전면적 퇴각을 유도하는데 성공한 것이다. 며칠 상관으로 그랜트가 이보다 전략적 중요성이 훨씬 더한 요지 빅스버그를 완전히 함락시켰다는 소식도 전해져 왔다. 비록 최종 승리에 대한 기대감은 곧 박살이 났지만 7월 초 연방에는 군사적으로나 심리적으로 큰 변화가 일어났다. 링컨은 이제 노예해방 선언의 철회가 불가능함을 더욱 강하게 주장하며 전쟁의 핵심 목표가 노예해방임을 공개적으로 천명할 수 있었다. "나는 노예해방 선언을 철회하거나 부인할 수 없을 것 같습니다." 7월 말 그는 스테판 허버트에게 이렇게 말하였다. "자유를 한 번 맛본 사람은 결코 노예나 준노예 상태

남부 동조자에 대한 비방 선전물
링컨처럼 생긴 사람이 몸을 뒤틀고 있는 살모사를 향해 큰 낫을 위협적으로 휘두르고 있다. 왼쪽에는 해방된 흑인들이 따뜻한 햇살 아래 열심히 일하고 있다. 오른쪽에는 농장의 노예들이 감독관의 채찍을 두려워하며 움츠려 있고 그 한쪽으로 블러드하운드가 뒤쫓는 탈주 노예의 모습도 보인다. 이 그림은 전쟁에 반대하는 민주당원은 남부 연맹 노예소유주의 첩자와 같다는 분명한 메시지를 전달하고 있다.

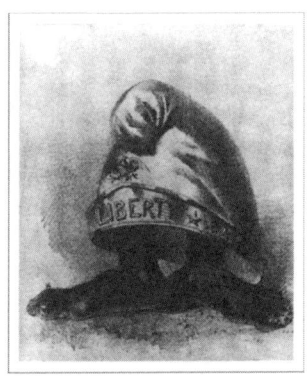

노예해방 선언으로 전국에는 민주당원들의 인종적 두려움과 적개심을 자극하는 반정부 풍자물이 넘쳐나게 되었다. 남부 동조자 중 하나였던 알버트 조한 볼크는 흉악한 모습의 링컨이 노예해방 선언문을 작성하고 있는 모습을 그렸다. 링컨의 위로는 신의 모습을 한 존 브라운과 샌디에고의 인종 전쟁을 묘사한 그림들이 걸려있다. 다리를 벌리고 앉아 있는 대통령의 한쪽 발 밑에는 헌법전서가 깔려 있고 잉크병은 악마의 형상을 하고 있다. 또한 미국의 상징인 별과 독수리, 그리고 올리브 나뭇가지로 장식된 프리기아식 모자 밑으로 엉뚱하게 튀어나와 있는 흑인의 발을 묘사한 충격적인 모습의 시사만화는 1864년 출판된 것이다.

로 되돌아 갈 수 없을 것입니다." 그리고 이달 말 링컨은 여론에 미칠 충격을 감안하여 조심스럽게 준비한 성명을 통해 "한 번 한 '해방' 약속은 반드시 지켜야 한다."라는 점을 확인하였다. 드디어 9월 테네시에서 군사 작전이 대성공을 거두자 희망에 부푼 대통령은 앤드류 존슨 주지사에게 테네시주의 새로운 헌법에 노예해방 조항을 포함시키도록 지시하였다.

그의 강력한 의지는 11월 게티스버그에서 링컨이 새로운 국립묘지에 봉헌한 연설을 통해 결코 잊을 수 없는 형태로 그 모습을 드러내었다. 그는 여기서 '자유의 부활'을 전쟁의 목표로 선언하면서도 링컨은 노예제도나 흑인 문제에 대한 특별한 언급을 피하였다. 그러나 의심의 여지를 없앨 필요성을 인식하고 그는 몇 주 후 의회에 "내가 현재의 입장을 고수하는 한 결코 노예해방 선언의 변경이나 축소는 없을 것이며, 또한 이 선언문으로 인해 해방이 된 어떤 사람도 다시 노예로 돌려보내지 않을 것이다."라는 메시지를 전달하였다. 그는 다음해 1864년 12월 담화문을 발표하면서도 이때 사용한 정확한 말들을 상기시키려고 노력하는 한편 특별히 "만일 방법과 수단을 막론하고 자유인을 다시 노예로 돌려보내는 것이 대통령의 의무라고 주장하는 사람들이 있다면, 다른 사람은 몰라도 나는 결코 그들의 도구가 되어주지 않을 것이다."라는 단호한 입장을 천명하였다.

1864년과 그의 임기 마지막 몇 달 동안 링컨은 그의 말에 충실하였다. 여름이 되어 화해 교섭의 압력을 받는 와중에도 그는 "전 연방의 통합과 노예제도 폐지"는 결코 양보할 수 없는 대전제라는 점을 분명히 하였다. 링컨은 이전부터 줄곧 당의 선거 강령에 노예해방의 보장을 위한 헌법 개정 추진 서약을 포함시키자고 주장해 왔었다. 군사적 필요성에서 정당성을 빌어 왔으나 링컨은 전후 이 선언의 법적 권위가 타격을 받거나 적대적 사법부나 의회에 의해 전도될 가능성을 우려하여 흑인의 '영원한 자유'를 보장하기 위해 열세 번째가 될 개헌을 주장하였다. 그리고 재선이 되자마자 그는 자신의 임명권과 모든 합법적인 지렛대를 동원하여 레임덕 상태에 빠진 의회를 추슬러 그 전에는 통과하지 못했던 이 개헌안을 통과시켰다. 특히 링컨을 자랑스럽게 만든 것은 주의회의 승인 절차가 개시되면서 자신의 출신 주 일리노이가 앞장서서 반란 주 지역을 포함한 모든 지역의 노예를 해방시키는 법안을 통과시켰다는 사실이다. 그는 즉석 후원회에서 이 "모든 악에 대한 왕의 치유"에 대해 언급하며 "위대한 도덕적 승리를 맞이하여 그 자리에 모인 모든 이와 자기 자신, 이 나라, 그리고 전 세계에게 축하의 말을 전할 수밖에 없다."라고 말하었다.

링컨이 노예해방 정책을 계속 밀어붙인 데에는 여러 가지 현실적인 이유가 있었다. 우선 조심스레 준비한 노예 선언을 부인한다면 스스로의 우유부단함을 인정하는 꼴이 될 것이다. 링컨이 전쟁 목표를 노예제도 철폐로 수정하면서 부수적으로 전쟁 발발 이후 계속되어 왔던 유럽 열강의 중재 시도를 효과적으로 차단할 수 있었다. 그리고 무엇보다 연방군의 흑인 의존도가 점차 늘어나고 있다는 사실을 무시할 수 없었다. 링컨의 최초 선언문에는 지휘관들로 하여금 흑인을 주로 비전투 업무에 배치하도록 장려하는 내용이 들어있었다. 그러나 링컨이 무장한 흑인 부대 설립을 주장하는 수많은 지휘관들의 열정에 동참하기 까지는 그리 오랜 시간이 걸리지 않았다. 그는 앤드류 존슨에게 "5만 명의 잘 훈련된 흑인 병사가 미시시피강둑에 모습을 드러내는 것만으로도 반란군은 즉각 항복할 것이다."라고 말하기도 하였다. 그리고 1863년 봄 그는 이 말을 현실로 옮겨놓았다. 육군부는 로랜조 토마스 부관을 4월 서부 지역으로 조사차 파견한 후 곧바로 '유색 부대' 조직을 담당하는 특별 부서를 설치하였다. 곧 용감하고 유능한 일선 흑인 병사들이 나타나면서 ─특히 루이지애나와 사우스캐롤라이나의 와그너 요새에서─ 링컨의 새로운 정책은 더욱 힘을 얻었다.

이 정책이 더 크게 성공할수록 노예해방이 철회될 가능성은 작아질 것이었다. 링컨이 "흑인도 다른 사람들처럼 동기에 따라 움직인다. 우리가 해준 것이 없는데 그들이 우리를 위할 이유가 뭐가 있겠나? 만일 이들이 우리를 위해 생명의 위협을 감수한다면 반드시─해방에 대한 약속 같은─강력한 동기가 있어야만 할 것이다."라고 말한 것도 같은 이유에서였을 것이다. 따라서 이들을 저버린다는 것은 "잔인한 배반 행위"임이 분명하였다. 접경 주와 중서부 지역의 민주당원과 보수주의자들은 흑인 병사의 존재가 백인 병사 모집을 방해하고 평화에 장애가

알렉산더 가드너의 워싱턴 스튜디오에서 찍은 링컨의 사진. 이 사진은 1863년 11월 19일 그의 게티스버그 연설 열하루 전에 찍은 것이다.

된다고 생각하여 선언서의 철회를 원했을지도 모른다. 그러나 링컨은 그가 8월 그랜트에게 말한 것처럼 흑인 병사 모집이 불가피하다는 것을 알고 있었다. 이것은 "적군을 약화시키는 반면 아군을 강화시켜 전쟁의 조기 종결을 불러올 수 있는 대단히 효과적인 수단"이었다. 불과 1년 만에 연방 안에는 수병으로, 군인으로, 그리고 노역자로 종사하는 흑인이 15만 명으로 불어났다. 그리고 전쟁이 거의 끝나갈 무렵에는 연방군을 직접적으로 지원하는 흑인의 수가 거의 19만 명에 달하였다.

링컨이 선언문의 대상에서 빠진 연방의 충성스런 노예주들에게 노예해방을 독려한 것도 이와 유사한 현실적 판단이 작용한 결과였다. 접경 지역의 노예제도가 약화될수록 남부의 희망도 사라져갈 것이었다. 링컨은 특히 소유 노예를 입대시킨 소유주들에게 배상금을 지불함으로써 역내 노예해방 보상제를 강하게 부추겼다. 비협조적인 소유주들과 장교들 사이의 충돌이 잦았던 켄터키에서는 수천 명의 노예들이 부대로 도망치면서 노예제도가 붕괴할 조짐이 역력하였음에도 불구하고 백인 주민들은 자발적 노예해방의 필요성을 호소하는 연방정부의 목소리에 대해 시종일관 무시하는 태도로 일관하였다. 반면 미주리는 정반대의 길을 걷기 시작하였다. 진보 진영과 보수 진영 간의 파벌싸움이 그치지 않던 이 주는 뜻밖에도 1864년과 1865년 초 사이 적극적으로 주 차원의 노예해방 정책을 시행하기로 결의하였다. 더욱 만족스러웠던 것은 사명감에 호소하는 링컨의 끈질긴 설득에 넘어간 메릴랜드가 노예해방을 결정하였다는 사실이었다. 그는 주 헌정 대회를 압둔 당 지도자에게 이렇게 말하였다. "내가 메릴랜드에서 노예해방 정책이 성공하기를 간절히 바랐다는 것은 결코 비밀이 아닙니다. 이것은 분명히 반란군을 섬멸하는데 큰 도움이 될 것입니다." 1864년 10월 유권자들 사이에 자유주 헌법이 가까스로 통과되자 링컨 자신도 이를 '큰 사건'으로 받아들였으며 열렬히 환호하는 흑인들과 함께 기쁨을 만끽하였다.

사실 링컨의 공리주의의 밑바탕에는 치열한 지적 고민이 깔려있다. 노예해방이라는 신이 주신 목표를 끈질기게 추구해 나가는 과정에서 그는 자신의 선택이 잘못되었다는 증거를 어디에서 발견할 수 없었다. 물론 프레데릭스버그 전투와 같은 재난들이 "전능자께서 우리의 반대편에 서 계신다."라고 해석할 빌미를 제공하였으나 결코 노예해방을 향한 연방의 노력을 부인하신다는 뜻으로 받아들여지지 않았다. 1864년 봄이 되자 드디어 노예제도의 끝이 보이기 시작하였다. 그러나 그 끝은 3년 전 '어느 정당이나 어느 누구도 추측 또는 예상했던' 것과는 전혀 다른 모습으로 다가왔다. "하나님은 이제 이 중대한 불의를 없애시려 하지만 또한 남부나 북부를 막론하고 불의에 타협한 우리의 범죄를 공정히 벌하실 것이다."라는 주장이 점차 사실로 드러나고 있었기 때문이었다. 그는 영국인 노예해방론자 엘리자 거니에게 "전능자의 목적은 완벽하며 반드시 완성될 것이다. 비록 우리 죄 많은 인간들이 미리 이를 깨닫지 못하더라도 …… '우리는' 신이 주시는 계시에 따라 성실하게 노력하고, 우리의 노력으로 그가 정해놓으신 위대한 목표를 성취할 수 있다고 믿어야 한다. 분명히 이 거대한 비극 뒤에는 신께서 의도하신 위대한 정의가 숨어있을 것이다."

신은 링컨이 점점 노예해방을 위한 투쟁의 길에서 정당성을 찾을 수 있도록 미리 여러 가지 사건을 준비해 놓으신 것이다. 취임 초기만 해도 그는 노예 반대론에 대해 소극적인 입장을 고수하였다. 그는 자신의 공적인 지위를 이용하여 노예제도에 반대하는 개인적 견해를 실현하려고 노력한 적은 한 번도 없었다고 강조하곤 하였다. 공직자라면 자신에게 "사적인 견해를 공적으로 추구할 수 있는 무한한 권리"가 부여되어 있지 않음을 잘 인식하고 있어야 한다. 그러나 그가 가지고 있던 노예제도 철폐의 합법적 조치에 대한 개념은 그 범위를 점차 넓혀가고 있었다. 이제 그는 대통령이 되기 이전부터 즐겨 사용하던 도덕적 발언과 더불어 다양한 성서의 문구들을 거리낌없이 공개적으로 쏟아내고 있었다. 1864년 5월 침례교 사절단과의 만남을 준비하며 링컨은 자신의 생각을 종이 위에 적어보았다. "성경에서 하나님이 직접 내리신 말씀, '너의 얼굴에 난 땀만큼 너는 빵을 먹을 수 있을 것이다.'라는 말을 읽고 '다른 이의 얼굴에 난 땀만큼 너는 빵을 먹을 수 있을 것이다.'라는 설교를 들으면 이것은 진실한 신앙과 모순된다는 생각을 지울 수 없다." 따라서 "남부에서 신의 대리인임을 자처하는 자들"이 황금률("남이 너에게 해주기를 바라는 대로 남을 대하여라.")를 제멋대로 해석하고 "다른 이들이 그들에게 해주기를 바라지 않는 대로 다른 인종 전체를 대하는 일에 동참하라고 모든 기독교인들에게 호소했을 때 이미 그들은 지울 수 없는 위선을 저질렀으며, 땅 위의 왕국을 제안하며 예수를 유혹한 사탄보다 더한 신성 모독을 범한 것과 같다."

　　노예제도를 노동의 남용으로 간주하였다는 점에서 링컨은 공화당의 자유 노동 철학을 설파하는 전도사의 역할도 수행하였다. 역사학자 헤더 콕스 리처드슨은 일단 전국적 정당으로 발돋움한 뒤 공화당이 어떻게 효과적으로 연방주의와 급격한 자본주의의 발전, 그리고 평범한 미국 농부와 노동자, 그리고 적은 자금을 가진 소규모 제조업자들을 위한 경제적 기회의 개발을 병행해 나갈 수 있었는지를 우리에게 잘 보여 주었다. 링컨이 당의 야심찬 계획에 자신의 힘을 기꺼이 실어준 것은 물론이다. 여타 공화당원들처럼 링컨도 미국의 자유 고용인은 정해진 수준의 생활에 매여 있지 않으며 이를 벗어나 자신이 원하는 만큼 성취할 수 있다고 믿었다. 역동적 사회라면 개인이 근면과 노력을 통해 자기발전을 실현할 수 있는 현실적 희망을 제공해야 한다. 그리고 여기에는 유일한 부의 창출 수단인 노동과 자본 사이에 조화로운 이해관계가 존재한다는 믿음이 깔려있었다.

　공화당의 경제 계획은 엄격한 도덕적 기준을 바탕으로 수립된 것이다. 링컨의 표현대로 도덕적 경제 운영을 제안한 공화당은 노예제도를 옹호하는 타 당에 비해 심판의 날에 더욱 당당할 수 있을 것이다. 링컨은 이와 같이 죽음에 대한 깊은 성찰이나 사후 먼저 간 사랑하는 이들과 다시 만날 수 있다는 민간의 믿음을 자신의 말 속에 자주 인용하였다. 그러나 지금까지 전해 오는 기록에 따르면 그가 사후 세계를 믿었다는 증거는 어디에서도 찾아볼 수 없다. 오히려 링컨은 성스런 하나님의 심판보다 세속적 역사의 심판을 더욱 두려워하였다. 역사학자 로버트 V. 브루스가 정확히 지적한 대로 링컨은 인간이 영원히 살아남을 곳은 '천당'이 아닌 '기억' 속이라고 생각하고 있었다. 그리고 자신이 살고 있는 시대가 중요한 시기이며, 후대에 대해 '시간을 넘어 영원히' 도덕적 의무를 다해야 한다는 깨달음은 노예해방 선언을 처음 발표한 이후 더욱 굳건해 졌다. "친애하는 국민 여러분, 우리는 역사를 피할 수 없습니다." 그는 1862년 12월 이렇게 적었다. "이 의회와 이 정부는 우리의 시대를 넘어 기억될 것입니다. 우리가 거쳐 갈 시험에 대한 평가는 영예로운 것이든 불명예스러운 것이든 우리의 마지막 후손에게까지 전해질 것입니다."

　그를 찾아온 수많은 종교인들은 링컨에게 이러한 그의 신의 의지와 성서, 그리고 역사적 의무를 담고 있는 노예해방이 '이 나라의 성실한 기독교인들'로부터 '강렬하고 단합된 지지'를 얻고 있음을 확인시켜 주었다. 비록 신앙적 지지의 목소리들이 그의 결심을 얼마나 강하게 만들어주었는지는 알 수 없지만, 그에게 상당한 위안이 된 것만은 확실하다. 1862년 어려웠던 시기 노예스 마이너가 그에게 "전국 방방곡곡의 기독교인들이 이제껏 한 번도 보지 못한 열성으로 당신을 위해 기도하고 있습니다."라고 말하자 링컨은 겸손하게 이렇게 대답하였다. "생각만 해도 기운이 납니다. 만일 하나님의 자녀가 보내는 기도가 없었다면 나는 이 끝없는 압박감을 견뎌낼 수 없었을 것입니다. 아마 성공에 대한 희망도 버릴 수밖에 없었을 것입니다."

링컨이 노예해방을 전쟁의 절대적인 목적으로 선포했을 때 전후 남부 재건과 충성스러운 정부의 회복의 방향은 이미 결정된 것이나 마찬가지였다. 링컨은 이를 둘러싼 논란이 거셀 것이며, 1863년 12월 제38회 의회의 회기가 시작되면 이 문제가 크게 불거지리라는 것을 잘 알고 있었다. 지난 여름의 성공적인 공세에 이어 10월 그랜트가 차타누가 지역을 해방시키면서 반란군의 완전한 진압이 코앞에 닥친 듯 보였기 때문이다. 야당인 민주당 세력은 복구와 화해라는 낱말을 전쟁 전 연방으로 회귀한다는 의미와 동일시하며 종전 후에도 노예제도와 남부의 생활상이 그대로 유지되리라는 비현실적인 생각에 사로잡혀 있었다. 그러나 링컨이 제일 힘들어 한 것은 공화당 내의 심각한 이념적 간극을 마주대하는 일이었다. 보수적 공화당원들도 물론 노예제도의 철폐를 원하였으나 내심 남부 백인들, 특히 전 휘그당원과 영세 농민들에 대해 관대한 정치적 조치가 내려지기를 기대하고 있었다. 몽고메리 블레어를 중심으로 한 일부 보수주의자들은 종전 후 크게 불거질 인종문제를 고려하여 흑인 송출을 주장하기도 하였다. 반대로 더욱 큰 자신감을 갖게 된 진보 진영은 남부군이 돌아오기 전에 남부의 사회 질서를 근본적으로 수정해야 한다고 요구하였다. 이들은 연방의회가 연방정부와 각 주의회 사이의 연결고리 역할을 함으로써 이들에 대한 상위 권한을 쥐고 있다는 사실을 강조하며, 이제 연방의회가 나서서 노예해방과 함께 흑인에 대한 동등한 시민권과 정치적 권리를 보장할 수 있도록 남부를 압박해야 한다고 주장하였다. 섬너를 포함한 일부 공화당원들은 이에서 한발 더 나아가 반란군의 재산을 몰수하여 흑인과 백인에게 골고루 재분배하자고 제안하였다.

링컨은 전쟁 초부터 이 문제에 대해 깊이 고민해 왔지만 구속을 피하기 위해 구체적인 계획을 제시하지는 않았다. 이 문제는 너무 민감한 것이었고 이에 대한 지역별 경험은 너무나 다양했다. 그러나 그의 머릿속에는 법적 범위 내에서 군사 및 정치적 필요성을 모두 고려하여 자기 입맛에 잘 맞도록 고안한 대략적인 구상이 이미 들어있었다. 무엇보다 그는 복구 계획이 복수나 증오심보다는 법률과 헌법에 상응한 것이 되어야 한다고 믿었다. 웨스트버지니아에서의 경험을 통해 링컨은 남부 내의 연방 정서를 거부하지 않고 포용함으로써 더 긍정적인 결과를 얻을 수 있다고 확신하였다. 링컨은 전쟁 초기 남부의 대다수 주민들이 가지고 있던 애국심이 공화국 정부를 전복시키고 독립을 선언한 소수의 배신자들에게 이용당하였을 뿐이라고 생각하고 있었다. 법적으로 연방 탈퇴 사실은 존재하지 않는다. 남부는 여전히 연방정부와 헌법의 관할 아래 놓여 있으며 반란 세력에게 잠시 점령당한 것뿐이다. 헌법에 따라 링컨에게는 전시 재건 정책을 주도할 권한이 있었다. 그는 우선 자치 정부 복원 작업에서 현지인들의 주도권 행사를 장려하기로 결심하였다. 현지 연방주의자들이 직접 참여하는 풀뿌리 공화주의와 재건 사업은 반란군의 조기 진압에 큰 도움이 될 것이다. 평화는 혁명과 같은 충격요법이 아닌 합법적인 과정을 통한 점진적 변화를 통해 얻어지는 것이다. 링컨은 이것이야말로 승리의 필수 전제 조건인 연방의 정치적 단결을 유지할 수 있는 최선의 방법이라고 확신하였다.

링컨의 계획을 현실적으로 적용한다면 역내를 점령한 군 지휘관들에게 현지의 친연방 세력을 찾아내고 이들을 지원하여 정부 복원을 위한 선거 기반을 확충할 임무가 주어질 것이라는 의미이기도 하였다. 1862년 초 링컨은 연방으로 복귀한 알칸사스, 루이지애나, 노스캐롤라이나, 테네시에서 '군정장관'을 임명하였다. 이중 세 경우는 그다지 성공적이지 못하였으나 4월에 연방으로 복귀한 루이지애나는 뉴올리언스시의 사령관 벤 버틀러와 군정장관 조지 F. 쉐프리의 지휘하에 고무적인 진전을 보였다. 링컨은 루이지애나가 다른 지역의 모범이 될 수 있을 것이라고 생각하였다. 자연히 이 주는 전후 복구에 관한 논의의 과정에서 전국적인 주목을 받게 되었다.

뉴올리언스에는 교육받고 재산이 있는 자유 흑인 인구가 상당수 존재하였으며, 남부에서 가장 강력한 백인 연방주의 세력도 주로 이 지역을 중심으로 활동하였다. 정부는 이들이 친연방 주정부 수립의 유용한 기반을 제공해 줄 것으로 기대하였다. 그러나 루이지애나의 연방주의자들은 노예제도에 대한 견해에 따라 보수파와 진보파로 첨예하게 대립하고 있었다. 링컨은 노예제도를 지지하는 농장주들과 그 반대쪽에 서 있는 사업가나 노동자를 함께 묶어야 할 필요성을 절감하면서도, 작은 정책적 실수에도 보수주의자들이 놀라서 등을 돌릴 수 있다는 가능성을 무시하였다. 심지어 최초의 노예해방 선언문을 발표한 뒤에도 그는 계속해서 "헌법 아래 과거와 똑같은 평화"라는 의미 없는 말을 계속 반복하였다. 그러나 이것은 연방주의가 활발한 지역에서 재빨리 선거를 실시한다면 극복할 수 있는 문제이기도 하였다. 12월 두 개의 선거구에서 투표가 실시되었고 두 명의 연방주의자 벤자민 F. 플란더스와 마이클 한이 의원으로 당선되었다. 노예해방 선언의 최종 승인에 한껏 고무된 연방의회는 링컨의 보수주의와 지나친 행정력 남용에 대한 과거의 걱정을 덜어버리고 이들을 기쁜 마음으로 받아들였다. 그러나 버틀러의 자리를 이어받은 나다니엘 뱅크스가 경제적 혼란, 사회적 무질서, 그리고 군사적 무력화의 잠재적 위협이 된다는 이유로 수천 명에 달하는 해방 노예들을 통제하는 엄격한 '자유-노동' 정책을 펼치기 시작하자 진보 진영은 다시 의구심에 빠져들기 시작하였다. 이것이 과연 진정한 흑인의 자유란 말인가?

링컨은 뱅크스의 계약 노동 제도를 그대로 용인하였다. 물론 링컨은 내심 전쟁 전과 같은 헌법하에서 주를 조직하기를 원하는 보수주의자들과 자유주의 사람들 간의 다툼에서 진보주의자들을 심정적으로 지지하고 있었다. 그는 1863년 8월 뱅크스에게 자신이 주의 문제에 대해 '방향 제시'를 할 마음은 없지만 "노예해방 선언문을 승인하고 선언문의 효력이 미치지 않는 지역에도 노예해방을 실시하는 방향으로 새로운 헌법을 제정한다면 매우 기쁠 것"이라고 간접적으로 자신의 뜻을 전달하였다. 계속해서 그는 "동시에 두 인종이 옛 관계에 구애받지 않고 공존하면서 새로운 시대에 더욱 잘 적응할 수 있도록 유도할 수 있는 실질적인 제도를 수립하는 것도 나쁘지 않을 것"이라고 덧붙였다. 링컨은 뱅크스에게 "주의 지식인과 유지들에게 상의하여" 노예제도 철폐를 위한 헌법 제정회의를 준비하라고 재촉하였다. 그러나 12월이 되었을 때 링컨은 뱅크스가 광범위한 멕시코만 유역의 다양한 군사 업무에 정신이 팔려 아무런 조치도 취하지 못하였음을 발견하였다.

이때에 이르러서야 링컨은 비로소 12월 8일 의회를 향한 연례 담화문을 통해 국가 재건 정책에 관한 자신의 입장을 처음으로 분명하게 밝힌다. 노예해방

선언문이 발표된 지 거의 1년이 흘렀고, 자신이 연방주의의 힘을 과대평가하고 있었음을 깨닫게 된 후로는 더 많은 시간이 흘렀다. 그럼에도 불구하고 지금까지 그는 강압적이고 연방 중심적인 단일한 국가 재건 계획을 발표하는 것도 공개적으로 노예제도 철폐를 요구하는 것도 미뤄왔다. 여기에는 군사적 정치적 이유도 있겠으나 절대주의를 경계하는 링컨의 법적 성향도 상당히 작용하고 있었다. 그러나 1863년 말 차타누가 해방 소식과 가을 선거 결과에 전례없이 고무되어 자신감을 회복한 그는 결국 자신의 계획을 만방에 공표하기로 결심한다. 특히 루이지애나와 기타 지역의 자유주 세력을 흔들림 없이('재집결지까지') 이끌고 가야할 필요성과 함께 남부 연맹의 갑작스런 붕괴로 연방에 노예제도가 그대로 유지되는 상황이 전개될 가능성을 인식하게 되자 링컨은 서둘러 서약, 사면, 그리고 정부 조직 재편성으로 이어지는 남부 재건 계획을 발표하였다. 그는 여기서 1860년 대통령 선거 당시 총 유권자 중 최소 10%가 충성을 서약하고 노예해방 선언문의 내용과 노예제도에 관환 의회의 조치를 이행하겠다는 맹세를 하면 해당 주에게 정부 수립 자격을 부여하고 그가 이를 승인할 것이라고 제안하였다.

이 계획은 정치계에서 큰 찬사를 이끌어 내었다. 매우 드물게도 진보 진영과 보수 진영이 모두 공개적으로 링컨을 칭찬하며 나섰다. 특히 보수 진영은 노예제도를 빼고 남부 각 주의 전쟁 전의 영토와 법률을 인정하겠다는 그의 제안에 만족감을 표시하였다. 링컨은 현지 주민의 지배권을 인정하였을 뿐만 아니라 만일 새로운 정부가 "임시방편으로서 일관되게" 해방 노예의 현재 상태를 토지와 집이 없는 노동자로서 인정하는 법을 제정한다면 점진적인 해방 계획에 반대하지 않을 것이라고 약속하였다. 반면 공화당의 진보 진영에서는 대통령이 노예해방 선언을 통해 자유인이 된 노예에 대해 영원한 자유를 약속한 사실에 큰 무게를 두고 엄격한 충성 서약 조건과 함께 복구된 주의회가 선출한 연방의원에 대한 연방의회의 승인 재량권을 인정한 점을 크게 반겼다. 체이스와 첸들러, 그리고 섬너뿐만 아니라 블레어와 리버디 존슨이 이를 승인하였다는 점은 특히 의미가 컸다. 노아 브룩스와 존 헤이는 '정치적 천년왕국'이 도래하였다는 사실에 현기증이 일어날 지경이었다.

그러나 진보 진영의 인사들은 개인적으로는 내심 링컨의 계획을 완전히 신뢰하지 않고 있었다. 특히 연방 가입 조건의 최소 비율이 너무 낮다는 점을 문제 삼았다. 그리고 이들의 우려는 링컨이 루이지애나의 뱅크스에게 상당한 정도의 관용을 베풀자 금새 전면적인 적대감으로 돌변하였다. 사실 링컨 자신도 본래 원하던 바가 아니라 보다 진보적인 자유주의 지도자들의 바람이었음에도 불구하고 전쟁 전의 헌법에 따라 선거를 실시하겠다는 뱅크스의 주장을 용인할 때, 이것이 실수가 아닐까 우려했었다. 결국 노예제도 찬성 세력이 주의회를 장악할 것이라는 우려는 근거없는 것으로 밝혀졌으나 보수적 성향의 의원들이 제정한 헌법은 워싱턴이나 현지의 진보 진영에게는 부족하게만 느껴졌다. 따라서 주의회가 즉각적인 무보상 노예해방 실시와 동시에 흑인들에게 참정권을 부여함으로써 정치적 보호막을 제공했어야 한다는 거센 항의의 목소리가 들려오기 시작하였다. 그러나 링컨 자신은 새로운 헌법이 일리노이의 흑인들보다 역내 흑인들에게 훨씬 더 나은 시민권과 교육의 기회를 보장하였다는 점에 주목하여 이것을 상당한 발전으로 간주하고 위안을 삼았다.

편협한 정치관에 매몰되어 있던 급진파들에게는 대통령 선거의 해를 맞아 걱정할 일이 한 가지 더 있었다. 링컨의 계획에 따라 재건된 각 주는 공화당의 후보자 지명대회에 대표를 파견할 수 있었으며 대통령 선거인단에도 참여할 자격이 주어질 것이었다. 바로 이 점이 링컨의 재선을 바라지 않던 당내 일부 세력의 경계심을 불러일으켰다. 그의 10% 계획의 최대 수혜자인 남부 각 주의 대표가 링컨을 지지하리라는 것은 불을 보듯 뻔한 사실이었다.

2월이 되자 연방의원들은 좀 더 그럴듯한 재건 계획을 논의하기 시작하였다. 이들의 계획은 전 과정에서 의회의 역할을 강화하고, 노예제도를 즉시 철폐하며, 남부의 각 주를 군법 아래 묶어 두고 1860년 총 유권자 중 50%가 충성 서약을 하는 것으로 연방 가입의 조건을 변경하였다. 또한 남부 정부에 종사했던 공직자들에게 공직 기용 시 링컨의 계획보다 훨씬 더 큰 불이익을 주는 내용도 포함되어 있었다. 헨리 윈터 데이비스와 벤자민 F. 웨이드의 지원을 받아 7

월 2일 제출된 이 법안은 공화당 하원들의 열렬한 지지를 받았다. 이 법안의 지지자들은 링컨의 재선 출마가 이미 확정되었음에도 불구하고 그의 재선을 막아보겠다는 의지를 버리지 않고 있었다. 전장에서 들어오는 소식도 이들의 시도를 막기에는 불충분하였다. 그랜트는 버지니아에서 5월 초부터 남부의 북부 버지니아 부대를 격파하기 위해 노력하고 있었다. 그러나 리의 군대에 큰 타격을 가하기 전까지 그는 한 달간 스팟실바니아의 황무지와 콜드 하버에서 고된 교전을 벌이며 휘하에 있던 6만 병사를 잃어야만 했다. 한편 서부에서 애틀랜타로 진격하고 있던 윌리엄 테컴세의 부대는 거의 제자리걸음을 반복하고 있었다.

링컨은 의회가 정회하기 전에 서명을 거부하는 방법을 통해 간접적으로 웨이드-데이비스의 법안을 거부하였다. 그는 자신이 아직 "단 한 가지 복구 계획에만 매달릴" 준비가 되어있지 않으며 알칸사스와 루이지애나의 주정부가 이미 실시하고 있는 계획을 "부인 및 무효화 함으로써" 이 정부를 수립한 현지의 "충성스런 주민들"을 거부하거나 실망시킬 수 없다고 설명하였다. 그는 의회가 각 주의 노예제도를 폐지할 "합법적 권한"이 있는지에 대해서도 의구심을 표현하였다. 그러면서 그는 "법안에 포함되어 있는 복구 계획은 대단히 훌륭하니 충성스런 주민들이라면 분명히 채택을 망설이지 않을 것"이라고 짓궂게 덧붙였다. 물론 그럴 가능성은 전혀 없었다. 링컨은 일부러 언급하지 않았지만 웨이드-데이비스 법안의 비정상적으로 높은 가입 조건에 종전 전까지 복구 계획의 진행을 저지하려는 의도가 담겨있음을 알고 있었다. 반면 링컨의 관대한 제안은 반란지역 내 혼란한 민심의 이반을 유도하려는 미끼였다.

링컨의 농담에 상처를 입고 거부권 행사에 격분한 웨이드와 데이비스는 부적절하고 거친 내용의 '성명'을 발표하였다. 링컨의 계획으로 인해 참회할 줄 모르는 뻔뻔한 백인들이 '그림자에 불과한 정부'를 통해 남부를 다시 장악할 수 있다는 두려움에 포로가 되어 이들은 대통령을 독재자 또는 입법 권한의 약탈자로 몰아붙였다. 이들의 저항은 극단적 급진파와 대통령 간에 존재하고 있던 정치적, 철학적 간극을 상징하였다. 이들 외의 또 다른 사람들은 즉각적 노예제도 폐지와 더불어 흑인에 대한 정치권 보장(웨이드-데이비스 법안이 이를 전혀 언급하지 않았음에도 불구하고)을 주장하였다. 흑인 남성에 대한 참정권 부여는 도덕적 대의명분 외에도 남부의 충성과 영원한 종전 체제를 확보할 수 있는 유용한 수단이었다. 링컨은 언제나 그러했듯이 급격한 충격요법 대신 점진적이고 포괄적인 사회 개혁을 주장하였다.

그렇다고 링컨의 거부권 행사가 정책의 후퇴를 의미하는 것은 아니었다. 오히려 그가 1864년과 1865년에 걸쳐 점차 진보적 방향으로 움직이고 있다는 징후는 도처에서 발견되었다. 전쟁 중 그는 종전 후 연방은 노예해방 선언문의 원칙 위에 복구될 것임을 분명히 하였다. 그는 이미 1861년 7월 독립선언 85주년 기념일에 최초로 전쟁의 궁극적 목표를 공표한 바 있다. 그리고 그 이후 시간이 지나면서 종전 후 사회 질서는 노예해방에 기반하여 조성될 것이며 흑인들도 백인들과 똑같은 권리를 누리게 될 것이라는 점이 명백해졌다. 링컨은 독립선언문의 원칙이 흑인에게도 똑같이 적용된다는 사실을 결코 의심해 본 적이 없었다. 전쟁 중 한때 식민지 개발 계획에 빠져든 적도 있지만, 그는 점점 재건된 국가에 흑인들을 동등하게 편입시켜야 할 당위성에 눈을 떠가고 있었다.

링컨은 종전 후 흑인들에게 기회가 보장되려면 교육 문제가 먼저 해결되어야 한다고 생각하였다. 흑인들은 해방의 '위대한 선물'을 통하여 '도덕적으로나 지적으로' 자신을 개발할 의무가 있었다. 그러나 흑인 공립학교가 없다면 '자기개발'은 공염불에 지나지 않게 될 것이다. 1862년 링컨은 노스캐롤라이나의 군정장관 에드워드 스텐리가 연방 영토 내 흑인 학교를 폐쇄하였다는 소식을 듣고 크게 노하였다. 결과적으로 링컨은 먼저 루이지애나에, 그 다음에는 남부 전역을 상대로 노예해방과 재건 계획에는 흑인의 교육 문제가 당연히 수반된다는 사실을 명시하였다.

또한 링컨은 한발 더 나아가 조심스럽게 흑인에 대한 참정권 부여와 경제 지원 계획에 접근하기 시작하였다. 1862년 법무장관이 태니가 이끌던 대법원의 부정적인 판례를 걷어내고 흑인 시민권에 대한 판결을 적시함으로써 흑인 참정권에 대한 모든 법적 장애물은 사라진 상태였다. 용맹하고 유능한 흑인 병사들의 활약에 존경심을 갖게 된 링컨은 점차 종전 후 남부의 감시자로서 이들이 또한 번 큰 역할을 할 수 있으리란 희망을 품게 되었다. 1864년 3월, 그는 은밀히 얼마 전 루이지애나의 주지사로 선출된 마이클 한에게 헌법 제정 시 '일부 유색 인종들', 특히 '교육을 받았거나 연방군에서 용감하게 활약한 경력이 있는' 사람들을 중심으로 참정권을 부여할 수 있도록 추진하라고 지시하였다. 그러나 북부인들 사이에 존재하는 인종주의와 연방의 보수 세력이 가진 적개심을 잘 알고 있던 링컨은 연방의 권한으로 남부에 재건의 필수 조건으로서 흑인 참정권 보장을 강제해야 한다는 진보 진영의 주장에 대해서는 유보적 입장을 취하였다. 1864년에서 1865년으로 넘어가던 겨울 제이스 애슐리가 제출한 재건 법안에는 흑인에게 참정권과 배심원 자격을 부여하는 내용이 포함되어 있었다. 링컨은 "일부 사람들이 반대할 가능성"과 "공화당뿐만 아니라 흑인과 우리의 조국에도 부메랑이 되어 날아올 수 있다."라는 점을 들어 이를 거부하였다. 그러나 링컨은 그의 생애 마지막이 된 공식 연설을 통해 앞으로 적어도 일부 흑인들만이라도 백인과 동등한 정치적 권리를 누릴 수 있는 날이 오기를 기대한다는 자신의 희망을 피력하였다. 이때 그는 얼마 전까지만 해도 일자무식의 농장 일꾼이었던 수천 명의 해방 노예도 염두에 두고 있었다.

전쟁이 끝나갈 무렵 링컨은 육군부 안에 해방 노예 전담 부서를 설치하자는 섬너의 법안을 승인하였다. 이를 통해 그는 정부가 비록 일부일지라도 수백만에 달하는 해방 노예의 실질적 요구에 부응할 책임이 있다는 사실을 인정한 것이다. 종전 후 해방 노예와 백인 노동자 사이의 관계가 어떻게 발전할 것인가에 대한 그의 생각은 아직 불확실하고 유연한 상태에 머물러 있었다. 흑인을 종속적 노예에서 노동과 자산 시장의 자신감 있는 협상가로 변화시킬 수 있는 적절한 방법은 어디에서도 찾아볼 수 없었다. 영국령 서인도 제도의 경우를 본보기 삼아 링컨은 한때 전환기에 적용 가능한 방편의 하나로서 일종의 유급 단기 도제제도와 농장 고용 제도를 고려해보기도 하였다. 그러나 루이지애나에서 뱅크스가 선보인 강력한 통제 정책을 통해 농장주들이 흑인 고용자들을 거의 노예와 같은 수준으로 취급하는 것을 목격한 급진파들에게 도제제도는 탐탁한 대안이 될 수 없었다. 이들은 오히려 반란군의 토지 중 상당 부분을 몰수하여 백인충성주의자와 흑인들에게 공평하게 재분배할 것을 요구하였다. 그러나 변호사이자 입헌주의자로서 링컨은 도저히 이를 수용할 수 없었다. 그 대신 그는 절충적 대안으로서 흑인 전담부서 창설 수정 법안을 받아들임으로써 제한적 재산 몰수를 허용하였다. 이 부서는 유기 토지를 해방 노예들에게 3년 동안 임대해 주고 기한이 지나면 임차인의 소유권 취득을 도와주는 업무를 담당하도록 정해졌다. 급진파들은 상당한 양보를 감수해야 했지만 결과에 대해서는 대체로 만족하였다. 이제 링컨은 무너져가는 남부 연맹 주민들의 절박한 요구에 부응할 수 있도록 연방의 권한을 실질적으로 확장하는 법안에 기꺼이 서명할 준비가 되어 있었다.

링컨의 점진주의는 진보적 목적 달성의 수단이었다. 사회 개혁에 대한 그의 느린 접근법은 급진적 행동은 반드시 보수주의자들의 반격을 불러올 위험성이 있으며, 급격한 변화는 스스로 붕괴할 수 있다는 현실 정치에 대한 이해에 바탕을 두고 있었다. 링컨이 개발한 노예해방 및 재건 정책은 건국 이념에 부합할 뿐만 아니라 지속적인 진보와 장기적인 변화의 동력을 답보하는 최선의 수단을 제시하였다. 이런 관점에서 그는 루이지애나의 새 정부가 '영원한 자유'의 확실한 보증인이며 이 주가 연방정부와 '적합한 실질적 관계'를 맺을 수 있도록 유도할 수 있는 최적의 수단이 될 것이라고 강력히 주장하였다. 워싱턴이 이를 지지한다면 이것은 '완벽한 성공으로 여물어' 백인 충성주의자와 흑인 모두에게 깊은 감명을 줄 것이다. 흑인이 선거권을 아무리 원한다 하더라도 다시 후퇴하는 대신 이미 발을 내딛고 선 곳을 지킴으로써 곧 이를 획득하려 노력하지 않겠는가? 루이지애나의 새 정부를 닭이 될 달걀에 비유한다면 이를 깨뜨리기보다 부화시킴으로써 닭을 얻어야 하지 않겠는가?"

그러나 흑백을 막론하고 모든 진보주의자들은 링컨의 해석이 잘못되었다고 비난하였다. 이들은 고의이든 아니든 링컨이 반란군에 대한 포용 정책과 흑인의 자유를 맞바꿨다고 생각하였다. <뉴올리언스 트리뷴(New Orleans Tribune)>은 그가 루이지애나와 알칸사스의 재건 정부를 "양의 탈을 쓴 늑대"에게 넘겨주었다고 한탄하였고 "오랜 노예주의 정신이 아직도 살아있다."라고 하였다. 그러나 마침내 전쟁이 종결되었을 때 링컨의 정책은 더욱 탄력을 받게 되었다. 남부 연맹이 아포매톡스에서 항복을 선언함으로써 전쟁이 종결된 후 링컨이 한 첫 번째 연설은 승리에 대한 축하의 말을 바랐던 청중들의 기대와 달리 거의 모든 부분을 재건 문제에 할애하였다. 그는 그의 생애 마지막이 될 이 연설에서 루이지애나의 경우가 다른 모든 지역에 확대 적용될 수 없음을 분명히 하였다. 물론 재건의 핵심 '원칙'은 결코 타협의 대상이 될 수 없으나 남부 각 주의 고유한 특성으로 인하여 "배타적이고 경직된 계획의 적용"은 결코 적합하지 않다고 시작하였다. 그는 "남부 주민들을 위한 새로운 선언"을 준비 중이며 행동하는 것이 적합하다고 판단될 때에는 결코 "주저하지 않을 것"이라고 선언하였다. 3일 후 내각회의에서 논의된 내용으로 미루어 볼 때 그는 아직 친연방 정부가 수립되지 않은 각 주에서 단기 군정을 실시하고, 그 다음 남부 연방주의자들을 중심으로 정치 조직 편성을 추진할 계획을 세워놓고 있었던 것 같다. 그러나 이후 그의 정책이 어떤 모습으로 발전해 나갔을지 우리는 결코 알 수 없을 것이다.

만일 링컨이 그의 후계자의 입장이었다면 어떻게 했을지 질문하는 것은 전혀 부질없는 짓일 것이다. 그의 재건 정책을 추구해야 하는 앤드류 잭슨이 처한 상황은 이제는 암살된 링컨이 처했을 상황과 전혀 달랐기 때문이다. 부스의 총알은 정치 지형을 완전히 뒤흔들어 놓았고, 이에 따라 남부를 향한 깊은 원한이 풀려나면서 좀 더 엄격한 정책을 요구하는 목소리가 높아지는 계기를 제공하였다. 게다가 전 민주당원으로서 존슨은 정계에 또 다른 변화의 요인으로 작용하였다. 전시 지도자로서 입지가 전무하던 그는 남부 연방주의나 북부의 풀뿌리 민심, 그리고 의회의 공화당원들과 전혀 다른 관계를 맺고 있었다.

그래도 여전히 링컨이 살아있었더라면 어떻게 했을까라는 이 질문에 대한 대답을 추적해 본다면 우리는 여러 가지 설득력 있는 결론에 도달하게 된다. 각종 사건이 이어지며 링컨은 자신의 자체 재건 계획뿐만 아니라 흑인의 권리 문제를 재구성된 정부 조직에서 스스로 해결하도록 맡겨두길 원했던 자신의 생각에 의문을 품게 되었을 것이다. 역사학자 윌리엄 C. 해리스의 예상처럼, 링컨은 아마 존슨보다 백인 연방주의 지도층에 훨씬 강력한 영향력을 행사하고 가혹하

3만 명이 훨씬 넘는 청중이 링컨의 두 번째 취임 연설을 듣기 위해 모여들었다. 행사장의 분주함 때문에 링컨의 연설을 들은 사람은 소수에 불과하였으며 그나마 일부 청중은 만취한 채 행사에 참석한 부통령인 앤드류 잭슨에 정신이 팔려있었다. 이 뛰어난 연설은 인쇄물로 출판된 뒤에야 제대로 인정을 받을 수 있었다.

고 차별적인 흑인 단속법을 저지하는 한편 적절한 대통령 사면령을 발표하여 전 남부 연맹의 지도층 인사들이 그렇게 빠른 시일 내에 정치 권력을 회수하도록 내버려 두지 않았을 것이다. 그리고 물론 적어도 부분적으로나마 흑인 참정권보장을 달성하기 위해 강력한 압력을 행사했을 것이다. 링컨은 존슨과 달리 현명하고 노련하였으므로 존슨이 그랬던 것처럼 결코 공화당의 중심 세력을 잃어버리는 실수를 범하지 않았을 것이다. 만일 부활한 반란 세력이 공포심을 유발하기 시작하였다면 그는 방어적 용도로나마 연방정부의 권한 집행을 결코 주저하지 않았으리란 예상이 가능하다. 한 가지 확실한 것은 1865년의 링컨이 1858년에 비해 흑인 문제에 대해 훨씬 더 진보적인 생각을 갖고 있었다는 점이다. 워싱턴에서는 그는 백악관에 흑인을 초청한 최초의 대통령이었으며 취임식에도 이들을 참석시켰다. 프레데릭 더글러스에 의하면 그는 "철저한 흑인들의 대통령"이었다. 단지 첫 번째 임기 동안 링컨의 생각이 변화한 폭을 고려한다면 두 번째 임기 동안에는 분명히 훨씬 더 큰 변화가 기다리고 있었을 것이다.

남부인들에 대한 링컨의 관용적 태도를 두고 많은 이들이 전쟁이 막 끝나가려는 이 마당에 연방정부가 평화를 저지하려는 계략을 꾸미고 있는 것이 아니냐는 의심의 눈초리를 보내기도 했다. 그러나 정작 대통령은 자신이 설정한 화해의 조건, 즉 모든 적대적 행위의 중지, 재통합, 노예해방이라는 원칙을 포기할 생각이 전혀 없었으며, 물론 데이비스의 책략대로 휴전 조약을 맺을 이유도 없었다. 그리고 1865년 2월 3일, 햄튼 로즈의 증기선에서 그가 남부의 평화 사절단과 비밀리에 회동하였다는 정보가 의회에 입수되었다. 이 평화 회담 소식은 사람들 사이에 존재하던 정부의 배신에 대한 우려를 씻어내고 링컨의 뛰어난 정치력에 대한 찬사만을 불러일으켰다. 여기서 그가 남부에 제시한 조건을 들여다보면 우리는 그가 생각한 관용의 한계를 측정해 볼 수 있다. 그는 의회를 통해 정부가 노예소유주에게 제공할 보상금 4억 달러를 조달하는 대가로 남부의 자발적 노예해방 정책과 즉각적인 연방 복귀를 요구하였다. 이것은 전혀 그답지 않은 극적인 행동이었으나 한편 그는 이를 통해 종전 후 게릴라 활동을 저지하고 여름까지 전쟁이 길어지면 추가로 발생하게 될 전쟁 비용을 절감할 수 있을 것이라고 계산하였다. 충격이 휩싸인 내각은 그가 이제 정치 감각을 잃었다는 결론을 내리고 그가 느낄 '배신감과 적대감'을 우려하면서도 만장일치로 링컨의 의견에 반대하기로 결의하였다. 물론 의회가 그의 제안을 수용할 리도 없었다. 링컨은 순순히 자신의 제안을 거두어 들였다.

그러나 링컨은 3월 4일, 그의 두 번째 취임식에서 행한 그의 생애 가장 위대한 연설에서도 종전 후 관용적 통합 정책 추진을 향한 자신의 강력한 의지를 명백히 공개하였다. 각종 전황을 종합해 볼 때 남부 연맹은 빠른 속도로 무너져 가고 있었다. 3만 명이 넘게 모인 청중은 그에게서 승리 축하의 말이 나오기를 기다리고 있었다. 그러나 링컨은 겨우 700자의 간단한 연설을 통해 전쟁을 불러온 남북 양측의 경험을 회고하면서 누구도 비난하지 않으며 남부를 결코 적대시하지 않을 것임을 확인하고 마지막으로 승리자의 관용을 강조하며 이 모든 것

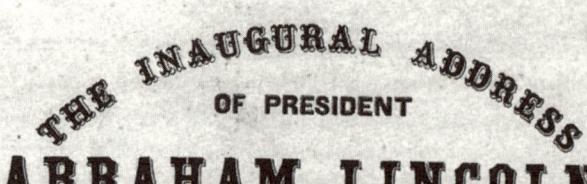

링컨의 2번째 취임 연설문

을 대신하였다.

"신께서 우리에게 정의를 보도록 허락하셨으니 누구도 적대시하지 않고 모두를 포용하고, 정의에 대한 확고한 믿음으로 우리가 시작한 일을 끝내기 위해, 그리고 이 나라의 상처를 치유하기 위해 노력할 수 있도록, 전쟁을 잉태한 자와 그의 미망인, 그리고 고아가 된 그의 자녀를 돌볼 수 있도록, 그리고 이 모두를 통해 우리들 사이에서 그리고 전 국토 안에서 정의와 영원한 평화를 달성하고 소중히 아끼며 살아갈 수 있도록 허락하소서."

이 종교적 시구는 연설을 절정으로 끌어올렸다. 링컨은 지난 4년간 자신이 목격한 여러 사건들 속에 담긴 종교적 의미를 탐색함으로써 미래를 위한 정치적 교시를 얻고자 노력하고 있었다. 과거와 달리 그의 두 번째 취임 연설은 거의 설교라고 할 만큼 종교적인 말들로 가득 차 있었다. 그의 연설은 비록 대단히 짧은 것이었지만 풍부한 의미가 담겨 있었다. 그리고 두 번째 불런 전투 이후 그가 작성한 개인적 메모나 거니 부인과 알버트 호지스에게 보낸 편지, 또는 그가 백악관에서 맞이한 수많은 복음주의자들에게 한 말들 속에는 점차 드러난 불가사의한 신의 섭리에 대한 그의 발전된 사고를 집대성한 내용이 담겨 있기도 하였다.

"모두가 알고 있습니다." 링컨은 말하였다. "남부와 노예제도 사이의 특이하고 강력한 이해관계가 전쟁이 원인이라는 것을 말입니다." 그는 진퇴양난에 빠진 남부의 도덕적 위기 상황을 동정하면서도 노예제도의 부당성을 결코 간과하지 않았으며, 이 제도를 논리적으로 옹호하려는 모든 시도를 경멸하였다. 그러나 한편으로 그는 독선에 빠질 것을 경계하여 이렇게 말하였다. "남을 심판할 때 우리도 심판받을 수 있음을 기억하라." 그리고 1862년 9월의 자신의 개인 성찰록에서 도달한 것과 같은 결론을 제시하였다. "연방의 승리에 이렇게 큰 희생이 따를 수밖에 없었던 데에는 논리적으로 한 가지 이유만이 존재한다. 전능자께서 특별한 목적을 두셨기 때문이다. 인간의 역사를 관장하시는 하나님은 '이 비극적인 전쟁'을 노예제도라는 죄악을 저지른 남부와 북부를 징벌하기 위해 내리신 것이다. 이 전쟁은 '죄악으로 인해 세상에 떨어진 재난'이다. 우리가 어리석게도 신이 내리신 전쟁이라는 재앙이 빨리 지나가기를 바라고 아무리 열심히 기도해도 만일 전지전능하시며 알 수 없고 신비로운 하나님께서 아무런 보상도 없이 250년 동안 속박의 굴레에 갇힌 이들을 부려 일궈놓은 모든 부가 사라질 때까지, 그리고 채찍질에 이들이 흘린 피의 마지막 한 방울까지 전장의 칼날 아래 다른 이가 흘린 피로 보상받을 수 있을 때까지 전쟁이 계속되기를 원하신다면 3,000년 전에 이미 그랬듯이 '주님의 심판은 진실하고 공정하다.'고 말할 수 있어야 할 것이다."

링컨은 자신의 연설을 매우 마음에 들어 하였다. 그러나 그는 그 안에 들어 있는 메시지가 결코 쉽지 않다는 것도 알고 있었다. 전쟁이 남부뿐만 아니라 북부에 대한 벌이라는 생각에 많은 이들은 상처를 입었다. "인간은 전능자와 자신이 서로 다른 목적을 갖고 있다는 사실을 직시하기를 원치 않는다. 그러나 이를 부인하는 것은 세상을 다스리는 하나님의 존재를 거부하는 것과 같다." 이것은 특히 링컨 자신이 겸허히 받아들인 진실이었다. 그리고 종전 후 정부의 목표는 이 겸허함을 바탕으로 설정될 것이다. 대통령 선거를 준비하며 그는 동료 공화당원들에게 "우리가 아는 만큼만 우리의 의무를 다하자."라고 말한 적이 있었다. 그러나 대통령으로서 힘겨운 4년을 보내고 난 그는 이제 "신께서 우리에게 정의를 보도록 허락하셨으니 …… 정의에 대한 확고한 믿음으로" 노력하자고 말하고 있었다.

링컨은 그것이 "내가 만들었던 그 어떤 것만큼이나-아마도 더 오래갈지도 모르는-오래 견딜 것이라고 예상했다."라고 서로우 우드에게 말했다. 그러나 링컨은 신뢰할 수 없다고 생각하였으나 역설적으로 북부 주류 프로테스탄티즘 안에 존재하는 윤리적 우월성에 대한 확신과 독선적 자기 정당성이야말로 그의 힘을 뒷받침하는 가장 강력한 도구였다. 북부의 승리는 자신이 추구하는 사명이 정당하고 정의로운 것이며, 신의 축복을 받았다는 믿음으로부터 출발한 연방주의자들의 애국심이 있었기에 가능하였다. 링컨도 그 현실을 인정하였다. 그리고 다음 장에 소개되어 있듯이 링컨은 전후방을 막론하고 국민의 애국심을 잘 북돋아 결집시키는 일이야말로 자신의 권력을 지탱하고 남부를 정복하기 위한 근본 토대라는 것은 잘 알고 있었다.

Chapter 06

힘의 도구
'강압과 자발적 동원 : 1861~1865'

　전쟁은 폭력이다. 그리고 남북전쟁의 시대를 살았던 미국인들은 미국의 다른 어떤 세대보다 이 사실을 잘 알고 있었다. 남부는 이 전쟁으로 영토를 유린당하고 수많은 인명을 잃어버렸지만 북부도 그에 버금가는 고통을 겪었다. 승리란, 링컨 정부도 점차 깨달아가고 있었지만, 오직 북부의 인적 및 물적 자원의 우월성에 기대어 적을 물리적으로 파괴할 때 얻어지는 것이다. 그리고 이것은 양 진영 모두 전무후무한 유혈 사태를 겪게 될 것이라는 의미이기도 하였다.

　전쟁은 남부 연맹에 대해서는 강제적 무력행사를, 아군의 후방에서는 정치적 압제를 초래하였다. 대통령 임기 중 에이브러햄 링컨은 특히 전시 집행권 행사와 관련하여 많은 논란을 불러일으켰다. 우리는 이미 섬터 사건이 터지자 의회의 특별 회의를 소집하기도 전에 그가 어떻게 방위군 모집, 해방 봉쇄 선언, 전쟁 물자 조달을 위한 국고 차출 명령 등을 집행하였는지 그 과정을 살펴보았다. 그는 이에 그치지 않고 곧바로 임의 체포권을 용인하고, 대통령령으로 노예제도를 철폐하였을 뿐만 아니라 징발법을 승인하고 단독적으로 재건 계획을 수립하였다. 남부 연맹과 북부의 정적들을 그의 '압제'에 대해 거세게 저항하였다. 비록 그들의 주장이 선동적이고 지나친 면이 없지 않으나 전례 없는 국가적 위기 상황은 분명히 링컨과 그의 행정부로 하여금 간섭과 강압적 수단에 의존하도록 부채질하였을 것이다. 물론 이 이전에도 1790년대 연방주의자들의 직권 남용과 바로 40년 후 '앤드류 잭슨 제왕'의 독재로 인하여 미국인들이 공화주의의 미래를 낙관하지 못하던 때가 있었다. 그러나 역사적으로 남북전쟁 중 링컨의 정부만큼 정치 권력과 무력을 전면적으로 활용한 적은 결코 없었다.

이런 모든 요인에 불구하고 놀랍게도 링컨은 4년 동안 연방이 강력한 전쟁 수행력을 유지하도록 이끌면서 강압적 행정력이나 전쟁부 산하의 경찰력을 거의 동원하지 않았다. 연방정부는 원치 않는 국민을 원치 않는 전쟁으로 강제로 이끌고 가는 대신 국민의 강력한 애국심을 고양시키고 유지하기 위해 최선을 다하는 쪽을 선택하였다. 북부는 물론 인적, 물적 측면에서 모두 남부보다 우세하였으나 이것은 오직 섬터 요새 폭격 직후 들고 일어난 성난 민심이 장기전을 견딜 만큼 오래 지속될 때에만 빛을 발할 수 있었다. 반정부 민주당원들과 남부의 지도층은 모두 링컨 정부가 전쟁의 피로감에 결국 이기지 못할 것이라고 생각하였다. 하지만 그들의 기대와 달리 북부의 연방주의는 놀랍도록 뛰어난 생명력을 가지고 있었다. 그러나 제아무리 강력한 애국심이라도 위로부터 제대로 보살핌을 받아야 꽃을 피우게 되는 것이다. 만일 연방 지도부, 특히 대통령의 분명한 전쟁 목적 선언이 없었다면 북부의 주민들이 이 가혹한 투쟁 속에서 그토록 강력한 결집력을 유지할 수 없었을 지도 모른다. 1812년의 제임스 매디슨이나 멕시코전쟁 당시 제임스 K. 포크가 직면한 상황은 본질적으로 남북전쟁보다 분열적 요소가 훨씬 덜하였음에도 불구하고 그들은 링컨처럼 이렇게 완벽한 국민적 통합을 이끌어 내지 못하였다. 링컨의 가장 위대한 업적 중 하나는 바로 그가 전쟁의 근본적 원인과 그에 따르는 희생을 분명히 명시하였다는 점이다. 그의 선언은 국민적 단결을 목적으로 하고 있으며, 정확한 여론 진단 결과를 바탕으로 주류 연방주의자들과의 공감대를 형성할 수 있는 그들의 언어를 사용하여 제시되었다. 그리고 이를 국민 모두에게 전달하기 위해 정부는 정부기관과 함께 자발적 시민단체의 강력한 네트워크를 동원하였다. 링컨 대통령의 리더십은 결코 압제가 아닌 설득을 바탕으로 창출된 것이다.

링컨은 개인적으로도 상당한 권력을 누렸으나 그가 누린 국민적 지지는 결코 링컨 개인을 향한 충성심, 좀 더 정확히 말하자면 개인적 카리스마에 기반한 것은 아니었다. 사회학자 막스 웨버의 이론에 따르면 "카리스마에 의한 통치"란 세습적 지배자의 전통적 권력과 "합법적 권위"의 비인간적 관료주의와 반대되는 개념이다. 카리스마의 힘은 위기에 출현한 자칭 지도자가 자신의 위대함과 사명감을 보여줄 때 효력을 발생한다. 그러나 링컨의 힘은 웨버가 "법적 합리성"이라고 명명한 권력의 범위 안에서 기존의 주어진 임무를 수행함으로써 창출된 것이다. 미공화국은 1861~1865년 사이에 역사상 가장 심각한 위기와 급격한 변화를 맞이하였지만, 링컨은 결코 정상적인 정치 시스템 또는 주정부의 권한에 도전하거나 이를 전복시키려는 시도하지 않았다. 그 대신 그는 헌법의 수호자 역할을 자처함으로써 힘을 획득하였다. 그리고 그는 극단적 분열보다는 지속성을 더 중요시 생각하였다. 예를 들어 국민의 선출을 거치지 않은 맥클렐런이 이미 선출된 대통령 링컨을 대신하였다면 아마 카리스마에 근거한 지배 형태가 출현했을 수도 있다. 그러나 이것은 필연적으로 합법적인 정부 형태의 전복을 수반할 수밖에 없었을 것이다. 따라서 남북전쟁 동안 공화국이 보여준 입헌주의에 입각한 합법적 권위의 끈질긴 생명력은 분명 주목할만한 가치가 있다.

그러나 연방이 직면한 전무후무한 위기는 개인적으로 대단히 뛰어난 자질을 갖춘 국가적 지도자를 요구하고 있었다. 널리 인정되고 있다시피 링컨이 가진 가장 뛰어난 자질은 연방의 국민적 결집력을 강화하여 유지할 수 있는 능력이었다. 어떤 사람이 대통령 자리에 앉아 있든 당시의 상황에서 강한 국민적 결집력의 표출은 당연한 결과였다는 주장도 일리가 있지만, 재직 중 그토록 오랫동안 그토록 강하게 이를 유지할 수 있는 능력을 갖춘 지도자가 링컨 말고 얼마나 될까 하는 점은 의구심으로 남는다. 애국자이자 성실한 대통령, 그리고 국민을 깊이 이해하고 있던 평범한 한 인간으로서 링컨은 워싱턴의 정치 엘리트들과 호전적인 언론 군단의 끊임없는 비난에 시달리면서도 깊은 국민적 신뢰를 유지하는 뛰어난 능력을 보여주었다.

강압과 억압, 그리고 행정부의 권력

링컨은 천성적으로 신중하고 따뜻하며 관대한 사람이었다. 그러나 연방 재통합이라는 절대적 목표 달성을 위해서는 가혹한 전쟁 논리의 차용이 불가피하였고, 이것은 다시 무력과 정치 권력 모두를 지렛대로 활용해야 할 상황으로 이어졌다. 그리고 남부의 적과 국내의 반정부 세력은 점차 강압의 올가미가 단단히 죄어오는 것을 느낄수 있었다.

남북전쟁이 말기에 접어들며 '전면전'으로 치닫던 전투 상황은 거의 무정부 상태에까지 이르렀지만, 그에 반해 북부의 군사 정책은 거듭되는 논란에도 불구하고 점차 화해보다는, 특히 백인 주민들 사이에서, '강력한 무력행사'를 수용하는 방향으로 발전하였다. 전쟁 초기 정부는 평범한 남부 주민들을 존중하는 마음으로, 그들과 정치 지도자들은 별개일 것이라는 추정을 바탕으로 무력행사가 시작되면 곧 남부가 연방에 대한 충성심을 회복할 것이라고 기대하였다. 그러나 이러한 인식은 1862년 봄과 초여름 치열한 전투를 거치면서 완전히 변하였다. 이제 링컨은 전쟁이 '성숙한 가지에서 향기로운 물이 뿜어져 나오듯' 진행될 수밖에 없다고 확신하였다. 따라서 남부 민간인들의 자산을 군사적 목적을 위해 압류할 수 있도록 정한 7월 22일 육군부의 집행 명령에 링컨의 생각이 반영되었으리란 추측을 해볼 수 있다. 노예해방 정책의 채택과 동시에 연방은 이미 화의를 포기하였으나 이것이 남부 주민과 경제에 대한 즉각적인 무력행사로 이어지지는 않았다. 겨우 1863년 봄 서부 전장을 시작으로 이듬해가 되어서야 동부 전선을 포함한 모든 전선에 '전면전'의 개념이 도입되었다. 산업 시설과 철도의 파괴에 이어 곡물이 몰수당했고 건물이 불탔으며, 동물은 도살되거나 잡아먹혔다. 그리고 마침내 노예가 해방되었다. 군은 남부군 충성 세력, 특히 노예 소유주만을 주요 공격 목표로 삼았으나 노예를 포함한 모든 남부 주민들이 폭력의 위협에 몸을 떨었으며 협박과 모욕을 피할 수 없었다. 1864년과 1865년 윌리엄 T. 셔먼의 악명 높은 진격 사건은 애틀랜타에서 시작되어 대서양으로 이어지며 도중의 모든 지역을 초토화시키고 사우스캐롤라이나를 철저히 유린하였다. 그리고 이것은 남부의 정신적, 물질적 자원과 저항 의지에 대한 종합적이고 전면적인 공세의 절정을 이루었다.

이러한 군 전략의 변화는 전면전 정책의 채택과 궤를 같이 하였다. 여기서도 링컨은 중요한 역할을 담당하였다. 비록 군복무 경험은 거의 전무하였으나 많은 시간 군사 전략에 대한 고민을 거듭하며 링컨은 역사학자들도 인정할 만큼 능력 있는 전략가로 거듭나게 되었다. 베론 조미니처럼 나폴레옹식 전략 전술을 숭상하는 다른 군사 전문가들과 달리 링컨은 몇 가지 원칙을 바탕으로 그의 휘하에 있던 어떤 지휘관보다 가장 먼저 연방군의 수적 우세를 적극 활용할 수 있는 방법을 터득하였다. 맥클렐런이 리치먼드를 대상으로 조미니식의 집중적인 대규모 공세를 계획하는 동안 링컨은 서부 지휘관들에게 자신의 "대략적인 아이디어"는 "우리는 수적으로 우세하고 남부군은 한 지점에 병력을 집중시키는 능력이 뛰어나니" 연방의 수적 우세를 활용할 최선의 방법은 대규모 병력을 바탕으로 "여러 곳을 동시에 공략함"으로써 적을 위협하는 것이라고 말하였다. 여기에 덧붙여 그는 지구 점령보다는 남부군을 추적하여 섬멸하는 것이 승리의 관건이 될 것이라고 말하였다. "나는 리치먼드가 아니라 리의 군대가 진정한 공격 목표라고 생각하오." 1863년 여름 링컨이 조지프 후커에게 한 말이다. "기회가 포착되는 대로 그를 공격하시오." 미드가 게티스버그에서 승리한 뒤 퇴각하는 리의 군대를 더 추적하지 않기로 결정하자 링컨은 비통함을 감추지 못하였다고 한다.

링컨의 군사 작전은 냉정하기 짝이 없는 통계적 사고를 바탕으로 수립되었다. 프레데릭버그 전투 당시 연방군은 3대 2의 비율로 남부군보다 많은 사상자를 냈으나 링컨은 이를 두고 "만일 날마다 전투를 하고 같은 결과를 얻을 수만 있다면 포토맥 부대는 상당한 수가 살아남겠지만 리의 군대는 단 한 명도 남아나지 못할 테고 결국 전쟁은 끝나게 될 것이다."라고 평하였다. 그리고 1864년에서 1865년으로 넘어가는 겨울, 전쟁이 막바지로 치달을 무렵에는 무덤이 하루가 다르게 늘어나는 참혹한 상황에서도 인구의 증가는 "전쟁이 시작되었을 때보다 더 많은 병력을 확보하였다."라는 것과 같은 의미라는 점을 공개적으로 강조하기도 하였다.

프레데릭스버그 전투 당시만 해도 링컨은 자신의 '끔찍한 수리학'을 뒷받침해 줄 지휘관을 찾지 못하고 있었다. 그러나 그 후 15개월이 지나 그는 마침내 적임자를 찾아내었다. 링컨은 먼저 율리시스 S. 그랜트를 위해 중령 자리를 부활시키고 그 다음 그를 총사령관에 임명하였다. 율리시스 S. 그랜트와 링컨은 공격적 전략과 전면적 공세라는 측면에서 전략상 놀랍도록 유사한 시각을 공유하고 있었다. 그랜트는 이미 동부와 서부에서 동시에 적을 공략할 필요성을 이해하고 있었다. 그의 계획은 전략적 요충지를 점령하기 전에 우선 적의 군대를 파괴하고 전체적으로 전선을 밀고 내려가면서 일단 점령한 영토 내에서 적극적인 공세를 펼친다는 것이었다. 그는 링컨과 이러한 계획을 의논하면서 "모든 전선을 활용하여 전투에 나서지 않는 자들도 전투를 도울 수 있도록 만들 계획이다."라고 설명하였다. 헤이에 따르면 대통령은 그의 제안을 매우 흡족히 받아들이고 이런 말을 덧붙였다고 한다. "가죽을 벗기지 않을 것이면 다리라도 붙들고 있을 수 있지."

그리고 1864년 그랜트의 대규모 공세 안은 마지막으로 남부 연맹의 모든 전쟁 물자도 공격 대상에 포함시키며 마무리되었다. 그는 승리를 보장하기에 군부대의 파괴만으로는 부족하다고 판단하였다. 군량, 무기 및 기타 여러 가지 보급품을 파괴할 때 비로소 적의 완전한 무력 해제가 가능할 것이다. 링컨은 전면전의 원칙을 채택하겠다는 그의 강경한 제안에 아무 반대도 하지 않았다. 물론 그는 이 전략의 잔혹함이 정부 내 일부 보수 세력의 이탈과 정적의 거센 공격을 초래하리라는 점을 잘 알고 있었다. 그러나 노예해방 선언문을 발표함으로써 이미 북부가 무장한 남부와 화해 또는 타협할 수 없다는 입장을 분명히 한 마당에 이것은 논리적으로 타당한 선택일 수밖에 없었다. 링컨이나 군 지휘관들이나 철저하고 무자비한 폭력은 결코 원하지 않았다. 오히려 이들은 이것이 도덕적으로 정당하고 절제된 수단이며 이를 통해서라도 전쟁을 끝내야 된다는 생각을 하고 있었다. 셔먼이 그의 무자비한 작전을 "전투라기보다 정치적 전술"이라고 표현

한 것도 이와 같은 맥락에서 이해할 수 있을 것이다. 그리고 이 같은 전면전을 정치적 목적 달성의 수단으로 바라보았다는 점에 있어서 링컨 자신도 이들과 크게 다를 바 없었다.

연방군의 강압적 무력행사 대상에 남부군만 포함되어 있었던 것은 아니었다. 메릴랜드와 그 외 전투가 진행 중인 접경 지역이 모두 군사 기지화한 한편 중서부와 중부 대서양 연안 지역의 일명 '살모사'라고 불리던 민주당의 반전 세력은 반체제 인물에 대한 강력한 '임의체포' 권한을 부여받은 연방군의 강력한 입김에 시달리고 있었다. 우선 링컨은 임시 영장 발급 유보 조치를 발동하여 군이 시민의 자유권을 침범할 수 있는 법적 근거를 제공하였다. 전쟁 초기 그는 이미 워싱턴과 필라델피아 사이의 연결 통로에서 일차적으로 영장 유보 조치를 단행하고, 이어서 뉴욕시 그 북부 지역까지 조치를 확장 적용한 바 있었다. 이로 인해 군대는 이 지역에서 혐의를 증명할 필요 없이 간단히 공권력에 대항하거나 의심스런 시민을 체포할 수 있었다. 뒤이어 1862년 8월 8일에는 스탠튼이 7월 17일 대통령의 승인을 받은 민병법을 근거로 미국 최초로 전국적인 징병 실시 명령을 내렸다. 스탠튼의 명령은 전국 어디서든 징병을 회피 또는 방해하거나 타인의 입대를 훼방놓는 자, 또는 '어떤 식으로든 적을 원조 또는 이에 동조하거나 미국연방에 불충한 행동에 연루된 자'를 체포할 때 영장 발행을 유보할 수 있도록 조치하였다. 군 또는 민간의 관리들은 군법에 준하여 범죄자를 즉시 체포 및 감금할 권한을 갖게 되었다. 그리고 링컨은 9월 24일 노예해방 선언문을 발표함으로써 사후이기는 하지만 전쟁부의 각종 명령을 정식 승인하였다. 그리고 1년 후인 1863년 9월에는 시워드로 하여금 합법적 범위 내에서 미국 전역에 적용될 대통령의 반복적 영장 발행 유보 권한을 규정한 법안을 작성하도록 지시하였다. 그 사이 의회는 당시 절실하게 필요하던 새로운 징발법, 입대법의 원활한 집행을 위해 대통령의 영장 유보 권한을 공식 승인하는 인신보호법을 통과시켰다.

연방 영토 내에서 실시된 군인의 민간인 체포는 전쟁 초기부터 시작하여 전

율리시즈 S. 그랜트 (1822~1885)
서부에서 헨리 요새와 도넬슨 탈환에 성공함으로써 이름이 알려지기 시작하였다.
1862년과 1863년 빅스버그 공략 당시 링컨은 그의 뛰어난 전략을 알아보고 1864년 3월 중령 자리를 거쳐 곧바로 연방군의 총사령관으로 임명하였다.

윌리엄 T. 셔먼 (1820~1891)
웨스트포인트 출신으로 전쟁 발발 직후 군에 입대하여 1864년 3월 서부 지역 총사령관을 지냈다. 애틀랜타 점령 이후 3월에서 1864년 말까지 대서양을 향해 진격하는 동안 그의 부대가 저지른 온갖 잔혹한 행위는 민간의 재산뿐만 아니라 투쟁 의지까지 초토화하면서 '전면전'에 대한 정의를 새로운 수준으로 끌어 올렸다.

쟁이 끝날 때까지 내내 계속되었다. 체포된 민간인들은 대부분 탈주병이나 징병 회피자 또는 이를 부추긴 관계자들이었다. 징발법은 그 안에 내포된 개인의 자유 침해로 인한 위헌 소지 때문에 충성스런 연방 주민들 사이에서도 우려의 목소리를 자아내었다. 그러나 정부의 가장 큰 적은 징병에 대한 무력 저항을 부추기는 극단적 반정부, 반전 세력이었으며 이들이 주도한 징병 반대 무력 저항은 급기야 1863년 뉴욕에서 끔찍한 유혈 폭동을 불러일으켰다. 저항 세력의 주모자들은 주로 남북부와 중서부 지역에서 주로 활동하였으며 당연히 임의 체포의 주 대상이 되었다. 그 외의 체포 대상에는 무고한 시민의 지갑을 노리는 부패한 사업가, 밀수업자, 징병 브로커 등도 들어있었다. 민간인의 체포가 가장 빈번하였던 변경 지역에서는 특히 밀항자, 밀수업자, 밀수품 거래업자 등이 주로 체포되었다.

그러나 임의 체포권이 당파심에 남용된 예는 매우 드물었으며, 주로 배반이나 의심 행위에 대해 간섭 수단으로 활용되면서 강력한 정치적 파급 효과를 불러일으켰다. 담당 관리들은 군기밀의 부주의한 누설을 방지하기 위하여 신문사를 제압하고 친남부 성향의 편집장들을 체포하거나 추방하였다. 선거 때가 되면 헌병 및 군인들이 순찰을 돌며 친연방 유권자에 대한 폭력 사건을 미연에 방지하기 위해 노력하였으며 그리고 드물게는, 특히 접경 지역에서, 반대 세력에 체포 위협을 가하여 강제로 충성 서약을 받아내기도 하였다. 또한 1861년 9월 메릴랜드에서는 남부군의 침략 위협이 분명한 상황에서 탈퇴 법안 찬성표를 막아야 한다는 구실로 주의원들을 체포한 경우도 있었다. 그러나 정당한 정치 행위와 비생산적 간섭 행위를 구별한다는 것은 대단히 어려운 일이었으며, 비애국적 행위를 판단하는 기준은 불안감에 가려 흔들리기 쉬웠다. 이런 점에서 무리하게 진행된 더뷰크의 편집장 데니스 A. 마호니 체포 사건은 결국 신병 모집자들의 분노를 사 대통령에 대한 원성을 불러일으켰다.

이중 특히 유명한 사건은 앰브로스 E. 번사이드 장군이 민주당 화의파의 거두 클레멘트 벨란디엠을 체포한 일일 것이다. 1863년 봄 그릴리의 표현대로 "국가의 대의가 가장 큰 위험에 처한 시기"에 역설적으로 민주당은 강한 부활의 기운을 보이고 있었다. 오하이오 지역의 군대를 통솔하고 있던 번사이드는 정력적인 성품으로 정치적 술수에는 상당히 미숙하였다. 일리노이와 인디애나의 주지사들이 노골적으로 중앙정부의 조치에 불만을 표출하는 가운데 중서부 남부 지역은 화의 여론, 반노예제도 폐지론, 극심한 인종적 편견, 분리주의 및 지하 반정부 세력 등이 뒤엉킨 화약고와 같은 상태였다. 번사이드는 새로운 징발법 집행과 관련하여 헌병과 보안 요원들에게 공공연히 저항하는 주민들이 눈에 띄게 늘어나자 경계심이 발동하여 결국 "적에 대한 동정적 감정의 반복적 표출" 금지 명령을 내렸다. 체포된 벨란디엠은 민간 법정 대신 간단한 군법위원회의 심사를 거쳐 전쟁 기간 중 감금형에 처해졌다. 이 판결은 반전 민주당원이나 중서부 지역뿐만 아니라 미국 전역으로부터 자유 언론과 헌법상의 자유권에 대한 탄압을 비난하는 격렬한 여론을 불러일으켰다. 내각 일부에서조차 이 사건을 불필요한 대형 정치 실수로 규정하고 나서자 사색이 된 정부는 황망히 사태 수습에 나섰다.

그러나 한편으로 링컨은 뉴욕 알바니에서 시위를 주재한 주동자들을 향해 "코닝에 고함"이라는 글을 발표하고 번사이드의 행동을 적극 변호하면서 반대 여론으로 정부가 법적으로 후퇴하는 일은 없을 것이라고 못박았다. 링컨은 반란군이 국가의 안위를 위협하는 시기에는 헌법에서도 시민에 대한 군의 체포 행위를 비롯한 각종 '강력한 조치'를 용인한다고 주장하였다. 다른 연방주의자들처럼 비밀 결사나 음모론을 실제보다 과대평가하고 있던 링컨은 정식 영장 발부 절차나 언론의 자유 또는 자유 언론을 옹호하는 사람들 사이에서 "반란군의 스파이나 정보원 또는 공급책, 선동가 및 공모자들이 가장 활발한 활동을 벌일 수 있다."라고 거듭 강조하였다. 즉, 군의 체포 행위가 실제 모반 행위에만 국한될 수 없다는 입장을 확인한 것이었다. 군의 체포 조치는 "반란군이 실제로 존재할 경우뿐만 아니라 …… 국민의 안전을 위해 필요한 상황이라면 언제나 법적으로 정당화 될 수 있다." 만일 정치 및 군 지도자들에 대한 일반적인 비난 발언을 이유로 체포가 실시되었다면 부당하다고 할 수 있겠으나 연방군에 피해를 주고 국가의 존립을 위협하며 징병법을 폄하한 발렌디엠의 발언은 결코 간과할 수 없다. "간교한 선동가는 머리카락 하나 건드리지 못하면서 그의 꼬임에 빠져 탈주한

반링컨 풍자만화. 번사이드 장군의 클레멘트 발렌디엠 체포 사건과 뒤이은 대통령의 추방 선언을 비꼬는 내용. 왼쪽에는 살모사에게 목이 졸린 번사이드가 각성한 자의 상징인 횃불을 들고 "오, 친애하는 클레멘트여, 너무 꼭 껴안지 말아주오." 라고 말하고 있다. 링컨은 "새로운 흑인을 위한 헌법"이라고 쓰인 문서를 떨어뜨리도록 자신을 위협하는 뱀을 피해 달리면서 "옛날 그대로의 헌법과 연방"이라고 쓰인 서류를 찢고 있다. 이 인쇄물은 흑인에 대한 감정적 편견을 자극할 의도로 P.T 바넘의 브로드웨이 박물관 안에 전시되어 있는 일그러진 흑인의 모습을 빌려왔다. 두 명의 해방 노예가 링컨을 따라가며 "아버지 링컨이시여.", "우리를 당신의 가슴에 받아 주세요."라고 외치고 있다.

어린 병사를 향해 총을 쏘아야 하겠는가?"

링컨은 전쟁 기간 동안 헌법의 한계를 시험하는데 결코 주저하지 않았다. 그러나 대다수 국민들은 전쟁의 정당성에 동의하는 한편 비정상적 조치의 종전 후 종결을 대전제로 그에게 변함없는 지지를 보냈다. 그는 무고한 희생자가 발생한 사실보다 오히려 전쟁 수행에 장애가 발생하였다는 사실에 더욱 분노하였다. 1863년 여름, 일부 판사들이 영장 미비를 빌미로 징병 사병을 해산시키면서 펜실베니아에 소요 사태가 발생하자 링컨은 불같이 노하였다. 웰레스는 그가 이때 "거의 판사들을 해고할 태세"였다고 보고하였다. 이제는 체이스조차 영장 유보 조치로 인한 폭동 사태를 두려워하였으나 링컨은 놀랍게도 군 장교들에게 민간 법정은 무시하고 필요하다면 법원의 체포에 대항하여 무력을 사용해도 좋다는 지시를 내렸다.

실제로 링컨은 정치 현실에 맞추어 자신의 법적 권한의 범위를 조정하고 제한적 수준에서 강경한 정책을 밀어붙이도록 노력하였다. 그는 물론 체포와 관련하여 죄인이 사망하거나 무고한 시민에 대한 체포를 남발하다가 대의명분마저 잃을 수 있다는 위험성을 인식하고 있었다. 따라서 그는 벨란디엠에 대한 처벌을 추방으로 완화하는 한편 합법적으로 귀환할 경우 이를 묵인하기로 결정하였다. 동시에 뉴욕 시위대에 대해서는 처벌을 생략하였으나, 그 대신 문제의 체포건에 대한 정식 수사 요청은 거부하였다. 사실 그는 사소한 정치적 이익을 얻기 위해 영장 유보 조치를 오용할 생각을 해 본 적이 없었다. 링컨은 대부분의 경우 반전 언론에 관대하였으며 강제 검열 제도에 대해 매우 소극적인 자세를 유지하였다. 단지 보안상의 이유를 들어 전쟁부가 워싱턴의 전신국을 규제한 조치는 그대로 용인하였다. 번사이드가 '불충하고 선동적인 기사'를 실었다는 이유로 중서부에서 가장 영향력 있는 민주당 계열 신문 <시카고 타임즈>를 패쇄하자 대통령은 이 조치를 무효화함으로써 장군의 조치에 환호하였던 다수 여론의 분노를 부르기도 하였다. 존 M. 스코필드 장군에게 지시한 말처럼 링컨은 기질적으로 "오직 군부에 분명한 피해를 입한 경우에 한하여 해당 개인의 체포, 집회 금지 및 신문사 패쇄를 실시할 것"으로 체포의 범위를 제한할 수밖에 없었다. 헌법 적용 범위를 한계까지 확장하면서 링컨이 염두에 두었던 것은 선거가 아니라 오직 군사적 성공뿐이었다.

링컨이 처한 위기 상황은 전례없이 강력한 대통령의 권한 행사를 요구하였다. 한 공화당 지지자가 그에게 "이 위대한 국민은 당신에게 거의 절대적인 권한을 부여하였습니다."라는 말을 하였으며, 권력의 지렛대에 대한 그의 통제력은 시간이 지날수록 더욱 견고해지고 세련되어 졌다. 그의 직감력은 그다지 신통치 않았으나 정치 현안 관리에 있어서는 둘째가라면 서러워할만큼 탁월한 능력을 발휘하였다. 그의 통솔 아래서 장관들은 각자의 영역에서 충분한 재량권을 누렸지만, 한편 필요할 때 대통령은 충분히 자신들을 제압할 수 있다는 사실도 이해하였다. 그는 의회에도 정책 입안, 특히 경제 분야를 주도할 수 있는 권한을 부여하였으나 노예해방이나 재건 계획, 군사 정책과 같은 굵직한 정치 현안에 대해서는 결코 주도권을 넘겨주지 않았다. 그는 당에 대해서도 상당한 장악력을 유지하였는데, 한 급진적 의원은 이를 두고 그가 "실질적 독재자"라고 평하였다. 링컨이 충분한 기회에도 불구하고 자신의 기질에 반하여 법적 한계 속에 머무르면서 필요성을 빌미로 모든 것을 용인하는 우를 범하지 않았다는 사실은 대단히 놀라운 일이다. 대통령은 전쟁의 한가운데에서도 민주적 선거 절차의 필요성에 결코 의문을 제기하지 않았으며, 독재자의 낙인이 가져올 정치적 위험성 또한 충분히 인지하고 있었다. 그러므로 그는 합법적 절차를 무시하는 대신 1864년 스스로 국민의 심판에 자신을 맡길 수 있었다.

연방의 안보 체제는 일단 안정이 되자 대통령의 간섭 없이도 충분히 그 구실을 다하였다. 군의 사법 시스템은 전쟁 수행의 든든한 버팀목이 되어 주었으며 따라서 대통령은 특별히 관용을 베풀거나 불의를 방지할 명목이 없는 한 재판에 간여하지 않았다. 역사학자 마크 닐리는 당시 체포된 민간인이 수만 명에 달하였으나 정확한 숫자를 확인할 수 없다고 말하였다. 그러나 이중 상당수는 남부군이거나 접전이 벌어지고 있는 접경 지역의 반란 혐의자들이었다. 특히 전국적인 징병군 모집 과정에서 군의 안보 체제는 국가 안위에 절대적인 역할을 담당하였다. 체포된 시민들은 주로 연방 감옥에 몇 주간 감금된 뒤 재판 없이 방면되었다.

후방 깊숙한 곳과 주민들의 생활에 직접 간여하는 전쟁부의 안보 정책은 뉴욕의 민주당계 주지사 호레이쇼 세이무어의 표현처럼 링컨의 정적들이 우려한 '중앙 집권적 간섭 행위'의 한 부분에 지나지 않았다. 정부의 노예해방 선언, 징병 및 각종 경제 관련 조치는 모두 중앙 집권적 국가 체제의 도래를 예고하고 있었다. 독재자 링컨은 민주당이 설계하고 지켜온 전쟁 전의 지방 분권적 공화국을 완벽하게 해체시켰다.

비록 표현은 선정적이었지 몰라도 민주당의 비판 속에는 진실이 담겨있었다. 휘그당에서 전시 공화당으로 계승된 각종 경제 계획, 철도 건설, 수입품에 대한 고관세 부과, 자작 농장 및 무상토지불하법, 과학적 영농 계획, 진보적 조세제도, 그리고 국립은행 설립 등은 제퍼슨과 잭슨 시대의 공화국에 종언을 고하고 자유로운 상업 질서에 헌신하게 될 중앙정부의 도래를 약속하고 있었다. 중앙정부가 막강한 권력을 장악하는 사태를 경계하던 주정부의 공포증은 '노예제도'와 함께 사라져 버렸다. 공화당은 기본적으로 중앙의 간섭과 통제, 그리고 중앙 집권화의 필요성을 인정해 왔었다. 따라서 반연방 세력을 억압하고 전쟁을 지속하기 위해 민간 관청 및 군 당국이 강력한 강제 수단을 동원하는 것을 민주당보다 훨씬 쉽게 수용할 수 있었다.

대중 동원 : '정의로운 말의 힘'과 당의 역할

링컨은 연방정부에 대한 강력한 지지 기반 유지와 전쟁의 궁극적 승리를 위해서는 강제력을 동원하지 않고 시민이 자발적으로 합리적인 결론에 도달하도록 유도해야 한다고 믿었다. 민심이 '모든 것'이라는 굳은 신념을 가지고 있던 그는 처음부터 "신의 섭리와 국민의 정부에 대한 믿음"에 의존하여 전쟁을 수행해 나갈 것이라고 선언하였다. "미국 국민은 합리적인 설명에 잘 수긍하지요." 그는 전쟁 초기 볼티모어에서 온 일단의 방문객들에게 이렇게 말하였다. 시간이 흘러 1864년 암울했던 시기에도 그는 결코 국민에 대한 믿음을 버리지 않았다. "국민에게 제대로 진실을 알린다면 이 나라는 결코 위험에 빠지지 않을 것이다." 그는 전쟁으로 이 나라의 애국적 국민이 빠져든 고난의 깊이를 잘 알고 있었다. 동시에 전장에서 그들이 흘린 피의 양으로 또는 전쟁 채권의 눈부신 판매고와 쏟아져 들어오는 기부금이나 기증품 등을 통해서도 국민의 애국심이 얼마나 강한지도 알게 되었다. 그는 "정의로운 자의 입에서 나온 정의로운 말은 민중 속에 잠들어 있던 강한 애국심과 정열에 불을 붙일 힘이 있다."라는 것을 알고 있었다.

매튜 브레이디의 작품
1864년 1월 8일 찍은 이 사진 속의 링컨은 당당하고 자신감에 차 있다.

연방이 궁극적으로 승리를 거머쥔 것은 전쟁의 목적과 논리를 공개적으로 명시한 대통령의 노력에 힘입은 바 컸다. 링컨은 전쟁 전 정치인으로서 활발한 선거 유세 활동을 벌이면서 개인적으로 상당한 권위를 쌓았다. 그러나 대통령 후보로 선출된 이후 그에게는 연단에 설 기회가 거의 주어지지 않았으며, 백악관으로 들어간 이후에는 매우 제한된 범위 내에서만 공화당 시절 자신에게 그토록 빛나는 명성을 안겨주었던 이 유용한 도구를 사용할 기회가 허용되었다. 대통령 재직 기간 중 그가 자신의 발언을 공개한 적은 오직 100여 회뿐이었다. 그리고 대부분이 정식 연설이라기보다 부대 방문 중 또는 그를 방문한 각계의 사절단이나 접경 주의 주의회 대표단에게 즉흥적으로 건넨 짤막한 발언에 불과하였다. 그나마 그가 워싱턴을 벗어난 적은 거의 없었다. 예외적으로 공식 발표된 연설은 오직 두 번의 취임 연설과 게티스버그의 연설뿐이었다.

뛰어난 웅변술을 자랑하던 링컨의 과거 기록, 그리고 논리적인 설명과 언어의 힘에 대한 그의 믿음을 고려해 볼 때, 그가 어째서 공개적인 연설을 꺼려하게 되었는지 궁금하지 않을 수 없다. 우선 선거 기간을 비롯하여 대통령의 공개 연설이 금기시 되던 당시 관례가 일부 영향을 미쳤으리란 것은 확실하다. 또한 대통령으로서 격무에 시달리며 장문의 연설문을 준비할 시간이 충분치 않았을 것이란 추측도 가능하다. 지금까지 회자되는 그의 유명한 연설은 모두 장시간 연구를 거쳐 사전에 계획한 대로 정확히 연출된 것들이다. 그의 첫 번째 취임 연설도 꼼꼼한 준비 과정과 여러 번의 원고 수정을 거쳐 완성되었다. 일단 전쟁이 시작되자 그에게는 더는 원고를 준비하거나 워싱턴을 벗어나 연설을 할 만한 시간이 남아있지 않았다. 링컨은 현대의 대통령들처럼 대필자에 의지할 수도 없었고 무엇보다 준비없이 부주의한 발언을 할 수 있다는 사실에 두려워하였다. 따라서 그의 공개적 발언은 그 수를 헤아릴 만큼 드물었다는 사실은 어찌 보면 당연한 일이었으며, 그의 대통령 재직 시절 가장 유명한 연설로 꼽히는 두 개의 연설, 두 번째 취임 연설과 게티스버그의 연설은 그가 못다한 모든 말을 함축하고 있었다.

일부에서는 남부 주민의 사기를 북돋우기 위해 활발히 연설 활동을 벌인 제퍼슨 데이비스와 비교하여 링컨의 침묵은 실수 또는 실패였다고 평가하기도 한다. 그러나 링컨에게는 자신의 침묵을 충분히 보상하고 시각적으로나 청각적으로나 언제나 국민과 함께 하는 대통령으로 존재할 수 있도록 보장해준 또 다른 매개체가 있었다. 그의 모습이 새겨진 목판화나 석판화가 대량 생산되어 약 수천 가정에 보급되었으며, 곧 사진이 이 뒤를 따랐다. 재직 중 링컨이 카메라 앞에 선 횟수는 수십 번에 이르며 약 70여 개에 달하는 그의 사진은 다시 소형으로 대량 생산되어 국민들에게 보급되었다. 허영심이라고는 전혀 없던 그는 오직 그를 직접 보지는 못하였으나 그의 존재를 더욱 가까이 느끼고 싶어하는 국민의 욕구에 부응하기 위해 기꺼이 사진기 앞에서 포즈를 취하였다.

또한 링컨은 글로 쓰여진 문서를 활용하는데 매우 뛰어난 능력을 발휘하였다. 공식적인 용도로 사용된 대통령의 글 중에서 가장 대표적인 예는 매년 정기적으로 또는 특별한 경우 의회에 전달하는 대통령의 담화문이라고 할 수 있다. 그는 담화문을 통해 일상적인 정부의 업무 보고와 함께 간략한 사건 분석 또는 정부 정책에 대한 충실한 설명을 제공하는 한편 필요 시에는 감동적인 미사여구를 동원하여 연설을 대신하였다. 또한 그는 자신의 비공식적인 발언을 모아 발언록을 출판하기도 하였다. 링컨은 백악관에서 다양한 방문객을 맞이하여 한 대화를 서면으로 작성해 두곤 하였다. 그러나 무엇보다 링컨은 특정 개인이나 단체를 대상으로 공개 서한을 발표함으로써 가장 효과적인 의사소통 경로를 확보하였다. 특히 1862년 봄 정부가 큰 불운을 겪고 난 후로는 이 수단에 의존하는 횟수가 훨씬 늘어났다. 각각의 편지는 정책 변화에 앞서 여론을 준비시키거나 결집하기 위한 수단으로 사용되었으며, 또한 전쟁과 밀접한 관련이 있는 여러 가지 중요한 문제들을 다루었다. 대표적인 예로 노예해방과 인종 문제에 대한 내용을 다룬 호레이스 그릴리(1862년 8월)와 스피링필드 시절의 친구 제임스 C. 콩클링(1863년 8월)에게 보낸 편지와 징병 정책과 관련하여 뉴욕 주지사 호레이쇼 세이무어에게 쓴 편지(1864년 4월), 그리고 이라투스 코닝, 매튜 비처드 외 기타 뉴욕과 오하이오의 민주당원들에게 쓴 군의 체포권이나 영장 유보 조치 등에 관한 편지 등을 들 수 있겠다. 한편 영국의 맨체스터와 런던에 파견한 관리들에게 보낸 편지를 통해서는 해외 여론 통합을 시도하기도 하였다. 이러한 편지들은 주로 신문을 통해 발표되었으며, 일부는 팸플릿으로 만들어져 널리 배포되기도 하였다. 전체적으로 그의 편지는 역사학자 필립 팔룬단의 결론처럼 비록 링컨이 휘그당의 전통에 따라 헌법을 기반으로 새로운 연방의 철학 기반 확장을 꾀하였으며 "인간 본성 안의 선함에 호소하는 것이야말로 정치인의 본분"이라는 낭만적 믿음을 가지고 있었음에도 불구하고 전쟁 기간 동안 여론 형성에 지속적으로 간여하였다는 사실을 뒷받침해 준다.

 그럼에도 불구하고 링컨은 청중에게 직접 자신의 말을 전달할 수 없는 현실이 내심 불만스러웠던 것 같다. 링컨은 말의 억양이나 강세가 갖는 가치를 충분히 이해하고 있었다. 그는 셰익스피어의 독백을 즐겨 낭독하였으며, 한 번은 폴스타프 역을 맡은 배우에게 대사 전달 방법을 조언하기도 하였다. 특히 한 연방 집회를 통해 콩클링에게 보낸 자신의 편지를 발표하기로 계획했을 때 그는 편지와 함께 낭독 시 연출 방법까지 꼼꼼히 적어 전달하였다. 원치 않는 침묵을 지키면서 그는 자신의 글에 더욱 집착하게 되었고 글 속에 가능한 한 다양한 색채와 생명력, 그리고 에너지를 부여하려고 노력하였다. 이러한 노력의 일환으로 그가

대량 생산된 명함 크기의 사진
이 사진은 링컨을 연방 국민에게 친숙하고 가까운 존재로 만들어 주었다. 사진의 가치를 잘 이해하고 있던 링컨은 기꺼이 사진기 앞에 서는 일을 결코 주저하지 않았다. '아들 테드의 공부를 도와주는 자상한' 아버지 에이브러햄의 모습이 담긴 사진을 비롯하여 여기에 실린 사진은 1861년 2월 대통령 당선자 시절부터 암살 한 달 전까지 그의 모습을 담고 있다.

1861년 7월 의회 특별 회기를 맞아 작성한 특별 담화문에서 반란군을 일컬어 사용한 '사탕발림'이라는 표현은 정부 인쇄국의 반대에 부딪히기도 하였다. 당시 이 말은 싸구려 속어로 취급되고 있었다. 그러나 링컨은 일리노이의 민중 집회에서 사용하던 생생한 표현과 엄숙한 공적 서류에 사용하는 문장은 엄연히 달라야 한다는 비판에 결코 물러서지 않았다. "이 말은 내 생각을 정확히 표현한 것이니 결코 바꾸지 않을 것이다." 그가 자신의 문장을 마지못해 삭제한 경우는 내셔널 인텔리젠서의 편집장들로부터 품위가 없다는 지적을 받았을 때뿐이었다. 물론 링컨의 생생한 비유법은 지나칠 때도 많았다. 일례로 헤이는 콩클링에게 보낸 링컨의 편지에서 해군을 "샘 아저씨(미국 정부를 일컫는 속어)의 거미줄"이라고 빗댄 표현이 끔찍하게 과장되고 상스러운 것이라고 평가하였다. 그러나 이러한 실수들은 결코 지식을 과시하거나 전통적인 비유법을 시도한 것이라기보다 이해하기 쉽고 경제적인 표현을 추구하려는 강렬한 욕망에서 비롯된 것이었다. 헤리엇 비쳐 스토우처럼 그를 우러러 보았던 많은 사람들은 링컨의 글이 결코 드러내지 않는 예술과 같다고 생각하였다. 고의로 '세련된 표현'을 배제함으로써 그의 언어는 '서민적 진솔함과 솔직함'을 가지고 교양 있는 사람부터 '가장 무식한 계층'에 이르기까지 모든 이의 마음속으로 다가갔다.

실제로 연설이든 글이든 링컨에게는 전혀 문제가 되지 않았다. 가장 중요한 점은 그의 말과 생각이 최대한 많은 국민들의 마음에 전달되어 그들을 움직였다는 사실이다. 링컨은 연방 국민의 종교적, 애국적 정서가 가득 담긴 깊은 우물에 가 닿기 위해 정부의 목표를 정의하는 일을 비롯하여 수많은 노력을 쏟아 부었다. 그리고 이 깊은 우물에서 힘을 길어 올리기 위해 정부는 공적 경로뿐만 아니라 당시 가장 강력하고 광범위한 전국적 네트워크를 보유하고 있던 민간 조직을 적극 활용하였다. 대표적인 경우가 바로 정당과 교회라고 할 수 있다. 이들 기관의 강건한 충성심을 적극적으로 활용함으로써 백악관에 발이 묶여 있던 대통령은 전 연방 국민들의 가슴 깊은 곳까지 자신의 존재와 사명감을 전달할 수 있었다.

링컨은 당이 효과적으로 대의명분을 전파할 수 있는 강력한 힘을 지니고 있다는 사실을 너무나도 잘 알고 있었다. 1860년 그의 대통령 당선은 당의 철학과 강령을 대표하는 상징물로서 포장한 공화당 선거 운동가들의 능력에 기인한 바 컸다. 그러나 조직의 충분한 잠재력에도 불구하고 당이 대통령으로서, 그리고 명목상 지도자로서 그를 인정하고 군말없이 그를 뒷받침해 주리라는 보장은 어디에도 없었다. 공화당은 본질적으로 이질적 집단이 모인 깨지기 쉬운 집합체에 불과하였다. 조직적 측면에서 공화당은 지역 및 주 단위 조직체가 엉성하게 모여 있는 형태였다. 철학적 측면에서도 노예해방과 전쟁, 재건 문제를 둘러싸고 첨예한 내부 분쟁이 끊이지 않는 상황이었다. 만일 당에게 정부의 든든한 후원자 역할을 맡기려면 링컨은 우선 각 파벌을 통합하고 대통령의 권위 아래 종속시킬 필요가 있었다.

이러한 목적 달성을 위해서 링컨은 대통령의 임명권이라는 강력한 무기를 빼들 수밖에 없었다. 당내 지지자들에게 대통령이 정부 요직을 나눠주는 것은 결코 새로운 관행이 아니었다. 그러나 여기에 더하여 전쟁으로 인해 군대와 정부 각 기관의 규모가 크게 불어나면서 링컨에게는 활용할 수 있는 수천 개의 새 링컨이 신문에 공개한 후 배포할 것을 염두에 두고 켄터키 프랭크포트 커먼웰스의 편집장 알버트 호지스에게 보낸 편지. 특히 흑인 군 입대와 노예제도 철폐 정책에 불만을 품고 있던 접경 지역의 보수주의자들을 겨냥하여 링컨은 정확하고 치밀한 근거를 내세워 자신의 행동은 선제 조치보다는 방어 조치에 가깝다는 점을 설명하였다. ("나는 사태에 떠밀려 갔을 뿐이다.")

로운 관직이 생겨났다. 충분한 경험, 능력과 함께 끈기, 인내심, 꼼꼼함을 두루 갖춘 당의 지도자로서 그는 관직을 배분하는데 상당한 시간을 할애하였다. 근거 없이 경쟁자들을 자극하지 않도록 조심하면서 각 파벌 간에 공평하게 관직을 할당하는 것은 대단히 소모적이고 지루한 작업이었다. 그러나 링컨은 강압에 굴복하지 않고 신중한 자세를 유지함으로써 상당한 성과를 거둘 수 있었다. 그는 의원들 사이를 중재하면서 임명권을 활용하여 의회 내에 그에게 채무 관계를 가진 다수 의원을 확보하고 주의회에도 강력한 지지층을 형성함으로써 그의 재선 저지 세력을 쉽사리 따돌릴 수 있었다.

섬터 요새 함락과 링컨의 군대 소집 명령 직후 연방이 보여준 애국심은 지극히 당연한 것으로서 별다른 자극을 필요로 하지 않았다. 그러나 최초의 강렬한 열정은 먼저 당혹감에, 그 다음에는 전쟁의 피로감에 차례로 그 자리를 내주었으며, 그에 따라 국민 앞에 목표를 제시할 필요성이 급격히 증가하였다. 링컨은 공개적으로 천명한 자신의 원칙 또는 새로운 정책이나 국가적 목적에 대한 선언 등이 연방의원, 주지사, 그리고 지역 유지들의 일상적인 유권자 관리 활동을 통해 국민에게 전달될 수 있기를 바랐다. 그러나 보수파는 노예해방 정책을 조롱하는 한편 진보 진영의 강경파들은 자극적인 언어를 동원하여 더욱 야심찬 계획을 늘어놓는 상황에서 이러한 그의 기대는 오직 일부만이 충족될 수 있었다. 그러나 당의 충실한 핵심 세력, 특히 주지사들은 정부의 목표를 전달하는 중개자로서 변함없이 소중한 역할을 담당하였다.

1861년, 당시 북부 주요 지역의 주지사 자리는 대부분 충실한 공화당원들이 차지하고 있었다. 이들은 주로 1860년 선거 당시 활발한 활동을 벌였던 사람들로서 지금의 그 자리를 당에 빚지고 있었다. 전쟁이 심화되어 가자 그들은 대통령에게 더 많은 권한을 행사하도록 제안하고 스스로 연방정부의 권위 밑으로 들어가는 길을 택하였다. 예를 들어 일리노이의 예이츠는 폭동을 걱정하여 워싱턴에 4개 연대의 지원을 요청하였으며, 인디애나의 모튼 주지사는 전쟁부에서 제공한 기금에 의지하여 민주당의 영향력 아래 노예해방을 위한 대리전에 반대하여 예산 승인을 거부한 주의회 해산을 겨우 피할 수 있었다. 1863년 주의회 선거 당시 링컨은 코네티컷, 일리노이, 오하이오, 펜실베니아 등 주요 접전지에서 관직 임명권을 활용하고 군인들이나 정부 서기가 투표에 참가할 수 있도록 휴가를 주는 등 당을 적극 지원하였다. 이 같이 정부나 당은 서로를 필요로 하였으므로 주정부와 중앙정부는 자연스레 상호 의존적 관계로 발전해 나갔고, 정부 목표의 전파 활동에도 커다란 영향을 미쳤다. 우선 이러한 관계를 바탕으로 국민의 신뢰 배양을 위한 정치 무대 관리가 가능해졌다. 1862년 여름 맥클렐런이 리치먼드에서 후퇴한 후 병력 보충이 절실해졌음에도 불구하고 링컨은 '전국적 공황 상태와 소요 사태'를 두려워하여 차마 결정을 내릴 수 없었다. 그 대신 그는 이 문제를 시워드, 위드, 그리고 뉴욕 주지사 모르간과 펜실베니아의 커틴과 공모하여 미리 정부가 작성해 둔 문서에 충실한 주지사들의 서명을 받아 각 주에서 자발적으로 제출하는 방법으로 해결하였다.

주정부와 중앙정부의 상호 의존성은 역사학자 에릭 매키트릭의 유명한 주장대로라면 1862년 선거 실패 이후 더욱 분명해졌다. 선거에서 큰 성과를 거두며 상당한 수의 주의회를 좌지우지할 수 있게 된 민주당은 노예해방을 정당화하는 정부 정책을 비난하는데 그치지 않고 대담하게도 남부와의 화해를 요청하였다. 이런 측면에서 볼 때 공화당원에게 1863년 선거 승리는 바로 링컨 정부의 승리라는 점이 확실해 졌다. 이제 가장 낮은 관직의 후보자들조차도 공화당에게 한 표를 부탁하면서 유권자들에게 전쟁과 전쟁의 목적, 그리고 지도자들에 대한 승인을 당부하게 되었다. 지역적 이슈와 전국적 이슈가 하나로 통합되면서 남녀를 막론한 모든 일반 시민들은 전쟁 발발과 그에 따른 희생을 통해 더욱 강하게 불붙은 애국심의 유용한 분출구를 갖게 되었다. 때로는 파벌심에 의존하기도 하였으나 근본적으로 정부와 동일한 지향점을 공유하였던 지방 정치 클럽과 각종 정부 후원 단체가 전국에서 기하급수적으로 증가한 사실은 당시 연방 국민이 얼마나 열렬한 반응을 보였는지 여과 없이 잘 보여준다. 전시에도 선거는 공화당이 '국가적 목표의 지속적인 확인 및 재확인'을 받을 수 있는 무대와 기회를 동시에 제공해 주었다.

특히 당이 운영하는 신문들은 강력한 당 통합의 기틀이자 정치 신념 전파의 편재적 도구였다. 전쟁 전 일리노이 시절에 링컨이 겪은 경험과 1860년 대통령 선거를 통해 보았듯이 매일 또는 매주 구독자들에게 배달되는 신문을 이들이 강력한 정치 집단으로 성장하는데 핵심적인 역할을 수행하였다. 따라서 전쟁이 시작되자 언론 양성은 정부 정책의 우선순위를 차지하게 되었다. 물론 체계적인 뉴스 관리나 기자회견과 같은 것은 먼 장래의 일이었으며, 당시에는 친정부 언론이 정부에 반대하거나 비판하는 경우도 비일비재하였다. 링컨은 1862년 선거가 실패한 데는 정부에 대한 비방 대열에 참여한 공화당 소속 언론도 일부 책임을 져야한다고 생각하였다. 일리노이 스프링필드의 한 연방 집회에서 처음 발표하기로 되어 있던 콩클링에게 보낸 자신의 편지가 보도 엠바고에도 불구하고 대회 이틀 전에 믿었던 <뉴욕 이브닝 포스트(New York Evening Post)>를 통해 원문 그대로 보도되자 그는 "너무 화가나서 거의 울고 싶을 지경이었다."라고 한다. 존 헤이는 이 '어처구니없이 부당한' 일을 저지른 서부 연합통신의 담당자를 해임시키려고 노력하였으나 결국 성공하지 못했다. 그래도 대통령과 그의 비서진에게는 여전히 정부의 사명을 전파하고 애국자들을 포상할 충분한 수단이 남아 있었다.

예를 들어 헤이는 익명으로 백악관의 정치 대변인 구실을 톡톡히 하였다. 그는 뉴욕, 워싱턴, 세인트루이스 지역의 신문에 '특별 기고가'로서 글을 싣거나 특히 반정부 여론이 강력한 중서부 지역에서 지지 세력을 확장할 수 있도록 지속적인 정부 홍보에 많은 공을 들였다. 링컨이 헤이에게 직접 지시를 내린 기록이 존재하지 않는 것으로 볼 때, 이 젊은 비서가 대통령에 대한 존경심과 깊은 애국심의 발로로, 이에 덧붙여 자신의 빼어난 문장력을 뽐낼 수 있는 절호의 기회를 떨쳐버리지 못하고 자발적으로 이 임무를 자처하고 나선 것으로 보인다. 간결하고 힘찬 그의 기사와는 대조적으로 그의 일기는 차분한 어조로 각종 사건에 대한 의견이나 정부의 리더십에 대한 희망적 해설 등을 제시하고 있다. 그의 글 속에서 링컨은 넓은 시각과 민심을 읽는 천부적인 능력을 가진 열정적이면서도 신중한 사람으로 묘사되어 있다. 또한 링컨이 정력적이고 유능한 각 부의 장관과 일치단결한 내각의 지지를 한 몸에 받고 있었던 것으로 나와 있다. 반면 공화당의 진보 진영을 비난한 민주당 화의파는 자연히 적대적으로 묘사되어 있다. 군사 작전 지연과 전장의 실패는 결코 패배주의나 공황 상태를 불러오지 못했다. "하나님과 가장 강력한 포병대, …… 정의와 충분한 보급품"이 우리와 함께 하는 한 서방 세계의 법적 자유를 위한 투쟁은 반드시 승리할 것이다.

링컨은 몇 번 정도는 신문에 낼 특별 기사를 직접 작성하기도 하였으나 주로 공개 서한을 제일 먼저 어디에 실을지 고민하는데 더 많은 시간을 할애하였다. 그는 사적인 모임에 대해 언론의 접근을 통제하는 한편 포상의 의미로 몇몇 충성스런 공화당 계열 신문사에 한하여 큰 금액의 정부 출판 계약건을 제공하거나 또는 충성스런 편집장이나 기자들을 국내외의 요직에 앉히기도 하였다. 1863년 대통령의 게티스버그 행차 시에는 기자들이 그를 잔뜩 따라갔으며, 무대 위에는 그들을 위한 자리가 특별히 마련되었다. 무엇보다 링컨은 기자들의 접근을 통제하는 한편 필요 시에는 기자들이 언제든지 자신을 만날 수 있도록 배려하였다. 백악관을 자주 방문한 기자들로는 <새크라멘토 데일리 유니온>의 노아 브룩스와 '거의 독점적 취재권'을 누렸던 <워싱턴 내셔널 리퍼블리칸>의 사이몬 P. 한스컴 등을 들 수 있다. 특히 <워싱턴 내셔널 리퍼블리칸>은 이로 인해 정부의 기관지로 오인 받게 되었고, 이를 시기한 다른 신문들이 비협조적으로 돌변하면서 링컨에게 깊은 후회를 안겨주기도 하였다. 그럼에도 불구하고 링컨은 대중이 지나치게 낙관적이라면 이를 완화하기 위해, 패전 이후라면 여론을 규합하기 위해 신문을 활용하는데 탁월한 기술을 보여주었다.

공화당의 편집장들은 가장 암울한 시기에도 연방주의 전파에 열의를 다하였으나 정부에 대해서는 고른 신뢰감을 보이지 않았다. <시카고 트리뷴>의 조세프 메딜은 처음에는 열렬한 지지자였으나 자신의 급진적 견해에 링컨이 미치지 못하자 전쟁 기간 내내 대통령에 대한 지지를 유보하였다. 반면 중도적 성향의 헨리 레이몬드가 이끄는 <뉴욕 타임즈>는 전쟁 목표가 더욱 급진성을 띠고 전쟁의 참혹함마저 더해가는 상황에서 변함없이 정부의 후원자로 남았다. 이들 중 가장 충성스런 언론인은 전 민주당원인 필라델피아의 존 W. 포니였다. 특히 대통령의 덕으로 상원의 간사로 임명되고 아들들이 관직에 진출할 수 있게 되면서 링컨의 '자연스런 위대함'에 대한 그의 존경심은 더욱더 커졌다. 그의 <필라델피아 프레스>는 시민의 자유권과 관련한 대통령의 정책을 강력히 옹호하였으며, 1862년 7월에는 링컨의 허락 하에 노예해방 찬성론으로 급격히 방향 전환을 하기도 하였다.

링컨은 또한 1863년 말경 포니의 일간신문 창간에도 직접 간여하였다. 호레이스 그릴리가 정부에 대한 지지와 위험한 패배주의 사이를 정신없이 오락가락하는 사이 <뉴욕 트리뷴>의 영향력이 사그라들자 불안해진 대통령은 <포니>에게 <선모닝 크로니클>을 일간지로 바꾸는 것이 어떠냐고 제안하였다. 링컨은 자신이 막 맥클렐런을 해임하려는 때에 <트리뷴>이 연방군의 사기에 부정적인 영향을 미칠까 특히 우려하였다. 정부가 지원해준 자금과 백악관에 대한 우월적 접근권을 바탕으로 <포니>는 강건한 연방주의의 메시지를 군대 캠프에 있는 약 3만 병사들과 포토맥 부대 부속 병원으로 매일 전달하였다. 그의 신문은 공화당의 다른 신문들이 그의 재선 가능성을 희박하게 보는 가운데에서도 링컨의 두 번째 후보 지명을 제일 처음 발표함으로써 친정부 언론으로서 확실한 구실을 다하였다. 따라서 대통령의 정적들은 이러한 <포니>를 "링컨의 개"라고 조롱하였다.

신문 말고도 저렴한 정부 홍보 수단이 되어준 매개체로서 우리는 팸플릿을 빼놓을 수 없다. 개인이 사재를 투자하여 만들기 시작한 팸플릿은 1863년 전반기부터는 새로 조직된 여러 출판협회의 주도하에 놀라운 수준의 출판 활동으로 발전하기 시작하였다. 이러한 조직은 1862년과 1863년 사이 겨울 동안 연방의 민심을 규합하기 위하여 당 외부 기관으로 창설된 유니온 리그와 로열 리그에서부터 자연스럽게 파생된 것들이다. 이들은 주로 전쟁 전 가장 강력한 출판 및 배급 단체였던 미국 전단지 발행 협회를 모델로 하고 있었다. 뉴욕, 보스톤, 필라델피아 등지에서는 프란시스 리버와 같이 저명한 전문가나 지식인들, 그리고 경제계의 거물들이 연방주의를 홍보하는 무료 전단지를 배포하거나 소도시의 신문에 사설 내용을 제공하기 위해 막대한 자금을 조성하는 한편 '불충한' 언론에 반대하고 패배주의와 싸우기 위해 힘을 합쳤다. 이들 중 가장 규모가 크고 강력한 필라델피아 유니온 리그의 출판위원회는 전쟁 기간 중 수만 달러의 기금

주요 신문 편집장들

언론의 전파력을 인식하여 링컨은 포니와 레이몬드처럼 친정부 편집장을 이용하여 그릴리가 이끄는 급진적 트리뷴을 저지하는 동시에 베넷의 강력한 헤럴드가 내는 선구적이며 독립적인 목소리를 완화시키려고 노력하였다.

호레이쇼 그릴리(1811~1872)
〈뉴욕 CA트리뷴〉의 편집장. 그의 변덕스런 성격만큼이나 사설의 내용이 자주 변하는 것을 빗대 털로우 위드는 "이 나라를 망칠만한 능력"이라고 비꼬았다.

제임스 고든 베넷(1795~1872)
전국적으로 가장 많은 구독자를 거느리고 가장 많은 이익을 내는 신문인 〈뉴욕 헤럴드〉의 편집장. 신중하고 독립적인 성품의 소유자.

존 웨인 포니(1817~1881)
〈필라델피아 프레스〉 및 〈위싱턴 데일리 모닝 크로니클〉의 편집장. 독일계 전 민주당원으로 링컨에게 헌신하게 되었다.

헨리 자비스 레이몬드(1820~1869)
친정부지 〈뉴욕 타임즈〉의 편집장. 전국당 의장으로서 1864년 연방당-공화당의 강령을 작성하였다.

을 모집하고 100종류 이상의 각종 팸플릿과 전단지를 발행하고 군대 캠프와 후방 전역에 100만 개가 넘는 인쇄물을 배포하였다. 당연히 출판협회는 대통령의 각종 발언을 활용하고자 시도하였다. 그러나 링컨은 직접 간여하는 쪽을 택하였다. 자신이 특별히 자부심을 느끼고 있던 '코닝에게 보낸 편지'를 친정부지에 싣는 것으로 끝내는 대신 그는 이것을 인쇄하여 대통령 개인비서의 인장을 찍은 뒤 전국의 공화당원들에게 배포하도록 지시하였다. 그리고 뉴욕주 편지는 프란시스 리버에게도 배달되었다. 편지를 받은 리버는 대통령에게 뉴욕의 애국 출판협회에서 1만 장을 인쇄하게 될 것이라고 전하였다. 뉴욕인들이 이 주 안에서 볼 수 있는 최고의 선거 전단이라고 표현한 이 인쇄물은 약 50만 장이 제작되어 유권자들과 전장의 군인들에게 배포되었다.

이 편지에서 링컨은 처음에 선택한 정치 전략 그대로 연방-공화당을 애국심으로 묶고 반정부 세력을 편협한 불법 행위자라로 규정하였다. 그는 "국가적 환란의 시기에" 그들이 "정당을 벗어나 한 발짝 더 높이 나아가지" 않기로 결정한 것을 한탄하였다. 왜냐하면 나는 관습과 편견, "이기적 희망 사항" 등으로 인해 소모적인 파벌 싸움으로 힘이 분산될 수 있는 "낮은 위치에서보다 이렇게 더 높은 위치에서 우리는 모두가 사랑해 마지않는 이 나라를 위한 전쟁을 좀 더 성공적으로 수행할 수 있을 것"이라고 믿기 때문이다. "그러나 여러분이 이를 거부하였으니", 그는 침착하게 덧붙였다. "나는 국가를 위하여 모든 민주당원들이 같은 선택을 하지 않았다는 점에 감사드릴 수밖에 없다." 그리고 나서 그는 앤드류 잭슨의 최후 계승자들을 연방당의 품 안에 포함시켜 버렸다.

공화당과 연방주의를 하나로 묶는 것, 콩클링에게 보낸 편지에 쓰인 표현처럼 일반적인 정당이 아닌 "나라의 운명을 망칠 수도 있는 파벌적 적개심이나 욕구를 벗어버린 고귀한 사람들"을 위한 애국의 전당으로 정의하는 일이야말로 공화당에게는 "반대에서 벗어날" 기회를 민주당에게는 당에 대한 배신감을 덜어버리고 정부를 지지할 수 있는 정치적 탈출구를 마련해주는 것과 같았다. 링컨과 공화당은 당파주의를 배신자들의 무기로 매도하는 한편 양당 체제 운영을 통한 이익은 그대로 유지하는데 성공하였다.

게티스버그와 빅스버그에서 승리를 얻은 한 달 후 찍은 사진
이 사진에서는 긴 노출 시간으로 인해 사진상의 얼굴이 경직되어 있고 음침한 표정을 나타내고 있다. 하지만 이 사진 속의 링컨의 모습에서는 확신에 찬 미소를 엿볼 수 있다. 왼손에 존 와인 포니의 극도로 충성스러운 워싱턴 〈데일리 모닝 크로니클〉의 복사본을 들고 있다.

    1863년 가을 선거에서 이 비파벌적 정당주의 전략은 정점을 이루었다. 강력한 정부 후원 조직인 유니온 리그는 공식적으로 정부와 당에 소속된 단체는 아니었으나 여러 가지 측면에서 선거전에 강한 동력을 불어넣어 주었다. 접전 지역에서는 유니온 리그의 정력적인 활동과 강력한 출판협회, 그리고 일반 선거 운동원의 노력이 결합하여 지난 여름과 가을의 전황 호전을 선거전의 호재로 활용할 방안을 강구하였다. 관례에 따라 링컨은 침묵을 지켰으나 이 선거가 1864년 자신의 재선에 중대한 영향을 미칠 것이라는 판단 하에 예의 모든 결과를 주시하였다. 그리고 결과는 결코 실망스러운 것이 아니었다. 오하이오 주지사 선거에서 벨란디엠이 공화당에 패배하고 펜실베니아에서는 커틴이 승리한 사실은 특히 고무적인 결과로 받아 들여 졌다. 선거 결과는 '반란군 동조자'란 딱지 아래 고군분투하던 반정부 세력이 약화되고, 애국심과 보수주의를 자처한 공화당의 주장이 민주당원으로서 연방주의 연합 대열에 참가하고 있다고 생각한 많은 이들에게 호소력을 가진다는 증거였다.

대중 동원 : 교회와 자선단체

교회와 자선단체는 미국 역사상 진정한 의미에서 효과적인 전국적 네트워크를 건설한 최초의 조직이라고 할 수 있다. 그리고 공화국 초기 지역과 주 경계를 넘어서 일반 국민들의 시야를 넓히는데 여러 정부기관이나 기타 자발적 시민단체보다 훨씬 지속적이고 중요한 역할을 수행하였다. 평범한 서민일지라도 교회의 신도가 되면 같은 종파에 속한 여러 목회자들이나 언론인들과도 친분 관계를 맺게 되고, 이들을 통해 자연히 더 넓은 세계를 알게 되면서 자선에 대한 소명의식을 실천할 전국적 또는 세계적 규모의 야심찬 사업을 추진하기 위해 적극적인 활동에 나설 기회를 찾게 되었다. 그리고 내전이 발발하면서 교회와 그에 딸린 자선단체의 네트워크는 북부의 강력한 무기로 새로이 등장하였다. 목회자들과 세속의 지도자들은 연방의 대의를 홍보하는 적극적인 활동에 나서도록 독려함으로써 정부는 이들을 통해 그 아래 속한 국내 최대의 문화 집단과 직접 접촉할 수 있었다. 특히 이들은 복음주의 신교도의 강력한 힘을 이끌어내는데 중요한 역할을 담당하였다.

링컨은 1860년 대통령 선거 당시의 경험이 아니라도 종교와 정치를 분리하려는 미국적 실험이 목사와 그의 신도에 이끌리는 정치적 욕구를 꺾기에는 힘이 부친다는 것을 잘 알고 있었다. 마찬가지로 그는 연방의 대의명분 앞에 북부의 교회가 하나로 결집하리라는 점을 확신하였다. 백악관에 끝없이 밀려드는 종교 집단의 각종 결의문과 정기적으로 배달되는 가장 유력한 종교 신문 <뉴욕 인디펜던스(New York Independent)>를 통해 링컨과 그의 비서진은 종교 여론의 변화를 훤히 꿰고 있었다. 전쟁 전까지만 해도 노예제도를 둘러싸고 분열되어 있던 북부의 종교 지도자들은 연방 수호라는 기치 아래 단단히 하나로 결속하였다. '도덕률'을 주장하는 소수 급진적 노예 반대론자들과 '법과 질서'를 외치던 보수주의자가 공통의 대의를 찾은 것이다. 그리고 링컨의 말과 이들의 주장은 많은 부분에서 서로 공명하였다. "적당한 대의명분 없이 남부 연맹이 강제로 실시한 연방 탈퇴 조치는 반란이며 모반 행위이다. 그 기저에는 모든 정부 형태를 말살시킬 수도 있는 원칙이 깔려 있기 때문에 이것은 명백한 국가적 자살 행위이자 무정부주의적 책동이다. 미국연방의 붕괴는 '지구상 최고의 정부 형태'라고 할 수 있는 국민의 정부를 중심축으로 하여 정치와 종교의 자유를 추구하는 영광되고 역사적인 독특한 실험이 끝났다는 의미이기도 하다. 연방의 실패는 현재의 시간과 장소를 초월하여 큰 파장을 일으킬 것이다. 왜냐하면 공화주의를 수호하는 것은 미래의 자유와 …… 이 땅과 미래의 모든 땅 위의 자유 정부를 위한 투쟁이기 때문이다."

따라서 연방은 정치 영역을 넘어서 전 미국민에게 낭만적, 영적인 가치를 가진 존재가 되었다. 신교도들은 연방이 인간의 역사 속에서 신이 미국에게 맡긴 독특한 사명을 완성할 소중한 도구라고 주장하였다. 청교도 정착자들을 통해 신세계로 넘어온 뒤 몇 세대를 거쳐 내려온 북부 신교도의 '열렬한 천년주의 사상'은 이 신생 국가가 하나님의 왕국을 실현할 그 분의 도구라는 강력한 인식을 심어주었다. 공화국 건국 후 처음 70년 동안 신교도는 천년주의적 신앙심과 공화주의 정부가 결합한다면 강력한 도덕심을 바탕으로 무력의 도움없이 설득만으로 하나님의 왕국을 실현할 수 있을 것이라고 믿었다. 그러나 남부의 분리주의자들은 신의 섭리에 반하는 파괴 행위로 이 모든 믿음에 도전하였다. 전쟁 전까지만 해도 연방 수호를 위해 북부 보수주의자들은 남부 교회와 공통점을 찾으려고 부단히 노력하였으나 제임스 무어헤드의 말처럼 이제 이들은 "새로운 도덕심에 충만하여" 이렇게 외쳤다. "북부가 지켜낸 고귀한 연방은 더는 초기의 타협에 더럽혀진 존재가 아니다. 이 전쟁은 민주주의적 문명과 외계의 삶의 방식 간의 충돌이다."

대다수 신교도들이 헌법과 법률 수호라는 정부가 최초에 제시한 전쟁 목적을 그대로 수용한 반면 토마스 에디처럼 전쟁이 노예제도에 대한 공격으로 이어지리라는 것을 처음부터 예측한 사람들도 있었다. 연방 부대가 도망 노예들로 가득 차는 상황에서 정부가 노예제도를 그대로 용인한다면, 감리교 감독 리오니다스 햄린이 말처럼 "지금과 같은 전시 상황에서 북부는 전과 달리 노예제도에 전적인 책임을 지게 되었으니 군법에 따라 노예해방을 선언해야 할 것이다. 그렇지 않으면 하느님은 우리에게 반란군 진압을 허락하지 않으실 것이다." 1862년이 지나자 신중한 복음교도들조차도 노예해방을 지지하게 되었으며 흑인 군대는 연방을 복구하고 고난을 끝낼 신성한 수단으로 간주되었다. 노예제도는 이제 '아마겟돈에서 그를 마지막으로 베어버릴 정의로운 자가 행군하여 오기를 기다리는' 신세가 되었다. 그리고 노예해방 선언문은 발표와 동시에 전쟁과 이 나라를 정화하여 승리의 길을 열어줄 수단으로 받아들여졌다. 위시콘신의 열렬한 웨슬리파 교도들은 링컨에게 "만일 우리가 우리 가운데서 멍에를 걷어내면 우리의 빛이 아침 햇살처럼 밝게 뻗어나갈 것이며, 우리의 번영이 빠르게 샘솟을 것이며, 주님의 영광이 우리의 보상이 될 것이다."라는 하나님의 약속을 상기시켜 주었다.

대통령으로서 링컨은 마치 전형적인 뉴잉글랜드의 휘그당원들처럼 대국민 활동의 종교적 역할을 쉽게 수용하였다. 그리고 종교 지도자들, 특히 복음주의 종파의 지도자들의 의견에 촉각을 곤두세우고 쌍방향 의사소통 채널을 열어두기 위해 부단히 노력하였다. 링컨의 개인적 신앙심 탐구가 이들에게 얼마나 영향을 미쳤는지는 불분명하나, 이들이 링컨에게 강력한 여론 주도 세력과 접촉할 수 있는 기회를 제공하였던 것만은 확실하다. 대통령의 종파에 구애받지 않는 관대함과 겸손한 종교관을 잘 알고 있었던 이들은 대통령의 환영을 추호도 의심치 않고 백악관에 발을 들여놓았으며, 대통령에게는 종파를 막론하고 만남을 요청하는 방문객들이 끊임없이 밀려들었다. 이중에는 설교를 하러 온 이가 있는가 하면 한 자리 부탁하러 온 이도 있는 등 온갖 종류의 사람들이 있었다. 그러나 헨리 워드 비처나 테오도르 틸튼과 같은 영향력 있는 신문의 편집장이나 매튜 심슨 같은 종파의 대표자, 윌리엄 로이드 게리슨같은 저명한 노예 반대론자들처럼 전략적 중요성이 큰 인물들도 섞여 있었다. 또한 자선단체 대표자들, 특히 전장에 있는 군인들의 안녕과 치료에 헌신하는 각 기관 중 대표자라고 할 수 있는 미국 보건위생위원회의 헨리 벨로우와 조지 H. 스튜어트 등도 여기에 포함되었다.

링컨은 또한 특정한 대의를 가졌거나(안식유대교나 미국기독교연합 등) 특정 지역에서 파견되었거나(1862년 시카고 종교 사질단 등) 특정 종파에 소속된 대표단(감리교, 침례교, 장로교 등)과 공식적인 만남의 자리를 주선하기도 하였다. 대통령 주변에는 이러한 만남이 가진 정치적 가치를 이해하지 못하고 지친 대통령이 이들 단체에 압력을 가하지 못하고 질질 끌려 다닌다고 생각하는 사람들도 있었다. "나는 홀렉이 백악관 경비에게 목사들이나 할머니, 독일인이나 링컨의 시간과 생각을 좀먹는 사람들은 모두 못 들어오게 막으라고 지시했으면 좋겠다."라고 윌리엄 T. 셔먼은 분통을 터뜨리기도 하였다. 사실 링컨은 방문자들의 공식적인 질문에 미리 신중하게 준비해 놓은 말로 대답함으로써 이러한 만남을 통해 상당한 정치적 성과를 거두고 있었다.

링컨에게는 유력한 종교 지도자들에게 영향력을 행사할 수 있는 다른 여러 가지 방법이 있었다. 그중에서도 가장 유용한 방법은 대통령의 임명권을 활용하여 종교계 지도자들, 특히 차별이나 소홀한 대접에 불만을 품은 유명 인사들의 자존심을 살려주는 것이었다. 포괄적 연방주의란 링컨에게는 유대교 군목을 인정하는 것을 의미하였다.(그는 이들 중 일부가 군인으로서 함께 싸우고 있는 상황에서 이들이 속한 전체 종교 집단을 배척할 수 없다는 이유로 그랜트의 '유대교 전파자' 금지령을 거부하였다.) 이것은 또한 워싱턴이 자신들의 전국적 영향력을 과소평가하고 있다고 불만스러워하던 감리교에 특별한 예의를 표하는 것을 의미하기도 하였다. 이에 따라 전쟁부장관 에드윈 스탠튼은 압도적인 신도수를 자랑하며 연방주의에 열렬히 헌신하는 감리교를 인정하는 의미에서 신도들에게 다량의 군납 계약을 제공하고, 1863년에는 심지어 연방이 탈환한 남부 지역의 감리교 예배당 처리 문제를 에드워드 에이미 감리교 감독의 손에 맡기기까지 하였다. 그러나 링컨은 이 사실을 알게 되자 정부 권한과 교회 관할권 사이의 경계가 흐려지는 것을 우려하여 바로 스탠튼에게 이 명령을 취소하도록 지시하였다. 이러한 사건에도 불구하고 정부와 감리교 감독들 사이에 존재하는 끈끈한 신뢰는 전혀 손상되지 않았다. 무엇보다 링컨 자신도 제임스 할렌을 내무부 장관에 기용하는 등 감리교 신도를 관직에 천거한 심슨 감독의 많은 요청을 기꺼이 들어 주었기 때문이다.

그러나 링컨의 가장 강력한 무기는 바로 그의 글이었다. 기금 마련을 위생박람회에 참석하는 등 특별히 종교적 자선활동에 열심인 청중을 대상으로 한 연설에서 그는 인간 본성의 선한 면에 호소하여 미국의 깊은 도덕심을 북돋우려고 노력하였다. 링컨은 정부가 자신의 인도 아래 신의 섭리에 순종하고 있다는 인상을 주기 위해 조심스럽게 언어를 선택하였다. 그의 말을 들은 많은 이들은 링컨에게서 감리교 목사 조지 펙이 말한 존경심과 '깊은 신앙심'을 찾아볼 수 있었다. 일리노이대학의 교수 조나단 B. 터너의 날카로운 지적처럼 대통령이나 국민들이나 "그가 반쯤 목사가 된 듯한…… 착각에 빠져 있는 듯"하였다. 사실 링컨의 유명한 두 번째 취임 연설이 보여주듯이 대통령이 가진 전능자의 역할에 대한 개념은 다른 신학자들의 그것보다 훨씬 미묘한 것이었다. 그러나 어쨌거나 대통령은 자신이 전국적인 종교 지도자들과 의미있는 교류를 할 수 있는 능력이 있음을 보여주었다.

이와 같이 링컨은 자신을 신의 의지가 선택한 도구라고 규정한 이들을 만족시키기 위해 먼 길을 걸어왔다. 그가 노예해방 선언을 결심하기 훨씬 전에도 신파 장로교도들은 그에게 "이 나라 국민이 당신의 인도 아래 걸어온 놀라운 행적을 돌이켜 볼 때 우리는 당신 안의 하나님을 찬양하지 않을 수 없습니다."라고 이야기하였다. 후일 노예해방이 기정사실로 된 후 흑인들은 그에게서 구약성서의 예언자를 보았다. 버팔로에서 온 한 방문자는 그에게 "우리는 신과 에이브러햄 링컨을 믿습니다."라고 말하였다. 그리고 시카고의 한 감리교도는 시내의 한 변호사가 한 말을 들었을 때 자신이 "이 끔찍한 전쟁의 진정한 논리와 해결 방법"을 찾아냈음을 알게 되었다. "하나님이 링컨을 움직이신다는 사실을 믿으셔도 될 겁니다."

정부의 노력은 마침내 결실을 맺었다. 신교도의 거대한 군단은 이념적 돌격대 역할을 톡톡히 하였다. 이들의 애국적 열혈 연방주의는 유용한 정치적 도구가 되었으며, 이전까지 정치에 무관심하던 목사들마저 공화당의 전사로 변화시켰다. 그리고 애국심에 충만한 이들은 이제 정부에 대한 충성을 비열한 책 대신 기존 정부를 대신하여 성 바울의 요구에 순종하는 것이라고 생각하게 되었다. 위스콘신의 한 애국지는 "하나님은 기쁘게 우리를 위해 기존의 정치 체제를 무너뜨리시면서 이제 정치와 복음의 말씀이 하나가 되고, 하나님이 함께 하시며, 누구도 갈라놓지 않으시니 우리는 정치 설교에 대한 금기에서 드디어 풀려났다."라고 생각하였다. 오직 비열하고 신앙심 없는 파벌주의자들만이 옛 방식에 미련을 버리지 못하였다. 서북부의 한 주민은 "이 '정당 정치'란 얼마나 끔찍한 것이란 말인가!"라고 큰 소리로 한탄하였다. "민주당의 브레킨리지 추종자들은 결코 당과 그 정책을 결코 버리지 않을 것 같다. 비록 그로 인해 국가라는 큰 배가 악마에게 아니면 가장 가까운 아무 항구에나 흘러들어 가는 한이 있더라도……."

교회의 집회에는 성직자들과 세속인들, 애국자와 파벌주의자가 모두 모여들었다. 그리고 미국 연방을 찬양하는 노래를 함께 부르고 건물 위에 휘날리고 있는 국기를 향해 환호하였다. <인디펜던스>나 <크리스천 애드보킷>과 같이 널리 읽히던 신교계의 신문을 무대로 감리교도 편집장들은 강건한 충성심을 표출하였다. 유력한 목회자들은 전국을 돌며 연단과 설교대에 번갈아 올랐다. 감리교 감독 매튜 심슨은 전국 방방곡곡에서 그의 탁월한 웅변술과 함께 절정의 순간 전쟁에 찢어진 국기를 흔들면서 청중에게 눈물 또는 애국적 자긍심을 이끌어 내었다. 따라서 대통령이 심슨으로 하여금 필라델피아 위생박람회의 연설을 대신 맡도록 부탁한 것도 결코 우연은 아니었다. 이렇게 그를 대신하여 기꺼이 봉사하는 강력한 연사 군단이 존재하고 있었으므로 링컨은 굳이 스스로 연단 위에 올라설 필요가 없었다.

반대로 남북부의 적대적 보수주의자들은 정부의 '신교를 빙자한 간섭'에 거세게 저항하였다. 그러나 정부에게 가장 큰 고민을 안겨준 것은 다름아닌 반대

종교계 연사들

왼쪽 : 헨리 워드 비처(1813~1887)
복음주의 개혁론자 집안에서 태어나 당대 가장 유명한 목사이자 작가로 성장하였다. 정열적으로 노예제도를 반대하는 공화당원으로서 그는 전쟁 동안 연방 수호의 사명감으로 국내외를 여행하였으며, 조합교회파의 신문 〈인디펜던스〉를 통해 정부가 자신의 기준에 도달하도록 촉구하였다.

오른쪽 : 매튜 심슨 감독 (1811~1884)
반노예제도론자이자 엄격한 감리교도로서 전시에 연방을 위한 대변인을 자처하여 국가의 대의와 하나님의 목적을 하나로 결합하려고 시도하였다. 그의 두 시간짜리 연설은 특히 절정에 달하여 전장에서 찢어진 국기를 흔드는 장면으로 유명하였다. 미국에서 가장 큰 신교 종파의 지도자인 그에게 대통령의 장례식 연설을 맡긴 것은 당연한 선택이었다.

의 목소리를 내는 복음주의 신교 내 급진주의자들이었다. 조지 B. 취버, 찰스 G. 피니, 윌리엄 구델, 테오도르 틸튼과 같은 목사와 종교 작가들은 스스로 연방의 양심임을 자처하고 링컨이 자신들의 기준에 따라오려면 자극이 필요하다고 생각하였다. 그렇다고 중도 성향의 관대한 종교계의 편집장이나 연사들이 국가 정책과 운영에 대해 전혀 걱정하지 않았던 것은 아니다. 다만 이들은 대통령과 정부를 직접 공격하는 것을 꺼려하였을 뿐이다. 시카고의 토마스 에디는 그의 <노스웨스턴 크리스천 애드보킷>을 통해 종종 급진적 행동을 촉구하면서도 정부 관리의 선의를 결코 의심하지 않았으며, 정치적 비난의 목소리가 국민의 사기에 미칠 악영향을 우려하였다. 에디가 진짜로 정부에 화가 났을 때는 1862년 겨울 백악관에서 영부인이 댄스파티를 열었을 때 단 한 번뿐이었다. 그러나 대부분의 경우 에디와 그 외 신교 지도자들은 "지배자의 자신감을 파괴하는 것은 결코 현명한 일이 아니다."라는 금언에 충실하였다. 전체적 관점에서 볼 때 복음주의자들은 장기간 동안 대규모로 치러질 전쟁에 대비해 국민을 준비시켜 주었다고 할 수 있다. 종교적 언론과 목사들의 설교를 통해 여인들은 승리의 대가가 자신의 아들, 남편, 남자 형제가 될 것임을 알았고, 젊은 청년들은 고귀한 사명을 위해 전장에 목숨을 바치는 일에 자부심을 갖게 되었으며, 전 국민이 닥쳐올 재정적 부담에 대비해 마음을 다져먹었다. 이들은 전장의 패배도 신의 뜻임을 설파하였으며, 1862년과 1863년 초 연방의 운이 내리막길을 걸을 때에도 국민의 사기를 북돋아 주었다. 이들은 병력의 필요성을 인정하여 징병을 승인하였으며 스스로 모집자로 나서기도 하였다. 여성들도 여러 가지 단체를 조직하고 기금을 조성하거나 군복을 제작하거나 기타 여러 보급품을 조달하기 위해 노력하였다. 목사들은 정부의 영장 유보 조치를 옹호하고 징병 기피자나 탈주병에 대한 정부의 강경 조치를 환영하였다. 군목과 기독교 협회에서 파견 나온 회원들은 단지 자선행위뿐만 아니라 병사들에게 연방의 고귀한 목적을 전파하며 이들의 소명의식을 북돋아 주는 역할까지 담당하였다. 헨리 워드 비처와 더불어 감독교의 감독 찰스 P. 맥길베인과 가톨릭교의 대주교 존 휴는 유럽에서 정부를 대신하여 지지세를 규합하기 위해 노력하였다.

그렇다면 연방의 통합된 종교적 엔진이 특히 복음주의적 신교라는 모터를 달고 전쟁 지지 여론을 규합하는데 다른 어떤 세력보다 가장 큰 역할을 했다고 말한다 해도 결코 과장은 아닐 것이다. 이들은 단순한 정부에 대한 충성심에 새로운 도덕 질서로 무장한 죄 많은 반란군에 대항하여 합법적 정부를 보호한다는 더 높은 의미를 부여하였다. 물론 정부는 이들의 가치를 알아보았다. 제퍼슨 데이비스와 남부의 지도층이 정치적 목적을 위해 노골적으로 종교를 이용하려 들면서 통상적인 정치 문화와 단절을 선언한 반면 링컨에게는 이와 동일한 지적 과잉이 존재하지 않았다. 그는 단순히 1864년 일단의 침례교도에게 말한 것처럼 "기독교 사회가 이 나라에 열렬히 바치고 싶어하던 바로 그 효과적이고 통합된 지원"을 기쁘게 받아들였을 뿐이다.

연방군의 도덕적 위력

역설적으로 보일 수도 있지만 북부의 가장 강력한 물리적 세력인 연방군은 또한 강력한 도덕적 위력도 함께 지니고 있었다. 프랭크와 몽고메리 형제의 아버지인 프렌시스 P. 블레어가 링컨에게 한 말은 바로 이런 점을 꿰뚫고 있었다. "우리는 군대를 전쟁 기계인 동시에 강력한 정치적 도구로서 간주해야 할 것입니다." 북부의 군인들이 후방에서 벌이는 사적인 활동은 전장에서 이들의 총알과 포탄, 총검이 만들어내는 결과처럼 쉽게 측정할 수는 없지만 애국심을 고취시킨다는 측면에서 그 적지 않은 가치를 지니고 있었다. 징병법이 발효된 뒤에도 북군의 대부분을 차지한 것은 자원병이었다. 그리고 이들 중 대다수는 골수 공화당원으로서 링컨에게 충성하고 국기가 상징하는 정치적 윤리적 가치에 헌신하였으며, 선거에서 공화당을 지지하였다. 그리고 이들이 가족과 후방 사회에 미치는 영향력은 막대하였다.

링컨은 군대의 도덕적 권위를 충분히 인식하고 있었으며, 국민에게 정부가 병사들의 진정한 친구가 아니라는 인상을 받게 되었을 때 발생할 정치적 손실이 막대하리라는 점도 이해하고 있었다. 이런 이해를 바탕으로 "전쟁의 최종 승리에 대한 국민의 믿음을 흔들 수 없다."라는 이유를 들어 그는 맥클렐런, 프레먼트, 그리고 다른 여러 장군들을 필요 이상으로 오랫동안 인내하였다. 마찬가지로 그는 자신과 일반 병사들 간에 강력한 유대감을 형성하는 일의 중요성도 간파하였다. 그러나 여기에는 이것이 군대의 사기를 유지해야하는 최고 통수권자의 의무일 뿐만 아니라 이들을 통해 많은 국민들의 자신감에 영향력을 행사할 수 있다는 판단이 깔려 있었다. 링컨의 말은 특히, 특별히 군인들을 대상으로 하는 신문이나 팸플릿의 도움으로 후방의 민간인들 사이에서 만큼이나 자유롭게 군대의 캠프 내에서 회자되었다. 그러나 이들의 지휘관이자 대통령으로서 링컨은 자신의 말이 그들에게 닿는 만큼 자주 자신의 모습을 보여주기로 결심하였다. 병사들에게 그 모습을 거의 보이지 않던 제퍼슨 데이비스와는 정반대로 링컨은 군대를 상당히 자주 방문하였다. 그는 새로운 연대가 진장으로 떠나며 백악관 앞을 행진할 때면 이들을 반드시 배웅하였다. 그는 1861년과 1862년 맥클렐런의 대규모 부대가 페닌슐라 작전을 수행하러 떠날 때에도, 그리고 작전 실패 후 불명예스럽게 해리슨스 랜딩으로 퇴주한 후에도 이들을 만나보았다. 그랜트가 1864년 여름 포인트시에 작전본부를 세우자 링컨은 연락도 없이 두 번이나 그를 방문하여 모든 계급의 병사들 사이를 말을 타고 지나가며 그들과 긴 대화를 나누기도 하였다. 그가 전장이나 워싱턴에 있는 병원도 부대만큼이나 자주 방문하였다. 그는 부상당한 병사들과 악수하고 애국적 희생에 감사의 말을 전하였다. 이것은 우울한 의무였으나 역설적으로 전쟁의 참혹함을 완화시키기 위해 무슨 일이라도 해야만 했던 링컨의 심리적 욕구를 만족시켜 주었다. 대통령의 병원 방문은 때때로 예상치 못했던 우스운 장면을 연출하여 억압된 감정이 배출될 기회를 제공해 주기도 하였다. 일례로 다리가 잘린 병사가 이 경건한 방문자를 맞이하여 큰 소리로 웃으며 그가 죄악인 줄은 알지만 자신에게 춤추고 싶은 충동을 불러일으켰다고 말하자 장내는 웃음과 눈물로 범벅이 되었다.

또한 링컨은 거의 매 분기마다 워싱턴에 주둔하는 병사들과 만남의 자리를 마련하였다. 백악관을 지나는 각 부대를 향해 즉흥적인 격려사를 건네는 것 외에도 그는 많은 자원병들과 개인적으로 만나기도 하였다. 전쟁 초기 그는 이미 그의 병사들에게 자신이 그들을 돌볼 것이며, 가장 낮은 계급의 사병일지라도 털어놓은 문제나 슬픔이 있으면 자신이 기꺼이 그들을 만날 것이라고 약속하였다. 곧 그와 백악관 비서들은 수많은 편지와 호기심 어린 방문객들에게 끝없이 시달리는 자신들의 모습을 발견하였다. 병사들과 그의 가족들은 병이나 월급, 또는 휴가나 군대 내 처벌 문제를 들고 그에게 도움을 청하러 오기 일쑤였다.

1863년 10월, 링컨이 메릴랜드 프레데릭의 철도역 앞에서 병사들에게 연설하고 있다.

1862년 10월, 안티텀에서 맥클렐런 외 여러 장교들과 함께한 링컨의 모습.

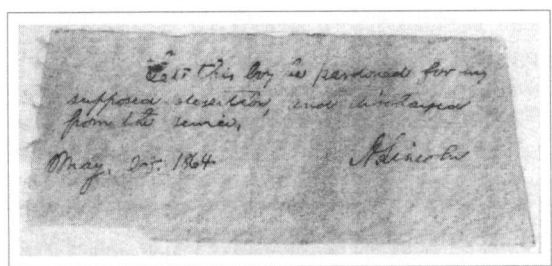

1864년 5월, 병원 방문 중 탈영 혐의자를 위해 작성한 링컨의 사면장.

링컨과 그의 병사들

맥클렐런과 여러 장교들은 대통령을 경멸하였으나 링컨은 워싱턴과 여러 캠프에서 병사들 앞에 모습을 나타냄으로써 신뢰감을 쌓아갔다. 작은 친절만으로도 전 사병들 사이에서 그가 병사들을 진심으로 걱정한다는 인식을 더욱 높여주었다.

링컨은 연방의 병사들과 약 2,000건 이상의 개인적 면담을 가졌던 것으로 알려져 있다. 이것은 전체 군대 규모로 볼 때 아주 작은 부분에 지나지 않았으나 그를 만나거나 볼 기회가 있었던 병사들을 통해 촘촘하게 짜여진 군인 사회에서 그에 대한 평판이 퍼지는 데는 그리 오랜 시간이 걸리지 않았다.

위와 같이 링컨은 그의 병사들 사이에 강력한 실질적 존재로 자리매김하였다. 병사들은 링컨에게서 점잖고 우아한 것과는 거리가 먼, 언제든 찾아갈 수 있을만한 붙임성 있는 사람을 보았다. 게다가 그는 농담을 잘하였으며 쉽게 친근감을 표시하였다. 그의 어색하고 기이한, 어찌 보면 추하기까지 한 외모와 태도로 인해 그가 가진 겉치레가 전혀 없고 서민적인 느낌은 더욱 강조되어 보였다. 심지어 그가 코트 자락을 뒤로 늘어뜨린 채 실크해트를 쓰고 말을 탄 모습을 우스꽝스럽게 생각하는 병사들도 있었다. "그가 말 탄 모습을 보면 나는 의자 등 위에 집게다리를 올려놓은 모습 밖에 떠오르는 게 없다." 펜실베니아 출신의 한 병사는 이렇게 말하였다. "그러나 그의 우스꽝스런 모습에도 불구하고 우리는 그를 존경한다."

그리고 병사들의 신뢰감은 링컨이 자신들의 안녕에 가장 많은 관심을 쏟는다는 믿음으로 인해 더욱더 강해졌다. 대통령의 연민이 가득 담긴 방문 보고서는 군 계급이라는 매개체를 통해 빠르게 전달되었다. 그의 보고서에는 부상병에 대한 걱정, 전장과 병원에 군목을 파견하는 내용이나 군인을 후원하는 각종 단체에 대한 지원을 약속하는 말 등이 들어있었다. 그가 자신의 책상에 배달되는 수백 건의 군법재판 건을 두고 고민하면 할수록 그의 따뜻한 마음은 병사들 사이에 더욱 널리 퍼져나갔다. 또한 링컨은 그가 먼저 사건을 검토하기 전에는 단 한 사람의 병사도 처형해서는 안 된다고 명령함으로써 사형선고로 인한 '학살'을 피하기 위해 최대한 노력하였으며, 1864년 초에는 드디어 모든 탈영병을 전쟁 기간 동안 징역형에 처하는 것에 대한 법을 개정하였다. 격무로 인해 점점 황폐해져 가는 그의 모습을 보며 그들의 지도자가 그들의 시련과 근심, 그리고 슬픔을 함께 지고 간다는 병사들의 신념은 더욱 강해져 갔다. 1863년 4월, 군대를 사열하며 세차게 몰아치는 바람 속에 서 있는 그의 '병으로 여윈' 모습을 본 병사들은 그 속에서 전쟁에 상처받은 전우를 발견하였다. 한 병사의 말처럼 "그의 모습은 너무나 초췌하였다. 근심 걱정으로 그는 빠르게 지쳐가고 있다. 불쌍한 사람"이라는 인식은 널리 퍼져나갔다.

이렇게 해서 링컨은 병사들에게 깊은 사랑과 존경을 받게 되었다. 1862년 가을, 맥클렐런을 해임할 시기가 도래했을 무렵 그는 비록 민주당 계열의 장교들을 제외한 모든 군인으로부터 신뢰를 받고 있다고 확신하고 있었다. 슐츠의 말처럼 "지도부가 난리를 떨어도" 또는 일부 자원병들이 분노한다 하더라도 링컨을 비난하는 목소리는 거의 들려오지 않았다. 그리고 이 이후 대통령은 모든 병사의 충성심을 한 몸에 받게 되었다. 이들은 애정을 담아 그를 "에이브 영감(Old Abe)"이라고 부르다가 나중에는 "에이브 아저씨(Uncle Abe)"라고 부르기도 하였다. 최고 통수권자 자신도 병사들을 "내 아들들(my boys)"이라고 칭하며 아버지와 같은 헌신적 애정을 보여주면서 점차 "에이브러햄 아버지(Father Abraham)"라고까지 불리게 되었다.

병사들이 이 힘겨운 전쟁을 견뎌낸 데에는 갖가지 인간적 감정, 즉 의무감, 명예욕, 동료애, 분노 등의 감정이 어느 정도 작용한 것은 사실이지만, 무엇보다 이들은 전쟁의 정치적 의미를 통해 가장 큰 동력을 얻었다. 병사들은 신문을 읽고 토론회를 결성하고 전쟁과 관련된 더 큰 이슈들에 대해 토론하였다. 전쟁이 끝난 후 그랜트 자신도 연방은 "읽을 줄 알고 전쟁의 대의명분도 이해하는" 병사들로 이루어진 군대야말로 승리의 견인차가 되었다고 말하였다. 물론 흑인 병사들이 군대 내에 보편적 노예해방과 흑인의 인권이라는 이념적 열정을 불어넣은 것은 사실이지만, 백인 병사들도 또한 전쟁의 정치적 의미를 정확하게 이해하고 있었다.

따라서 링컨의 병사들은 대통령 속에서 연민에 가득찬 한 인간을 넘어서 그 이상을 보았다. 또한 병사들은 연방 속에서 독립전쟁 세대의 희생을 통해 확보한, 그리고 이제는 연방을 '세계의 희망의 등불'로 만들어 준 바로 그 정치적 윤리적 원칙을 보았다. 워싱턴의 생일이 다가오면, 그리고 7월 4일 독립선언문의 낭독을 들으면서 이들은 공화국의 자유와 '인간이 조직한 최고의 정부 형태'에 대한 신념을 더욱 확고히 다졌다. 동시에 주, 지역 및 개인적 차원의 충성심은 이들 추상적 원칙에 대한 헌신을 더욱 강화시켰다. 연방의 힘은 부분적으로 역사학자들의 용어를 따르자면 근본적으로 '가족이 확대된' 형태에서 기인하였다. 연방의 머리와 설득력 있는 해설자로서 역할을 한 링컨은 진정한 의미의 '아버지'였다.

링컨은 병사들의 마음속에 '숨이있는 애국심'을 일깨움으로써 이들에게 통합된 정치적 목적을 각인시켰다. 병사들의 이 목적의식은 한 사병의 말대로 노예해방 선언으로 인해 결코 손상되지 않았다. 대통령은 군대 내에 다양한 정치적 요소가 존재하며 노예제도 문제가 불화의 씨를 안고 있다는 사실과 노예해방 정책으로 다수의 병사들을 소외시킬 수 있다는 점을 잘 알고 있었다. 실제로 1862년 9월, 1863년 1월에 확정된 선언문은 남북부와 서부 출신 자원병들 사이에서 '흑인 애호론'으로 비춰진 것도 사실이다. 한 대위는 씁쓸하게 "에이브 링컨 영감은 지옥에나 떨어질 거짓말쟁이다. 만일 내가 그와 제프 데이비스 중에 선택해야 한다면 나는 누구를 찍어야 할지 모르겠다. 만일 내가 흑인을 위해 칼을 빼들고 싸워야 한다면 차라리 지옥에나 떨어져 버리겠다."라고 적었다. 그러나 링컨은 노예해방 정책이 여러모로 보아 군에 이익이 될 것이라고 믿었다. 링컨은 노예해방 정책이 일반 사병들을 소외시키기보다 이들에게 더 큰 소명의식을 불어넣을 것이라고 믿었다. 그리고 그의 믿음은 충분한 근거를 갖추고 있었다. 인디애나 출신의 병장이 전쟁의 빠른 종결을 약속만 해준다면 "자신은 어쩔 수 없더라도 노예제도 철폐와 지옥, 그리고 천벌을 받아들이겠다."라고 강력한 목소리로 한 말은 일반 사병들 사이의 근본적인 감정을 대변한 것이었다. 노예해방론의 이상주의와 현실적 계산이 만나자 1863년 봄부터 노예해방에 대한 찬성 여론은 물밀듯이 일어났고, 결국 배신감을 달래야만 했던 소수 반대론자들을 집어삼키고 말았다.

연방의 군인들은 결코 자신의 생각을 감추지 않았다. 후방과 군대 간의 유대감은 새로운 부대가 전장으로 떠날 때마다 시민들이 열어주던 배웅 의식에서 휘날리던 국기로 상징되었다. 이 국기는 강력한 상징으로서 전장까지 따라갔으며, 전쟁 전 기간 동안 강력한 영향력을 행사하였다. 역사학자 제랄드 린더만의 설명처럼 전장의 군인과 후방의 시민들 사이에 자연스레 생긴 감정적 거리감도 결코 이들의 상호 의존성을 깨뜨리지 못하였다. 후방의 시민들은 군인들에게 감정적 물질적 후원자이자, 정신적 버팀목, 그리고 전쟁의 의미가 되어 주었다. 반대로 군인들은 후방의 '가정 내 애국심'을 고취시켰다. 병사들은 사적인 편지나 신문 기고문, 또는 대중 집회나 교회 예배, 위생박람회나 기타 여러 가지 기금 모집 행사를 통해 직접 이러한 메시지를 전달하기도 하였으나 또한 간접적인 수단을 통해 영향력을 발휘하기도 하였다. 기자와 위생위원회 또는 기독교 협회 등에서 파견한 회원들, 그리고 다른 여러 가지 종류의 전시 활동가들이 보낸 군대 생활 보고서가 바로 그것이었다. 그리고 병사들의 죽음과 그 뒤를 따르는 지역 주민의 슬픔은 그 자체만으로도 전쟁의 정치적 종교적 의미를 생각해 보지 않을 수 없게 만들었다. 따라서 뉴욕 출신의 대위가 그의 아내에게 한 말은 진실일 수밖에 없었다. "사람들에게······, 이 전쟁에서 자신들이 져야 할 정당한 의무를 가르쳐주는 것은 바로 군인들이다."

수천 연방 군인들의 입과 펜을 통해 연방의 대의가 가진 정당성, 연방이 하나님의 편에 서 있다는 믿음, 그리고 전쟁의 종교적 의미 등이 후방으로 흘러나왔다. 오하이오 출신의 하사는 전쟁의 끝 무렵 한 나라를 고귀하게 만드는 자유, 정의, 정의와 같은 원칙, 즉 '중대한 이념'이 위험에 처하였다고 설명하였다. 한 병사는 그의 아내에게 "매일 나는 점점 더 신앙심이 깊어지는 것 같소. 그리고 이 전쟁이 인류의 정의를 위한 성전이란 생각이 드오."라고 썼다. 이쯤되면 연방군을 대리 설교인이라고 해도 무리가 아닐 것이다. 링컨의 말과 신교 목사들의 한탄과 공명하면서 이들도 또한 이 전쟁을 자만심이라는 연방의 만성적인 범죄와 하나님에게 불손하게 군 죄, 그리고 흑인을 노예로 만든 죄에 대한 천벌이라고 주장하였다. 그러나 대의명분 자체는 잘못된 것이 아니었으며, 군대는 병사들의 말과 노예 반대론자이자 유명한 작가인 쥴리아 워드 하우이의 강력한 이미지를 통해 기독교 승리의 상징이 되었다. 〈공화국 전쟁 송가〉가 울려퍼지며 연방군은 신의 칼은 뽑아들고 진격하였다. '백 개의 순회 캠프'에 켜진 감시불은 제단이 되었고 '윤이 나는 그들의 총검'은 복음의 말씀을 전하였다. 그리고 이들은 예수처럼 사람들의 자유롭게 하기 위해 죽어갔다. 분노하신 하나님의 나팔소리에 달려나간 연방의 병사들은 국가적 종교적 구원을 위한 천년 전투에 뛰어든 것이었다.

동시에 연방군은 현실적인 측면에서도 중요한 역할을 하였다. 이들은 입대를 독려하고 연빙-공화딩에 휠기를 불이넣었으며, 민주당 화의파를 악으로 몰아붙임으로써 정부의 든든한 지원군이 되어 주었다. 병사들은 후방의 친척과 친지들에게 군복무를 피하려고 애쓰는 비겁하고 이기적인 사람에 대한 경멸의 말을 쏟아놓았다. 그리고 1863년 발효된 징병법은 군인들의 큰 박수를 받았다. "군에 있는 모든 병사들은 징병을 지지합니다." 뉴욕 출신의 한 장교는 이렇게 단언하였다. "내 생각에 병사들 중에는 대통령과 징병 말고는 아무것도 믿지 않는 사람들도 있는것 같습니다." 또한 수많은 병사들이 정부에 대한 지지 여론을 강화하려고 애를 썼다. 이들은 아내와 자매, 그리고 다른 여성 친지들에게 시민의 의무에 대한 생각을 새로이 하도록 촉구하였다. "나는 여자들이 보통 '정치 같은' 이러한 문제에 별로 관심이 없다는 것을 잘 알고 있소." 1863년 주의회 선거가 다가오자 한 군의관은 그의 아내에게 보내는 편지에 이렇게 적었다. "그러나 여자들도 남자들과 함께 협력해야 될 때가 왔소."

후방의 배신과 같은 극단적 상황은 극단적 행동을 요구한다. 병사들은 전쟁에 반대하는 '살모사' 집단에 대해 극단적인 분노를 표출하였다. "나는 반란군보다 이 반전 집단을 훨씬 더 증오한다." 한 병사는 이렇게 적었다. 병사들은 후방의 충성스런 주민들에게 정부의 위기 관리 조치에 저항하는 "싸구려 신문의 잘난 편집장들"을 모두 통제하라고 재촉하였다. 때때로 병사들의 불타는 증오심은 물리적 억압의 형태로 표출되기도 하였다. 1864년 초, 남부와 일리노이 중부에서는 하루가 멀다하고 반전 민주당원 주민들과 휴가를 나온 자원병들 사이에 다툼이 오갔다는 보고도 있다. 병사들의 적개심은 후방의 지역사회가 미국 독립 이후로 가장 심하게 분열되는데 일조하였다. 아이오와에서 열린 한 집회에서는 "이러한 위기의 시기에는 오직 '애국자와 배신자' 두 가지 부류의 사람만이 존재한다."라고 선언하였다.

정부의 후원역을 자처한 병사들의 역할은 선거 결과를 통해 가장 실질적으로 표출되었다. 처음부터 공화당이었던 사람들은 전쟁의 경험을 통해 더욱 강한 충성심을 확인하였다. "내가 집에 돌아왔을 때 전쟁터로 떠날 때와 달리 공화당원을 그만두리라고 생각하는 사람들이 있다면 실망하게 될 것이다." 전쟁 이후 두 번째 해가 저물 무렵 오하이오의 한 사명은 그의 아내에게 이렇게 말하였다. 또한 1860년 민주당에 표를 던졌던 군인들 중 약 40퍼센트 정도는 반전론과 평화회담을 요구하는 목소리에 분노하여 예전의 관계를 끊어버리고 1863년 주의회 선거에서 연방-공화당에 아낌없이 자신의 표를 던졌다. 따라서 링컨은 1864년 대통령 선거의 해를 바라보며 자신의 군대가 연방에 충성하는 강력한 정치 세력일 뿐만 아니라 연방 전체의 여론을 결집시키는 중대한 촉매제 구실을 하고 있다는 사실에 큰 위안을 얻을 수 있었다.

1864년 선거 : '미국의 재탄생'

국민적 지지 여론을 모으는 과정에서 링컨 정부가 직면하였던 가장 큰 시련은 아마 1864년 여름과 겨울에 찾아온 위기 상황일 것이다. 대통령 선거가 있던 그해 여론은 수개월 동안 걷잡을 수 없는 혼란스런 상태로 빠져들었다. 전쟁 기간 중 연방의 사기가 가장 저점에 도달했던 뜨거운 여름까지만 해도 11월의 선거 결과를 예측하기란 도저히 불가능하였다. 존 헤이는 소용돌이치던 여론에 대해 그해 6월 "전쟁의 긴장감 속에 정치는 이제 정치가의 손을 벗어나 진정한 민심의 흐름에 그 운명을 맡기게 되었다."라고 평가하였다. 그럼에도 불구하고 링컨은 '진실한 대중'의 근본적인 충성심을 결코 의심하지 않았다. 그러면서 동시에 재통합이 전쟁 외의 수단에 의해 실현될 수 있으리란 왜곡된 선동에 현혹

될 가능성을 배제하지 않았다. 그렇다면 정부의 임무는 이 잔혹한 진실을 국민 앞에 똑바로 제시하는 일이 될 것이다. "국민이 진실을 알게 된다면 이 나라는 안전할 것이다."

당시의 관례를 따라 링컨은 드러내놓고 재선 운동을 하지는 않았으나 1863년 가을경이 되자 그의 야심은 분명히 그 모습을 드러내었다. 그의 재선을 향한 욕망은 인간적인 측면에서 충분히 이해힐 만한 것이었다. 견디기 힘든 중압감과 걱정에 시달리면서도 링컨은 그가 친애해 마지않는 국민들로부터 인정을 받는다는 것은 '달콤한 만족감을 가져다 줄 것'이라는 점을 인정하였다. 그러나 또 한 가지 여기에는 국가 이익을 위해 자신을 헌신하겠다는 결심도 깔려있었다. "전쟁 중에 장수를 바꾼다면" 위험하고 불안한 상황을 초래할 것이며, 그의 정책을 인정받는 일은 결국 남부 연맹의 영원한 붕괴를 약속하는 일이 될 것이다.

그의 희망 사항은 상당 부분 자신이 통제할 수 없는 여러 가지 요소에 달려있었다. 우선 국민의 신뢰는 전황의 호전에 달려있었다. 비록 그랜트와 셔먼, 그리고 봄에 모든 전선을 이용하여 남부를 공략한다는 그들의 계획에 깊은 신뢰감을 갖고 있었으나 링컨은 이들이 얼마나 빠른 시일 내에 승리의 신호를 보내줄 수 있을 것인지 확신할 수 없었다. 그는 또한 "이제까지 우리의 봄철 대공세는…… 하도 실패를 거듭하여 이제는 국민들이 미신에 사로잡힐 지경에까지 이르렀다." 라는 니콜라이의 말에 동의하고 있었다. 그러나 군사 작전의 결과에 관계없이 링컨이 할 수 있는 일은 아직도 많이 있었다. 따라서 타성에 젖어 무기력하게 기다리는 대신 링컨은 이해 후방의 주요 여론 형성 조직인 당, 교회, 그리고 군대까지 모두가 효율적으로 확인하는 등 선거 준비로 바쁜 나날을 보냈다. 그리고 이들 중 그를 가장 괴롭혔던 것은 바로 워싱턴과 그 외 지방 사이의 파벌주의로 멍든 그의 당이었다.

링컨은 선거 훨씬 전까지 당의 분열상을 해결해야 했다. 후보 지명 없이 재선은 불가능한 일이었다. 그는 대부분의 주 지부 안에 자신을 반대하는 목소리가 존재한다는 점을 알고 있었다. 이들은 주로 급진주의자들로서 종전 후 자유권에 기반한 사회 질서 구축에 대한 그의 진심을 의심하였으며, 일부는 그의 자질을 문제 삼기도 하였다. 특히 급진파의 거두이자 야심만만하고 지적 자만심에 가득 차 있던 체이스는 재무부 관리 임명권을 활용하여 당내에 독립적인 지지 세력을 확보해 두고 있었으므로 자연히 링컨에게 가장 위협적인 존재가 되었다. 2월이 되자 사무엘 C. 포머로이는 당에 링컨을 제치고 체이스를 지명하자는 제의서를 제출하였다. 그러나 그의 제안은 당시 호전되고 있던 전황에 밀려 거센 저항만을 불러일으켰을 뿐이다. 각 주의 공화당 중 다수가 링컨을 옹호하며 나섰고 심지어 오하이오(체이스의 출신 주)까지 대통령을 지지하였다. 체이스는 이 제안서의 내용을 미리 알지 못했다는 설득력 없는 주장을 하다가 곧 이어 자신은 당의 지명 후보가 아니라고 선언하였다.

링컨에 대한 당내 의심은 여기에서 끝나지 않았다. 니콜라이가 침울하게 언급하였다시피 일부 불만 세력으로부터 여러 명의 이름을 흘러나왔으며, 이들은 이를 통해 '실현 가능성은 거의 없으나 링컨에 반대하는 작은 구심점이라도 마련해 보고자' 시도하였다. 거론된 이름들 중에는 그랜트도 끼어있었다. 그러나 그 자신은 자신을 워싱턴으로 불러들여 격식을 갖추어 군 총사령관에 임명해 준 현직 대통령에 도전할 생각이 전혀 없었다. 또 다른 이름으로는 프레먼트가 있었으나 자신은 이러한 제안에 솔깃해 한 반면 그에게는 실제로 이를 뒷받침해 줄만한 정치적 기반이 없었다. 미주리의 노예제도에 반대하는 급진주의자들과 독일계 미국인 사회를 제외하면 그의 지지층은 거의 전무하였다. 5월의 마지막 날 이 서부인들은 클리블랜드에서 원델 필립스가 이끄는 노예제도 반대 조직의 일부 사람들과 일단의 민주당원들을 만나 독립적인 후보자로 프레먼트를 추대하기로 결의하였다. 이들은 프레먼트를 통해 공화당의 표 중 일부를 흡수할 수 있을 것이라고 기대하였다. 그러나 링컨 진영, 특히 링컨 자신은 이러한 움직임에도 전혀 미동하지 않았다. 진보적 민주당이란 결코 광범위한 국민적 지지를 얻을 수 없을 것이 뻔하였기 때문이었다.

6월 초 공화당이 볼티모어 대회를 열었을 때만 해도 링컨의 후보 지명은 거의 기정사실화되어 있었다. 당의 전국 집행부는 링컨의 사람들이 장악하고 있었

고 주 대표 회의도 이들의 영향력 아래 놓여 있었다. 연방정부 내에도 대통령의 덕에 관직에 오른 사람들은 다수 포진해 있었다. 수개월 동안 링컨은 당내 통합을 추진하며 지칠 때까지 일하였다. 당내에서 그가 좋은 평판을 유지한 데에는 그가 당을 하나로 묶는 훌륭한 중재자라는 인식이 한몫하고 있었다. 급진파들조차도 '노예제도를 파괴할 수 있는 급진성과 나라를 구할 수 있는 보수성을 기반으로 다양한 색깔의 파벌을 하나로 아우르는 그의 애국적 정책의 장점을 충분히 인식하고 있었다. 동시에 링컨을 싫어하는 사람들조차도 그가 당의 지도부뿐만 아니라 일반 유권자들과 군인들 사이에서도 열렬한 지지를 받고 있다는 점을 인정하였다.

볼티모어 전당대회는 대통령의 의제를 추궁하였다. 최근 자연보호 구역과 스팟실바니아에서 포토맥 부대가 연달아 끔찍한 패배를 경험하면서 이미 가라앉을 대로 가라앉은 대회 분위기는 군이 콜드하버에서 대규모 병력을 잃었다는 소식이 전해지며 더욱 어두워졌다. 그러나 링컨이 불독이라는 별명을 붙여준 그랜트가 그 별명에 걸맞는 근성으로 적을 파괴하고 리치먼드를 함락시키기 위해 모든 대가를 감수하고 전진을 계속하겠다는 놀라운 결단을 내렸다는 사실이 그나마 위안거리가 되었다. 대표들은 만장일치로 링컨을 재지명하였고, 링컨의 제안에 따라 채택한 강령 선언 밑에 하나로 단결하였다. 이 강령 선언을 통해 당은 당당히 노예해방 조항 삽입을 위한 헌법 개정과 전쟁의 적극적 수행을 약속하고, 흑백을 막론한 모든 병사들을 찬양하면서 남부 연맹의 무조건적인 항복을 촉구하였다. 자유의 가치를 명백히 강조함으로써 이 대회는 당의 통합주의와 포괄적 연방주의에 동등한 무게를 부여하였다. 이제 당은 공화당이 아닌 광범위한 국민연방당의 기치 아래 선거에 참여할 것이었다. 보수주의와 접경 주에 대한 영향력을 확대할 목적으로 대회는 부통령 후보로 뉴잉글랜드 출신의 현직 메인 주지사인 하나발 햄린 대신 테네시주의 군정장관이자 전시 민주당원인 앤드류 존슨을 지명하였다.

이후 얼마간 전개된 상황은 링컨의 통제력이 더욱 강화되고 있다는 생각이 들게 하기에 충분하였다. 그러나 이런 와중에 체이스는 대통령의 임명권을 문제

삼아 자신의 세 번째 사직서를 제출하였다. 이미 후보자 지명을 확보하면서 안도감을 갖게 된 데다가 자신의 권위를 확인하려는 체이스의 불순한 시도에 격분한 대통령은 체이스에게 그와 체이스가 공익을 위협할 만큼 "서로 방해가 되는 지점에 이르렀다."라고 말하면서 그의 사표를 기꺼이 수리하였다. 체이스의 자리는 링컨에게 전혀 위협적이지 않으면서도 의회 안에서 널리 존경받는 건실한 연방의원 피트 페슨덴으로 교체되었다. 그리고 나서 얼마 지나지 않아 링컨은 웨이드-데이비스 법안에 대해 거부권을 행사하였다. 이것은 당 지도부에 대해 자신의 권위를 재확인하고 연방주의 연대 세력 내의 중도파와 보수파에게 정부가 진보적 의원들의 손에 놀아나지 않을 것이라는 분명한 메시지를 전달하기 위한 조치였다.

그러나 7월과 8월, 여름이 절정을 달리고 있을 무렵 연달아 터진 악재로 말미암아 당내 분위기는 더욱 어두워졌고 링컨에 대한 사퇴 압력도 점차 가중되었다. 5월과 6월, 유례없는 대규모 살육전을 치르고 난 뒤 그랜트는 페터스버그를 장악하였으나 버지니아의 교착 상태는 결코 호전될 줄을 몰랐다. 셔먼은 캐네소 산에서 패배한 후 오직 거북이걸음으로 애틀랜타를 향해 움직이고 있었다. 주발 얼리가 이끄는 남부군은 셰넌도어에서부터 워싱턴과 기타 여러 지역에 대한 급습을 감행하였다. 비록 인명 피해는 손에 꼽을 정도였으나 당에 커다란 정치적 손실을 입히기에는 충분하였다. 연방의 재원은 고갈되고 또 한 번의 징병 실시가 불가피해지면서 민주당 반전 세력들은 전쟁의 피로감을 자극하며 종전 협상의 필요성을 부각시켰다.

평화회담에 대한 요구의 목소리는 골수 반전 세력 '살모사' 집단을 넘어서 널리 울려 퍼지기 시작하였다. '전쟁 사상자의 피가 새로운 강물 줄기'로 미래가 얼룩지는 것을 두려워하던 그릴리는 마침 남부군의 외교 사절단이 나이아가라 폭포 근처에 평화적 임무 수행을 위해 머물고 있다는 사실을 접하고 대통령에게 협상을 강권하였다. 링컨은 제퍼슨 데이비스가 절대 진지하게 평화를 제안할 리 없으며 이것이 오직 정치적 대혼란을 부추기고 선거에 영향을 주어 남부 연맹의 독립을 확보하려는 술책에 불과하다는 점을 간파하였다. 그러나 그는 또한 민심이 평화를 달성할 조그마한 기회라도 놓치는 것을 절대로 용납지 않으리라는 것도 알았다. 따라서 마지못해 그릴리를 나이아가라 폭포에 파견할 대표로 임명하면서도 예상대로 회담에 참석할 남부 대표단이 협상 권한이 없다는 사실을 알게 되자 아무런 생산적인 결과를 기대하지 않았다. 또한 그가 남부 측에 보낸 편지에는 상당히 엄격한 평화 조건이 들어있었으므로 당연히 남측은 수용을 거부하였다. 그는 평화에는 반드시 재통합과 노예제도 철폐가 전제 조건이 되어야 한다고 주장하였다. 그러나 노예해방 선언문보다 더욱 엄격한 그의 평화 조건은 적의 유용한 정치적 무기가 되어 되돌아왔을 뿐만 아니라 연방당 내 보수 세력, 특히 전시 민주당원들로 하여금 연방 통합만이 유일한 전쟁의 목표라는 주장으로 회귀하는 계기를 마련해 주었다.

당 도덕성의 후퇴는 8월 중순과 말경에 절정에 다다랐다. <시카고 트리뷴>의 편집장 조셉 메딜과 같이 많은 사람들이 "링컨의 실수와 어리석음 덕분에 우리는 백악관에서 쫓겨나게 될 것"이라고 두려워하였다. 반전 세력의 승리 가능성에 놀란 부유한 공화당원들은 귀금속으로 상환 불가능한 연방 지폐를 모두 팔아버리고 토지를 사들이기 시작하였다. 니콜라이는 이러한 "비관론자"들과 "줏대없는 멍청이들"이 "비극적 공황 상태-불런 패배의 정치판"에 빨려들어가 오직 링컨을 새로운 후보로 교체하는 것만이 구원받을 유일한 방법이란 착각에 빠져있다고 비난하였다. 새로운 후보자 선출을 논의하기 위해 뉴욕에서 만난 인디펜던스의 테오도르 틸튼이나 그릴리와 같은 급진적 공화당원들은 벤 버틀러나 체이스, 심지어 그랜트의 이름까지 언급하였다.

4일 후인 8월 22일, 당의 전국위원회 의장 헨리 레이몬드는 링컨에게 "오직 정부와 동지들의 단호하고 결단력 있는 행동에 나서야만 일리노이, 인디애나, 펜실베니아와 같은 접전지가 적대적 세력에 넘어가는 것을 저지할 수 있다."라고 조언하였다. 그는 노예제도 철폐를 뺀 재통합만을 평화 조건으로 하여 리치몬드에 평화 협상단을 파견하도록 권하면서 이를 통해 노예해방을 달성하기 위해 고의로 전쟁을 지연하고 있다고 연방의 진의를 의심하는 세력을 안심시킬 수 있을 것이라고 주장하였다. 링컨은 편협한 데이비스는 보나마나 이 제안을 거절할 테고 그러면 북부의 연방주의는 다시 재활하게 될 것이라는 생각에 한때 유혹을 느꼈으나 결국 이것이 '대통령 선거에서 지는 것보다 더욱 불명예스러운 패배로 보일 것이라는 이유로 이를 거절하였다. 그리고 실제로 선거 전망은 암울하기만 하였다. 8월 23일 그는 개인 메모 안에 "이 정부가 재선에 실패할 가능성이 점점 더 짙어지고 있다."라고 적었다. 그러나 링컨은 민주당의 후보자가, 비록 그것이 충실한 연방주의자 맥클렐런일지라도, 실질적인 남부 독립의 문을 열어줄 강령에 발이 묶이고 말 것이란 점을 이해하였다.

그러나 가장 암울한 시기에도 링컨은 후보 사퇴만큼은 결코 고려하지 않았다. 그는 그의 사퇴가 공화당의 승리를 불러오기보다는 당내 혼란과 내분만 가중시킬 것이라고 판단하였다. 전국에 있는 그의 지지자들은 점차 사태의 심각성을 깨닫고 경고의 목소리를 내기 시작하였다. "국민의 마음은 당신에게 있으며 그들의 표도 모두 당신 것입니다." 신시내티의 사무엘 F. 캐리는 그에게 이런 편지를 보냈다. "당신의 사퇴는 연방당을 모욕하고 우리를 파괴시킬 것입니다. 그랜트와 셔먼은 곧 승리를 바쳐 연방 내 모든 표를 당신에게 가져다 줄 것이며, 우리는 어떤 경우에도 당신을 대통령으로 뽑을 것입니다."

그에게 선견지명이 있었던 것일까? 9월 2일, 셔먼은 드디어 남부군의 공장이자 멕시코만 연안 지역 장악을 향한 교두보가 될 애틀랜타를 손에 넣었다. 그리고 조금 후 세리단은 셰넌도어에서 얼리의 부대를 격파하였다. 사실 연방주의자들의 사기는 그 이전 민주당이 시카고 전당대회를 통해 '항복 강령'을 채택한 그 시점부터 상당히 올라있었다. 맥클렐런을 후보로 내세웠으나 전쟁을 실패로 규정하고 '연방동맹국'을 기반으로 한 종전을 향한 정지 작업으로서 정전을 요구한다는 민주당의 계획에서는 벨란디엠의 더러운 손자국이 그대로 드러났다. 그러나 연방주의자들의 생각을 완전히 바꿔놓은 것은 다름아닌 전황의 반전이었다. 많은 공화당원들이 애틀랜타의 승리만으로도 '대통령 선거의 승리는 맡아놓은 것과 다름없다'고 생각하였으며 따라서 이들은 이제 '승리의 희망에 차 정력적으로 자신감 있게' 선거운동을 전개하였다.

당은 이제 하나로 뭉쳤다. 쏟아져 들어오는 각종 보고서들을 통해 백악관은 공화당의 비관주의자들이 말문을 닫았다는 것을 알 수 있었다. 여러 주의 주지사들이 단호히 링컨을 지지하면서 새 후보 지명을 위한 전당대회 개최 계획은 사장되었다. 오직 프레먼트만이 링컨의 길을 막고 있을 뿐이었다. 다른 급진주의자들처럼 표가 갈라지면 맥클렐런과 '배신자들'이 승리할 수도 있다는 사실을 우려한 상원의원 재커라이아 첸들러의 노력 때문일 것으로 추정되나, 어쨌든 프레먼트는 봉고메리 블레어의 해임을 조건으로 후보 사퇴를 받아들인다. 링컨은 이 우정공사 총재의 뛰어난 행정 능력에 반해 상당한 호감을 갖고 있었으나 이제 그는 링컨의 길에 부담이 되었다. 블레어의 뿌리 깊은 보수주의와 불같은 성격은 많은 적을 만들어 내었고 당의 급진주의자들을 멀어지게 만들었다. "모두가 블레어를 미워하고 있습니다." 매사추세츠의 헨리 윌슨은 링컨에게 이렇게 말하였다. "수만 명이 당신을 포기하거나 블레어로 인해 마지못해 투표하는 상황이 벌어질 것입니다." 프레먼트는 9월 17일 사퇴를 선언하였고 모두의 예상대로 6일 후 링컨은 블레어에게 사임을 요청하는 편지를 보냈다.

치열한 선거 운동이 벌어지는 두 달 동안을 펼치면서 링컨은 맥클렐런처럼 공개 석상에 거의 모습을 드러내지 않고 대중에게 자신이 모든 사태를 멀리서 관망한다는 인식을 심어주었다. 그러나 사실 그는 막후에서 나름대로 대단히 바쁜 나날을 보내고 있었다. 우선 그는 당의 집중력을 유지해야 했으며 의회 선거에 출마한 현직 공화당 의원들을 대신하여 업무를 돌보거나 파벌이 기승을 부리는 접전 지역, 특히 펜실베니아와 미주리 등지의 분쟁을 조절하기도 하고 관직을 미끼로 <뉴욕 헤럴드>의 베넷과 같은 적대적 편집장들을 달래기 위해 노력하였다. 그리고 링컨은 보수 진영과 진보 진영 양측에 각각 한 발씩 양보함으로써 당의 통합을 더욱 부채질하였다. 당시 노환에 시달리고 있던 대법원장 체니를 교체할 수도 있다는 링컨의 언질에 웨이드와 데디비스, 심지어 체이스조차 그를 위해 연단에 올랐다. 대통령은 레이몬드와 당의 전국 집행위원회뿐만 아니라 유니온 리그의 활동에 깊이 관여하며 자신이 전도사보다 못할 것이 없다고 자부하던 지방 유지들과도 손이 닿아 있었다.

이 선거전에서는 유례없이 많은 인쇄물이 폭주하였고 그에 들어간 돈만도 엄청난 수준에 이르렀다. 당의 선거 전쟁을 제일 밑에서 뒷받침해 준 것은 수백 개에 달하는 소도시의 일간지들이었다. 지방의 자존심 강하고 독립적인 편집장들은 여름의 암울한 시기에도 링컨을 지지해왔으며, 이것은 지방 유권자들 사이의 링컨 지지 여론의 깊이를 반영하였다. 또한 이 편집장들은 지역 내의 수많은 각성한 자들과 연방 지지 클럽들의 활동을 격려하는 역할도 수행하였다. 그리고 각 단체는 회원들에게 더욱 적극적으로 전단을 배포하거나 대중 집회와 대규모 행진, 그리고 말이 끄는 애국적 마차 행렬 등에 관한 감동적인 보고서를 이웃에 나눠주는 등 더욱 적극적인 활동을 벌이도록 자극하였다.

이러한 당 조직에 대한 정부의 믿음만큼이나 중요한 것은 바로 신교도 단체를 결집시키는 일이었다. 링컨은 직접 나서서 자신의 재선을 위해 종교 단체의 애국심을 그러모을 수 있는 모든 기회를 잡았다. 일례로 5월에 있었던 놀라운 사건을 보자. 감리교의 감독파 교회의 지도자들은 필라델피아에서 회의를 갖고 5명의 목사를 선정하여 대통령에게 메시지를 전달하고 자신들이 연방과 전쟁 목적을 계속해서 지지할 것임을 선언하였다. 그러나 일행 중 대통령과 친분이 있던 그랜빌 무디는 사전에 링컨을 만났다. 후보 지명 대회까지 불과 몇 주 밖에 안 남아 있던 이 중요한 시기에 링컨은 이것이 절호의 기회임을 간파하고 무디에게 선언문의 사본을 자신에게 달라고 요청하였다. 다음날 아침 대표단은 도착과 동시에 국무부장관의 안내를 시작으로 대통령과 전 내각의 '정중한 영접'을 받았다. 대통령은 '화살처럼 꼿꼿하게' 서서 감리교 대표의 선언문을 경청한 뒤 자신의 책상에서 지난밤 미리 작성해 두었던 답례문을 집어들었다. 다섯 개의 간단한 문장을 통해 그는 대표단에 감사하고 이들의 제안을 수용한 다음 감리교를 특별히 칭송하는 것이 다른 종파에 실례가 되지 않기를 바란다는 말과 함께 약간의 아부를 섞어서 그들을 "미국에서 가장 중요한" 종파라고 지칭하였다. "감리교에서 전장에 가장 많은 병사를 보내고, 병원에 가장 많은 간호사를 보내고, 가장 많은 기도를 드리는 것은 결코 잘못이 아니지요." 다음날 아침 동료들에게 보여줄 요량으로 대통령의 서명이 담긴 이 답례문을 자랑스럽게 손에 쥐고 돌아온 이들은 회의의 전 내용이 이미 모든 일간지에 보도되었다는 사실에 아연실색하고 만다. 백악관은 이 뉴스를 이미 그 전날 전보로 타전한 것이다. 링컨의 답례문은 이 5명의 방문객뿐만 아니라 미국 내에서 가장 영향력 있는 교회의 거의 100만 명에 이르는 신도를 겨냥하고 있었다. 링컨은 결코 기회를 놓치는 법이 없었다.

9월 초가 되자 북부의 신교도 중 대다수가 링컨의 재선에 투신하고 있음이 명백해 졌다. 주로 신보적 신교도들 중에는 이와 동떨어신 일부 급진론자들도 있었지만 게리슨의 노예해방 조직과 그에 속한 신문 언론이 연방주의 연대에 참여하였다는 사실이 훨씬 더 중요하였다. 이들의 참여로 주류 복음주의 세력은 전방위 정치 활동가들을 확보하게 되었다. 그러므로 당시 링컨이 한 조합교회파의 목사에게 "내가 듣기로 대체로 나를 지지하고 있다는 이 나라의 신앙심에 깊이 의존하고 있습니다."라고 말한 것은 충분히 이해할 만한 일이다. 실제로 선거 전의 마지막 두 달은 미국 선거 역사상 종교와 정치가 가장 완벽한 합일에 도달한 시기였다.

볼티모어 공화당 전당대회를 주재한 켄터키의 장로교 목사 로버트 브레킨리지는 연방당을 위해 연단에 선 수백 명의 목사들 중 한 사람에 불과했다. 공화당의 선거 운동은 찬송가, 기도, 그리고 애국적 의무에 대한 복음 말씀 낭독 등으로 구성된 그랜빌 무디의 세 시간짜리 연설과 함께 그 막을 올렸다. 토마스 에디는 각 선거구와 부대 내 집회 등을 돌아다니며 선거 연설과 정치 설교, 병사들을 대상으로 연설을 하고, 그리고 감리교 신문 편집장의 의무인 정치종교적 기사 등을 쓰며 지칠 때까지 일하였다. 매튜 심슨은 지역 공화당의 요청으로 투표 바로 며칠 전 뉴욕 음악학원에서 <트리뷴>과 뉴욕의 다른 신문사가 배석한 가운데 그의 걸작으로 일컬어지는 그 유명한 연설을 하였다. 비록 파벌적 논쟁을 피하기는 하였으나 심슨은 이 나라의 위대함에 대한 그의 찬사는 '말뚝 쪼개는 대통령'을 지지하자는 열정적인 외침이란 사실을 분명히 하였다.

물론 유니온 리그는 이러한 정치 설교들 중 많은 수를 인쇄하여 배포하였으며, 종교계의 인쇄협회에서도 선거 인쇄물을 많이 배포하였다. 종교 신문들은 교회를 향해 공화당 지지 단체로 거듭날 것을 촉구하였다. 침례교와 조합교회

연합, 장로교 의회, 그리고 감리교 협의회 등 목사들이 조직한 각종 단체는 노골적으로 신도들에게 링컨을 찍으라고 권고하였다. 노예제도를 반대하는 감리교 목사 길버트 헤이븐은 그의 신도들에게 "하나님의 군대로서 십자가를 배너 삼아 투표 상자를 향해 한 번 더 행진하여 미국의 진정한 대표자를 위해 거의 100만 표를 쌓을 수 있을 것이다."라고 말하였다.

1864년 5월, 링컨은 감리교 대표단에 대한 답례문을 교묘히 이용하여 다른 종파를 이 종파의 비난을 초래하지 않고도 감리교를 찬양하였다.

게다가 링컨이 몇 번에 걸쳐서 전국적 기도와 감사의 날을 지정하면서 종교와 정치의 상호작용은 더욱 탄력을 받게 되었다. 그는 이 전에도 독실한 신도들에게 가 닿기 위해 이미 여러 번 이 방법을 사용한 적이 있었다. 이러한 행사는 수십만 명의 사람들에게 자신이 희생과 꿈으로 통합된 하나의 사회 안에 소속되어 있다는 소속감을 안겨주었다. 그리고 링컨은 간단한 선언만으로 미국 내에서 가장 강력한 네트워크를 동원하여 전국에 아드레날린을 충전시켰다. 1864년 여름 동안에는 국민적 사기에 미칠 영향을 염려하여 금식과 치욕의 날을 지정하기 주저하다가 결국 문제를 의회에 떠넘겼었지만, 모빌과 애틀랜타의 성공에 고무된 링컨은 재빨리 9월 10일을 감사의 날로 선포하였다. 그리고 그는 모든 목사들에게 국기를 설교단 위에서 흔들 수 있도록 허락하였다. 반전 민주당원들은 값싼 정치 술수와 뉴잉글랜드식 위선의 위험한 결합을 눈치 채고 연방의 목사들이 신도들을 향해 사태의 변화를 하나님의 공으로 돌리며 "그분은 드러난 적과 숨은 적 모두에 대하여 미국연방의 정부를 지켜주실 것이다."라고 기도하자고 제안하자 이것이 비열한 술수라고 거세게 항의하였다. 그러나 10월 20일, 링컨은 또 한 번 감사의 날을 선포하였다. 선거를 겨우 3주 앞두고 그는 "하늘에 계신 우리 아버지"라는 제목 아래 전쟁의 시련으로부터 "결국 행복한 결말"을, 그리고 "자유와 인도주의의 사명"의 승리를 바라는 연방의 희망에 대한 글을 썼다.

각종 무대, 설교단, 그리고 인쇄물을 통하여 공화당은 연방 복구에 열렬히 헌신하는 여론 조성에 성공하였다. 대부분의 이슈는 원칙적 문제에 천착하였으나 링컨의 자질을 문제 삼는 이들의 트집을 차단하기 위해 대통령으로서 링컨의 자질에 대한 칭찬의 말을 슬쩍 끼워넣기도 하였다. 링컨 스스로도 자신의 개인적 리더십이 에이브러햄이 가장 큰 약점이라고 생각하고 있었으며, 그의 미덕을 칭송하는 사람들 또한 그가 실수가 잦고 기지가 부족하다는 것을 단점으로 들었다. 링컨의 위대함을 말하는 사람은 적었으나 그래도 거의 모든 사람이 그의 성실성, 온화함, 분명한 목표 의식, 정치적 순수성, 공정함, 앙심을 품지 않는 관대함, 그리고 무엇보다 그의 결코 굽히지 않는 연방주의를 높이 평가하였다. 이러한 자질은 연방-공화당 사람들이 맥클렐런에 대해 묘사한 말들, 즉 허영심이 강하고 기회주의적이며 비겁하고 위선적이란 표현과 비교하면 더욱더 빛을 발하였다.

따라서 연방당의 선거 운동원들은 후보자의 개인적 자질에 대해 변호할 필요가 거의 없었다. 이미 링컨은 사람들 사이에서 정직하고 소박한 사람이든, 하나님이 노예해방을 전달하는 도구이든, 도덕 정신의 전도사로서 확실히 각인되어 있었다. 코네티컷 노르위크의 조합교회파 목사 존 걸리버는 자신의 잘 알려진 공개 편지에서 전쟁의 수많은 시련 속에서도 엄격한 노예제도 철폐 정책을 고집한 그의 결심을 칭찬하였다. 헤리엇 비처 스토우 외 여러 사람들은 링컨을 남부 출생 서부인으로서 과거에는 비정통적 신앙을 가지고 있으나 이제는 뉴잉글랜드 신교의 고귀한 원칙의 품 안에서 금식일과 국가적 감사의 날을 함께할 교우로서 소개하였다.

그러나 1840년의 링컨의 모습은 아직도 희미하게 그 그림자를 드리우고 있었다. 재무부 관리였던 루시어스 E. 크리텐든에 의하면 "링컨이 신앙심이나 교회 또는 기독교 단체에 대한 관심도 전혀 없다고 뒤에서 속삭이는 소리가 있었다."라는 것은 확실하다. 게다가 1863년 헌법에 기독교 교리를 반영하는 개헌을 추진하기 위해 창설된 초종파적 단체인 전국 개혁연합회에 대한 대통령의 애매모호한 태도도 문제를 더욱 어렵게 만들었다. 초기에 연합회는 노예해방 선언에도 불구하고 연방이 전쟁에서 고전을 면치 못하는 이유가 원래의 헌법에 있다고 생각한 주류 복음주의자들의 지지를 받았으며, 링컨도 이들의 주장에 일부 동조하였던 것 같았다. 그러나 진보적 복음주의자, 유대교인, 그리고 비기독교인들이 반대를 노골화하면서 또한 연방군이 완전히 승기를 확보하면서 점차 그 인기가 시들해져 갔다. 링컨이 자신들의 의도대로 움직여주지 않자 <리폼드 프레스베테리안 앤드 코브넌터>의 편집장 토마스 스프롤은 대통령을 한 번도 기독교를 제대로 인정한 적이 없으며, 그 아들에 대한 경배를 거부한 이신론자라고 몰아붙였다. 스프롤은 "그리스도를 믿는 모든 이"를 향해 불충한 자의 재선을 저지하자고 호소하였다.

그러나 그의 개인적 신앙심은 국민들에게 그다지 큰 문제가 되지 않았다. 그보다는 오히려 연방에 대한 국민적 충성심의 깊이, 그리고 연방-공화당 후보만이 이 나라의 운명에 대한 유일한 보증인이라는 그들의 믿음에 그의 재선 결과가 달려있었다. 복음주의 교도인 브루클린의 은행가 조세프 B. 맥스필드는 선거가 막바지에 다다른 어느 날 대통령에게 편지를 써 "노예해방 선언문을 통해 하나님을 공개적으로 인정한 링컨이라는 사람이 그리스도의 소중한 피를 통해 영원한 생명을 얻을 수 있다는 희망에 기뻐할 것인지"를 절박하게 물어 보았다. 그러나 대통령의 대답은 그의 결정에 아무런 영향을 주지 못했다. 맥스필드는 '링컨을 한 인간으로서 사랑하게' 되었으며 이제 그를 '하나님의 이름 아래 이 나라의 희망으로서' 바라보게 되었기 때문이다.

이 민주당의 만평은 안티텀의 연방군 사상자들 사이에 서 있는 링컨을 냉정하고 비겁한 모습으로 묘사하였다. 링컨은 그의 친구 레이몬에게 '하찮은 집사'나 무엇이든 재미있는 노래를 불러달라고 요청하고 있다. 이 근거없는 이야기를 담은 만평은 반정부지인 〈뉴욕 월드〉에 실렸던 것이다. 링컨은 스코틀랜드식 모자와 군인 망토를 차려입고 있다. 이 옷차림은 그가 1861년 2월 밤중에 은밀히 워싱턴에 입성할 때 입었던 것으로 전해진다.

    정치 신문이나 종교 언론이 은밀히 링컨의 견해를 빌어 국가의 명운을 건 전쟁에 의미를 부여하면서 이와 비슷한 현실적 또는 종교적 주제는 선거를 통해 더욱 다듬어지고 강화되었다. "'귀족계급의 거짓된 지배'에 대하여 국민의 정부를 지키기 위한 투쟁은 야만적 문명에 대한 기독교 문명의 저항으로 발전하였다. 이 나라의 과거는 독립의 아버지로부터 현 세대까지 신의 섭리에 따라 소중한 유산이 이어져온 오랜 역사이다. 이 나라의 현재는 아직도 계속되고 있는 신의 은총의 분명한 증거이다. 신의 인도로 자선사업이 번창하고 종교가 부흥하며 '아내와 딸과 연인'들조차 연방의 사명을 기꺼이 나누어지고 연방의 병사들은 황야에서 무사히 빠져나왔다. 깨끗이 정화된 이 나라는 앞으로 '자유와 공화주의에 반대하는 전 세계 적들의 집단'과 투쟁하며 물질적 풍요와 제국 건설을 향해 나아갈 것이다."

    1864년까지 공화당원들은 노예제도가 사라지고 경제적으로 변화된 새로운 형태의 연방을 꿈꾸며 연방의 복구에 헌신하게 되었다. 그러나 민주당이 링컨의

이 전단지는 링컨을 자유 노동과 평등한 교육 기회의 보증인으로, 맥클렐런을 남부 연맹의 고객으로 묘사하고 있다. 링컨은 연방기가 휘날리는 학교 건물에서 쏟아져 나오는 흑인과 백인 어린이들을 뒤로 하고 노동자와 악수하고 있다. 반면 맥클렐런은 뒤편의 흑인 경매 장면을 무시한 채 남부의 대통령과 악수하고 있다.

'나이아가라 성명'을 문제 삼아 광신적 노예제도 철폐 정책만이 평화의 걸림돌이란 주장을 펼치자 이에 긴장한 공화당은 선거 기간 동안 노예해방론의 톤을 한층 낮추었다. 그럼에도 불구하고 노예해방 문제를 완전히 피하는 것은 불가능하였다. 연방 유권자들 사이에 광범위하게 퍼져 있던 인종적 적대감과 편견을 감안하여 공화당은 정부의 노예해방 정책의 근본적 이익에 앞서 실용적 측면을 강조하려고 노력하였다. 링컨도 자신의 해방 선언으로 자유가 된 '흑인 전사'들이 반란군과 남부의 독립 사이를 가로막고 있는 유일한 저지선임을 강조하였다. 노예해방은 경제적 측면에서도 상당한 유익한 결정이었다. 이 나라의 '골격이자 근육'인 평범한 노동자들은 노예해방으로 인해 경직된 귀족주의적 사회 질서가 파괴된 남부가 교육의 기회, 숙련공에 대한 수요, 자기개발의 자유, 기술적 산업적 발전, 사회적 역동성, 계급 간의 조화, 그리고 전국적 풍요에 한발 더 다가서면서 더 많은 기회를 갖게 될 것이다. 그리고 노예제도가 전쟁의 원인이라는 링컨의 생각이 맞다면 오직 노예해방만이 통일된 조국에 영원한 평화를 가져다 줄 것이다.

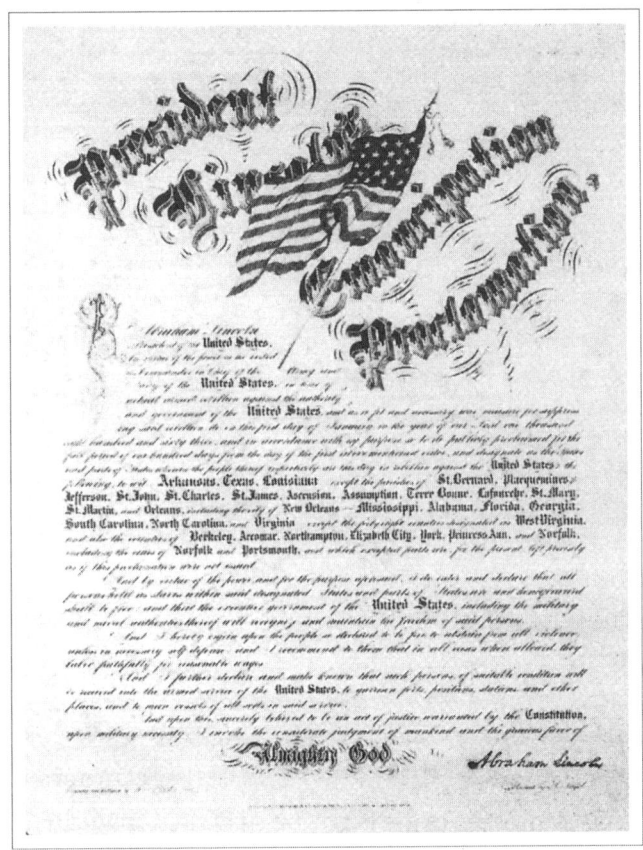

노예해방 선언문을 석판으로 인쇄한 기념품. 1864년 연방당 선거 운동에서 유용한 역할을 했다. 체이스의 제안대로 링컨이 '전지전능한 하나님의 관대한 은총'을 간구하는 부분을 특히 강조하였다.

그러나 간혹 중도적 공화주의의 중심부에서조차 이러한 현실적 요소들이 신교적 언어를 빌어 더욱 깊은 의미를 내포한 채 표현되곤 하였다. 이들은 노예해방을 속죄의 수단이자 하나님의 목적에 대한 경배, 그리고 만인의 아버지인 하나님 아래 평등한 형제인 인간이라는 원칙에 기반한 정책이라고 간주하였다. 그리고 "깊이 들여다보면 이것은 바로 종교적 투쟁……, 기독교 문명과 하나님의 깨끗한 진실을 위한 전쟁이다."라는 말에 토를 다는 사람은 거의 없었다. "이 나라가 구원된다면 앞으로 무엇이 전능자의 최고 작품이자 세계의 기적이 된 미국 연방의 존재를 막을 것인가?" 연방의 지도자들은 "이 나라의 재탄생"을 약속하는 선거가 일상적인 정당 간 투쟁이 될 수 없다고 강조하였다. "기억하라." 전국 행정위원회는 이렇게 촉구하였다. "이 선거는 정당의 승리를 위한 것이 아니

당의 전략가들은 이 충격적인 토마스 내스트의 만화를 최대한 활용하였다. 민주당의 시카고 강령 선언을 부끄러운 연방군에 대한 배신 행위로 묘사하기 위해 애틀랜타, 셰년도어 밸리, 그리고 모빌베이에서 남부군을 격파한 연방군의 승리를 이용하였다. 다리가 없는 연방군의 병사가 항복하는 의미로 얼굴을 묻은 채 제퍼슨 데이비스에게 손을 내밀고 있다. 한편 데이비스는 "헛된 전쟁에서 사라져간 연방의 영웅들을 기리며"라고 새겨진 묘비가 서 있는 무덤 위에 발을 올려놓고 서 있다. 그리고 콜럼비아(워싱턴)가 흐느끼는 가운데 미국의 국기는 거꾸로 매달려 휘날리고 있다.

라" 정부의 생존을 위한 것임을. 지역에서나 전국적으로나 평생을 당에 헌신한 '골수' 민주당원들조차 각종 연단을 장식하고 집회를 주도하면서 연방당은 반전 민주당원을 '협잡꾼'이나 '모리배', 반연방주의의 배신자 등으로 몰아붙이는 한편 스스로를 국가주의의 유일한 초월적 도구로서 제시하는데 성공하였다. 휴전협정과 주 대회를 요구한 민주당의 시카고 강령 선언은 '애국적' 상대편에게 쉬운 공격 대상이 되었다. 협상을 위한 정전이 남부 연맹의 독립을 인정한다는 의미는 아니더라도 이를 통해 반란군은 재결집과 재건을 추진할 시간을 갖게 되고 우리는 "포토맥강과 오하이오강이 남부의 해안을 씻어주는 것"을 바라보아야만 하는 치욕스런 평화를 얻게 될 것이다. 최근의 승리로 인해 연방은 '승리의 전야'를 맞이하였다. 이제 적은 충분히 지쳤고 오직 제프 데이비스만이 이 투표결과를 통해 전장에서 얻지 못한 승리를 얻으려 시도하고 있다. 그리고 연방주의자들은 전쟁은 참혹한 경험이었지만 유일한 명예로운 선택이었다고 주장하였다. 남부의 저항력을 파괴하는 것만이 미국이 단단하고 영원한 '시대의 반석'으로 거듭날 수 있는 유일한 방법이었기 때문이었다. 시카고 대회의 배반 행위는 기독교 평화론의 합법적 전통을 웃음거리로 만들었다. 링컨이 말한 것처럼 "이 나라의 거의 모든 종교인이 전쟁 지지를 외치는 설교를 하는 동안 선술집과 모든 부도덕의 전당에서 들려오는 외침은 오로지 평화! 평화뿐이다."

연방주의자들의 가장 효과적인 전쟁의 도덕적 정당성에 대한 상징을 부여한 것은, 바로 유세장이면 어디나 어김없이 나타나는 병사들이었다. 맥클렐런은 병사들의 표를 끌어오기 위한 카드였으나 병사들이 느끼는 옛 지휘관에 대한 연민의 감정은 링컨의 단호함에 대한 믿음, 그리고 '민주당의 부패와 저주받을 정책'에 대한 분노를 이겨낼 수 없었다. 장교들은 연방 집회에서 연설하였고 부상병들은 그 존재만으로도 과거와 현재의 영웅들에게 국가가 진 빚을 뚜렷이 상기시켜 주었다. 군악대와 의장대는 각성한 자들의 꼬리를 물고 이어지는 행진에 동행하였다. 전체적으로 병사들은 '평화를 향한 진정한 길'은 반란군이 진압되는 그날까지 고된 투쟁을 감내함으로써 얻을 수 있다는 명백한 메시지를 전달하였다. 연방을 선택하는 것만이 '푸른 군복을 입은 아버지 에이브러햄의 아들들'이 피로써 이뤄낸 희생을 존중하는 일이 될 것이다.

곳곳에 모습을 나타낸 병사들은 연방당의 모든 구호를 더욱 강화시켜 주었다. 유권자들은 이제 역사적으로 유례없이 중대한 위기 상황에서 간단하지만 생과 사를 가르는 선택의 기로에 놓여 있었다. '운명의 날'에 링컨이 패배한다면 문명의 시계가 한 세기나 거꾸로 돌아간다는 것을 의미한다. 더욱 끔찍한 것은 '지금의 실패는 영원한 실패'라는 것이다. '우리의 영광은 끝났다.'라는 말을 자유의 전당 벽에 써놓아야 할지도 모른다."

민주당은 성경의 계시 말씀과 같은 공화당의 주장을 링컨의 무능과 개혁 도착증을 가리기 위한 연막이라고 깎아내렸다. 그리고 노예해방 선언, 진보적 개혁론, 국가 통일론, 그리고 개인의 자유에 대한 위협 등이 모두 신교의 악의적 간섭이라고 비난하며 그 대신 "예전과 같은 연방, 예전과 같은 헌법, 예전과 같은 흑인의 자리"를 약속하였다. 만일 애틀랜타 함락으로 민심이 급변하지 않았다면 이 구호는 상당한 위력을 발휘했을 지도 모른다. 반전, 백인 우월적, 반양키 메시지는 민주당의 텃밭인 남북부, 중서부, 북남부 등지의 일부 농민 계층, 영세 생산자 집단, 그리고 도시 이민자 집단 사이에서 주로 인기를 누렸다. 그러나 전세가 호전되면서 당은 소수 극단적 반전 집단과 반란군과의 타협을 근본적으로 거부하는 집단으로 첨예하게 갈라서게 되었다. 민주당은 비애국적 모양새를 두려워하여 통일된 목소리를 내지 못하고 인종 문제를 핵심 의제로 포장하는 데 실패하면서 정부를 대신할 실질적인 대안으로 부상하지 못한 채 중도적 유권자들의 눈에 단순한 저항 세력으로서 비춰지게 되었다.

적절한 의제 제시, 조직적인 유세 활동, 그리고 시의적절한 군인 휴가 조치 등이 어우러져 링컨의 당은 10월 주의회 선거에서 놀라운 성공을 거두었다. 당은 특히 링컨이 그 '엄청난 비중과 영향력'을 인식하여 가장 신경쓰고 있던 펜실베니아와 반전 성향이 강한 주정부의 용인 하에 '숨은 배신자들의 거대한 집결지'가 되어 왔던 인디애나에서 승리함으로써 적수의 사기 저하, 그리고 한 달 후에 있을 대통령 선거에서의 승리를 확신하게 되었다. 과연 11월 8일 링컨과 존슨은 전체 25개 주에서 3개 주를 제외한 전 지역에서 승리하였다.

그러나 맥클렐런도 만만한 상대는 아니었다. 비록 그가 승리한 곳은 뉴저지와 델라웨어, 그리고 켄터키 세 곳뿐이었지만 전체 400만 표 중 약 44퍼센트를 차지하는 위력을 발휘하였다. 민주당의 핵심 지지층은 연방에는 헌신할지언정 노예해방에는 결코 동의하지 않았다. 이에 따라 민주당은 중부 대서양 연안과 중서부에서 상당한 영향력을 유지할 수 있었다. 그리고 일부 지역에서 맥클렐런은 지난 1860년 당시보다 민주당에 더 많은 표를 안겨주었다. 그는 아일랜드와 기타 외국 이민 노동자들이 많이 거주하는 도시와 탄광 지역에서 강세를 보였다. 이들은 주로 인플레이션이나 자본력과 같은 문제에 관심을 쏟았으며 흑인을 위한 전쟁에 끌려들어 갈 수 없다는 정서가 강하였다. 그릴리는 "펫은 '흑인'에게 적대적이라는 쪽에 표를 던졌다." 그리고 "남부에서 위협적으로 몰려오는 흑인 자유 노동자들을 돌려보내려고 노력하고 있다."

민주당은 1864년 선거 당시 '흑백 결혼'이라는 말을 만들어 내고 공화당이 사회적 성적, 인종간 교합을 부추긴다고 강조하였다. 그림에서는 링컨의 초상이 인자하게 '흑인 파티'를 내려다보고 있는 가운데 백인 공화당 지도자들이 흑인 여성들과 춤을 추며 '행동으로 믿음을 증명'하는 모습을 보여준다.

1864년에 출판된 정치 만평은 링컨의 인종 정책과 정부의 무능, 이 두 가지를 비꼬고 있다. 무대 뒤로 연극 〈오델로〉가 상연되는 가운데 주연은 얼굴을 검게 칠한 링컨이다. 시워드는 만취 상태이고 그릴리는 축 늘어져 있다. 웰레스는 자고 있고 버틀러는 도둑질에 한창이다. 스탠튼은 병사들에게 링컨의 재선 달성을 지시하고 있으며, 앤드류 존슨은 꼭두각시 모양을 하고 있다.

반대로 링컨은 주로 원주민 농부들 사이에서 가장 큰 지지를 받았다. 그리고 숙련공이나 도시 중산층의 전문직 종사자들 사이에서도 상당한 인기를 유지하였다. 전통적인 텃밭인 뉴잉글랜드와 양키 정착 지역 외에도 이제 공화당은 이전에 약세를 면치 못하던 볼티모어와 필라델피아 등지도 손에 넣었다. 남북부와 접경 지역에서는 보수적 연방주의자 필모어와 벨, 에버렛이 연단의 활약에 힘입어 1860년 당시보다 훨씬 큰 성공을 거두었다. 1860년과 마찬가지로 링컨은 미주리, 일리노이, 그리고 위스콘신의 독일계 이민들 사이에서 큰 지지를 받았다. 그리고 "병사들의 표는 모두 한쪽으로 갈 것이다."라고 한 한 자원병의 말 그대로 병사들로부터 4 대 1의 압도적인 지지를 얻어냈다.

특히 놀라운 사실은 북부 신교도가 연방당과 거의 완전한 합일을 이루어냈다는 것이다. "아마 역사상 종교가 이처럼 강하게 한 방향으로 쏠린 경우는 거의 없을 것이다." 대표적인 감리교 신문의 편집장은 이렇게 평하였다. 주요 복음주의 종파는 물론이고 퀘이커, 유니테리언 및 여러 자유주의적 신교 집단과 같은 소규모 또는 급진적 분파들도 1860년 당시보다 더욱 굳게 뭉쳐 한 목소리로 링컨을 지지하였다. 반면 맥클렐런은 민주당의 전통에 따라 대부분 가톨릭 신도들의 표를 독식하였으며 감독교와 구파 장로교, 그리고 반선교 침례교와 사도교에서도 상당한 표를 얻었다. 그러나 대부분의 신교도는 연방당 내에서 굳건한 뿌리를 발견하였다. 그리고 대다수 침례교도와 감리교도, 그리고 심지어 구파 장로교도들까지도 민주당의 항구를 떠나 연방당에 합류하였다. 테오도르 틸튼은 선거 다음날 어두운 새벽 써 내려건 축하의 사설에서 "공화국을 구하기 위한 신의 손길"이 링컨의 승리를 이끌었다고 평하였다. 그러나 현실적 관점에서 본다면 링컨의 눈부신 성공은 하나님의 대리인임을 자처하며 놀라운 수준의 여론 결집을 이루어낸 신교 지도자들의 노력의 결과라고 할 수 있을 것이다.

링컨은 자신의 재선 결과와 과정을 통해 '국민'에 대한 자신의 믿음을 다시 한 번 확인하였다. 그는 헤이에게 "조용히 질서정연하게" 진행된 이번 선거는 연방의 자유주의 제도가 가진 근본적인 자율성과 전시에조차 "무정부 상태나 독재 정치에 빠져들지 않고" 정상적인 기능을 유지할 수 있는 이 나라의 역량을

1864년 대통령 선거일 포토맥 부대의 한 캠프. 프랭크 레슬리의 일러스트레이티드 뉴스페이퍼 소속의 한 화가가 상상하여 그린 그림. 링컨처럼 생긴 사람이 한 병사와 깊은 대화를 나누는 가운데 다른 병사들은 연방당의 후보에게 투표하기 위해 기다리고 서 있다.

그대로 증명하였다고 말하며 크게 기뻐하였다. 전쟁이 최악의 상황으로 치닫는 동안에도 링컨은 나라의 이상과 제도에 대한 평범한 국민들의 충성심에 이 나라의 생존이 달렸다면 이 시련은 극복될 수 있을 것이라고 확신하였다. 화의파 후보의 승리가 점쳐졌던 1864년에도 그는 국민적 연방주의의 깊이를 의심하거나 헌법과 공화국의 가치를 대표하는 선거를 연기하거나 취소할 생각을 해보지 않았다. 그는 한 일리노이 주민의 말처럼 "우리는 특정한 개인이 아닌 바로 전 국민이 연방을 구해야 한다고 생각한다. …… 정치 지도자들의 얄팍한 술수가 아닌 국민의 현명한 상식이, 그리고 명석한 정치가의 책략이 아닌 국가의 근본적 지혜가 연방을 구할 것이다."

만일 맥클렐런이 시카고의 강령 선언을 바탕으로 선거에 승리했다면 어떤 일이 일어났을까? 니콜라이 외 여러 사람들은 "분리와 분열, 재정 파탄과 국가적 치욕, 그리고 '궁극적인' 노예 왕국의 도래라는 대가"를 바탕으로 평화를 얻었을 것이라고 생각하였다. 맥클렐런 자신은 분명히 영원한 분리에 반대했겠지만, 만일 휴전에 합의하였다면 그 다음 이러한 결과를 막는다는 것은 거의 불가능하였을 것이다. 무엇보다 확실한 것 한 가지는 보편적 노예해방이 결국 실현되지 않았을 것이란 사실이다.

결국 연방-공화당의 승리로 위와는 상당히 다른 새로운 비전을 향한 문이 활짝 열렸다. 새로운 연방은 미국이란 나라의 역사적 중요성에 대한 깊은 이해, 신이 주신 사명, 그리고 혈연이나 인종보다는 평등과 자유라는 이상을 바탕으로 한 현재와 미래에 대한 헌신 위에 존재할 것이다. 링컨의 가장 위대한 정치 업적은 국가의 이상을 정의하고 양키 신교도의 진보주의의 힘을 이끌어내기 위해 연방의 대의명분을 더욱 발전시켰다는 점이 될 것이다. 역사학자들이 이미 지적한 바와 같이 실용주의를 바탕으로 보수주의를 배격하지 않고 연방 안에 광범위한 연대를 결성 및 유지를 추진한 그의 조치가 연대 안에 존재하는 진보적 요소의 중요성을 깎아내릴 위험성은 충분하였다. 링컨은 양당 체제에서 삼자의 출현이 가져올 문제점을 인식한다면 진보파가 공화당에 협력하는 것 외에 다른 대안이 없다는 사실을 간파하고 있었다. 그러나 그는 또한 패배주의와 전쟁 피로감이 가진 파괴력을 피하여 연방주의자들에게 계속 활력과 영감을 불어넣어 주도록 급진파의 비전이 가진 힘을 끌어낼 필요성도 충분히 인지하였다. 그와 급진 세력은 서로를 필요로 하였다. 그리고 시간이 흐름에 따라 그는 자신이 상원의원 윌리엄 켈리의 표현대로 "가장 현명한 급진론자"임을 충분히 증명해 보였다.

Chapter 07
죽음의 위력

　　전쟁이 마지막 비명을 울릴 무렵 육체적으로나 정신적으로 지칠 대로 지친 그는 두 번째 임기를 시작하였다. 3월 중순에는 내각 회의를 병상에 누워 진행한 적도 있었다. 그는 거의 자지도 먹지도 않았다. 이 무렵에 찍은 사진들 속에는 피로에 지쳐 깊이 주름 잡힌 그의 얼굴이 그대로 드러나 있다. 그러나 지난 시간 그의 업무가 강요하는 가혹한 희생 속에서도 정신적으로나 육체적으로 그가 살아남았다는 사실은 정말 놀라운 일이었다. 젊은 시절 고된 육체노동을 통해 얻어진 강한 신체는 고된 나날을 잘 견뎌내었다. 마찬가지로 끈질긴 사고력과 목표를 정한 뒤에는 결코 물러서지 않는 굳은 결의 등 그의 억센 정신력도 그를 지탱해 주었다. 이러한 강건함과 강한 의무감이 어울려 링컨은 누구보다 훌륭히 과도한 격무를 이겨낼 수 있었다. 1864년 선거 다음날 아침 이제는 쉬어도 될 만한 그때에도 링컨은 책상을 지키고 앉아 지루한 일상 업무에 열중하였다.

　　그러나 이러한 성실함만이 링컨의 눈부신 정치 업적을 설명해 줄 수는 없다. 그의 부지런함은 다른 여러 가지 중요한 자질과 어우러져 한때 행정 경력의 미숙함으로 비극적 결말을 초래할 것이라고 걱정을 듣던 이 사람에 대한 신뢰를 일궈내었다. 기디온 웰레스는 링컨의 가장 중요한 자질이 바로 그의 "놀라운 자기 신뢰성"이라고 평가하였다. 대통령이 된 후 링컨은 예전의 조슈아 스피드와 같은 가까운 친구를 가질 수 없었으며, 애정을 받는 것보다 돌려주는 데 인색한

알렉산터 가너의 사진
1865년 2월 찍은 사진. 대통령의 얼굴에 늘어난 주름살이 확연히 보인다.

메리는 아들을 잃은 이후 특히 더 그에게 연연하였다. 그러나 다행스럽게도 그에게는 자신의 판단에 대한 깊은 자신감이 있었다. 그렇다고 그가 다른 이들의 의견을 무시한 것은 아니나 레오나르드 스웨트의 말처럼 "언제나 스스로 생각하고 결정하였다."

이 자기 신뢰성은 자신의 존재 가치에 대한 강한 믿음에서 비롯되었다. 자신의 평범함을 자각하고 이를 늘 불편해 하던 사람이 이러한 믿음을 가지고 있었다는 사실은 한편 놀라운 일이다. 프란시스 카펜터는 우아함이 결여된 자신의 외모를 농담삼아 무시하곤 하던 대통령의 모습을 좋아하였다. 존 헤이는 자신의 못생긴 외모를 놀리는 사람들에게 "주님은 평범한 외모의 사람들을 더 사랑하신답니다. 그게 바로 주님이 우리를 이렇게 많이 만드신 이유랍니다."라고 응수해 줄 생각을 하며 마냥 즐거워하던 링컨의 모습을 기억하였다. 그러나 링컨이 가진 스스로의 가치에 대한 믿음은 결코 지나친 자존심으로 이어지지 않았다. 링컨을 만나본 사람들은 누구나 그의 정치적 자신감이 결코 허영심이나 자만심, 또는 자화자찬이나 오만함으로 흐르지 않는다는 사실을 알게 되었다. 자신이 가장 애송하는 시가 윌리엄 녹스의 "오, 인간의 정신은 왜 영광스러워야만 하는가?"라면 그 사람은 인간의 자만심이 가진 파괴력과 세속적 영예의 덧없음에 대한 교훈은 더 필요치 않을 것이다.

자기 신뢰성과 자존감에 덧붙여 링컨은 의식적으로 자신을 엄격히 자제하려고 노력하였다. 이러한 의식은 자기 통제력과 합리성을 잃어버릴 것을 우려하여 주류를 자제하는 형태로 나타나는 한편 그의 정치적 행보에도 큰 영향을 미쳤다. 분노와 개인적 적대감으로 정치 및 군사적 목표를 거슬리는 일은 결코 용납되지 않았다. 그러나 대통령 시절 전략적 효과를 노려 일부러 화를 낸 적도 간간이 있었으나 대부분은 이를 억누르기 위해 펜에 의존하곤 하였다. 그는 자신의 들끓는 감정을 편지에 옮겨 적은 다음 신중히 심사숙고한 뒤 보내지 않고 그대로 묻어두기를 반복하였다. 그가 평정을 잃는 일은 매우 드물었다. 스웨트는 이러한 링컨을 "남을 미워할 줄 모르는 사람"이라고 부르며 "그는 자신의 호감이나 반감에 비추어 타인을 판단하지 않았다. …… 나는 그가 적이라는 이유로, 또는 마음에 들지 않는다는 이유로 해임시키는 경우를 한 번도 보지 못했다."라고 말했다. 존 포니도 그를 "특히 친구의 적을 받아들이기 단호히 거절하는 …… 훌륭한 중재자"라고 평하였다.

자신의 충동을 자제한다는 면에서 링컨은 데이비드 데이비스의 말처럼 "노골적인 감정"을 보여주지는 않았지만, 그를 만난 사람들은 대부분 그의 성실함과 올곧은 모습에 깊은 인상을 받았다. 물론 링컨은 자신이 원하는 것만 보여주는 화법에 능통하였으나 그럼에도 불구하고 상대방의 감정을 상하지 않으면서도 솔직한 대화를 구사할 수 있는 보기드문 재능을 가지고 있었다. 사람들을 다룰 때나 정치 현안을 다룰 때나 그는 인간 본성에 대한 탁월한 이해를 바탕으로 언제나 합의를 이끌어낼 수 있었다. 오랜 세월 순회재판소에서 일한 경험이 이러한 능력을 개발하는데 한몫한 것은 틀림없겠지만, 특히 그의 놀라운 기억력도 큰 역할을 했을 것이다. "그는 사람의 성격을 그대로 간파하고 의회나 이 나라 안에 있는 모든 저명 인사들의 특징을 모조리 꿰뚫고 있는 것 같았습니다." 한 링컨 숭배자는 이렇게 말하였다. 결코 아첨꾼이랄 수 없는 <뉴욕 헤럴드>의 베넷조차 대통령의 "불쌍하고 허약한 인간 본성의 안팎을 모두 꿰뚫는 날카로운 직관력"이 "대부분의 사람들이 결코 헤어나오지 못할 난관을 극복할 수 있도록 만들어 주었다."라고 평하였다.

대부분의 연방주의자들이 링컨에게는 위기의 상황에 처한 대통령에게 필요한 번뜩이는 기지나 고귀함 등의 자질이 없다고 생각하였으나 그의 강건한 기질은 오히려 정부의 목적에 가장 잘 부합하였다. 사람들은 그를 쉽게 무시하였으나 그는 여기에서도 전혀 의외의 이익을 창출할 줄 알았다. 전쟁 발발 전 재판정에서 "링컨을 우습게 본 사람은 곧 오히려 자기가 곤란한 지경에 빠져 있는 것을 발견하게 되었다."라고 스웨트는 회상하였다. 전시에도 연방의 유망한 정치인들이 이 독특한 대통령의 막강한 통제력과 권위를 제대로 인식하기까지는 한참이 걸렸다.

링컨은 연방의회를 정중히 대하고 거부권 행사는 매우 제한하는 한편 내각의 장관들에게는 각자의 분야에서 상당한 자율권을 부여하였다. 그리고 자신은 주요 영역에 모든 힘을 집중하였다. 행정부의 수반으로서 그는 단독으로 전쟁의 목적을 규정하고 이를 달성할 수단을 준비하였다. 최고 통수권자로서 그는 군에 모든 권한을 위임하지 않기로 결정하였다. 맥클렐런의 경우에서 얻은 뼈져린 경험을 바탕으로 그는 전략적 결정에 대한 통제의 고삐를 결코 늦추지 않았다. 당의 지도자로서 그는 여론 결속의 도구로서 당의 가치를 인정하는 한편 연방의 '불화 요소'들이 단단히 결합하는 것이 무엇보다 필요한 전시에 편협한 파벌주의가 판치는 것을 경계하였다. 그리고 국가의 대표자로서, 정치적 수장으로서 그는 여론에 대한 자신의 검증된 판단력을 바탕으로 '국민의 전쟁'을 헤쳐나갔다.

이 뛰어난 자질과 정치 권력, 그리고 진단 능력을 바탕으로 링컨은 놀랍도록 효과적인 전략을 지속적으로 구사하였다. 역사학자들은 그의 신중함, 특히 전쟁 초기 모든 정치 파벌의 연대를 일궈낸 그의 능력에 대해 높은 평가를 내리

고 있다. 그러나 전쟁의 피로감과 패배주의에 대항하여 북부에 영감과 에너지를 부여할 필요성을 인지하고 국가의 이상과 연방의 비전을 확대하여 명확히 제시함으로써 이를 달성한 링컨의 능력은 충분한 평가를 받지 못했다. 또한 대통령으로서 링컨의 신앙심이 깊어진 과정도 충분히 들여다볼 가치가 있다. 그러나 그의 눈부신 정치 업적은 다른 무엇보다 미국의 애국심을 표출할 가장 강력한 도구로서 주류 신교의 힘을 효과적으로 이끌어낸 그의 능력에서 기인한 것이다.

이렇게 바라본 링컨은 정력적이고 적극적인 대통령이었다. 잘 알려진 그의 운명론은 정치적 무기력함 대신 시대의 거대한 조류에 저항하는 정치인은 결코 성공할 수 없다는 성찰로 이어졌다. 그에게 세상은 원인과 결과에 대한 질문 그 자체였다. 바로 이런 점이 '일, 일, 일'만이 '가장 중요한 것'이었던 사람이 타성에 빠지는 것을 방지해 주었다. 그리고 더 나아가 그로 하여금 거대한 조류가 흘러갈 수 있는 수단을 밝혀내고 추진할 수 있도록 만들어 주었다. 연방 구원의 확신과 노예제도의 붕괴를 확신한 링컨은 신의 목적을 달성할 도구로서 자신의 역사적 순간을 단단히 그러잡았다.

4년간 정열적으로 국가를 통솔하며 격무에 시달리느라 그는 개인적인 휴식 시간은커녕 병에서 회복할 시간도 거의 갖지 못하였다. 일 자체만도 커다란 부담이었으나 그가 가장 못 견뎌 했던 것은 발작적으로 북받치는 슬픔의 감정이었다. 전장의 사상자가 늘어갈수록 그는 더욱 절망적이 되어 갔다. 황야에서 전쟁의 첫 패배를 경험한 후 링컨은 거의 잠을 이루지 못하였다. 카펜터는 고뇌에 찬 그의 모습을 이렇게 묘사하였다. 그는 "두 손을 뒷짐 지고 푹 꺼진 눈으로 머리는 푹 숙인 채 끊임없이 서성이고 있었다. 회한과 연민, 그리고 근심이 가득한 그의 모습은 아마 가장 냉정한 적의 마음마저 녹여버렸을 것이다." 그러나 그는 절망으로 점철되었던 삶을 통해 나름대로의 생존 전략을 터득하고 있었다. 그는 특히 청년 시절 연인과의 관계에서 많은 실망감을 맛봐야 했다. 그리고 고통의 순간은 시간과 함께 사라진다는 유용한 교훈을 얻었다. "지금은 모르겠지만 당신은 곧 괜찮아 질 겁니다." 그는 실연에 괴로워하는 젊은 여인에게 이렇게 말하였다. "그리고 결코 믿기지 않겠지만, 다시 행복해질 것입니다."

자신의 탁월한 유머 감각도 그에게 커다란 위안이 되었다. 링컨은 유머를 기분 전환용으로 잘 활용하였다. 다른 이들이 와인잔을 기울이거나 맛있는 음식을 먹을 때 그는 가슴을 울리는 웃음을 즐겼다. 그는 재미있는 글을 즐겨 읽었고, 데이비스 로스 록이나 페트롤리움 V. 네스비의 코믹 창작물을 즐겼다. 그는 재미있는 일화나 농담, 통속적인 이야기를 좋아하였다. 간혹 정치적 위장술로서 이들을 사용할 때도 있었지만, 그는 주로 여기에서 안식처를 찾았다. 따라서 유머 감각이 부족한 사람들을 대할 때 링컨은 고통을 느꼈다. 내각 요인들 중 특히 체이스가 이 경우에 속하였는데 링컨은 "그의 머리에 농담을 집어넣으려면 아마 수술을 해야 할 거요."라고 불평하기도 하였다. 1862년 암울한 시기 링컨은 한 상원의원으로부터 농담을 삼가라는 지적을 당하자 엄숙하게 "장담하건대 이런 통풍구라도 없으면 나는 죽고 말거요."라고 응수하였다.

그러나 링컨은 그 근본이 심각하여 가벼운 농담만으로는 충분한 안식을 찾을 수 없었다. 따라서 인간의 심리에 대한 깊은 이해와 정치 권력과 무상함, 그리고 책임감과 슬픔 등에 대한 그의 성찰은 자연스레 셰익스피어의 비극에 대한 사랑으로 이어졌다. "그는 셰익스피어 작품을 어느 작가의 작품보다 많이 읽었을 것이다."라고 헤이는 회상하였다. 링컨은 그를 앉혀 놓고 때때로 저녁 늦게까지 《햄릿》, 《리어왕》, 특히 《맥베스》와 같이 자신이 가장 좋아하는 작품들을 읽어주곤 하였다. 링컨은 리어왕이나 리처드 2세 같이 정통성이 결여된 군주나 리처드 3세, 맥베스, 또는 클라우디스 같이 왕위를 찬탈한 지배자들의 대사를 즐겨 읽으며 야망의 질주 끝에 '텅빈 왕관'을 손에 거머쥔 이 극중 군주들의 경험을 통해 최고의 자리를 향한 끝없는 욕망 끝에 끔찍하고 힘겨운 의무에 갇혀버린 자신의 처지를 돌아보곤 하였다. 그는 특히 "오, 고약한 나의 죄여."라고 시작하는 클라우디스의 독백을 즐겨 애송하였는데, 살인을 저지른 왕이 양심에 못 이겨 괴로워하는 이 장면에서 그는 무시무시한 전쟁을 시작한 데 대한 자신의 죄책감을 보았을 지도 모른다. 셰익스피어의 희극 중에서도 《팔스타프》와 같이 링컨에게 많은 웃음과 커다란 즐거움을 안겨준 작품들이 있었으나 대통령의 가장 큰 사랑을 받은 것은 그와 공감대를 형성하는 우울한 인물들이었다.

링컨은 웃음과 비현실적 비극의 세계로 도망칠 수 있는 장소로 극장을 애용하였다. 포드 또는 그로버 극장에서 그는 가족과 친구들과 함께 몰려드는 엽관배와 백악관의 아우성을 떠나 미처 '걱정과 근심에서 완전히 벗어나지 못한 채' 안식처를 찾고자 시도하였다. 그는 오페라에서부터 연주회까지, 셰익스피어에서 통속 코미디까지 온갖 종류의 프로그램을 섭렵하였다. 그리고 1865년 4월 14일 성금요일 그는 포드극장에서 상영 중인 《우리 미국인 사촌》이라는 희극을 보러 가려고 준비하고 있었다. 이날은 로버트 E. 리가 그랜트에게 아포매톡스의 법원에서 항복을 선언하기 바로 닷새 전이었다. 전쟁과 평화가 불분명하게 혼합된 이 시기에 국민들은 종전의 희망에 들떠 있었고 대통령은 충성, 관용, 그리고 일부 흑인 계층의 참정권을 토대로 한 화해를 촉구하고 있었다. 이날 대통령은 이상하게 소년과 같이 들떠 "앞으로는 우리 둘 다 좀 더 명랑해져야 겠소."라고 말해 메리를 깜짝 놀라게 만들었다. "전쟁과 우리 사랑하는 윌리를 잃은 슬픔에 시달리느라 몹시 불행한 날을 보내지 않았소."

연극을 그토록 많이 보아온 그라면 비극의 주인공은 자신이 만들어 놓은 상황에 빠져 희생되고 만다는 사실을 알았어야만 했다. 수많은 역사학자들이 링컨의 마지막 금요일에 일어났던 사건을 수없이 되풀이하여 해석해 보아도 이것이 바로 그 운명적 상황이었음을 인정하지 않을 수 없었다. 원래부터 자신의 안전에 전혀 신경을 쓰지 않던 대통령은 그래도 이날 밤만큼은 백악관에 머물 것을 권유한 스탠튼과 힐 레이몬의 호소를 무시한 채 귀빈석에 그랜트까지 동석하리란 사실이 공공연히 알려진 상황에서 밤 외출을 감행하였다. 그리고 연극을 그토록 사랑하고 남부에 관용적이던 대통령이 옛 남부의 수호자로서 스스로의 역할을 규정한 한 유명한 셰익스피어 연극배우의 손에 무참히 살해당했다는 사실은 비극적 아이러니가 아닐 수 없다. 존 윌크스 부스와 그의 일당의 원래 계획은 남부의 전쟁 포로 석방을 조건으로 링컨을 납치한다는 것이었다. 그러나 인종적 편견에 사로잡혀 링컨의 재건 계획을 섣불리 단정하고 근거 없는 두려움에 떨던 부스는 전쟁이 끝나가면서 일당들이 다 떠나버리자 절박한 심정으로 극중

존 윌크스 부스

부스의 대통령 암살 소식은 호외와 일간지를 통해 빠르게 퍼져나갔다. 백악관 장례식 이후 링컨의 시신이 담긴 관은 의사당에 안치되었다가 이틀 후 워싱턴 역으로 옮겨져 기차를 타고 장지인 스프링필드로 보내졌다. 필라델피아에서만도 100만 명의 사람들이 도시를 가득 메웠으며, 독립기념관에 안치된 이 위대한 순교자의 시신을 보기 위해 늘어선 애도자의 행렬은 3마일이 넘게 이어졌다고 한다.

폭군 살해자의 역할에 자신을 맡긴다. 대통령의 머리에 박힌 그의 잔인한 총알은 링컨을 끝없는 압박감에서 해방시킨 동시에 연방 전역에 들끓는 복수심을 불러일으켰으며, 남부는 그 대가에 대한 두려움으로 발작 상태에 빠져들었다.

극장 건너편 좁은 방 안의 작은 침대에 누워 링컨은 혼수 상태로 9시간을 더 버텼다. 침대를 둘러싼 의사들은 그의 끈질긴 생명력에 놀라움을 금치 못했으나 결국 1865년 4월 15일 토요일 아침 7시 22분 링컨은 역사와 사람들의 기억 속으로 사라져갔다.

링컨의 죽음을 목격하고 충격에서 헤어나오지 못하던 에드윈 스탠튼는 드디어 "이제 그는 시대 속으로 사라졌다."라고 말하였다. 그리고 그 순간 그는 너무나 인간적이었던 그의 친구가 이미 전설과 상징으로 다시 태어났다는 사실을 깨닫게 되었다. 링컨의 위대한 업적 그 자체만으로도 그는 역사적 인물로 평가받을 만하였으나 이제 이 극적인 죽음으로 그는 신격화의 길을 걷게 된 것이다.

국군장이 끝난 뒤 100만 명 이상의 슬픔에 잠긴 사람들이 의사당에 안치된 링컨의 시신 앞에 경의를 표하기 위해 모여들었다. 그리고 그의 시신은 기차를 통해 1861년 대통령 당선자 신분으로 워싱턴을 향해 오던 그 1,600마일을 그대로 되밟아 스프링필드로 천천히 운구되었다. 친구이자 형제, 그리고 아버지로 생각하던 사람을 갑자기 잃은 충격에 수백 만의 사람들은 자신들의 깊은 슬픔을 말로서 대신 표현해 줄 대변인으로서 종교와 사회 지도자들을 더욱 필요로 하였다. 신문의 사설과 목사들의 설교문을 통해 이들이 느낀 비참함과 분노, 그리고 충격을 표현하고자 애썼다. 그를 비난했던 사람들 중에는 침묵을 지키는 이들도 있었으나 대부분 예전의 독설을 그에 대한 찬사로 대신하였다. 링컨의 위대함은 그를 조지 워싱턴과 같거나 오히려 그 이상의 반열로 올려놓았다. 매튜 심슨 감독은 그가 "비범한 사람"이었다고 말하였다. 그리고 이 나라는 하나님이 그의 평생을 통해 앞으로 다가올 고난에 대해 그를 준비하시고 이 같은 "신의 손길"이 "이 어려운 시기에 우리 정부를 인도할 도구로 그를 특별히 선택하셨음"을 목격하였다. 당시의 한 언론인은 즉시 사태의 심각성을 이해하고 "이후로 에이브러햄 링컨에 대한 진실을 말한다는 것이 불가능해 졌다."라고 말하였다. 그의 말대로 후대의 역사학자들은 미국인의 기억 속에 존재하는 상징적 존재 뒤에 숨은 진정한 한 남자의 모습을 찾아내는 노력은 번번이 어려움에 봉착하게 되었다. 그리고 미국인의 기억은 단 하나가 아니었다. 역사학자 데이비드 블라이트는 애포머톡스에서 남부가 항복한 이후 겨우 50년이 지났을 무렵에도 벌써 민간에 남북전쟁에 대해 서로 다른 이야기가 전해 내려왔다는 놀라운 사실을 우리에게 보여주었다. 당연히 링컨은 노예해방의 흑인식 각본에 맞도록 영웅적으

동부 지역 연방군 총사령관 존 A. 딕스에게 대통령의 사망 소식을 알린 스탠튼의 전보문

필라델피아에서 링컨의 장례차가 군중으로 꽉 들어찬 길을 천천히 지나가고 있다.

로 변형되기도 하였다. 그러나 '누구에게도 악의를 품지 않겠다'던 대통령은 결국 천천히 국민적 '화해'의 각본에 잠식당하여 흑인을 소외시키고 폄하게 되었을 지도 모른다. 남부에서는 점차 '흑인을 옹호하는 공화당원'으로 인식되고 있었지만, 적어도 일부에게는 자애로운 링컨의 죽음으로 남부는 유일한 남부 출신

동맹을 잃게 된 것이다.

역사학자들에게 그의 신격화가 문제가 되는 만큼 링컨에 대한 미화는 당시의 국민들에게도 심각한 의미가 있었다. 그의 순교 덕분에 그는 죽어서조차 강력한 정치력을 행사할 수 있었다. 잔혹한 사별을 이해하려는 절박한 심정으로 연방 국민들은 비록 이해하기 힘들기는 하지만 암살에는 무엇인가 의미가 있고 '관대한 하나님의 손실'이 '현명하고 신성한 결말'을 위해 이 죄악을 잠시 허락하셨다고 믿으려 애썼다. 전능자께서는 그의 도구가 지상에서 임무를 완수했다고 결정하셨다. 위기의 시대를 지나 이 나라를 안전하게 인도한 링컨은 다음 단계인 재건의 시대를 이끌기에는 너무 부드럽고 인자하였던 것이다.

링컨의 순교는 특히 그리스도의 희생양과 같은 특성으로 인해 더욱 위력을 발휘하였다. 많은 사람들이 대통령이 교회를 대신하여 살해되었다고 주장하였다. 이들은 그가 공개적으로 신앙 고백을 하지 않았던 것을 못내 아쉬워하였다. 스프링필드의 묘지에서 매튜 심슨은 그의 신도들에게 적어도 링컨은 그리스도가 죄인들의 구세주였음을 믿었다고 확인해 주었다. 그리고 "나는 그가 기존의 종교 원칙과 조화로운 삶을 살기 위해 성실히 노력하였다고 생각한다."라고 덧붙였다.

자신의 종교 이력과 노예들의 해방자라는 역할로 인해 그는 현대의 모세로 자리매김하였다. 게다가 대통령의 죽음에 얽혀 있는 그리스도와 같은 희생적 특징은 그를 더욱 신비로운 존재로 만들어 주었다. 그는 국민을 위한 희생양으로 성금요일에 죽음을 맞이하였고, 또한 종려 주일에 남부의 수도 리치먼드에 입성하였다. "마치 그리스도가 누구보다 그를 증오하고 거부하고 기어이 살해한 도시 예루살렘에 들어섰듯 그의 종 또한 누구보다 그를 증오하고 거부하고 비록 고의적인 것은 아니었더라도 그의 죽음을 초래한 그 도시에 들어섰던 것이다." 하나님은 링컨을 '그의 나라의 구세주'로 선택하시고 그가 임무를 마친 모세와 예수를 거두셨듯이 그를 미국 국민에게서 거두어 가셨다. 길버트 헤이븐은 앞으로 그의 죽음을 달력의 날짜에 관계없이 매 성금요일마다 기려야 할 것이라고 주장하기까지 하였다. 그리고 성금요일은 "우리 축복받은 주님의 무덤과 십자가" 옆에서 지키는 "이동 단식일"로 정하자고 제안하였다. "왜냐하면 그는 주님께 봉사하다가, 그리고 주님의 복음을 위하여 희생양과 순교자가 되었기 때문이다."

링컨의 암살이 초래한 가장 중요한 역사적 결과는 재건에 따르는 정치 상황에서 링컨이 배제되었다는 사실이 아니라 이로 인해 미국의 애국주의가 신성화되는 계기를 불러왔다는 점일 것이다. 슬픈 애도의 나날을 보내면서 미국인들은 링컨의 죽음 속에서 세속과 신성함이 하나되는 천년왕국의 약속을 발견하였다. '검은 부활절'을 통하여 전능자께서는 하나님의 왕국과 정화된 국가를 지킬 계획을 보여주실 것이다. "순교자의 피는……." 부루클린의 한 장로교도는 이런 말을 하며 기뻐하였다. "인간의 권리, 복음의 진실, 인류 사회의 원칙, 연방의 통일성, 기독교 교도의 자치력, 그리고 피부색이 어떻든 관계없이 …… 하나님이 만드신 모든 창조물이 가진 결코 파기할 수 없는 평등성을 보장하며 …… 우리와 후대 사이의 서약을 봉인하였다." 마찬가지로 필라델피아의 침례교도 조지 데이 보드만도 링컨의 죽음에서 국가의 위대한 미래에 대한 영광된 약속을 보았다. 만일 링컨이 살아있었다면 "이 위대한 나라는 태어나지 못했을 것이다." 그러나 불가해한 신의 섭리는 "영광된 씨앗"이 죽어 "훨씬 더 많은 열매를 맺도록"허락하셨으니 "나는 에이브러햄 링컨의 눈물에 젖은 관에서 모든 노예가 해방되고 통일된 당당하고 변화된 불멸의 공화국으로 자라날 푸릇푸릇하고 부드러운 잎사귀가 돋아나는 것을 본다."

헨리 워드 비쳐처럼 많은 미국인들이 링컨의 암살로 인해 '새롭게 고동치는 애국심'을 발견하였다. 매튜 심슨은 이 나라의 의무가 "그토록 고귀하게 시작된 …… 그의 정책을 계속 실행하는 것 …… 모든 사람에게 하나님과 인간 앞에 진정한 모습으로 살아갈 수 있는 기회를 주는 것, 모든 형태의 반란군을 처단하는 것, 그리고 하나님이 우리에게 주신 국기와 함께 하는 것"이라고 확신하였다. 살해된 대통령의 대의—"국민이 한 개인으로서 완전한 주권 안에서 스스로 지배자가 될 것인지 또는 독재자나 귀족, 또는 어떤 한 계층에 복속될 것인지 결정하는 것"—은 이제 거의 결의에 가까워졌다. 만일 이것이 성공한다면 공화주의는 전 세계에 퍼져나갈 것이다. 링컨의 국가관이 '지구상의 마지막 최고 희망'으로 울려퍼지는 가운데 사람들은 그의 죽음에서 "지구상의 모든 나라에게 진정한 기독교 신앙에 기반한 공화주의적 자유는 이 지구의 기초만큼이나 단단하다."라는 하나님의 말씀을 들었다.

링컨은 그의 삶과 죽음을 통해 후손들에게 더욱 강하고 야심찬 국가주의를 물려주었다. 후세가 이 강력한 힘을 어떻게 활용하였는지는 이 책의 범위를 벗어나지만, 그는 힘의 남용을 견제할 수 있는 모델을 우리에게 분명히 보여주었다. 그는 정치 권력을 휘두르는데 주저함이 없었던 한편 도덕적 목적에 대한 깊은 이해를 바탕으로 현실적 정책을 구상하였다. 대통령으로서 그는 즉흥적 기분이나 자기만족을 위한 행동에 빠지는 대신 깊은 성찰과 넓은 비전을 가지고 결과에 대한 깊은 고민을 통해 놀랍도록 겸손한 태도로 자신의 길을 걸어갔던 것이다.

'그는 죽음과 동시에 국적을 초월하게 된 역사상 몇 없는 위대한 인물중 하나이다.'
- 데이비드 로이드 -

후 기

2004년 이 책이 영예로운 링컨상을 수상하면서 미국인들은 이 나라의 가장 위대한 지도자로서 링컨 대통령에 매혹되는 것이 비단 자신들 뿐만이 아니라는 사실을 다시 한 번 확인하였을 것이다. 최초의 연구서를 비롯하여 영국의 학자 고드프리 래스본 벤슨과 첸우드 경이 저술한 에이브러햄 링컨의 일생에 대한 저서들은 가장 오래되었을 뿐만 아니라 학술적 가치 측면에서도 크게 인정받고 있다. 옥스퍼드대학을 졸업한 엘리트 첸우드 경은 1916년 출판된 그의 저서에서 링컨의 도덕적 목표를 유럽적 시각에서 동조의 눈길로 바라보면서도 노예해방자로서 그를 지나치게 미화했던 초기 전기문들의 전형적 오류를 조심스럽게 배제하는 현명함을 보여주었다. 첸우드 경의 글을 통해 당시 독자들은 미국 연방을 수호하고자 한 링컨의 확고한 결의와 함께 다른 무엇보다 민주주의가 충분히 실현 가능한 정치 철학이라는 점을 증명해낸 그의 업적에 대해 존경심을 갖게 되었다. 저자가 사용한 용어는 때때로 지나치게 영국적인 경우도 있었지만 '거대한 인도주의적 사명'에 대한 링컨의 공헌을 높이 평가한 그의 근본적인 시각은 광범위하며 보편적인 것임이 분명하다.

제1차 세계대전 중, 그리고 그 이후 영국에서는, 특히 진보주의자들 사이에서, 조지 버나드 쇼가 "링컨 열풍"이라 이름 붙인 대중적 움직임이 전개되었다. 1920년 런던의 의회 광장에는 아우구스투스 세인트-고든이 제작한 고뇌하는 링컨 조각상의 모사품이 세워졌으며, 거의 같은 시기 맨체스터에는 조지 버나드의 신시내티 링컨 조각상의 모사품이 세워졌다. 전쟁이 끝나기 전 시인 존 드링크워터는 링컨 대통령을 찬양하는 희극 〈에이브러햄 링컨〉을 발표하기도 하였다. 당시 수상직에서 막 물러난 데이비드 로이드 조지는 1923년(〈뉴욕 타임즈〉의 표현을 빌자면) "거의 초인적"인 훌륭한 전시 정치가라는 찬사 속에 극진한 환대를 받으며 전승 기념차 북미를 방문하였다. 그는 이때 자신이 평생 존경해 온 영웅의 켄터키 생가를 방문하고 영국의 링컨 숭배자들의 필수 방문지인 일리노이 스프링필드에 있는 링컨 묘를 순례한 후 생애 가장 감동적인 나날을 보냈노라고 증언하였다. 영국인과 미국인들이 공통적으로 느끼는 링컨에 대한 경의의 감정은 기본적으로 '민주주의를 위해 안전한' 세상 건설에 헌신하는 진보적 정부 형태의 수호자로서 같은 길을 걸어가고 있다는 동료의식에서 기인한다. 그러나 현명하고 단호하며 숭고한 지도력을 통해 뛰어난 업적을 이룬 본보기로서 이들이 특별히 링컨을 선택하도록 만든 것은 다름아닌 첸우드 경의 공이라고 할 수 있다.

첸우드 경의 링컨 전기는 오랫동안 지배적인 영향력을 발휘하였다. 그러다가 제2차 세계대전 이후 의회도서관에서 링컨 관련 자료를 공개하면서 역사학자들은 링컨의 일대기를 새로운 시각에서 탐구하기 시작하였다. 이러한 움직임은 벤자민 P. 토마스, 레인하드 H. 루틴, 돈 E. 페렌베이커, 리처드 N. 커런트와 같은 미국의 학자들이 주도하였으며 J. R. 폴과 같은 미국 내 영국학자들도 링컨에 관한 간단한 논문을 발표하며 이 대열에 합류하였다. 1960년과 1970년대에 들어서 미국과 영국에서는 거의 동시에 사회 및 문화적 측면에서 바라본 역사, 이념의 변화, 그리고 대중운동에 대한 관심이 고조되었으며 이에 따라 '위에서 밑으로' 보다는 '밑에서 위로'식 접근법이 주류를 대체하게 되었다. 정치를 중요시하던 전통적 역사관이 한쪽 구석으로 밀려난 것이다. 이러한 환경 속에서 자연히 역사학자들은 전기를 폄하하고 '위인'에 대한 학문적 연구를 소홀히 하게 되었다. 이것이 바로 1970년대와 1980년대에 이르기까지 스테판 오우트의 《모두에게 자비를》(1977)을 제외하고 영국이나 미국에서 특별히 눈여겨 볼만한 링컨 전기를 찾아볼 수 없게 된 이유이기도 하다. 다만 링컨의 경제관에 대한 게이버 보리트의 연구, 링컨과 흑인 자유에 대한 라완다 콕스의 저서, 그리고 대통령 당시 링컨의 심리 상태를 집중 조명한 찰스 스트로지어의 연구 등이 그나마 이 시기 드물게 링컨에 대해 학문적 접근을 시도한 중요 저서들이다.

그러나 최근 들어 영국과 미국에서 정치사와 전기 연구에 대한 관심이 다시 회복되기 시작하면서 1960년대 이후 가장 광범위한 역사 연구가 이루어지고 있을 뿐만 아니라 이전보다 훨씬 더 풍부하고 조직적인 저술 활동이 줄을 잇고 있다. 지난 10년 동안 남북전쟁에 대한 연구는 새로운 중흥기를 맞았으며, 그에 따라 높이 평가할 만한 링컨 전기도 여러 권 발표되었다. 1990년대 중반 작업을 시작한 이 책은 이러한 배경을 바탕으로 바라보아야 할 것이다. 이제 영국의 미국 역사학자들은 '첸우드' 시대와 달리 더는 '외부 관찰자'에 머무르지 않는다. 오히려 이들은 대서양 지역사회의 한 일원으로서 국적을 초월하여 공통의 학문적 연구에 참여하는 동반자적 입장에서 자신을 바라보고 있다. 실제로 저자 자신도 많은 미국학자들, 특히 마이클 벌링엄, 데이비드 H. 도날드, 돈 E. 페렌베이커, 에릭 포너, 윌리엄 H. 프릴링, 윌리엄 E. 기넵, 알렌 C. 구엘조, 마이클 F. 홀트, 제임스 M. 맥펄슨, 마크 E. 닐리, 마크 놀, 필립 S. 폴루단, 조엘 H. 실비, 더글러스 L. 윌슨 등과 같은 사람들의 연구에서 많은 도움을 얻었다. 이들의 뛰어난 연구를 통해 저자는 남북전쟁 당시의 연방과 링컨에 대해 더 잘 이해할 수 있었다.

그러나 두 나라를 이어주는 대서양이라는 지리적 조건은 다른 한편으로 두 나라 간의 문화적 차이와 어느 정도의 거리감을 보장해 주는 측면도 있다. 혹자는 웨일즈의 진보적 정치 환경과 강한 신교의 영향력 아래 생활했던 저자의 성장 배경이 이 연구에 큰 영향을 미쳤을 것이라고 지적하기도 하겠지만, 저자는 이 책이 무엇보다 위와 같은 중립적 시각을 반영할 수 있기를 희망하였다. 물론 저자가 링컨의 도덕관과 그의 권력 간에 존재하는 상호관계를 매우 중요하게 다룬 것은 사실이나 첸우드 경의 저서와 비교하여 강조의 정도만 다를 뿐 전반적인 해석 측면에서는 동일한 맥락을 따르고 있다. 중립적 성향의 독자들도 링컨의 확고한 도덕관, 능력주의 사회에 대한 그의 믿음, 계층이나 종교 또는 인종적 차이로 인해 개인의 자아실현에 대한 기회가 제한되어서는 안 된다는 그의 신념, 개인의 도덕적 경제적 자기 형성에 대한 기회를 거부하는 노예제도에 대한 그의 깊은 혐오증, 민주적 정치 모델로서 도덕성에 기초한 연방을 건설하고자 한 불굴의 헌신, 그리고 연방의 파괴에 동참하지 않겠다는 그의 단호한 결심 등에 깊은 인상을 받게 될 것이다. 물론 링컨의 권력에 대한 이해에 근간을 제공한 것이 일반적인 기독교 교리는 아니었지만 점진적으로 변화해 간 그의 종교관, 전쟁을 거치며 신의 목적을 이해하려고 쏟아 부은 그의 노력, 그가 구사한 칼뱅주의자적 언어, 토론에서 성서 문구를 자유자재로 인용할 수 있었던 그의 능력 등에 비추어 볼 때 그의 종교관은 분명 중요히 언급되어야 할 대상이기도 하다.

저자는 링컨상이 대표하는 커다란 영예와 이 상의 제정자인 리처드 길더와 루이스 러만의 관대함에 깊이 감사한다. 그리고 이 글을 통해 정식으로 이들과 운영이사회, 이사회 회장 게이버 보릿, 수상 심사단, 그리고 게티스버그대학의 링컨과 병사협회에 마음 깊이 감사의 뜻을 전할 수 있다는 사실은 저자에게 커다란 기쁨이 아닐 수 없다.

저자는 이 책의 개정판을 준비하며 약간의 문장 수정 작업에 덧붙여 용어 설명과 지도, 그리고 다양한 삽화를 추가하였다. 이 책이 출판되기까지 길더 러만 미국역사협회 회장 제임스 G. 베이커, 데이비드 고드윈협회의 데이비드 고드윈과 사라 세빗, 크노프의 편집장 캐롤 제인웨이와 로렌 르블랑, 뉴욕 역사협회 길더 러만 콜렉션의 사라 던과 조디 캐리, 에이브러햄 링컨 대통령 도서관 겸 박물관의 존 매루포, 뉴욕 역사협회의 질 레이첸바크, 브라운대학 존 헤이 도서관의 홀린 스나이더, 루이스 테이퍼 등이 커다란 도움을 주었다. 그 외에도 적절한 시기에 결정적인 도움을 주었던 제니 웨버가 있으며, 역사적 고견에 커다란 도움을 준 안드레아 비번, 독자로서 지적인 조언을 아끼지 않았던 존 페이지, 그리고 저자의 작업에 끊임없는 격려와 칭찬을 보내준 저자의 전임자 대니엘 W. 휴에게도 깊은 감사의 말을 전하고자 한다.

리처드 카워딘
2004년 12월